影响现代中国的人物

学人本色

翁文灏

◎李学通 著

清末秀才，中国第一位地质学博士；
中国近代地质学、地理学的奠基者；
中国早期工业化的理论家和推动者；
一生多少真知灼见，起伏跌宕，八十余年漫漫人生路。

陕西新华出版传媒集团
陕 西 人 民 出 版 社

图书在版编目（CIP）数据

学人本色：翁文灏 / 李学通著 . -- 西安：陕西人民出版社，2015

（影响现代中国的人物）

ISBN 978-7-224-11539-0

Ⅰ . ①学… Ⅱ . ①李… Ⅲ . ①翁文灏（1889 ～ 1971）-传记 Ⅳ . ① K826.14

中国版本图书馆 CIP 数据核字 (2015) 第 127668 号

学人本色：翁文灏

李学通　著

出 品 人：惠西平

总 策 划：宋亚萍

策划编辑：关　谊

责任编辑：关　谊

装帧设计：杜正元

出版发行：陕西新华出版传媒集团　陕西人民出版社

（西安市北大街 147 号　邮编：710003）

印　　刷：陕西五二三文化传播有限公司

开　　本：880mm × 1230mm　1/32　1 插页

印　　张：14

字　　数：300 千字

版 印 次：2017 年 5 月第 1 版　2017 年 5 月第 1 次印刷

书　　号：ISBN 978-7-224-11539-0

定　　价：29.80 元

投稿邮箱 goodni123@sina.com

发货电话 010-88203378

序　言

翁文灏这个名字对于今天的人已经很陌生了，然而他确实是一个不该被遗忘、而且应该在人们的心目中留有深刻印记的人。翁文灏先生是一个科学事业的组织者，一个历史动荡时代的忠实建设者。虽然他一生有过曲折，走过弯路，但1951年即率先回国，为新中国的发展和祖国统一大业做了不少有益的工作，也算是终得“正果”。

翁文灏先生早年留学比利时，是第一个获得地质学博士学位的中国人。他怀抱科学救国之志，与章鸿钊、丁文江两位先生共同培养出我国第一代地质学人才，为我国地质科学事业奠定了基石。他还曾在北京大学、清华大学等校兼任教职。中国许多著名的地质学家、地理学家均出自他的门下。在他的主持和努力下，地质调查所克服重重困难，成为我国早期科学事业中成就最突出的机构之一。翁先生也以其卓越的科学贡献，成为享誉国际的著名学者。他还是中国地质学会、中国工程师学会、中华教育文化基金会及中央研究院的创始者或重要主持人，为中国近代科学事业的进步发挥了重要的组织推动作用。

“九一八”事变以后，日寇侵略日亟，中华民族面临生死存亡之危，翁文灏先生为救国家，弃学从政，应蒋介石之邀参加南京政府工作。他先后担任国防设计委员会（后改为资源委员会）秘书长、行政院秘书长、经济部部长兼资源委员会主任委员、工矿调整处处长等职，是抗战时期大后方工矿建设的最高主持人。在他竭尽全力地推动督率下，抗战时期大后方工矿企业从无到有，为坚持中国抗战提供了巨大的物质力量，做出了不可磨灭的贡献。

抗战胜利后，翁先生本欲辞官，一心致力于发展中国石油工业。由于缺乏正确的政治观点和坚强的毅力，1948 年他又出任国民党政府“行宪内阁”首任行政院长，成为蒋介石“戡乱”反共的工具，被中国共产党列为战犯之一。虽然此举是蒋介石在国民党内部争权夺利形势下的权宜安排，并非出自翁先生主动，但其错误的言行，我们今天亦无须为贤者讳。

可喜的是，翁先生歧途知返，觉悟较早，1949 年又积极为实现国内和平努力奔走。和谈破裂后他拒绝去台，赴欧暂避，并于抗美援朝战争爆发之后的 1951 年初，回绝台湾、美国的邀请，毅然回归祖国大陆，以实际行动表明了自己的政治态度。

回国后，翁先生曾担任全国政协委员、民革中央常委及对台工作委员会副主任委员等职务，悉心学习马列主义、毛泽东思想。他积极参政议政，为新中国的建设和台湾回归祖国的统一大业，做了不少有益的工作。

我于 1927 年在黑龙江穆棱煤矿与翁先生相识，并结下终生的友谊。他对我的一生曾产生重大影响，无论是国防设计委员会时期经办陕北油矿、整理河南焦作中福煤矿，还是抗战时期主持四川煤矿、创办玉门油矿，都是在翁文灏先生极力推荐、全力支持和领导下，我才做出了一些成绩。回顾翁文灏先生的一生，我认为他有三个突出的特点，值得我们追思纪念：

一、矢志不移的爱国主义精神。翁文灏先生在少年读书之时，有感于祖国被列强瓜分的危局，立志救国，记得他的诗中有“我虽年少知自勉，须扶衰弱佐中兴”的句子。留学回国后，他拒绝高薪聘请，投身到培养中国地质人才的事业之中，筚路蓝缕，在极其艰难中开创了中国近代地质科学事业。“九一八”事变以后，翁先生“为国家前途，忧从中来，难安寤寐”，方弃学从政，欲图为国家建设贡献才智，以增强抵抗日寇侵略的力量。他的次子翁心翰也在他的鼓励下参加空军，投身御寇，为国捐躯。新中国成立以后，他摒弃美国许多团体、公司的邀请，决然归国，义无反顾，被毛泽东主席称为“有爱国心的国民党军政人员”。直到晚年，他仍孜孜不倦地翻译介绍外国先进科学技术著作，并为祖国社会主义建设所取得的每一项成就欢欣鼓舞。

二、崇尚科学、服从真理、顺应时代的人生态度。翁文灏先生原是清末秀才。科举废除以后，他顺应时代潮流，转投新式学堂，学习近代科学，并留学西欧，成为第一个获得地质学博士学位的中国人。在地质科学研究和经济建设中，他一贯秉承科学的精神，既不迷信权威的既定之说，也从不妄自尊大，坚持实事求是的态度，崇尚科学，服从真理。也正是因为有这样的思想基础，故而他能够正视中国共产党赢得人民拥护并取得全国政权的现实，在抗美援朝战争爆发不久，就回归了祖国。

三、廉洁奉公、认真严谨的工作作风。翁文灏先生多年主持国民政府的经济建设事业，官至行政院长，是当时“学者从政”的代表人物。他始终不失书生本色，坚持廉洁奉公、认真严谨的工作作风，在国民党政府日益腐化堕落的官场中，可谓是凤毛麟角。正因如此，蒋介石极力拉其入阁，为自己装点门面。当时主管和经营国有工矿企业的资源委员会绝大部分工作人员，都能够做到廉洁自律，不能不说是翁先生的表率起了很大的作用。

翁文灏先生一生的曲折经历以及他对中国科学事业的贡献。对国家经济建设道路的探索，都是值得我们很好地总结、借鉴的。中国社会科学院近代史研究所的李学通同志经数年努力写出的这本传记，在这方面做了有益的工作，填补了一项空白。要全面总结翁先生一生各方面的成就、贡献及经验教训，20余万字的传记尚显不足，但其开创性的努力值得称道和庆贺。愿我们学习翁先生的爱国精神、科学态度和廉洁奉公的作风，努力建设我们的祖国，以告慰逝者的英灵。

孙越崎

1995年9月

1916年夏，地质研究所毕业生合影

第1章

从秀才到博士

石塘翁氏

公元1889年7月26日，即清光绪十五年己丑六月二十九日，翁文灏出生在浙江鄞县石塘镇一个亦农亦商的士绅家族。

鄞县位于浙江东部，介于慈溪、镇海、定海、奉化、余姚之间。其地形东西宽南北狭，左右崇山环抱，蜿蜒磅礴，绵亘不绝；地势西部稍高，中部平坦，鄞江贯穿其间。这里江河密布，气候温和而雨量充沛，土地肥沃，阡陌纵横，稻田弥望。是个典型的江南鱼米之乡。

鄞县也是个很古老悠久的地方，据《读史方舆纪要》记载："夏有堇子国，以赤堇山为名，……加邑为鄞。"春秋之时，这里为越国属地，《国语 · 越语》中有"勾践之地，东至于鄞"的记载。秦始皇时正式于会稽郡下设鄞县（今奉化）。唐武德年间置鄞州，设置于鄞江、余姚江、奉化江汇合之处名三江口的地方，“大历年移鄮治于此，至五代始，州县合治，而鄮亦改鄞”[①]。鄞县原属明州，明洪武十四年（1381 年）取“海定则波宁”之意，改明州府为宁波府，鄞县为其附郭县，即鄞县县衙与宁波府衙同在一城，一直相沿至清。宁波简称甬，故鄞江又名甬江。此处三江交汇，东临大海，港阔水深，海上又有舟山群岛以为屏障，是理想的天然良港，唐宋以来便为历代重要的对外贸易港、军港和造船业中心。城西南有四明山，古名句余山，西连余姚，南接天台。周围达 800 里，有 280 峰，中顶 5 峰，状如莲花，上有方石，四周如窗，故称四明。城内有天封塔，始建于唐武则天天册万岁至万岁登封年间，高 18 丈，明 7 层，暗 7 层，传说地下尚有 4 层。城东南约 15 公里处有湖，名东钱，湖面广大，白波浩渺，山明水秀，风景如绘。明代著名学者范钦有诗曰：“澄波四望空，画舸泝冷风。野寺轻鸥外，人家细雨中。菰蒲临水映，洞壑与天通。即拟寻真去，花源杳无穷。”[②]城东太白山麓有天童寺，规模活大，为江南罕见，号称“天下禅宗五山第二”，为佛教禅宗胜地。

宁波物华天宝，人杰地灵。宁波人自古具有强烈的进取冒险精神，地狭人稠的自然环境，又造就他们游食四方的经商习惯。明清之际，宁波商人即已相当活跃，被称为“宁波帮”。近代《南京条约》签订后，宁波成为第一批对外开放的五个通商口岸之一，便利的交通条件和悠久的商业传统，使宁波的经济得到进一步的发展。上海市场上的进口洋货生意，数十年间几乎为宁波人独占。

宁波城往西不远便是翁文灏的家乡石塘镇。翁家是个传统的绅商家族，相传其远祖在宋代时曾任明州观察，《宋史》有传。另有一种传说，其先祖于元末之时从军，随军由福建迁此，后弃军从农，留居此处，繁衍生息。除此之外，翁家并没有什么显赫的家族渊源，也没有传播久远的家传族谱。一直到了近代，翁家经营商业的特长才逐渐显露，也因而富裕发达起来。

翁文灏的高祖父翁开明（乾隆五十一年至咸丰三年，公元1786—1853年）凭借一生的勤俭和精明，为子孙们留下了裕丰造酒坊（设在家乡）和裕大酱园、酒米铺（设在上海）等颇为可观的家业。到了翁文灏的曾祖父翁景和时，翁家的商业经营达到最高峰。

翁景和（道光三年至光绪三年，公元1823—1877年）字世昌，学名作霖，号梅臣，是翁开明的独子。他尤善经商，不但继承了家业，并且不断使之“发扬光大”，相继在上海开设长丰绸庄和大丰洋布店——经营进口洋布生意；在杭州开设打锡箔厂；在瞿州设上和南货店；在天津设乌木作场；在宁波设宝大北船号、宝凤银楼；在本乡有养鱼塘、农场、果园及祖传的裕丰造酒坊，积资达200余万。其中，大丰洋布店曾在上海近代洋布贸易中，占有举足轻重的地位。

大丰洋布店算得上是上海滩的老字号。鸦片战争以前上海洋布进口尚少，1842年开埠以后，洋货大批涌入，其中一种重要的商品就是洋布。棉纺织业原本就是英国工业革命中的创业先锋，到了19世纪初，英国已是世界上棉纺织工业最发达的国家。4亿人口的中国市场，无疑是英国资本家看中的肥肉。鸦片战争以后，英国急于打开中国市场，但在男耕女织的自然经济状态和厚实耐用的中国土布面前，外表美观均匀的机织洋布，“只有以低于中国土布的价格出售才能找到主顾”③。然而，正如马克思所说：“机器生产物的便宜与变革了的运输方法、交通方法……是征服外国市场的武器。”④由于洋布生意有利可图，19世纪50年代，上海县城和租界地陆续出现了一些推销洋布呢绒的“洋布店”，“其中比较著名的有 1853 年在南京路一带开设的大丰、增泰、恒兴、成德丰等洋布店和同年在大东外开设的时和洋布店等”⑤。

大丰洋布店最初是作为门市零售店出现的，设在南京路、河南路的转角处（信老介福店址），资本只有 3000 元（两），规模并不大，每天零售额约有五六十元，忙时也不过百余元。大丰最初为翁家独资所开。故又被称为“翁大丰”。但翁家的人并不直接参与具体经营，而是聘请“世家子”湖州人许春荣为经理，全权负责上海的门面。由于许春荣头脑灵活，长袖善舞，大丰的生意蒸蒸日上。

第二次鸦片战争以后，根据 1858 年签订的《天津条约》，长江及北方各口岸被迫开放。上海以其优越的位置、便利的交通和开埠较早的历史，成为长江和北方各省进出口的集散中心。各地洋布商号纷纷到上海采购，但因资本薄弱，无力经营进口，只有向经销洋布的上海零售店批购。洋布销路的迅速扩大，使得上海一些原来以门市零售为主的洋布店，都转而向原件批发发展，成为“原件批发字号”。大丰也“将门市收歇，租赁南京路同吉里五上五下楼房，改为原件批发字号”⑥。

1870 年代以后，由于电报的广泛使用和汇率的波动，上海的洋行逐渐推行“订货制度”，即商号先与洋行签订合同，预先订购，再由洋行按合同到国外订购。原件批发字号发展成为“订货批发字号”。大丰是向与其有长久供货关系的英商泰和洋行（Reiss Brother&co.）订购兰团龙牌漂布。由于经营得法，销路通畅，深得泰和洋行重视，于是兰团龙牌漂布改为由大丰独家包销，“由大丰和洋行订立契约，每年包销若干数量，如销路畅旺，可自行提高售价，且无同业竞争之虑”。“大丰包牌的兰团龙牌漂布、花蝴蝶尺上绒等，售价一般高过同等质量的商品二钱五分或每码二分五厘。”“大丰的销售对象为北帮、天津帮、祥帮等，每年可获利10万两左右。据说北地消费者非兰团龙漂布不买，北帮办庄以办不到兰团龙漂布为憾。在棉布交易上，一般是跑街迁就客帮，而大丰的兰团龙漂布，因有与洋行的包牌子关系，反是客帮迁就跑帮。”⑦翁家财源广进，经理许春荣也成为上海滩颇为显赫的人物，除向清廷捐有候补道台衔外，还兼为上海商务总会（总董事会前身）议董，又为德法银行买办、振华堂洋布公所总董。此时堪称是石塘翁氏家族的鼎盛时期。

宁波不仅以商业闻名宇内，同样以学术誉满天下，被称为浙东文化的代表，素有“人文渊薮”之称。宋元之际，浙东书院就极为兴盛，科举也颇兴旺，父子同科、兄弟同榜中试者不绝于书，号称“文物之邦”。明代时有人做过统计，结论是宁波是全国科举最繁盛的地区之一。宁波那林立的藏书楼，也可多少反映出当年此地的读书盛况，其中最著名的“天一阁”，几乎是天下读书人憧憬向往的一片圣地。自古江南多才子，而宁波更是人才荟萃。明清之际万斯大、万斯同兄弟及全祖望等人，均名重天下，被视为宁波人的自豪。翁景和在精心致力于积聚财富的同时。并没忘记督促他的儿子们倾心向学，投身科举仕途。

翁景和生有四子：长子运高，次子运文，三子运炽，四子运新。翁运高（1839—1889）字南山，榜名步云，号梯青，才华卓著，雅擅诗文，为当时宁波名士。运高初为宁波府鄞县县学附生，后于同治三年（1864年）甲子以副贡生获补行咸丰戊午科江南乡试中试第61名举人，授内阁中书。

按清代制度，“会试落第举人，可因获中副榜授职。其中明通榜者以教职即用，亦有以主事、知县试用者；其中中正榜者以中书、国子监学正录用”[⑧]。翁运高大约即因会试中正榜而得授内阁中书之职。内阁中书在清廷机构中属内阁的办事人员，虽只是个从七品的小官，但可谓“身居要津”。后分发江苏候补知府，未到差，丁父忧返乡。

翁运高有两子，长子翁传洙，字宝森，号勉甫；次子翁传泗，字宝堃，号厚甫。传洙生于同治十一年（1872 年）二月，传泗生于同治十二年（1873 年）十月。兄弟二人只相差一岁，形影相随，嬉戏互乐，在父母的娇爱之下自由成长，对西方格致新学的兴趣远远大于八股文章、科举仕途。翁运高去世之时，兄弟二人只有十六七岁。失去了父亲的依凭和教导，更加无拘无束地抒发自己的兴趣。翁传洙兴趣广泛，绘画、音乐无一不好，时常翻阅格致新书，兴之所至，尝购一洋式小火轮，自己开往上海游玩，玩厌倦了便不取分文地送给朋友。据闻宁波的许多新奇之物，均由翁家首开风气。翁传泗“好骑射，春秋佳日，携鹰犬驰逐东湖上，意气自豪”，且有好散财济贫的美名，故“呼门就乞者，日常十数辈”。他“每闻叩门声必躬启视，所予辄溢其人之望”[⑨]。据说他还曾秘密参加同盟会，辛亥革命时担任过宁波炮台司令。

翁文灏乃翁传洙之子，谱名存璋，字永年，文灏是他的学名，以后又自号咏霓、悫士。他出生的时候，祖父翁运高已于半年前去世。虽然此时翁家已不似翁景和时代那般昌盛繁荣，但毕竟是宁波有名富户。据翁文灏的好友丁文江说：“翁文灏祖父死的时候，他父亲分得 20 万两银子，上海还有一所铺子，每年有好几千收入”，他“早年的环境是一个十足的纨绔”[⑩]。但在这样的环境中，他却没有沾染一点纨绔子弟的恶习，确实难能可贵。

幼年的翁文灏颇受祖母的宠爱，一来因为他是翁家的长房长孙，而且自幼聪慧可爱，其次也是因为他6岁丧母，“幼龄失恃”的特殊经历。

翁文灏的生母余宝玉（1872—1895年）是慈溪人，家中世代在上海经商，与翁家祖上即有姻亲关系。翁文灏幼时常随母亲到外婆家游玩，“水从石出真清澈，步逐坡登见曲斜”的乡间美景，给他留下极深印象。因夫妻不睦，在翁文灏刚刚度过6周岁生日的时候，余氏夫人便抛下翁文灏和他仅有两岁的妹妹翁杏仙，撒手人寰。幼年丧母对一个刚满6岁、对人生世事似懂非懂的孩子来说，实在是难以承受的打击，多亏祖母的爱护照顾，才使他们没有感到太多的凄凉。一年多后，继母叶氏夫人来到翁家。

叶氏夫人名秀芬（1872—1932），也是慈溪人，出生在一个世代书香之家。虽然处于继母——中国传统社会中最具悲剧色彩的社会角色，但她以一个女性特有的善良贤淑，视翁文灏兄妹如己出，并且教导督促翁文灏勤学苦读，力求上进，使这一双幼小心灵所受的创伤，得到了慰藉。叶氏夫人不仅为人贤惠，而且思想先进，据说她是宁波第一个提倡放足的妇女。在此后的30多年中，翁文灏视继母如生母，悉心照顾，赡养终生，竭尽人子之孝，也算报答了这位含辛茹苦有养教之恩的继母。

也就在6岁这一年，翁文灏开始“入塾就读”。启蒙老师叫胡豁堂。当时私塾所读一般是《千字文》、《幼学琼林》以及《论语》、《孟子》等四书五经、《圣谕广训》之类。1899年，因石塘家中遭匪抢劫，翁文灏全家被迫避至宁波江北岸引仙桥，租屋而居。他的塾师也改为史隽德。1901年，翁家再迁居宁波城里天封寺前三角地。

当时的中国，甲午战败使社会各阶层受到强烈的刺激，国内人心思变，康有为等“公车上书”，倡议革新；孙中山等立誓结盟，号召革命。1898 年的戊戌变法又以谭嗣同等人被推上祭坛而告终。翁文灏就在这样优裕的家庭环境和充满忧患的社会环境中长大。

少年秀才

从1902年起，翁文灏师从何敏恭，准备参加科举考试。光绪二十四年（1898年）戊戌变法中，光绪皇帝接受康有为的建议，命令科举考试中“向用《四书》文者，一律改试策论”。1901年清廷再行新“新政”，并于8月29日颁诏，自明年始，乡、会试及岁科废八股，改试策论，以中国政治史事及各国政治学命题，因此，翁文灏学习的重点放在了练习作文上。他的姨表兄李思浩在这方面给了他很多帮助。

1902年旧历七月初十日，年仅13岁的翁文灏初次应试，策论题为：“及其至也塞乎天地义”、“七月流火义”。榜发，被录为鄞县县学附生。也就是通常所称的秀才。县知事黄大华（字菊友）视翁文灏为奇才，甚为爱护，曾将其母所著《焚余诗稿》相赠。翁传洙喜出望外，手牵雀顶蓝衫的翁文灏访亲见友，着实地风光了一番。翁文灏也由此“略知清代科举之风尚”[11]。在祖母和父母亲的陪伴下，第二年秋天翁文灏又赴杭州参加乡试。毕竟年龄尚小，结果翁文灏名落孙山，表兄李思浩、李思翰兄弟同榜登科，列名举人。翁文灏只好再等三年以后的下一次。

光绪三十年（1904 年）十二月，小秀才翁文灏在祖母和父母的安排下。“依旧习成婚礼”。新娘是本县王家墩林贤生的长女，名叫林韵秋。林韵秋生于光绪十三年九月三日（1887 年 10 月 19 日），长翁文灏两岁。她为人宽厚，略通文字，在以后与翁文灏几十年的共同生活中，始终相敬如宾，侍奉公婆，相夫教子，从不参与外事，是个典型的旧式贤妻良母。

新婚之后的翁文灏依然埋头读书，而且“作文颇有进境”，这时他的老师是应廷燮。就在翁文灏埋头读书准备应试之时，清廷再度颁行“新政”，其中的一条就是：“自丙午科为始，所有乡会试一律停止。”延续了一千多年的科举考试制度。由此寿终正寝。

清政府的这一改革，曾经令多少旧式学子涕泪长流，呼天号地，因为这样就断了他们晋身仕途的唯一门路。但是年轻的翁文灏似乎对这一切毫不在意。旧式的学校、科举停了，那就上新式的洋学堂。就在清政府宣布废除科举的第二年，翁文灏考入了新成立不久的新式洋学堂——上海震旦学院。

“震旦三文”

震旦学院的创办人是中国近代著名的爱国教育家马相伯。马相伯，名良，字相伯。马家是丹阳的大户，世代信奉天主教。马相伯早年毕业于天主教耶稣会的依纳爵公学（徐汇公学），曾学神学。授职司铎，后脱离神职，投身洋务运动，欲图以实业救国。甲午战败后，马相伯“慨清廷外交凌替，一不知公法，二不习制造”，有意兴办新式教育，为国家培养人才。[12]“1903年，南洋公学教习蔡孑民（名元培）等会同学生数人访马相伯于土山湾，请设立学校，以宏造就。马相伯遂商请徐家汇耶稣会，就土山湾天文台旧址成立学校，命名震旦学院”[13]，江南教会以马相伯所捐“学田”拨充基金。这是中国第一所私立大学，取名震旦，是因为“震”即“秦”

之谐音，为中国古称，“旦”为早晨，“震旦”意即“中国的曙光”。

1903 年 3 月 1 日（一说 2 月 27 日）震旦学院开学上课，马相伯亲自教课外，还聘请一些法国传教士任教。最初学生仅 20 余人，至 1904 年初，学生增至百余人，马相伯请安徽传教司铎南从周（Perrin）任教务长，自任总教习。南从周到校后，大权独揽，独断专行，延长学习年限（原定两年），取消孔子诞辰假期并征收学生费用，因而与学生发生冲突。马相伯愤而辞职，学生闻而大哗，20 多人（包括邵力子、于右任等在内）摘下校牌，集体离校。马相伯率领离校学生另外创办了复旦公学。后在张謇、李平书、姚子让等人联络倡议下，震旦重行恢复，“公推李问渔司铎为主持人（总教习）、仍以南从周为教务长，于 1905 年重行开课，仍称震旦学院”[14]。

震旦学院初期只设致知一科，后逐渐增添拉丁文、英文、法文及其他学科。课程分为：致知（哲学）、象数、形性（包括理化、博物、地质）等。李问渔、南从周主持校务时，学校设两部分，“以西国普通学校课程为预科，以中等学校及高等学校程度为本科，以立能入大学之基础”[15]。第一年用中文上课；第二年使学生习惯于听用法文讲的课程；第三年起全部课程都用法文讲授。所授课程有法文、英文、文学、中外史地、哲学、经济、法学、算学、物理、博物等；第四年分文理两科。

翁文灏 1906 年考入震旦学院之时，正值改组后不久，学院的董事长是张謇。当时震旦的招生章程声明：“学堂程度，甲、以西国高等学校程度为目的，以西国中学校为预备，今定预科正科为四年，以造成西国理学士程度为准，来学者须国文有根底方为合格。宗旨，造就高等学问，以理科法文为尤重，不涉宗教。程度，国文务须通顺，如有习过算术、法文、英文者，亦可报明另考。年龄，十六岁至念二岁。学费，学生概须住院，全年银一百元，操衣、零费一切在内，春秋到学者，各须交五十元。"。据翁文灏后来回忆：当时震旦"功课特重法文及数学，并以余暇习史地、理化及英文，也略授哲学"[16]。

震旦的制度大都仿效法国的学校，考试制度极严。有周考制度，即每周六轮流考试一门功课。每学期举行两次月考和学期结束考试，到年终举行年考。从二年级起，除中国语文外，其余各科都用法语教授，即便是中国籍教师也都讲法语。评分采用20分制，11分以上为及格，一般满分只有18分，19分的很少，20分的根本没有。然而翁文灏这个小秀才，以其聪慧的头脑，刻苦的毅力，总是考得最好的成绩，和他的同窗胡文耀、孙文耀，被人称为"震旦三文"。

上海洋学堂的生活使翁文灏的眼界大开，他在四书五经诗文策论之外，看到了另一个世界。梁启超编的《清议报》、《新民丛报》使他热血沸腾；严复翻译的《天演论》、《群学肄言》，又让他如坐针毡。优胜劣败，适者生存，有几千年文明的泱泱大国难道就只有被西方列强瓜分这一条道路吗？"我虽年少知自勉，须扶衰弱佐中兴。"[17]可以说就在这时，翁文灏确定了救国报国的志向。1908年，他以极优的成绩读完了两年预科。这一年的秋天，浙江省在杭州举行第一次官费留学考试，翁文灏同胡文耀、孙文耀结伴前往投考。3人全部通过，获得官费留欧资格，其中翁文灏还获得第7名的好成绩。

官费留学

近代浙江开风气较早，青年出洋留学的历史较长，留学生的人数也较各省为多。早期浙江学生几乎全部留日，而且造就了许多革命人才，如徐锡麟、秋瑾等。清政府对此颇为恐惧，于是转而图谋将学生派往欧美，学习自然科学。“1907年以后，在新闻报道中出现两个引人注目的新迹象：一是派往日本留学和已在日本留学的人中，有些人公开要求改往欧美留学；二是报刊上有许多文章介绍欧美各国的情形。……这一方面是由于清政府收缩留日政策所促成，另一方面又与欧美各国乘机对中国留学生加强吸引有关。”[18]

浙江省官费派遣学生留欧的设想，最早出自浙江旅沪学会。这个学会是在上海的浙江籍知识分子组织。1907 年，旅沪学会通过其会董汤寿潜向浙江省巡抚增韫建议：由浙江官费派遣浙江籍子弟赴欧美学习理工诸科。增韫最后同意在盐斤加价项下，每年拨出3万两银子，期限5年，派遣20名浙江籍学子赴欧美留学。

旅沪学会为此事多次举行会议，商讨如何考选，以杜绝以往欧美留学生成绩不佳之弊。他们认为，以往留欧美学生成绩不显著的原因有三：1.由官方指派学生多为官绅子弟，滥竽充数，一到国外，游荡不安，一无所成；2.留学生程度参差不齐，一些人即使到国外留学也无法听讲；3.不经严格考试，本国文字不通，易养成洋奴，为列强作帮凶。针对以上种种流弊，他们提出三项对应政策：1.经严格考试，杜绝广遣私人虚占学额，（否则）不但贻笑外人，亦为国人所痛心疾首；2.选派欧美留学生宜采取公开招考办法，应考者不拘是否毕业，有无文凭，由各中学堂以上之学校，遴选浙籍品学兼优的学生，定期在省城举行考试；3.考试科目应有国文、历史、地理、数学、物理、化学、外国语（包括英、法、德文），其中除国文一科外，均以外国语出题，应试者以外国语回答，但首先重视国文，有根底者方得入选。

不久，杭州、上海两地同时刊登广告，公开招考浙江籍留欧美学生20名。不数日，报名者即达500余名。8月5日（旧历七月初九）至8日，考生群聚杭州，参加浙江省举办的官费赴欧美留学资格考试。考试由提学使支恒荣主持，借杭州府中学堂举行，实际到场应考者有200人左右。据《申报》载："初八日七点半检查体格，初九日九点半至十一点半（考）国文，论说两篇，不拘字数，初十日七点半至九点半历史，十点至十二点算术、代数，十一日七点半至九点半拉丁文、法文或德文（考法文者英文或德文），十点至十二点化学，十二日七点半至九点半地理，十点至十二点解析几何（不考拉丁文者以此代），下午一点至四点英文论说（考法文者作法文论说），凡考法文者各科均以法文为主。”

第一天首试国文，考试的题目是“礼失而求诸野论”。一些考生根本不知“礼失而求诸野”此言出自何处，只好望文生义，胡乱写来，结果文不对题，文理不通者极多。对于自幼熟读经史的翁文灏来说，这并非难题，他清楚地记得，这是《汉书 · 艺文志》中所载孔子的一句话，原意是说，上古的制度礼仪湮没失传了，但可以从民间现存的活动、礼仪中寻到它的遗迹。按当时考试的规定，实行一次淘汰制，即上一场未通过者，立即取消继续参赛资格，不能再参加下一场的考试。第二日考数学，第三日考物理、化学，第四日考历史、地理，第五日考外语，英、法、德语任选一门。考卷均用外文出题，外文答卷，阅卷工作由旅沪学会所聘复旦大学教务长、著名学者李登辉等四名“襄校师”负责。李登辉，阅英文、德文试卷；赵儒北，阅历史、地理试卷；濮登青，阅英文、数学、物理试卷；李昌祚，阅法文试卷。从第二天开始，每日因成绩太差被取消资格者，少则数人，多则数十人。7 门考试全部结束后，提学使支恒荣张榜公布结果，最后共录取 20 名，另取 4 名以为候补。[19]翁文灏一路过关斩将，最后以第 7 名的成绩与胡文耀、孙文耀同登“金榜”，而且震旦报名参试者也仅此 3 人高中。翁文灏的高兴程度不亚于当年中秀才的喜悦。19 岁的他就要远渡重洋，去看一看西边的世界了。

赴欧留学的浙江籍学生，10 月 3 日由浙江旅沪学会会员李昌祚率领，自上海乘“利照”轮负籍西行。与翁文灏同行的还有毕业于唐山路矿学堂的徐新六、江苏铁路学堂的钱宝琮等人。他们由此相识，并结下了终生的友谊。船至欧洲，大家各奔东西，徐新六、钱宝琮赴英，翁文灏与胡文耀、孙文耀一同前往比利时。11 月 5 日 11 点 5 分，抵达比利时首都布鲁塞尔。

鲁汶博士

近代中国学生赴比留学，最初是由湖北总督端方发起的。端方了解到比利时教育发达，“路矿之学尤为他国推许”，且“学费较省”，遂于光绪二十九年（1903年）奏请准派学生赴比留学，折中有这样的话：“中国地大物博，实甲环球，惟于工艺素少讲求，器械未能自制，开矿修路等事，无不雇佣洋匠，以致事权旁假，大利难兴。……比国实业较精，学费较省，诚能各派学生前往肄业，他日学成而归，上足以备任用，下足以裕资生，实于大局不无裨益。”[20]次年，驻比利时大臣杨兆鋆与比利时“外部、文部两大臣悉心会议”，商定中国学生“自初年以逮有成凡若干年”，各种学费、生活费等，“每生需比银岁一千六百法郎”，较以往廉至三分之一。于是奏请饬令各省广遣学生赴比，学习路矿、制造各科，并拟定章程 12 条。杨兆鋆的奏折蒙获朱批恩准，此后赴比留学的中国学生方日渐增多。

1909 年翁文灏考入比利时的鲁汶大学。

鲁汶大学位于比利时首都布鲁塞尔以东约 25 公里的鲁汶城。是欧洲最古老而又充满活力的大学。鲁汶（Louvain，或译为罗文、鲁凡、勒芬、卢万）属于布拉班特省，15 世纪时是欧洲最大的城市之一。经教皇马丁五世批准，1426 年布拉班特公爵吉恩四世仿效巴黎大学的模式，建立了这座比利时第一所大学。建立之初，鲁汶大学就以天主教研究中心而享有盛名。16 世纪，它是反对宗教改革的主要中心。法国大革命使该校于 1797 年关闭。1834 年比利时主教团重建该校。使之成为一所用法语授课的天主教大学。鲁汶城也因大学的存在，而成为欧洲著名的大学城和文化中心。

据说，1425 年教皇马丁五世批准成立这所大学的时候，有关方面最初考虑把校址定在布鲁塞尔，但布鲁塞尔城当局却坚决予以拒绝，理由很严肃，今天看来却很荒唐：怕因此玷污布鲁塞尔妇女的贞洁。鲁汶城却将位于市中心的最重要的贸易场所——“布楼”让给学校。这个颇有远见的行动使鲁汶获益匪浅。到 20 世纪初的时候，鲁汶大学的各类学院、研究所遍布大街小巷，与城市浑然一体，俨然一座名副其实的大学城。鲁汶还是一座有名的啤酒城，书和啤酒是这座城市的象征。今天，我们可以在学校总部（布楼）的广场上看到，有一座左手拿着打开的书、握着啤酒杯的右手高举过头顶做头顶浇灌状的学生塑像，这就是这座城市的象征。

鲁汶大学热情欢迎翁文灏这位来自东方古国的学子。翁文灏选择了地质学作为自己的专业方向，正式开始了远离祖国的留学生活。在国内参加资格考试的时候，翁文灏所填的志愿是“铁路工科”，为什么到比利时以后改为学习地质？翁文灏自己从未做过解释，别人也没有问过，至今仍是个谜。但是这个选择给中国近现代科学史的影响却是显而易见的。比利时当时的大学学制分AB两种，授课肄业的时间都是4年，所不同的是，如要获得博士学位，A制要另加一年，而B制则不需要。B制虽然时间较A制少一年，但课程及难度并不因此而稍有简易。翁文灏选择了时间短的B制。

翁文灏在鲁汶大学受业的地质学教师主要有：教地质学和构造地质 的系主任多尔罗托（Henry de Dorlodot）。多尔罗托教授出身富有，曾出巨资购置图书，赠予鲁汶，学校设专门图书馆，名曰莱伊尔学室Lyell Hall。该楼至今尚存。教结晶学、矿物学和岩石学的是盖生（Felix Kaisin）教授，翁文灏的博士学位论文即由其指导。教无脊椎动物、古生物学和古植物学的是副教授沙莱（Achille Salie）。教矿床学的副教授岛洛（Thordau），系法国地质学大师德洛内（De Launey）的学生，新近自法国留学归来。

在鲁汶求学期间，翁文灏第一年暑假曾往法国、英国游历，饱览异国风情；第二年暑假，又由西伯利亚铁路横穿欧亚大陆，然后经南满铁路，再乘坐大连至上海的航轮回乡探亲。据说他这次回国的主要原因，是筹措继续求学的款项。不知为什么，浙江省的官费来源断绝，留学生涯面临半途而废的危险。然而，此时的翁家已非昔时可比，父亲对翁文灏的留学似乎也失去以前的热情。靠着妻子默默地卖掉了陪嫁的首饰，翁文灏才得以回到欧洲，继续他那未完成的学业。

1911年，翁文灏以优异的成绩获得博士候选学位，即攻读博士学位资格。此后，他把全部精力都集中在地质学的野外考察和室内显微镜下的研究，第三年暑假的全部时间都用于到比利时各地进行地质旅行，考察地质和煤田构造，并为博士论文做岩石标本搜集工作。考察中，他“审见海西期造山作用，重在横向推移，造成逆掩断裂，使不同地层互相复叠，往往先成岩层覆盖于晚成。煤层构造亟需研究。由此想见地壳面上，沉积侵蚀固在不断演化之中，但渐变之外更有突变。”在盖生教授的指导下，翁文灏把博士论文的方向定在了对比利时火成岩石的分析，这是个以往极少有人问津的题目。比利时地质绝大多数为水成岩层，火成浸入岩只有葛纳（Guensst）与勒辛（Lessines）两处，因两处的性质相同，翁文灏把调查的重点放在勒辛。经过大量的实地调查和对所采集岩石标本认真地在室内显微镜下研究，翁文灏用法文写出他的博士论文:《勒辛地区的含石英玢岩研究》，共 28 页，后附有显微镜照片 3 张。这是中国人撰写的第一篇地质学博士论文。

翁文灏认为，勒辛地区玢岩的周围为寒武纪地层，在岩体中发育有一组平行的缓倾节理，倾向SW—SW，倾角 20°—40°。岩石的结构构造及矿物成分均有变化。他记录分析了根据肉眼观察和显微镜观察所看到的岩石的形态结构和矿物成分，认为：根据岩石的结构构造和矿物成分，岩石以定名为含石英玢岩为宜，属含辉石的玢岩类。

他记录分析了岩石的蚀变情况，并得出结论:“蚀变矿物研究表明，同一种矿物可蚀变为不同的矿物，而非常不同的矿物却可蚀变为类似的矿物。”“在蚀变过程中，岩石化学成分中铝镁和钾变化不大，而钙、铁特别是钠有降低的趋势。”论文中，翁文灏进一步详细记录、分析了玢岩中所包含的形状，组成结构，包体中长石与玢岩中长石的异同、造成这种异同的原因，以及酸性包体的成分、形成的原因。他在最后还论及勒辛与葛纳地区玢岩的异同，认为:“两地玢岩本身的特点表明，两地岩石同属一类，但岩体中包体的研究说明，两地火成活动产生的条件则各不相同。”[21]

由于比利时学者一向忽视对火成岩的研究，翁文灏的研究具有填补空白的意义，而且“镜研方法有所发展”。他不仅理所当然地被授予理学博士学位Doctouren Science（Minerale），[22]而且论文被列为最优等，在学校的地质专刊上发表。中国有史以来的第一个地质学博士，1913 年在比利时的鲁汶城诞生了。

“实地探寻侦察细，镜光鉴别考研勤。非因绵力能新得，少有前工故出群。”[23]半个世纪以后的一个青年节里，翁文灏回首青年时代的求学生活，不禁感慨系之。从他那谦虚的遣词中，我们仍可以体会到作者那一丝甜蜜的幸福和自豪。

在第四年的毕业考试之后，翁文灏从鲁汶移居布鲁塞尔，一边参观各种博物馆、图书馆，一边不断到各地做短期地质旅行。很多年后，翁文灏自诩且自豪地说：我所到之地只有没进过的剧院，没有没进过的图书馆。这时期他还特别注意有意识地阅读德洛内有关矿产的各种著述，因为他很清楚，“立国于世界，自己要有力量”，中国之所以受列强欺辱，就是因为国家没有实力，而国家力量的源泉“一靠人，二靠地，人要尽其力，地要尽其利，以人的力量去开发地的资源，而后国家始可发生力量”。[24]

当时布鲁塞尔博物馆中展出的白垩纪禽龙化石，给翁文灏很深的印象。禽龙是中生代的独特产物，古生代尚未见到，新生代则已灭亡。翁文灏半个世纪以后，仍然念念不忘布鲁塞尔博物馆中的那副躯骨，因为正是从这里，他悟出：“生物演进在渐变之外，更有突变奇迹。”[25]

留学期间发生的一件大事一直萦绕在翁文灏心头，催促着他快些回到天翻地覆的祖国。1911 年秋天，中国传来的消息震动了留欧的学子们：武昌爆发起义，全国响应。不久，孙中山从美洲返国途经欧洲。据翁文灏记载："一九一一年辛亥革命时，尚在比，首悬新国旗志庆，并偕同学捐资于孙中山，俾其从早返回，领导革命。"在武昌起义胜败未定之际，"首悬新国旗志庆"不仅是翁文灏第一次公开表达自己的政治观点，而且也是一次带有风险性的政治表态。因为他是官费留学，接受清政府驻欧官员的管理，如果武昌起义——这在革命党的历史上是 9 次失败后的第 10 次起义——失败，"首悬新国旗志庆"也算得上一个不小的罪名。但"其时青年人士莫不因政局之革新，盼国势之复振，期望甚殷"[26]，澎湃的爱国热血涤荡了个人功利安危的顾忌。1913 年末，翁文灏离开了比利时，离开了欧洲，乘船沿来时的航线回返祖国。

关于翁文灏获得博士学位以及从欧洲回国的时间，过去的记载有许多矛盾之处，翁文灏自己后来的回忆也不完全准确。鲁汶大学保存的档案为我们提供了第一手资料：翁文灏是在 1913 年以优秀的成绩通过博士毕业考试初考，并于同年以优异的成绩通过论文答辩，获得博士学位，而非以往所记的 1912 年。[27] 如此，翁文灏回国日期当在 1913 年末而非 1912 年末。翁文灏回国以后的经历日程也进一步证明了这一点。

比利时的留学生涯，使翁文灏接受了全面系统的西方现代科学技术训练和现代科学精神的熏陶。从"关关雎鸠，在河之洲"，"礼失而求诸野"，到勒辛旷野上的玢岩，以及布鲁塞尔博物馆里的白垩纪禽龙躯骨，翁文灏完成了由一个中国秀才到现代地质学博士的转变，准确地说不是转变，而是一个中国秀才与地质学博士的沟通。获有秀才功名而又得留洋博士学位，这是在中国近代社会转型时期才具有的一种独特的文化现象。秀才、博士一身二任者鲜见，学贯中西者更属凤毛麟角，而东方古老文明与西方现代科学的通汇融合，在翁文灏的身上并没有丝毫突兀悖理，相反却让人觉得那么自然协调。他那用法文写成的博士论文里，闪烁着的是东方古老文明的智慧之光。

注释

①⑨《鄞县通志》(民国)。

②《鄞县史志》，1988 年第 1 期。

③《北华捷报》，1850 年 8 月 17 日。

④《资本论》第 1 卷，第 549 页。

⑤《上海对外贸易》上册，上海社科院出版社 1989 年，第 147 页。

⑥⑦《上海市棉布商业》中华书局 1979 年，第 24—25 页，第 62 页。

⑧ 王德昭:《清代科举制度》，中华书局，第 46—47 页。

⑩ 丁文江:《我所知道的翁咏霓》,《独立评论》第 97 号。

⑪⑯㉖ 翁文灏:《年谱初稿》(未刊稿)。

⑫《马相伯笔录》，江苏镇江、丹阳市政协编:《爱国老人马相伯》。

⑬⑭《震旦大学历史考证书》，上海档案馆Q244。

⑮《震旦学院简章》,《汇报》1905年8月12日。

⑰ 翁文灏:《蕉园诗稿》。

⑱ 董守义:《清代留学运动史》，辽宁人民出版社，第270页。

⑲ 沈瓞民:《记浙江第一次考选欧美留学生》,《浙江文史资料选辑》第11辑。

⑳《约章成案汇览》卷三十二下,《近代中国教育史料丛刊》二。

㉑《翁文灏选集》，冶金工业出版社，第1—2页。

㉒㉕ 翁文灏:《回溯吟》(手稿)。

㉓ 翁文灏:《悫士诗稿》(未刊稿)。

㉔《翁文灏先生言论集》，上海友联书社1936年。

㉗ Annairde Luniversite Catholipuede Louvain1914.

30年代中期，翁文灏（前排右三）与地质调查所同仁在兵马司9号

第2章

为中国地质学奠基

“愿为地学启朝暾”

1982年，在中国地质学会成立60周年的纪念大会上，与会者一致认为，中国近代地质学奠基人的荣誉和伟绩，应归于章鸿钊、丁文江、翁文灏和李四光。因为自他们以后，中国才有了自己的地质科学和地质科学研究，是他们把近代地质科学的种子播撒在中国的大地，并使之成为中国今天在世界居于前列的学科之一。

先驱者的足迹

地质学从一般的哲学认识变为较系统的科学，始于19世纪中叶的欧洲，其标志是地质学原理和地层系统的建立。中国古代的知识分子和能工巧匠，曾经积累了丰富的岩矿知识，产生过许多闪光的地质思想，但并没有形成系统的科学理论。

中国近代地质科学知识可以说是彻头彻尾的“舶来品”。使西方地质科学著述传入中国的第一人，是中国近代著名的科学著作翻译家华蘅芳。

华蘅芳（1831—1902），他先后翻译了《金石识别》①和《地学浅释》②，分别于同治十一年（1872 年）和同治十二年由江南机器制造总局出版。江南制造总局还出版过矿物学及矿床学方面的译著，如《求矿指南》、《相地探金石法》等。华蘅芳的译著虽有一定的影响（据说鲁迅在学生时代就曾学习这两本书），但这种影响极为有限，因为没有相当的专门知识和自然科学知识是很难完全读懂的。中国最早正规学习地质学知识的人，都是留学海外的学生。

第一位撰文讲解中国地质的中国人名叫“索子”，也就是周树人，即后来“中国文化革命的主将”鲁迅。这篇文章名叫《中国地质略论》，发表于 1903 年在东京出版的《浙江潮》第 8 期。鲁迅大约是根据在日本看到的资料撰写的，因此其“内容基本上是综合性情报工作，而不是创作”③。最早对中国大陆地质进行调查研究的，是 19 世纪 60 年代来华的西方地质学家。

1863—1864 年，美国学者奔卑来（R.Pumpelly）和布雷克（W.P.Blacke），从日本到中国长江流域、华北、西北各地，进行地质矿产调查。他们虽然在地层方面没有大的收获，但从地貌上看到中国东部山脉多是北东向，于是留下一个地质构造的名词——“震旦走向”（SinianTrend）。以后欧洲学者接踵而来，其中最有影响的当数德国人李希霍芬（Ferdinand Von Richthofen）。从 1868 年至 1872 年，李希霍芬 7 次考察中国地质地理，所涉足之地有辽、鲁、冀、晋、陕、甘、黔、粤、赣、皖、浙、苏，遍及中国大部。他的五卷巨著《中国》（*CHINA*）“在中国北方和南方建立一系列地层剖面，提出‘五台系’、‘震旦系’等许多地层单位命名，为中国地层学做了开拓性的工作”[④]。然而，李希霍芬对中国地质的调查，一方面开创了对中国地质研究的最初局面，积累了资料，另一方面也为列强争夺瓜分中国提供了帮助和指南。据悉，“李希霍芬氏于调查地质外，对于中国矿产、险要以及海港形势无不悉心考察，自归而对彼国人扬言：中国有三良港，一为浙江之三门湾，二为江苏海州之青口，三为山东之胶州湾，中以胶州湾逼近矿区，尤为良港”。随后于1897年发生了德国强租胶州湾事件。“李氏书中有：‘山西煤矿非美国宾西尔瓦尼亚所可比，足供全球千年之用’等语。”[⑤]遂又有英俄协商争夺山西煤矿采掘权的事件等等。这一切都强烈刺激着不甘沉沦、不愿任人宰割的炎黄子孙，激励他们寻找各种各样的救国途径。

在清末派遣的大批留学生中，虽有不少人学习自然科学和工程技术，但专门学习地质的人却极少。据黄汲清先生统计，只有王宠佑、顾琅、章鸿钊、丁文江和翁文灏5人。还有一些学工程技术，特别是学采矿冶金的学生，如邝荣光、何熽时、张轶欧、何杰等，也学到过一些基本的地质学知识，但究竟不同于专门地质工作者。这些留学生回国以后，把所学的知识或应用于找矿采矿工作，或在学校中授徒传播，或在政府中提倡推动，为中国地质科学的建立和发展，发挥了不同的作用。当1913年翁文灏自欧洲返国之时，“地质”一词已出现于政府机构的名录之中。这正是源于留日回国学生章鸿钊的努力。

章鸿钊，字演存，浙江吴兴人，生于清光绪三年正月二十七日（1877年3月11日）。他自幼聪颖，5岁时即入蒙馆读书，尤喜算学。25岁时以第一名成绩考入上海东文学堂（南洋公学开办），

1905 年 4 月被派赴日本留学。他先入京都第三高等学校学习，1909 年升转东京帝国大学理科大学，随日本地质界的开山鼻祖小藤文次郎教授攻读地质学。章鸿钊后来回忆他选择学习地质学的原因时这样说："予尔时第知外人之调查中国地质者大有人在，顾未闻国人有注意及此者。夫以国人之众，竟无一人，焉得详神州一块土之地质，一任外人之深入吾腹地而不之知也，已可耻矣！且以我国幅员之大，凡矿也、工也、农也、水文地理也，无一不与地层相需。地质不明，则弃利于地亦必多，农不知土壤所宜，工不知材料所出，商亦不知货其所有，易其所无，如是而欲国之不贫且弱也，具可得乎。"⑥正是这种强烈的责任感，激励着章鸿钊克服重重困难，去改变国家"贫且弱"的现状。1910 年，他回到浙江，实地调查了杭州地区的地质、地层、构造和岩浆岩，写出题为《中国杭州府邻区地质》的毕业论文。

宣统三年（1911 年）夏。章鸿钊自东京帝大毕业，应京师大学农科大学校长罗叔韫（振玉）先生之邀，返国赴京师任教。临行之时，他的老师小藤先生语重心长地对他说："君将行矣。君亦知此行所负之责任乎？今世界各国地质已大明矣，惟君之国则犹若不开辟之天地然。而开辟之责具在君乎。君若不学于是则已，既学而归，归而不行其所学，或不尽其职焉，则与已死之陈人无异也。"⑦

铭记着恩师的激励，章鸿钊回到祖国。当时清廷学部正举行回国留学生考试，结果章鸿钊以最优等的成绩获"格致科进士"。秋季开学，章鸿钊以讲师的身份，开始在京师大学讲授地质学，这也是在大学中讲授地质学的第一位中国人。然而不久爆发的武昌起义震动了京城，学生们人心惶惶，纷纷离校回家，章鸿钊也中断了教书生涯。1912 年春，他应同学之邀，南下投身于新生政权的建设之中。

1912 年元旦，孙中山领导的中华民国南京临时政府宣告成立。新政府中的实业部下有矿务司，司内设有地质科，科长便是章鸿钊。这也是有始以来中国政府中第一次出现主管地质的机构。

民国新政府成立之初，清政府尚未打倒，政府面临的工作千头万绪，百废待兴。章鸿钊默默地开始设计创立中国自己的地质科学，规划着中国地质学发展的前景蓝图。他到任之后即拟文下达各省，请考查征调各地地质专门人才、地质参考品、各省舆图和矿山区域图说等。他还草拟了一份《中华地质调查私议》，纵论我国地质在世界中所占之地位和我国地质调查的时机，提出政府应“亟设局所，以为之经略之基；树实利，以免首事之困；亟兴专门学校，以育人才；广测量事业，以制舆图”。他建议先筹设一个地质讲习所，培育人才，以为将来地质研究、地质调查之准备。⑧正当章鸿钊踌躇满志准备一展宏图之时，动荡的政局打断了他的计划。

孙中山虽然出任了中华民国第一任临时大总统，但对手握北洋六镇重兵的袁世凯却也无可奈何。袁世凯大施政治手腕，借南方革命之势迫使清帝退位，又挟北洋六镇之兵对革命党花言巧语，诅咒发誓，软硬兼施。南京临时政府为避免大规模内战，只好委曲求全，以清帝退位为条件，将临时大总统之职拱手让出，并同意迁都北京。

1912 年 4 月，临时政府迁都北上，依《临时约法》组成以唐绍仪为总理的第一届责任内阁。唐绍仪内阁将原实业部分为农林、工商两部，由宋教仁、陈其美分任两部总长。地质科归于工商部矿政司下，科长仍为章鸿钊。然而章鸿钊的工作很不如意，“当局举棋不定，异论蜂起”，他被迫“借故他去”，“改就农林部技正之职”⑨。

民国元年，工商部矿务司的地质科形同虚设，于是矿务司长、留比归国生张轶欧约请在上海南洋中学任教的丁文江到工商部，“俾专调查之役”[10]。张轶欧（1881—1938 年），字翼后，又字翼侯，号一鸥，江苏无锡人。清末曾留学日本早稻田大学，加入兴中会，后留学比利时，学习采矿冶金，获海南工科大学路矿业硕士，民国初年入南京临时政府实业部，即与章鸿钊“以调查地质相期许”，“每事必咨，尝离不二年，迹亦复合”。1912 年 9 月任“矿务司技正”，1913 年 1 月署理矿务司司长。

1913 年初，丁文江接任因章鸿钊离去而空缺的地质科长。章去丁来，中国尚未起步即面临夭折之危的地质科学事业，因丁文江的出现而重现生机。

地质研究所

丁文江，字在君，清光绪十三年三月二十日（1887 年 4 月 13 日）出生于江苏省泰兴县黄桥镇一个士绅家族。他天资聪颖，5 岁入塾读书，少时被人赞为神童。14 岁时，丁文江受到泰兴知县龙璋（字研仙）先生赏识，被推荐赴日留学。1904 年，丁文江由日本转赴英国留学，先是在英国东部一个叫斯帕尔丁（Spalding）的小镇读中学，从一年级读起，一年跳三级，两年后考进了最著名的学府——剑桥大学。然而剑桥贵族式的教育和生活，丁文江实在无法承受。1907 年他来到苏格兰的格拉斯哥，入工业学院预科，次年正式入格拉斯哥大学学习动物学和地质学。

1911 年，丁文江取得动物学和地质学双科毕业证书。回国之时，他并不急于先去探视阔别 9 年的亲人，而是由越南登岸，从陆路进入云南，由云南而贵州，而湖南、湖北，沿途考察地质，了解风俗人情。回到家乡不久，又赴京参加留学生考试，与章鸿钊同获“格致科进士”。

丁文江先在上海南洋中学教书一年，1913 年初应张轶欧之邀入京，继章鸿钊出任地质科科长。到任后，丁文江首先面临的仍是专业人才的缺乏。据丁文江自己回忆：“我这科里有一个佥事，两个科员，都不是学地质的。‘科’是一个办公文的机关，我这个科根本没有公文可办。”[11]当时国内没有一所大学开设地质课程。更不用说培养专门的地质人才了。等待回国的留学生，远水不解近渴；聘用“客卿”，引用外国人才，亦非长久之计。丁文江决心立足国内，培养中国自己的地质人才。

以章鸿钊的地质讲习所的设想为蓝图。丁文江提出了更为具体的建议和主张：《工商部试办地质调查说明书》。他首先阐述地质调查在发展实业、建设国家中的优先地位，指出：“吾国地大物博，人众民勤，矿产之富，土地之肥，山泽之利，甲于全球，诚所谓天府之国也。”但是今日中国实业极不发达。要想发达实业，“必先从事地质调查。盖凡所谓实业者，无不取材于地，……吾国今日之情势，尤不可不从事于调查……苟不先调查全国之利源而统计之比较之，则又何从预测何者获利厚，何者获利薄乎？”“若政府有负责任之机关专从事于调查，则不特可以为政府之顾问，使能尽其监督之天职。”“然所谓调查云者，非特集十数才智之士搜中外图籍之关于地质者而抄袭之也，又非特简一二科员、技正分赴各地咨询旧日之矿工知事之父老而略为记载报告也。盖必简富有学识经验之士，携斧入山泽而从事于实地之测验，归则出其所得于山野者。穷年累月而研究之，制图立说以供实用，故其事非一朝一夕之所能成功。”他具体建议：招中学毕业生学业优异体力强健者，“期于三年内造就技士若干人，以为第四年大举之地步”，借用北京大学地质学门的书籍仪器和校舍，“以最少之经费得最大之效果”[12]。他的主张得到工商部的首肯，于是商请北京大学（原京师大学堂）“借鸡下蛋”。

北京大学的前身是京师大学堂，创办于 1898 年戊戌维新之际。在大学堂筹办计划中，曾准备设一个地学科附矿学，后因慈禧太后发动政变，该计划胎死腹中。1903 年修订大学堂章程之时，规定大学堂下设 8 科，其中格致科下设“地质学门”，然也只是计划。据说，在“作为预备科的高等学堂……所学课程有地质学和矿物学”[13]。直到 1909 年京师大学堂开办分科大学，格致科大学地质学门方正式成立并招生。聘请了德国人梭尔格博士（Dr.F.Solgar）等人授课，学生是由高等学堂德文班升入的王烈、邬友能、裘杰等 5 个人，最后只有两人毕业。这第一届学生毕业之后，北京大学理科（格致科）即因学生人数太少、开课费用太高，停办地质学门。丁文江通过工商部商请北京大学，借其地质学门的图书资料、标本、教室，由工商部出资创办地质研究所，招生授徒，培养地质人才。

1913 年夏，丁文江亲自主持在北京、上海两地公开招考有志于地质事业的中学毕业生。考试的项目是国文、英文、算术（数学、代数、平面几何、平面三角）、无机化学。当时的报考者朱庭祜，几十年以后还清楚记得当时的情形：“1913 年夏季，我与同班同学谢家荣、刘季辰、唐在勤报考北京工商部创设的地质研究所。到期我因病未考，而谢、刘、唐三人均被录取，于是我要求赴北京补考。到京后就在工商部由丁主试，试毕，他对我说：‘你的国文和算术程度已够，英文尚差，应在暑假中好好补习。’”[14]原计划招收 30 人，丁文江坚持宁缺毋滥的录取原则，只招收了正选 27 名，备取 9 名。

9 月地质研究所成立，所长丁文江。10 月在北京尘土飞扬的秋风中，景山东街马神庙原北京大学地质学门的旧址，工商部地质研究所的25名学生开始了新的生活，中国地质事业也由此埋下了第一块奠基石。正如翁文灏所说:“以中国之人，入中国之校，从中国之师，以研究中国之地质者，实自兹始。”⑮

在研究所授课的教师有章鸿钊、原北京大学的德籍教师梭尔格，矿务司长张铁欧也兼任采矿学课程。11月，丁文江辞去研究所所长之职，继续他热衷的地质调查，研究所所长由章鸿钊接任。

丁文江离京以后，研究所担任授课的教师就越发显得捉襟见肘，国内可应聘担任教职的人选几乎没有，这不能不令担任所长的章鸿钊焦虑万分。正在此时，翁文灏自欧洲归国，被张铁欧延揽入部，章鸿钊真是大喜过望。于是翁文灏成为地质研究所唯一的专任教师，次年改任教授。

翁文灏回国之初，在从事什么职业上也曾面临着不同的选择。当时有个叫劳敬修的广东人，计划开发湖北蒲圻的煤矿，欲以此煤炼焦，以开发长江流域的钢铁工业。这是个中英合资的项目。因为当时日本人对中国的钢铁事业抱有独家垄断的野心，英国人欲在其势力范围的长江流域创办钢铁工业，以打破日本人的垄断。翁家几代经营英国洋布，与英商有许多来往。获得博士学位的翁文灏从比利时留学归来，立即有人找上门来，请他去做总工程师。

尽管当时翁家的洋货生意已日见萎靡，而总工程师一职的经济收入也颇具魅力。翁文灏还是觉得自己“学的是地质，去做总工程师，学非所用”，尤其是因为他“不愿意帮助外国人”⑯，于是婉言拒绝了这一邀请，“回甬省亲后即转往北京。任地质研究所之讲师”⑰。

谢绝私交厚薪给，愿为地学启朝暾。

吴兴泰兴具同志，筚路蓝缕何足论。[18]

“最有功之教员”

翁文灏的到来，不仅使地质研究所久悬未决的专任教授一职责有攸归，“如鼎之有足，不虞覆餗”，而且也大大提高了研究所的教学水平。研究所学制为两年，每个学年为三个学期。9 月至 12 月为第一学期，1 月至 3 月为第二学期，4 月至 6 月为第三学期。7 月至 8 月为暑假，此外还有 10 天年假。课程设置上，既注意培养学生精深的专业知识和技术，更要求学生有较扎实的基础知识。基础课有：国文、微积分、解析几何、三角、物理、化学、定性分析、定量分析、图画等；专业基础课有动物学、地理学、地文学、测量学、机械学、照相术等；专业课有地质通论、普通矿物学、造岩矿物及岩石学、构造地质学、古生物学、地史学、矿床学、冶金学、采矿学等等。翁文灏先后开设的课程有光性矿物学、岩石及矿床学等。他特别注意培养学生的野外工作能力，而且身先士卒，多次率领学生们赴北京周围，如西山、门头沟以及山东、江西去做野外考察。无怪乎章鸿钊在毕业典礼时特意言明：“翁先生实本所最有功之教员也。”[19]为了率领学生们野外考察，翁文灏甚至推迟了谒见大总统袁世凯的日期。

1915 年春天，第五个学期结束以后，研究所的学生即面临明年的毕业。翁文灏与章鸿钊、丁文江根据中国地质事业需要拓荒者这一实际情况。又对课程进行了调整，废除了原来甲（侧重矿物学）、乙（侧重生物学）分科。删去了某些纯理论性课程，增设了实用性课程，特别增加了学生野外实习的机会和时间。1916 年春夏，又规定学生实习地域、时间，令分赴各地独立考察，写出报告，由三人分别评阅，作为最后的毕业成绩。

1916 年 7 月，地质研究所的学生们修业期满，当初入学的 25 人，如今只剩下 22 人。经过认真的考试评定，22 人中有 18 人获得毕业证书，3 人得修业证书。1 人未获证书。

翁文灏与章鸿钊一起，将师生们三年来的野外地质考察报告汇总审订，编印成《农商部地质研究所师弟修业记》一册。同时，将地质研究所师生数年来所作的图表，采集的岩石、矿产标本等汇集起来，进行了汇报性的陈列展览。这次陈列展览，被以后中国地质学史专家们认定为中国地质博物馆的创始行动。

7 月 14 日，农商部举行了隆重的地质研究所学生毕业典礼，农商部次长以下全体部员出席。翁文灏向学生们发表了演说，略述地质科学在欧美发生发展之经过及国家政府之重视，说明“趋向所及，地质之应用日著”。他特别强调，地质学虽不专以矿产为目的，“然大势所趋，研究矿产者不得不利用地质，研究地质者亦遂不得不注重矿产”。希望学生们今后“各就所长，益求精进，一方面发挥学理，以增吾人科学之智识；一方面尤须留心实用，尽科学之能事，以发明吾国之地质、矿产”[20]。章鸿钊报告了三年来办学的经过，并向学生颁发毕业证书。

1913 年底 1914 年初之际，北洋政府将农林、工商两部合并为农商部，由著名的状元实业家张謇出任总长。张謇因部中经费困难，对原工商部下设一个开馆授徒的地质研究所颇不以为然，认为此乃教育部之责，农商部无须越俎代庖，命令将该所立即解散。时任矿政司长的张轶欧，本也是学习采矿冶金的比利时留学生，对地质科学的重要性知之较深，在民国初年地质科的设置，地质人才的延揽及地质研究所的创办中，都发挥了重要作用。但他面对顶头上司张謇的命令也无可奈何，只好让章鸿钊上书力争。章鸿钊据理力争，说明："所以设立该所也，非为研究而研究也，今日之研究正为他日之调查也。"而且"今日之学生固经部试而选取者，一朝解散，令之失学，不可也"[21]。张謇又提出移交教育部，并行文教育部协商。无奈教育部没有一所学校设有相当的科系可以接纳。张謇不好再坚持立即撤销，但仍令该所办至此届学生毕业即行停止。1916 年 7 月，随着学生的毕业，地质研究所也就结束了它的光荣使命。中国地质学的发展，由最初的专门培养人才进入了实地调查、研究的新阶段，"欣得菁莪携手进，神州气象辟新春"。

留学生考试

民国初年，留学生回国者日益增多。这些身穿洋装、口诵洋文的留学生也是形形色色，程度参差不齐；学贯中西、身怀绝技者有之，胸无点墨、招摇撞骗者也不少。北洋政府为慎重选用人才，决定依照清末办法，于 1915 年初组织了留学生甄拔考验委员会，对回国留学生进行甄拔考试，以为政府录用分发的依据。

1915 年 2 月 22 日上午，已报名准考者携带笔墨赴甄拔考验委员会应考。参加考试者分理、法、文、医、农、工、商、矿八科，翁文灏报名参加了矿科的考试。同时参加矿科考试的还有另外 11 人。一个月后，北洋政府公布了考试结果，考生按照成绩分为超等、甲等、乙等、丙等、及格五个级别。名列超等者总共 8 人，翁文灏即为其中之一，而且是矿科中唯一获得超等者。翁文灏的好友胡文耀列理科超等。

按照北洋政府《考验及第留学生分部暂行办法》："获超等及第各生分别以荐任文职或技术职尽先使用，甲等及第各生分部学习，一年期满后有成绩者以荐任文职或技术职任用……已在各官署任职，不愿分部、分省者，听其办事，著有成绩者，并得由各该长官尽先任用。”

此时，袁世凯正紧锣密鼓地预备上演帝制闹剧，甚至还模仿清廷官员“陛见”皇帝的恩赐仪规，制定了《觐见条例》，规定特任、简任、荐任官员均须在其长官的率领之下觐见大总统，非经觐见不得发给任命状，而没有任命状是不能就职的。比照条例的规定，北洋政府命留学生考试中获超等、甲等者，于 1915 年 4 月 12 日前往大总统府，觐见大总统袁世凯。

此时的翁文灏尚在外地率领学生考察地质，当然无暇顾及什么“觐见”。于是在国务卿徐世昌 4 月 9 日上报袁世凯的呈文中留下了这样的文字：“其矿科超等及第留学生翁文灏、农科甲等及第留学生牛献周二员均未觐见，拟俟该生等补请觐见后，再行分发。”[22]直到 5 月 2 日，翁文灏和那位牛献周补行了觐见之后，袁世凯才下令批准“将该员等分别支配农商、教育两部，以备任用，而资历练。”[23]虽然翁文灏已在农商部任职，农商总长周自齐还是给了他一个“技正上任事”的名衔。“其实此项名衔，无裨实事”，翁文灏任职“仍因地质工作而推进，与此次考试并无关系”[24]。

地质调查所

五项原则

地质研究所结束之时，原矿政司地质科已于 1913 年改为地质调查所，所长是丁文江。但该所既无定额人员，又无专门预算，有名无实。1916 年 1 月地质调查所改为农商部直属的地质调查局，定额 39 人，年预算 6.8 万元，于是地质研究所 21 名毕业生全部进入地质调查局，“分别派充地质调查局调查员、学习员等职”[25]。该局以矿政司长张轶欧为局长，丁文江和瑞典顾问安特生为副局长，实际负责人仍是丁文江。这一年的 10 月，地质调查局又恢复矿政司地质调查所之名，张轶欧也不再兼任，正式由丁文江全面主持该所事务。所内分总务、地质、矿产三股，丁文江自兼总务股长，章鸿钊为地质股长，翁文灏为矿产股长。同时地质调查所的人员定额改为 24 人，经费数额照旧。

6.8 万元的经费与当时世界其他各国政府的地质调查机构相比已属最少，如美国地质调查所每年经费为 200 万美元，日本地质调查所为 40 万日元，日本在大连设的地质调查所每年经费也有 8 万日元。然而这 6.8 万元经费也只是名义上的，实际上每年仅拨给 4.2 万元。[26]

地质调查所虽然归属政府行政机关之中，但所从事的却是科学性很强的工作。在经费支绌、人员有限的条件下，如何迅速推广地质调查和地质科学研究在中国的发展，并为今后的发展奠定良好基础，翁文灏与丁文江、章鸿钊 3 人确实是颇动了一番脑筋。经过缜密慎重的思考并参考世界各国地质科学发展的道路，3 人商定“期以相循共进者”五点：

（一）地质调查所的工作以实地调查为宗，室内研究为辅。

（二）学校教课与调查任务性质固相辅而行，工作则不易同时兼任，故调查所人员以不兼校课为宜。

（三）念国势之艰危，人才之消乏，任事诸人务必坚贞自守，力求上进，期为前途之先驱。

（四）报告出版应特为慎重，不可率而操觚，期符科学之标准，而免为空疏之浮文。

（五）报告宜照性质，兼重西文。[27]

这“五项原则”确定了地质调查所“以实地调查为主”的发展方向；树立了从业者“不兼校课”，“坚贞自守，力求上进”，以专心致力于地质调查。推动中国地质科学力争上游，严格遵循科学标准，不为空疏浮文的职业道德标准；兼重西文的提倡，在当时中国科学落后的状态下，对促进中国研究者及时了解国际动态，学习借鉴先进成果，开展对外学术交流，赶超世界先进水平，都极为必要，而且以后的实践也证明了其先见之明。

这五点的提出具有很明显的时代特色。因为当时军阀政府忙于内战和争权夺利，对建设和科学发展根本无暇顾及，欠薪的情形时常发生，兼课兼薪成为知识分子维持生计的手段和途径。但此时翁文灏他们首先考虑的不是个人的生计。科学的发展是国家进步、人民幸福的基础，救国救民的根本之计，在此“国势艰危，人才消乏”之际，他们把牺牲个人利益，为国家根本奠定坚实之基，看作是自己的义务和责任。这“五项原则”今日读之，仍不能不令人被 80 年前中国科学先驱者们对科学事业的虔诚态度，对国家科学发达的殷切期望和自我牺牲精神所感动和震撼。正是因为有了这些在混乱和历史大变动时代，依然怀抱救国志向，并具有科学知识和科学精神的人们“坚贞自守，力求上进”，埋头苦干，中国的文明、中国的科学事业才得以连绵不断，赓续长生。谁能说他们不是“中国的脊梁”?!

正如翁文灏在《地质研究所师弟修业记》序言中所说，“欲图斯学之进步，亦惟有担斧入山，披荆棘斩榛莽，以求益吾事实上之知识而已”。中国近代地质科学调查和研究经过几年的孕育，就这样在黑暗中起锚出海了。翁文灏同丁、章三人就像船长、舵手，21 名毕业生就像水手，拼命地摇动着船桨，他们共同奋力把中国地质科学之船划向前方。“同时这些人又像种子，撒播到各地，以后在许多大学和研究机构中担任学术领袖。”㉘ 如谢家荣、李学清曾分别担任北京大学、中央大学的地质系主任；谭锡畴是中央研究院地质研究所的研究员；叶良辅、李捷、周赞衡、王竹泉任地质调查所技正，朱庭祜任贵州、浙江地质调查所所长等等，其中叶良辅、谢家荣 1949 年前即是中央研究院的评议员、院士，成为中国地质科学的带头人，成为中国科技史上闪光的名字。

筚路蓝缕启山林

地质调查所最初成立之时，设在位于西单与西四之间的粉子胡同农商部内，1916 年初与地质研究所同时迁入粉子胡同北边的丰盛胡同 3 号和丰盛胡同北边的兵马司胡同 9 号。研究所结束以后，上述地点均归调查所使用。

地质调查所成立之日，也正是中国近代历史最混乱之时。中华民国政府由南京迁到北京之后，国家权力的核心也由以孙中山为首的革命党手中，转移到了以袁世凯为首的封建军阀手中。尽管这个政权是共和国的形式，有西式的国会，有责任内阁式的国务院，但一切实际的权力和政治决策都来源于那个神秘的院子——中南海——袁世凯的大总统府。掌握和运用国家权力的既不是知识界的精英，更不是人民的代表，而是袁世凯训练提拔起来的大小军阀和依附他们的政客。人们把历史上的这一段时期称之为“北洋军阀统治时期”，北京政府也被称为“北洋政府”。因为袁世凯于清朝末年在天津小站用欧式方法训练了一支北洋新军，以此为基础，培植豢养了一支只忠于他本人的军事力量，并使之成为他对清王朝逼宫的后盾，与革命党讨价还价的资本，镇压人民反抗的大棒。

北洋军阀统治的 17 年中，先后有 7 个人当过总统或国家元首（其中黎元洪是两次），另外还有过 4 个摄政内阁，代行元首职权，有过一次溥仪复辟。据统计，有过 24 个内阁，5 届国会，至少 4 部宪法或基本法。与之相伴随，还有更可怕的战争。这 17 年中共有过多少次战争，没有人统计过，不是因为不值得统计，而是实在难以统计。政治上的混乱和军事上的穷兵黩武，在袁世凯死后更加变本加厉。1916 年袁世凯在复辟帝制丑剧被迫收场之后，在人民的唾骂声中死去，北洋军阀集团分裂为直皖两大派系。袁世凯的两员大将冯国璋、段祺瑞分别成为直、皖两派的掌门人，再加上东北张作霖的奉系及西南地区大小军阀，中国陷入 20 世纪的“战国时期”，中原大地、长江两岸随时可能成为烽烟弥漫的战场。内阁总理、各部总长，更是走马灯般地更迭不断，根本无人真心思虑国家的建设、科学的发展。

地质调查所每年实际支领的 4.2 万元经费中，职员薪水一年是 3 万元，其中还包括聘请外国技师及派员赴欧美进修的全部费用在内。余下的 1.2 万元，就是地质调查所全年从事地质调查研究。购买图书、仪器，印刷刊物、书籍的所有经费。薪俸常常拖欠，甚至最基本的工资也难以保证，欠薪、经费折扣发放成为司空见惯的现象，职员连养家糊口都成了问题。1921 年，丁文江因家庭负担太重，不得不辞去地质调查所所长的职务，去做北票煤矿公司的总经理。翁文灏担任代理地质调查所所长一职，1926 年 6 月正式接任。

翁文灏的姨表兄李思浩，此时已做了北洋政府的财政总长。他见翁文灏生活非常清苦，就提出让他去做个税务官，“这个差使，奉公守法的人一年也有 6 万大洋的好处，你先去干几年，把生活问题解决了，再来做科学研究也不迟”。翁文灏婉言谢绝：“谢谢你的好意，我的生活很简单，用不着那么多钱。”实际上此时翁家商业上的经营已经破产，1914 年老父与继母也随翁文灏全家迁居北京，完全靠翁文灏的薪金生活，家中又不断地增口添丁，生活非常拮据。

国家专设的机构，从事于关乎国家发展、人民福祉的重要事业，但却得不到必需的物质保障。不要说没有事业心，就是意志稍微薄弱的人，也难以忍受这样的困苦和被轻视的地位，何况还要跋涉荒野、攀登险崖去测地探矿。但翁文灏他们没有自卑，更没有自贱，他们坚持自己的所为，坚信科学的力量。

地质调查所最初每年大约都要派七八个人，分上下两期出外进行地质矿产调查。每位外出调查者的活动经费，平均有 1000 元。余下的 4000 元经费中，用在每年印刷《地质专报》、《地质汇报》和《古生物志》的约有 3000 元，而且只能各印一期，其余一切开支都要在剩下的 1000 元中解决。例如，新图书馆建成后，翁文灏为能增进与各国图书交换数量，决定加印报告，结果只好压缩外出调查旅费。

1920 年以后，地质调查所归农商部直辖，但经费却每况愈下，愈发难以维持。在丁文江、翁文灏积极呼吁和奔走之下，社会热心人士逐渐对地质调查所的重要性有所认识，地质调查所在极其艰难的形势下所取得的成绩也使他们颇为振奋。与地质调查工作关系密切的几个大煤矿公司，首先表示出对地质调查所困境的关注。1920 年，中兴煤矿和开滦煤矿倡议为地质调查所兴筑地质陈列馆和地质图书馆捐款，支持地质调查事业的发展。中兴、开滦等矿先后认捐 3.9 万多元。大总统黎元洪也特“颁赐银币千元，以资提倡”㉙。1921 年春天开工。到 1922 年 7 月在兵马司胡同 9 号建成图书馆新馆一座，并扩充了丰盛胡同 3 号地质陈列馆。

地质调查所图书馆于民国元年筹备，1916 年正式成立，最初在丰盛胡同 3 号，仅有图书 400 余册。在建筑新馆的同时，翁文灏从建筑捐款中提取出一部分，“委托各国专员经理购置”，加上欧美、日本公众机关赠送或以该所出版书报与之交换的，到 1922 年 7 月新馆落成之时，“运到者已不下数千卷”㉚。在翁文灏的积极经营下，5 年以后，地质调查所图书馆已有图书、丛书（期刊、杂志）15000 余册，类书 4970 册，中国地形、地质、矿产图 4000 幅，省县志 200 余种，并与国外 260 余处机构保持期刊交换关系。㉛

在地质研究所毕业成果展览的基础上，地质调查所逐渐将其发展成为“地质矿产陈列馆”。由于对这个陈列馆的发展计划、古生物化石及史前古物的采集鉴定，安特生贡献甚多，1920 年农商部任命安特生兼任馆长。因安特生“调查事繁，出外时多”，地质调查所又派技师卢祖荫“主任馆事”，“实际上之整理布置实以卢君之力为最多”。陈列馆在丰盛胡同 3 号，楼上楼下共占四大间，“楼下二间陈列金属矿产及煤铁矿标本，楼上二室一为地质系统标本，一为动力地质及矿物岩标本；均依地层之系统及矿物岩石之分类陈列”，陈列标本达 5014 种，8496 件。由于地质及矿产调查的迅速扩大，新的标本迅速增多，尚有数千件标本因无处摆放，存于兵马司胡同 9 号。[32]

按翁文灏“集中事务管理及研究工作于兵马司 9 号”，“而丰盛胡同 3 号的房屋悉作陈列馆之用”的设想，地质调查所本欲用各大煤矿的捐款，在兵马司胡同 9 号建成“新式楼房一所，专供办公室、古生物研究室、矿物岩石研究室及标本分配贮藏”；将腾出的丰盛胡同 3 号部分房屋再翻修为陈列馆之北部。这样南北陈列室可增加 14 间房屋，连同中部原有 4 间共为 18 间，可容纳陈列柜 600 只，“陈列普通容积之标本四万余件”[33]。六河沟煤矿、中兴煤矿、北票煤矿、怡立公司、开滦矿务局和福中公司等六大公司，答应每年捐款 2 万元，5 年为期，“作为建筑地质调查所矿产陈列馆及他种建筑之用”。由于时局不靖，各大矿经营情况每况愈下，到 1926 年秋地质调查所准备着手实施计划之时，许多矿竟不能践约。幸赖开滦矿务局、北票煤矿公司及一些个人的鼎力相助，到 1929 年 9 月方共得捐款 27910 元。1927 年春，在丰盛胡同 3 号南部，建成“南部陈列室三大室，二室陈列古生物及考古学标本，一室专陈列非金属标本”。陈列馆的中南两部共有陈列柜 250 个，陈列标本 2 万余件。标本除安特生收集的考古学标本及美国天产博物院所赠蒙古恐龙与哺乳类化石外，“大多为本所调查人员自行采集。对于各种矿产，于标本外并陈列详细图表及说明”。此外兵马司 9 号建成办公新楼一座，但丰盛胡同 3 号部分房屋翻修的计划却被迫搁浅，而且陈列馆中大部分设备以及各研究室之仪器设备，也改由中华教育文化基金之补助费中支付。㉞

在图书馆、陈列馆初步建成之初，地质调查所于 1922 年 7 月 17 日举行了盛大的图书馆及陈列馆开幕典礼，并于 19 日至 25 日对外公开展览。农商总长张国淦以下官员及中外新闻记者数十人到场祝贺。翁文灏的好友、北京大学教授胡适在《努力周报》上发出这样的感慨：

这一周中国的大事，并不是（财政总长）董康的被打，也不是内阁的总辞职，也不是四川的大战，乃是十七日北京地质调查所的博物馆与图书馆的开幕。中国学科学的人，只有地质学者在中国的科学史上可算是已经有了有价值的贡献。自从地质调查所成立以来，丁文江、翁文灏和其他的几位地质学者，用科学的精神，作互相的研究，经过种种的困难，始终不间断，所以能有现在的成绩。……我们现在虽不能说这一班中国地质学者在世界的地质研究上有什么创作的贡献，我们至少可以说，他们整理中国的地质学知识，已经能使中国地质学成为一门科学：单这一点，已经很可以使中国学别种科学的人十分惭愧了。

翁文灏的身影并没有出现在开幕式上，此刻他正在前往欧洲参加国际地质学大会的路上，但这次地质调查所历史上少有的“造势”，都是他们早已安排而且极有针对性的活动。因为不久之前北京政府一度盛传的机构裁减名单上，地质调查所赫然在列。为此，北京大学校长蔡元培、前财政总长梁启超、前农商总长张謇、北洋大学校长冯熙运、北京工业专门学校校长俞同奎、南开大学校长张伯苓、前农商总长张国淦、东南大学校长郭秉文等八人联名上书农商部，认为“地质调查所，自设立以来关于调查矿产方面固已成绩昭然，即关于学术研究方面，尤能于中国地质多所发明，几足与各国地质机关相颉颃。……且闻该所用人极严，办事认真，洵为近时官立机关中所仅见。兹者政府裁员减政，自有权衡，惟该所办理有年，成绩昭著，似不应在裁减之列。”呼吁予以保留并维持而发展之。

虽然机构是保留下来了，但是经费也愈发地少了。按预算 1925 年全年经费仅有 68640 元，但翁文灏实际领到的只是预算的 37%，即 24774.75 元。翁文灏精打细算，省而又省，年终账面上仍有 1099.57 元的赤字。[35] 这种情况到了 1926 年不仅没有好转，反而愈加严重。农商部给地质调查所的经费到了一年只有 17745 元的境地，和 1919 年的预算相比，仅有其 26%弱，而全所员工一年薪金是 17259 元。[36]

翁文灏为维持已有规模和水平，首先是控制新增人员的数量和质量。自 1920 年以后，地质调查所添员极少且悉经严格考试。对想进所工作的新毕业大学生，采取了堪称苛刻的措施。翁文灏的标准是，第一要名牌学校的高才生，第二要经过严格测验考试。考试合格录取后，担任练习生二年，二年期满工作合格，方正式派为调查员。这样的做法，固然因为翁文灏一贯严格认真的工作作风，另一方面也是因为紧缺的经费和繁重的任务容不得他稍有疏忽。这种做法，一方面保证了地质调查所集中的都是最优秀的地质人才，却也容易造成一些优秀人才因一时的表现不佳而丧失发展机会。例如，后来发现“北京猿人”头盖骨，并成为世界著名考古学家的中国科学院学部委员裴文中教授，当年于北京大学地质学系毕业后就曾投报地质调查所。翁文灏限于经费之困，只让他先去做一项课题研究，如得成果方有报酬，结果裴文中未得如愿。第二年贫困交加的裴文中再次求到翁文灏门下，恰巧领导周口店野外挖掘的李捷另有任务，翁文灏才把这个艰苦的工作给了裴文中。后来的历史已经证明裴文中的智慧和能力，但回想当年险些失之交臂，谁又能不感叹科学在金钱面前的委屈和无奈。

翁文灏的第二项措施是降低差旅费标准，尽可能压缩一切开支，不论是不必要的还是必要的。

如前所述，地质调查所开始地质调查工作之初，虽然经费按预算数的7折支领，但每个出外调查的人尚能有平均1000元的经费。1925年因为时局不宁，军阀混战不断，调查工作被迫处于半停滞状态，实际外出调查比往年略少。但翁文灏派出调查人员所调查区域，仍涉及有京、绥、热、奉、豫、皖、赣、鄂八省区之多，最短两天，最长者84天。按一人一天计算，折合实地调查640天，差旅费的标准则仅有每人每天5元。按这个标准，640天也要支出3200元，而调查所实际仅支出600元，其余皆由所调查地区各省实业厅、实业公司支出。[37]

为节省经费，1926年翁文灏又“裁去录事一员”。行政办事人员减少的结果，使许多工作不得不由翁文灏亲自动手。“所有的信都是自己写，往往一早上写几十封信，把手写痛了，提不起笔来。”[38]

但这些毕竟都是消极的节流，不仅不能解决根本的问题，往往还带来许多弊端和消极的结果，造成科学事业的萎缩。在努力节流的同时，翁文灏也积极寻找“开源”的渠道。经过翁文灏、丁文江的多方努力，地质调查所争取到一些企业和个人的赞助，经费逐渐出现转机。

从1926年下半年起，中华教育文化基金会（简称中基会）的补助款，为濒于绝境的地质调查所注入了一股活水，使得该所的“各项调查、研究均得赖以进行”[39]。中基会在“学术团体补助”的名义下，最初给予的就是地质调查所和中国科学社。中基会的补助成为地质调查所重要的经费来源。出外调查、学术成果的出版印刷、实验室的必要开支皆仰赖中基会的补助款。

1928 年翁文灏用开滦、北票煤矿的捐助，添建办公室及古生物研究室；同年在美国洛克菲勒基金的资助下，添设新生代研究室，研究脊椎动物化石，以补古生物研究室的不足。

1930 年受中基会的委托和资助，添办土壤研究室，从事中国土壤的调查与研究。同年 10 月，由金绍基先生捐助，建地上三层、地下一层的楼房一栋，为纪念金绍基之父，命名为“沁园燃料研究室”，研究煤质及其相关矿物。又接受著名律师林行规先生的捐助，在西山鹫峰建设了地震研究室。

1928 年 6 月，蒋介石的北伐军打到北京，张作霖仓皇出关，被日本人炸死在沈阳城外的皇姑屯，北洋军阀统治结束，但是地质调查所经费问题并没有丝毫的好转迹象。北京政府农商部业务归到南京政府的农矿部，地质调查所先是被拨归大学院隶属，不久仍归农矿部直辖。8 月，翁文灏为归属和经费问题专程赴南京。农矿部以经费支绌、无力单独承担调查所的经费为由，提出要求与中央研究院共同负担，并制定一个“每月千余元之预算，送交财政部”[40]。“在预算经费未能完全领到以前，由院、部共同拨款维持”[41]。1929 年冬中央研究院停发补助拨款，翁文灏想维持都维持不下去了。

就是在这最困难的时刻，裴文中给翁文灏送来了“北京人”的头盖骨。周口店猿人化石发掘和头盖骨发现的意义和作用，人们今天只是从科学的角度去估量和评价，但它当时所产生的轰动效应，不仅给地质调查所，甚至给刚刚起步的整个中国近代科学事业，都注入了一股生机。

中国地质图的绘制

地质图系就地质地形及矿产之分布情形详细绘成，凡矿业、农业、水利以及各项土木工程，皆当以此为重要参考。地质图的测绘编制，是地质研究的基本工作，是进行地质研究和矿产调查的基础，也是一个国家地质研究水平的标志。翁文灏认为："地质调查之目的，首在测制全国地质图，以明各地之层累构造。"地质调查所成立以后摆在首位的工作，就是绘制中国地质图。地质调查所成立之前，中国的地质图几乎完全是一片空白。那些外国探险家、地质学家在华的地质调查，毕竟只是稀疏的几条线路，而且所绘地质图也不尽正确。第一个对中国地质进行系统野外调查和地质填图的是丁文江。

1913 年地质研究所正式开课以后，丁文江便辞去所长职务，于这年的 11 月带领德国教授梭尔格及王锡宾，去正太铁路沿线进行地质调查。此时北方寒冷的冬季已经来临。丁文江等人每天"早上出门的时候，温度平均在零下 8 度，最低的时候到零下 18 度"，甚至有时中午 12 点的时候"温度还在零下 10 度"，丁文江是"初次在北方过冬，御寒的衣具本来不完备"，"所以很苦"，他却自认为"兴趣很好"，"苦少乐多"[42]。他们填绘了三张内容比较详细的分幅地质图，调查研究了石炭系煤田和"山西式"铁矿，撰写并发表了《调查正太铁路附近地质矿务报告书》。"这是中国地质学家第一个公开发表的学术报告"，"这也是中国人第一次填绘的区域地质图"[43]。

地质研究所时期，为培养学生的地理、地质图的测绘能力，先后开设有：图画实习（李彝荣教授）；测量学（沈瓒教授）；测量学讲义、测量学实习（孙瑞林教授）；制图学等课程。学生赴野外实习之时，通常分为地质实习、测量实习等课目，由教师分别率领，分组训练。翁文灏也多次带领学生们野外实习，重要内容之一便是地质图的测绘。学生们在所完成的毕业报告中也都附有多张区域地质图。专门系统严格的科学训练和基本技能的培养，使毕业的学生具有了进行科学调查和研究的基础。地质调查所开始工作以后，刚毕业的年轻调查员们一个个踌躇满志，干劲十足，他们曾自诩“十八罗汉”，并开玩笑地说：全国 18 个省的地质调查，我们可以每人包一个。他们的地质填图工作就从北京的西山开始。原定为测绘五万分之一的西山地质图，后缩为十万分之一，由叶良辅总汇，写成《北京西山地质志》。

从 20 年代初起，在翁文灏主持下，地质调查所开始大面积的地质调查和地质填图工作，具体任务是测量绘制一百万分之一的国际分幅地质图，王竹泉负责太原—榆林幅；谭锡畴负责北京—济南幅；李捷负责南京—开封幅……路并不像年轻人想象的那样平坦笔直，经费越来越困难，一切能省略的都省略了。王竹泉的交通工具就是一匹小毛驴，谭锡畴甚至连小毛驴也没有，只有一辆独轮车。但一看到中国地质图上的那一片片空白，他们就什么也顾不得想，什么也顾不得怨了。

那时中国不仅地质图是空白，甚至精确的地形图也难以寻找。为了测绘地质图，地质调查员们不得不先自测路线图。他们除携带地质测量装备外，还要带一架经纬仪，一台无线电收报机。每到一地，先通过无线电收报机，收听标准时间的报时，测量求得当地时间，再从标准时间与当地时间之差，求得当地的经度数值，用经纬度点控制路线图。

由于战乱和经费的困难，地质调查所早期的地质填图工作只完成印制了 3 幅。但是翁文灏在其 1919 年 10 月印行的《中国矿产志略》中，附着一张六百万分之一的着色《中国地质约测图》，就当时实测所知部分标示编绘，虽然内容比较简单，但却是中国学者自己编制的第一张中国地质全图，意义极为重大。1936年初，翁文灏下决心大力推动中国地质图的工作进度，并与留学归来不久的黄汲清详细认真地商谈编制中国地质图的方法问题。由黄汲清根据二人商谈意见起草了新的中国地质图编撰计划，并在该所讲学会上，介绍了“欧美测制地质图之方法”。是年秋天，还成立了以翁文灏为主任，黄汲清为副主任的“中国地质图编纂委员会”，统一指挥协调中国地质图编纂工作。委员有李四光、谢家荣、尹赞勋、田奇㑷、孙健初、王曰伦、潘钟祥。

后来在黄汲清的主持下，地质调查所又编制了一百万分之一的分幅地质图14幅（包括早期的3幅），于新中国成立前夕在中国纺织公司的资助下付印出版。在此基础上编绘的三百万分之一全国地质挂图，新中国成立前本已交付印刷，但因物价上涨，中途搁置，直至1949年后才得以问世，为新中国区域地质调查和矿产勘探提供了重要的基础性资料。[44]

中国矿产的调查

地质调查所虽是中国第一个地质科学研究组织，而作为政府行政机构的一部分，它从设立之初就肩负着普查地质、调查矿产、启发地利、为实业发展寻找矿产能源的责任。一般学者们往往把学理的探求看得更重一些，翁文灏则认为，地质学近数十年的发展已不单纯寓于理科，与工科及实业的关系逐渐密切，“地质之应用日著，虽地质学范围甚广，不专以矿产为目的，然大势所趋，研究矿产者，不得不利用地质，研究地质者亦遂不得不注重矿产”[45]。丁文江在他的地质旅行中，也一直把矿产调查作为重要的内容之一，无论是正太路沿线的调查，还是 1914 年西南地区的地质旅行，矿产的调查乃至矿业的利弊兴衰，都是他关注的范围。

翁文灏的思想和行动，影响和决定着地质调查所的工作重点和发展方向。也正因如此，地质调查所才有了“以实地调查为宗”的工作方针。

地质调查所初期，翁文灏“主要精力用在我国矿产资源的踏勘和科学研究上，同时也注意重要矿业现状”[46]。他最初注重的重点是铁矿和煤矿。他认为钢铁工业是国家实业最根本的部分，是衡量一个国家强弱的重要标志，因而地质调查所对铁矿资源的勘探调查也用力最多。当时关于中国煤铁资源的储量，大多是依据外国来华地质学家发表的结论，中国人自己并没有切实的资料根据。地质调查所依据地质矿床理论和勘测实际，对中国煤铁的储量进行了科学的分析统计。他们对一些铁矿、煤矿储量提出自己的估计数字，还对河南武安铁矿进行试探，证明其成分尚佳而储量不多；对日本人觊觎的南京凤凰山一带铁矿，“开井探试，得知实在储量较初步估计者少”[47]。此外还在直隶宣化发现了当时中国最大的铁矿——龙烟铁矿。

翁文灏在普遍调查的基础上，汇集各方资料：于 1919 年撰写了《中国矿产志略》，“将全国各种有用矿物之矿床地质及产物产量，分类分区节要叙述”[48]，以《地质专报》乙种第一号刊印发表。该书为 16 开，270 页，有插图 50 幅，版图“中国地质约测图”一幅。这本巨著洋洋大观，内容丰富多彩，是第一部系统的中国矿产报告。“从当时的标准，确是一个很有学术意义和实用价值的杰作。”[49]此外，地质调查所还先后刊印出版了《中国矿业纪要》、《中国铁矿志》两部矿产报告，并在《地质汇报》、《地质专报》登载过多篇矿产报告。

中国地质学会

大哉我中华！东水西山南石北土真足夸。泰山五台国基固，震旦水陆已萌芽。古生一代沧桑久，矿岩化石富如沙。降及中生代，构造更增加；生物留迹广，湖泊相屡差。地文远溯第三纪，猿人又放文明花。锤子起处发现到，共同研讨乐无涯。大哉我中华。

这首激昂豪迈、充满自豪和活力、令人鼓舞振奋的歌曲，便是著名古生物学家、地质学家杨钟健、尹赞勋作词，近代著名作曲家黎锦晖作曲的中国地质学会会歌。在中国近代地质科学发展的漫漫征途中，中国地质学会具有着不可磨灭的功绩，而翁文灏不仅是中国地质学会的创始者，并曾长期担任该会主要主持人和推动者的角色。

随着中国地质研究的扩大和深入，翁文灏越

发有人才缺乏、身单势孤之感。他与丁文江积极谋求网罗人才，壮大队伍。1919 年初，丁文江乘赴欧考察的机会，特意邀请正在欧洲留学的李四光学成归国，为培养地质人才尽力。不久，北京大学校长蔡元培在丁文江的介绍下给李四光寄去了聘书，请李四光赴北京大学地质系任教。同时还为李四光争取到了农商部“技正上任事”，“派在地质调查所办事”，月给薪水银 120 元的待遇。丁文江在经美国返回途中，又邀请著名古生物学家葛利普（Amadeus WilliamGrabau）来华。[50]葛利普来中国后，一方面主持地质调查所的古生物研究，一方面在北京大学地质系任教，为中国古生物学的研究和人才培养做出了巨大贡献。不久，北京大学地质系毕业的孙云铸、王绍文、钱声骏进入地质调查所，以后又有留美归国的袁复礼、留日的董常及朱焕文等陆续加入地质调查所。中国地质学研究者队伍不断扩大，以地质研究所、北京大学地质系为中心，形成了一定的规模，研究和调查工作也已取得相当的成就。

随着研究工作的开展，中国地质学者们又感到与国际的交往太少，地质调查所拮据的经费也难以购置国外最新的地质学书刊。于是有人建议仿照国外地质学会的样子，成立一个全国性的专业学术团体，既可以加强国内学者间的交流联系，更可以与国外学术团体开展学术交往和书刊的交换。

最初是谢家荣、袁复礼于 1921 年冬向翁文灏谈了他们的设想，提议成立中国地质学会。翁文灏积极支持他们的建议，委托二人起草了学会章程，并亲自审阅修改，译成英文送给葛利普征求意见，又与丁文江、章鸿钊进行了详细商议。[51]

1922 年 1 月 27 日，由丁文江主持在调查所图书馆召开了由 26 人参加的会议，逐条讨论了由翁文灏定稿的章程草案，推举章鸿钊、翁文灏、王烈、李四光、葛利普 5 人组成地质学会筹备委员会，负责推举学会职员候选人等筹备工作。春节过后，中国地质学会于 2 月 3 日召开会员大会，宣布正式成立。大会通过了学会章程，选举首届评议会（理事会）职员，推举章鸿钊为会长，翁文灏、李四光为副会长，会址设于地质调查所的图书馆。[52]同年，翁文灏即代表地质调查所和中国地质学会，出席了在比利时召开的国际地质大会，与国际地质学界建立了初步的联系。

中国地质学会以“推进地质学及其相关科学”为宗旨，以从事地质科学研究者为会员，以大学地质专业学生为会友。学会每年召开一次年会（1949 年以前只有 1928 年、1934 年未举行），一般会期 3—4 天，内容主要有：有关人员报告过去一年的会务进行情况；会长发表演说；宣读论文并进行专题讨论，会后还经常组织进行地质旅行或参观地质展览。为了便于开展国际学术交流，迅速提高中国地质学的国际地位，学会以英语为会议语言和学术论文用语。

学会从 1922 年起出版一份英文季刊《中国地质学会志》作为会刊，1936 年以后，另外出版中文的《地质论评》用于国内交流。学会没有专职的工作人员、编辑人员和专门的出版发行机构。会务的进行、会志的编辑、校对和出版发行工作，都是由相关负责编辑的会员在从事专业研究以外的业余时间进行，而这种工作实际是由地质调查所承担了。从学会成立到 1949 年以前，担任会志编辑工作最长的便是翁文灏。自 1925 年到 1937 年，他一直是会志主编，由他主编的会志共有 45 期。这些刊物最多有近 700 页，最少也有近 300 页，翁文灏每一篇每一页都认真地阅读、修改，而这一切工作是没有任何报酬的。在翁文灏等人的努力下，学会会志成为国际地质学界重要的专业期刊之一。

因为学会的会所就设在地质调查所的图书馆，而且没有专职的工作人员，学会的许多日常性的工作都是靠地质调查所和翁文灏来做。翁文灏为学会的健康发展倾注了巨大的精力，他不仅是首任副会长，并先后四次被选为会长（理事长）主持学会工作，是 1949 年前担任会长职务时间最长的人。据著名古生物学家杨钟健回忆："中国地质学会有一个很好的传统，就是选理事长要推举对地质有好的贡献者。"杨钟健承认，以翁文灏的资历和能力，每当理事会开会时，会议几乎完全被他所左右，"多数理事不过是陪衬而已"。但是他也认为：翁文灏"是完全为发展此学会而努力的，并无其他杂念"[53]。由于翁文灏等人的努力，中国地质学会成立之初便在学会的组织形式、活动方式等方面树立了良好的会风，为学会以后保持纯学术性质，促进学术繁荣和学会自身的健康发展奠定了基础。

学会没有政府补贴经费，完全靠会员的会费和社会捐助。1933 年，翁文灏曾与丁文江、曾世英一起，从编绘"申报馆地图"所得的稿费中，拿出 2500 元捐给学会。

正如翁文灏 1927 年 2 月在第五届年会开幕式上所说，中国地质学会成为中国地质工作者的活动中心，促进了国内学者间的交流探讨及中国地质学界与世界地质学界的交往，推动了地质科学的发展。也正是在这次年会上，翁文灏在题为《中国东部中生代以来之地壳运动及火山活动》的会长演说中，提出了著名的"燕山运动说"。

1937 年 2 月，中国地质学会将 1935 年度中国地质学会奖章——葛利普奖章授予翁文灏，以表彰他为中国地质学和中国地质学会做出的巨大贡献。

注释

① 关于该书的原名，黄汲清认为可能是老丹纳（James Dwi-ght Dana）的 *System of Mineralogy* 的某一修订本，也有人认为是 *Manual of Mineralogy*，章鸿钊认为是 *Text Book of Mineralogy*。从章说。

② 关于该书原名，章鸿钊认为是雷侠儿的 *Principle of Geology*，黄汲清“后来查对才知原文是 *Elements of Geology*，也是雷侠儿著的”。

③㊻ 黄汲清:《我国地质科学工作从萌芽阶段到初步开展阶段中名列第一的先驱学者》，见《中国地质事业早期史》，北京大学出版社，第 19 页。

④ 孙荣圭:《中国地质学的奠基时代》，见上书，第 157 页。

⑤ 章鸿钊:《中国地质学发展小史》，商务印书馆 1937 年。

⑥⑦⑧⑨㉑ 章鸿钊:《六六自述》，武汉地质学院出版社。

⑩ 张轶欧:《农商部地质研究所一览序》，京华印书局 1916 年。

⑪ 胡适:《丁文江的传记》,（台湾）远流出版公司。

⑫ 丁文江:《工商部试办地质调查说明书》1912 年。

⑬ 于洸:《北京大学地质学系早期史考》，见《中国地质事业早期史》，第 96 页。

⑭ 朱庭祜:《我所知道的丁文江》,（全国政协）《文史资料选辑》第 80 辑。

⑮⑲⑳㊺《农商部地质研究所一览》，京华印书局 1916 年。

⑯ 翁文灏:《在资源委员会纪念周上的讲话》,《资源委员会公报》第 11 卷第 1 期。

⑰㉔㉗㊼㊽ 翁文灏:《年谱初稿》（未刊稿）。

⑱ 翁文灏:《回溯吟》（手稿）。

㉒㉓《政府公报》1915 年 5 月 2 日，1915 年 5 月 8 日。

㉕㉖㉚《地质调查所沿革事略》，地质调查所 1922 年 7 月印行。

㉘ 章鸿钊:《中国地质学发展小史》，商务印书馆 1937 年。

㉙ 翁文灏:《地质调查所图书馆第一次报告》，地质调查所 1925 年 5 月印行。

㉛《中国地质调查所事业纪略》，地质调查所 1927 年 6 月印行。

㉜《地质矿产陈列馆第一次报告》，地质调查所 1925 年 5 月印行。

㉝㉞ 翁文灏:《地质调查所建筑经费报告》，地质调查所 1929 年 9 月印行。

㉟ 翁文灏:《地质调查所办事报告》（1925 年 1 月），地质调查所印行。

㊱㊴ 翁文灏:《地质调查所办事报告》(1927年1月),地质调查所印行。

㊲ 翁文灏:《地质调查所办事报告》(1926年1月),地质调查所印行。

㊳ 丁文江:《我所知道的翁咏霓》,《独立评论》第97号。

㊵ 翁文灏致任鸿隽函(1928年8月25日),《胡适遗稿及秘藏书信》,黄山书社1994年。

㊶《中央地质调查所概况》(1931年3月),地质调查所印行。

㊷ 丁文江:《漫游散记》,《独立评论》第13号。

㊸㊹ 李春昱:《前中央地质调查所对新中国地学事业的几点贡献》,见《中国地质事业早期史》。

㊾ 黄汲清:《翁文灏选集序言》,《翁文灏选集》,冶金工业出版社。

㊿ 王仰之:《丁文江年谱》,《泰兴文史资料》第4辑。

51 王子贤、王恒礼:《简明地质学史》,河南科技出版社。

52 夏湘蓉、王根元:《中国地质学会史》,地质出版社1982年。

53 杨钟健:《杨钟健回忆录》,地质出版社1983年,第163页。

1930 年，在鹫峰地震台（右二为翁文灏）

第3章

学说与学术

我们自己的材料，自己的问题，不快快的自己研究，以贡献于世界，却要“劳动”他们外国人来代我们研究，我们应该感觉十分的惭愧，应该自加十二分的策励。

1925 年在南开大学科学馆开幕式上的演讲

——翁文灏

1924 年中国地质学会年会上，中国学者们所提供的论文中显现出的研究成果，令参加会议的法国地质学会副会长大为震惊，他用敬佩而又嫉妒的口吻对翁文灏说：我们法国地质学会三年的贡献，也没有你们这一年的多。

20 年代是中国地质学研究的草创时期，中国第一代地质工作者在极其艰难的条件下，持斧入山，披荆斩棘，筚路蓝缕，使中国地质学取得了长足的进步，引起世人的瞩目。英国著名地质学和地理学家格雷哥利（J.M.Gregory）曾在1925年的《自然》（Nature）周刊上发表了一篇题为《中国之科学复兴》（*The Scientific Renaissance in China*）的文章。文中评述了当时中国教育文化及科学事业的发展，并在研究机关及团体中首先列举了地质调查所的成绩。他认为，中国的科学事业在纷乱的政治环境中竟能坚持不辍，虽然“种种计划未可遽抱乐观，然中国历史足以鼓励对于将来之希望”[①]。在这些令人瞩目的成就中，既有翁文灏本身的创造，更浸透着他提倡、组织、领导的心血和汗水。

20年代是翁文灏地质科学研究的黄金时代。这时候，他刚过“而立之年”，身强体壮，精力充沛，学术上渐趋成熟，而且较少社会活动。地质调查所年轻的科学家们在他的领导下，跋涉奔走于祖国东西南北、高山大川之间，调查勘测，积累了大量宝贵的第一手资料，加上地质调查所良好的图书馆和试验室设备，都为他们进行综合研究提供了基础和必要条件。在这一时期，翁文灏以自加的“十二分策励”，发表了大量的野外调查报告、室内研究成果、综合性和理论性很强的论文以及重要的学术演说，确立了他在中国地质学界的权威地位。

矿产区域论

矿产资源是国家的财富，是国家经济发展的源泉动力，矿产资源开发更是一个国家工业发展程度的标志，也是国家主权的具体体现。翁文灏在地质调查和研究中，始终把中国矿产的调查和矿床学的研究放在最重要的位置。

帝国主义对外扩张侵略的重要目的之一，就是要掠夺殖民地国家的资源，为自身工业发展服务。甲午战败之后，中国作为一个半殖民地国家逐渐丧失了矿产资源的主权。1895 年 6 月，法国抢先以《续议商务专条附章》，获得云南、广西、广东将来若有开矿之议，必须“先向法国厂商及矿师人员商办”的特权。德国借口传教士被杀事件出兵山东，于 1898 年 3 月强迫清政府签订《胶澳租界条约》。获得在山东铁路两侧 30 里内的矿产开采权和潍县、博山、沂州、莱芜等县开煤办厂特权。②俄国紧随其后，于同年 5 月通过《续订旅大租地条约》，获得在辽东半岛的开矿权。从此，东西方列强通过一个个不平等的条约、合同，攫取了在中国的采矿权，蜂拥进入中国地矿领域，成立各种投资类型和经营形式的矿产企业，进行掠夺性开采，中国的地下宝藏，特别是煤铁资源大量流失。民国以后，随着民族的觉醒，国人对国家地矿独立自主权的认识逐渐提高，自办矿山开发富源、振兴民族矿业的愿望愈加强烈。财源枯窘、经费拮据的北洋政府也急于开发矿产，增进财源。要开发矿产资源首先必须了解何地有矿产，有何矿产，有否开发价值。山峦起伏，四野茫茫，偌大中华神州哪里有财？何处有宝？这一切都要求中国的地质学家对国家的矿产地质和矿产资源拿出科学的研究成果和调查报告。翁文灏身膺地质调查所矿产股长、所长之职，以探寻地质矿产、开发利用地下资源为己任，积极投身中国矿床地质的研究和矿产资源调查。

自清末美国地质学家奔卑来来华考察后，西方许多重要的地质学家都曾来华调查中国的地质和矿产，发表过各式各样的调查结论。如：美国地质学家维理士（Bailey Willis）的《中国矿产论》，法国地质学家德洛内的《亚洲地质矿产志》，德国地质学家李希霍芬的《中国》等。许多外国在华公司也曾聘请专家来华调查，如日本南满铁道株式会社对东北的调查，德国德华公司对山东的调查，英国福公司对山西、河南的调查，法国里昂调查团、隆兴公司对云南、贵州的调查，美国美孚公司对陕西、热河的调查等等。其中以李希霍芬的结论最为著名，最具影响。

民国以前，中国人对自己国家矿产资源的了解，大都是通过外国人公布的调查结论而得知的。地质调查所成立以后，丁文江、翁文灏一直将矿产资源调查视为地质调查所主要职责之一，要求地质调查所人员每出外调查，所到之处，必调查该地矿产，其报告中必有矿产信息。在他们的共同努力之下，地质调查所数年间积累了大量的矿产资源报告。翁文灏依据自己对矿床学的研究和实地调查资料，并汇集中外专家、机构所发表的中国矿产调查报告，编撰了《中国矿产志略》一书，于1919年10月以《地质专报》乙种第一号印行。此后又发表《中国矿产区域论》、《中国矿床生成之时代》等论文多篇，阐述了他的矿床学理论及其对中国矿产特别是金属矿形成原因及分布的认识。

《中国矿产志略》在当时可以说是一部集大成的中国矿产资源报告。翁文灏在书中介绍了矿床学的基本理论和成矿的原因，特别是详细记载了当时所发现的中国各种金属矿藏和非金属矿藏（煤除外）的形成、分布及矿业情况，“从当时的标准看来，确是一个很有学术意义和实用价值的杰作”。③

翁文灏首先介绍了矿床学的基本理论，解说矿床形成的原因，说明“金属矿床之成因与火成岩之关系最为密切”，继而“分举而约论”矿床地质的规律，以及矿床学理论与实际探矿的关系及在实践中的应用。他在“中国地质概要”中，简要叙述了中国地层层序、火成岩种类和构造简史，并附有一张自己编制的六百万分之一着色中国地质图。尽管这幅图今天看来是极为简略和粗糙的，但它却是中国人编的第一张着色中国地质图，其首创之功和重要的历史意义，令人今日见之仍不由得肃然起敬。翁文灏认为中国“东北各省成陆最早，西南一部则海相较久，变动最新”。他将中国各地质时代的地层分布做了系统的表述，说明了各金属矿床形成与地质时代的关系。在“中国矿产区域”这一章中，他“以地质构造为主要标征，而就全国地质矿产之状况，分区论之”。他依地质构造将全国划分为秦岭山脉、陕甘盆地、山西盆地、蒙古高原、满洲高原、山东高原、闽浙山地、皖赣穹地、岭南山地、楚西高原、广西高原、贵州高原、四川盆地、云南山地等区域，分别阐述上述地区的矿产分布情况及其生成原因，认为矿产生成的原因分别属于变质岩、水成岩或直接间接与火成岩有关。他认为蒙古、山东、辽东高原、秦岭、岷山山脉及洞庭、鄱阳湖畔的穹地，属于“最古变质岩区域”，属于太古界或元古界的变质岩石，原在水成岩之下，后受地质构造变动，“涌成地面”，变质最深者多含铜矿及金矿，间或含有钨及钼，较浅者只有金矿；原成之水成铁质又结晶而成为磁铁或赤铁矿系。在古生界地层中，以煤矿为最多，而这一地层中金属矿，则大多与侵入火成岩相关。中生界地层因盆地中陷得以保存，盆地越大越深，则中生界地层愈发达而完全，“其矿产亦愈富，石盐、石油、钾盐等项均在其间”。新生界地层中间或有煤，金属矿“殆绝迹矣”。他判断：不论是否水成岩时代，也不论地域之南北，有矿床就一定与火成岩有关，是为普通区域。而在一些特别区域，则矿床远近深浅之分布，颇有规例可循，尤其在中国南方最为显著。[④]翁文灏在随后发表的《中国矿产区域论》以及《中国金属矿床生成之时代》中，进一步阐述了他的这一观点。

翁文灏认为，长江以南各省内生金属矿床的带状分布特点明显，有锡带、锌铅铜带、锑带、汞带等。从福建、广东沿海地带，经江西、湖南至贵州，又分为甲、乙两系。“甲系较北，自锡至汞。四带皆全”。包括赣南、湘南的钨锡带，湘南、湘东、赣北的锌铅铜带，湘中、湘北的锑带和湘西、黔东的汞带。“乙系较南，汞带未备，分布次序亦似稍晦”[⑤]，包括福建、广东沿海的锡钨钼带，闽西、赣东的锌铅铜带和粤北、桂东的锑带。他还认为，锡带和锡钨钼带的生成直接和深层花岗岩侵入体有关，锌铅铜带的生成较浅和花岗岩的分枝或小侵入体有关，锑带和花岗石侵入体没有直接联系。而汞带之出现则远离花岗岩侵入体。

他的另一个观点是，汉口以下之长江两岸大多是接触变质矿床，“如湖北之大冶、鄂城，江西之瑞昌、九江，安徽之铜陵、繁昌、当涂，江苏之南京附近，皆有此类矿床”，以铁矿为多。造成的原因。或是“适有循江断裂，使石英闪绿岩易于侵入的结果”[6]。引起他注意的是，石英闪绿岩[7]的接触矿床在中国北部、中部极为常见。但华南却未发现。他分析，石英闪绿岩浆含铁极富，而华南金属分带之地，岩浆含铁或不甚富，因而不闻有接触铁矿存在。就是说中部、北部的岩浆活动以石英闪绿岩为主，附生铁矿而华南则以花岗岩为主，附生铁以外诸金属。也就是说二者岩浆岩的性质明显不同。后来的研究者，正是依据翁文灏的这一论点并进一步发展，专门形成了一种岩浆岩成矿专属性的理论。

翁文灏的矿产区域学说，根据法国人德洛内的成矿理论，以当时所能掌握的地质和矿产资料，对中国矿产尤其是南方金属矿产的成矿原因、地理分布，进行了系统全面的清理，提出了许多新的见解，推进了中国矿床学的发展，“确实是一个重大的突破”[8]，很长一段时期无出其右者。华南内生金属矿床的带状分布说，今天看大体上也是正确的。特别是他提出的岩浆岩成矿专属性的论点，和长江下游循江断裂控制花岗闪绿岩侵入和分布的解释，“受到后来人的重视”[9]。

当然，由于时代的局限和资料的不足，翁文灏在矿产区域论方面的一些观点在今天看来是简单和粗糙的，甚至有重大的失误。例如，华南金属矿床分甲乙两系之说，没有被后来的资料和研究所证明。他关于南岭花岗岩和香港花岗石同生成于第三纪的论点，今天已被证明并非如此。

翁文灏从事科学工作的一个显著特点就是，学理研究与实际应用紧密相连，从不把科学工作局限于单纯的理论探讨，而是时刻关注着社会实际的需要。正如他自己所说："地质之学非徒稽古也。"他的《中国矿产志略》，就是一部理论为实践服务的巨著。在简要介绍了矿床学的成矿理论、中国地质概况和他的矿产区域理论之后，翁文灏以 220 页篇幅（全书 270 页），详细考察报告了中国除煤矿之外的几乎全部已知金属矿、非金属矿藏的地质状况、地理位置、交通条件、开采历史、目前情形。尽管书名是"志略"，但实际可以说是一部中国矿业全书。翁文灏几乎把能找到的各种中外调查报告，全部遴选，"撷其要略，别其部居"，汇集成册。他的目的就是使"治矿者觇其生成，穷其变化"，"于矿之良否，量之多寡，脉之浅深，可按图而索也"[10]。1921 年，他又与丁文江共同编制了第一次《中国矿业纪要》，以《地质专报》丙种第一号印行。

对于中国矿产储量的估计一直是众说纷纭。中国一向以"地大物博"作为国家与生俱来的特征，并引以为自豪。清初康熙年间。被康熙皇帝派到各地测绘地图的外国教士，也曾经这样记载："中国各山矿藏丰富极了，地方上人都说金银各矿无一不全。……石炭更加丰富，世界最富的国家都不能及，山西、陕西、北直隶各省满山都是。"[11] 1870 年，受上海英国商会资助来华的那位普鲁士地质学家李希霍芬，在从北京发出的通信报告中甚至这样写着："山西真是世界上煤铁最丰富的地方，照现在世界的销路来算，他可以单独供给全世界几千年。美国代那（Dana）教授曾经计算，本西佛尼州四万四千方哩中，煤田面积占了二万方哩。他以为全世界煤矿要算该州为最富，殊不知中国的山西有五万五千万方哩的面积，他的煤矿之富要比本西佛尼州胜过许多。而且开采极其容易，价值极低，可以大量出产的。”[12]李希霍芬的评价被中国人得知后，成了屈辱中的中国人聊以自慰乃至自夸的荣耀，成为大中小学课本里必不可少的内容。但是1898年英国福公司获得山西、河南的开矿权后，聘请专家进行了详细考察，认为山西铁矿床最多不过三尺厚。1910年布鲁塞尔国际地质学会上，李德（Thomns Read）又将他在山西铁矿的调查结果发表，认为山西铁矿面积虽广，但并不够新式化铁炉用的。于是中国人又疑虑、又恐慌。1912年加拿大国际地质学会议，公布了曾做过北洋大学教授的美国人杜雷克（N.F.Drake）对中国煤储量的估计：996000多兆吨。在世界排名第三。

面对这些说法，翁文灏既不为乐观的估计所陶醉，也不因悲观的估计而丧失信心。他要拿出中国人自己的结论。地质调查所开展工作之初，积极参加了对中国铁矿储量的调查。因为1914年张謇做农商总长后提倡“棉铁政策”，农商部就聘请瑞典的安特生、丁格兰等人来华，调查中国铁矿。地质调查所正式成立后，积极参加并继续了这项工作。1921年，地质调查所将有关情况编为《中国铁矿志》一书，提出中国铁矿砂总储量为97000万吨。虽然以后又有新的发现，但“根本结论似乎不容易变更”。对于煤炭储量，地质调查所也根据自己的实地调查，发表了新的储量估计：20余万兆吨。[13]

翁文灏的结论是：中国铁矿并不丰富、而且以中国幅员之大，人口之多，将来工业发达，对铁的需要量必定增多，中国人应认识到“储量并不过多，必须珍惜而护持之”；而中国又是“太平洋沿岸铁业发展最相宜之地”，对各种铁矿业应给予必要之特殊便利，做到尽人力以利用之。对煤的储量翁文灏较乐观，他指出煤是我国特有的富源，应该大力开发利用。对于锡、锑、汞、钨、矾等中国储量相对较丰富而产量又占据世界主要地位的特种矿产，翁文灏分别衡量国际上开发利用的现状，国际市场的需求，呼吁以人力尽地利，努力研究开发利用之道。如果矿业家好自为之，则不难扩大产量，利国福民。他认为铜、铅、锌、石油矿中国虽有，但较之世界各国并非特别丰富，银是中国较少之矿产，而锰、钼“今日乃渐有发见，而可希望其成为中国重要之矿产者”⑭。对于全国每种矿产的产量。每种矿产各省的产量，各种矿产的出口数量，翁文灏都做了具体的统计、分析。他指出：中国的矿冶工业虽然历史悠久，4000 年前中国就已知道开发和利用铜铁，但进步迟缓，大多仍未脱上古遗风。自欧风东渐，现代交通运输工具的出现，中国矿业进入过渡时代。直隶、河南、山西之煤可以畅销于长江以南，远及于东南洋诸岛，但中国科学不发达，资本也不雄厚，虽然矿业“受外势之变迁”，但缺乏自动之发展，“矿业兴废不得不仰人鼻息”。许多矿的开发技术和组织形式与数百年前并无二致，即使有些矿成立公司，领照注册，形式上似乎像是近代矿业开发的样子，但实际上又往往心存垄断，并不认真实行开采。他明确指出中国矿业要进入一个新的时代，必须充分利用大自然的赐予，采取先进的方式，兴办冶炼工业，扩大矿产的利用范围；增进交通便利运输；改良技术，提高效率。

面对冶金业珍贵的矿石被源源运送外国，翁文灏痛心疾首。他呼吁振兴冶炼，发展工业，自辟用途，自筹销路，改变单纯出口矿石的局面，结束仰人鼻息的时代。1920 年，他借农商部令矿政司各科人员陈述矿政意见之机，与丁文江联合上书，作 15000 余言的

《矿政管见》并附《修改矿业条例意见书》，从矿业法令的修订、矿业辅助机关的设立，到铜铁冶炼工业的提倡，特种矿产的奖励以至技术人才、矿政人员的训练培养，系统阐述了他的矿业改革思想。他意识到，随着时代的发展，科学的昌盛，文化的进步，人类之间的联系愈来愈紧密，“各地事业之关系亦愈密切”。尽管天产各异，地势远隔，但可以靠人为的组织“联贯而统一之”。面对军阀割据、国家四分五裂的局面，他不禁叹问：“欲以一时人事之分歧而强立界限，划地自守，讵可得耶？”⑮

从国家矿产资源的调查，矿业发展前途的预测，翁文灏看到了政治无时不在影响着国家民族的前途。

甘肃地震考

陇东大地震

1920 年 12 月 16 日晚 7 时 27 分，甘肃省东部突然大地摇荡，如波涛起伏，声响如雷，随即“山崩地裂，黑水上涌”，房倒屋塌，省城兰州第一次震动时间“长达六七分钟之久”[16]。此后余震不断，迁延“三月之久”，“每一震动，沙飞石起，树拔山崩，城郭为墟，陵谷易位”[17]。受震地区计 15000 平方英里，自泾州以西至会宁，自海城以南至秦州，达五六十个县之多。有四大城完全被毁，海城倾陷，葬身其中者 7 万人。据统计，甘肃全省在此次地震中死亡人口达 234117 人之多。[18]甚至有些地区“山崩土裂，村庄压没，数十里内，人烟断绝，鸡犬绝迹”，[19]为中国有史以来所未见。

这就是今天科学家称之为20世纪全球三次特大地震之一的甘肃海源（今属宁夏）8.5级特大地震。

近代的中国多灾多难，人祸天灾几乎从未离开过这片土地。据统计，本世纪全球十大自然灾害中，中国竟占了一半。但正如《简明大不列颠百科全书》作者所说的："任何其他天灾都比不上地震能在如此短促的时间，如此广大的范围，造成如此巨大的灾难。"[20]甘肃发生的地震甚至波及中国沿海地区，也震动了北洋政府。在指示地方救灾的同时，北洋政府派出了由农商、内政、交通、教育四部人员组成的9人考察团，赴灾区考察。

翁文灏率王烈、谢家荣等，作为考察团成员亲赴甘肃地震地区，进行实地科学考察。这时地震区余震还在不断地发生，既没有先进的交通工具，又没有精良的设备仪器，许多工作都要亲自动手。翁文灏身体力行，率先垂范。他们一路以马车代步，用碎银子付账，克服了许多今天难以想象的艰难困苦。由于工作条件艰苦，营养不良，又极少休息，翁文灏劳累过度，双腿浮肿无力，得了营养缺乏症，但仍抱病坚持，圆满完成了这次科学考察。这也是中国地质学家第一次对地震进行的实地科学考察。

灾区的惨状令翁文灏触目惊心，脚下余震不断，眼前是倾斜的房屋，塌陷的窑洞，断裂的桥梁，明显变形的地表，裂缝、喷泉、滑坡。那一具具尸体，一座座新坟，一声声撕肝裂胆的哭喊，断壁残垣间一双双绝望无助的眼神，使翁文灏感到作为一个科学家的社会责任。科学的目的是要寻找规律："科学知识便是人类的照海灯，须要照得人类平安方见得他的用处！"[21]回到北京后。他参考外国学者已有的研究成果，阅读分析了中国古代史籍，特别是各种地方志中对历史上甘肃所发生地震的记载，并将这些材料进行排比、计算和统计，编制了一批统计表格，对历史上甘肃所发生的地震给予全新的科学的考察和分析，“揭示了自公元前 8 世纪以来甘肃地震发生和发展的规律性”[22]。

中国是一个地震多发地区，历史上曾发生了许许多多大大小小的地震。在汗牛充栋的中国历史典籍中，对地震有过无数次的记录和描述，但并不是作为一种自然现象，也不是为了进行科学研究，而是被当作吉凶的征兆。翁文灏既视这种荒唐迷信观念为无稽，又充分认识到这些记载对科学研究的价值，将科学家的眼光投向这方士术人的领域，投向那发黄的故纸堆。他不仅注意到了历史的记载，且对记载的可靠性给予了充分的肯定：“中国古籍地震之记载，大致尚可征信，确有研究之价值。”他认为，那些五行之志、祥异之书，虽多怪诞不经，违背常理，但有关地震的记载，并不一定全不可信。因为“地震现象为多数人所共见闻，不易隐讳，亦不易臆造”；过去以“地震为重大灾异，为时所忌，决无人无故妄造”；记载中虽“有不易解说之事，如地生白毛等类，亦间与外国古记不谋而合，即或观察偶误，亦非同向壁虚构”[23]。利用古籍记载进行科学研究，并给它以现代科学解释，翁文灏堪称先驱。

他从史籍有记载的公元前 2 世纪到公元 19 世纪 235 次地震中，统计得出：平均“每世纪有地震者 11 年有奇”，其中记载较详的 14 至 19 世纪，则“每世纪平均有地震者 25 有奇”。他注意到在这个统计表中，“2 世纪至 6 世纪中地震似较多，7—13 世纪似较为平静时代，至 14 世纪以后，地震又复大成盛”。他推断：“地震现象，自盛而衰。复自衰而盛，具有循环之象。”他还从统计分析中断定：“天水、秦安至狄道、皋兰为一带，约与所谓陇山山脉相当。是为甘肃地震最多之所。这一带南边的西和、礼、成、阶、文诸州县，北边的平凉、固原、镇原、庆阳诸州县，更北的宁夏附近和西边的以西宁、凉州、甘州为中心，此甘省地震频繁各地分布之大略也。”

地震研究中一个重要的内容就是确定地震烈度。地震烈度是指地震时地面某一特定地点的颤抖程度，也就是地震造成的实际破坏程度。古代典籍中对地震破坏程度的记载往往是模糊不明确和不准确的，更没有统一的衡量标准，现代人仅凭古书中的记载描述，很难以今天的标准去确定历史上地震的烈度。于是有人主张以一地地震的频度，作为该地地震性质（Sesmicity）的表征。翁文灏认为这种方法并不科学，因为地震发生最多之地和最多之时，并不一定就是震动最烈之地及最烈之时。虽然地震频度与地震烈度有一定关系，但这种关系并非是必然的和完全一致的。“不问烈度如何，而一惟震动次数之是凭，所得结果，终恐难得真相。”面对“旧籍记载，略而不详”，地震烈度用现代标准“大抵不易确定”的困难局面，翁文灏参阅诸多记载，第一次将旧籍中的地震记载大体划分为几种类别，并指出它们在Rossi–Forel表中相应的级别。他认为：

简称某地地震者，大抵震动不甚剧烈，多数人皆能觉察，至少应在Rossi–Forel表第 4 级以上。

记地裂水泉涌出者，为数甚多。大抵可为震动较烈之征。其烈度至少当在 7 级以上。

记地震败城垣，坏屋宇，死人畜，或损坏其他坚固建筑物，如宗庙、宫室、仓库等类者，其烈度大抵不外第九、十两级。大多数当属第十级。

翁文灏还依地震的烈度，把甘肃（包括今宁夏、青海一部分地区）的强震区分为武都区、陇西区、泾原区、宁夏区、西宁区和武威区。排比统计的结果，他发现：“除西宁、武威二区记录过稀，姑置不论，其甘肃东部之震中，则颇有旋南旋北往复继动之趋势。”在继续细致考察了17世纪以来甘肃东部的地震记录后，他进一步推断：“假定震中徙移自南至北，复自北返南，往复之间为一周期，则此周期照上所述，当在20至47年之间，平均约30年。”

他还专门就余震问题发表了自己的见解，认为“大震之后，余震未已之地，往往人心惶惶，惧祸之复至”，因而研究余震的规律，不只是单纯的学理问题，而且关系震区人心安定、抗震救灾的大局。他先从理论上分析了余震产生的原因，认为一种是地震“动力起于地质构造之外”，由于地盘原本静固；突受动力，遂起震象，力渐消磨，动亦随而减退；一种是“震动之因即在手地质构造之中，原动之力，即种自地质变动之日”，“余震之烈度，频度并不渐减渐少，往往小震未平，大震又起”。他具体分析了有余震发生的30余次地震历史记载，认为甘肃地震中所见余震“有二种规律存余其间”：一是“巨震之后，余震继作”，“间有大震，其烈度虽不及初发巨震之高，而往往亦有破坏作用”。二是“余震继起之时期内，震中有逐渐徙迁，成一再分析之势”。

对地震中有地声出现的情况，翁文灏特别进行了统计。据他统计，甘肃地震记录中有地声出现的37次，但他估计“由于记载者于鸣声往往以为无关紧要”，“疏漏恐尚甚多”。他同时注意到记鸣声者多不言山崩地裂，破屋伤人，而记破坏者亦不言有声，“似地震有声之地，不必震动最烈”，当然因震动过烈，反而使人忽略了地声发生的情况“或亦有之”。

对古籍记载的山崩，翁文灏首先指明这并非指全山崩塌。巨石坠落。山崖倾颓，沙土倒泻，都可能会被记为“山崩”，而这样的山崩并不一定由地震而引发，天然风化作用足以致此。因而，虽然剧烈地震可以导致山崩，但山崩“并不必尽为重震”，特别是只记山崩而不言地震者，其原因自更难言。他大致以一般震动，及地震伴随地声、地裂、山崩、破坏坚固建筑的次序，将旧籍中的地震记载划分为五类，并说明了在Rossi-Forel地震烈度表中的大体级别。尽管这样的划分显得简单且不全面，今天的科学家们对地声、地裂和山崩等地震中伴随现象的产生原因，及与裂度的关系，有了更科学、准确、全面的认识，但我们仍不会忘记，翁文灏在使古籍为现代科学研究服务中，特别是为地震科学研究所做出的开创性贡献。他创造了一种方法，开拓了一个新的思路。值得欣慰的是，翁文灏开拓的地震史研究，已经成为今日中国地震科研的重要领域，成为地震预测研究的重要手段之一，并在社会经济建设中起着不可替代的作用。

震区分布研究

探求地震发生的规律，除注意地震历史的研究，以便从历史中寻找地震区域的规律和发生周期的规律之外，更重要的一点就是对地质构造的研究。翁文灏将地震史的研究与地质构造的研究相结合，进一步研究考察后，第一次描绘出中国地震分布区域图。

地震发生之地必有引发地震的地质构造。按照翁文灏的理解，地震的发生在地理上是有规律的，寻找这一规律的途径有两个：“一曰历史经验，二曰地质构造。”在中国几千年文明史中，“易震不稳之地”不可能“久于韬匿，无所发挥”，“中国地震载籍可考者，计达3500余次，记载完备者200余次”。通过考察这些地震的地区分布，则可以发现“地震区域不期而与一定地质构造相结合。于焉推知此一定地质构造，当即为发生地震之原因”。再以此种地质构造去与记载不完整之地验证，“如此相互验证则地震区分布，不难指分”。1922 年，在比利时布鲁塞尔召开的第 12 届国际地质学大会上，翁文灏宣读了他的论文《中国某些地质构造对地震之影响》（法文），得到国际地质界的关注和好评。文章中，翁文灏利用前述方法，就中国的地质构造对地震的影响和中国地震带的分布，做出了开创性的研究。他认为中国地震的分布可划分为若干带：一、导致地壳陷落的垂直断裂地震带。属于这一大地震带的有：汾渭地堑带、太行山拗折带、燕山拗折带、山东潍河断裂带、山东西南断裂带、云南东部湖地断裂带、云南西部湖地断裂带；二、沿海错断地震带：山东半岛登莱海岸陷落带、浙江沿海带、福建泉汕沿海陷落带、广东琼雷断陷带；三、秦岭山脉的突转和平移构造地震带：甘肃武都折断带、河南南阳折断构造带、安徽霍山折断带；四、逆掩构造或推覆带：甘肃贺兰山断裂带、长江上游推覆带、甘肃东部泾原断裂带、长江下游。这些地震带或者是垂直断裂和断陷活动的直接结果，或者与平移断裂和褶皱突转有密切关系，或受逆掩断层和推覆构造的控制。

尽管由于当时人们对中国地质构造知之甚少，翁文灏的以上分类方法和分类内容不一定恰当，但他对中国地震带分布的划分，“从今天的眼光来看，大体上是正确的”[24]。特别是他在地震地质领域的独创性见解和先驱者的作用，为以后中国地震学的研究奠定了良好的基础，指明了正确的方向。

同时，翁文灏还写了许多浅显的科普著作，向人们介绍地震科学知识，如《地震浅说》、《地震琐谈》、《甘肃地震谈》等。

中国第一个地震台

中国是个地震多发地区，中国人对地震的研究也注意最早，并且曾经取得过辉煌的成就。东汉张衡于公元132年发明的候风地动仪，是人类最早的地震记录仪器。但随着中国在世界前进行列中的落伍，中国地震研究也落后了。

翁文灏的历史地震研究和地震区域分布研究尚处于起步阶段，所依据的大都是历史资料和宏观的地质构造理论。他深切地感受到只是宏观考察和地质构造分析不足以深入得窥地震全貌。掌握地震规律，更不用说进行科学预测；建立地震观测台，利用现代科学仪器，观测、监视、研究地震，已经是科学发展的必然，中国地震学研究的必需。甘肃海源地震之后，1923年日本又发生关东大地震，也造成巨大损失，更促使翁文灏加快建立中国现代地震观测台的步伐。

建立地震观测台首先需要有一个良好的位置。翁文灏的愿望与设想被他的同乡，在北京执业的著名律师林行规先生得知。林行规主动提出，将坐落在北京西北鹫峰山坡的秀峰寺别墅旁的一块地产捐出，做地震台台址，后又从秀峰寺中北院群房内拨出三楹，用于地震台职员的宿舍。林行规，字斐成，生于1882年，卒于1944年。早年就读于上海南洋公学，后毕业于京师译学馆（北京大学前身）。1904年官费留学英国，获得英国律师执照。1912年回国后，历任南京临时政府总统府法律顾问，北京政府大理院推事。后因不满北洋政府，愤然辞去公职，自营律师事务所。身为著名大律师的林行规，在北京西山的鹫峰脚下有一处别墅，取名鹫峰山庄，用于闲居、招待亲朋好友，还自办农业试验场，种植林木果树。当得知同乡翁文灏欲创建中国地震观测台时，就毅然无偿地将地质条件和环境条件均适于地震观测的秀峰寺旁地产捐赠于地质调查所。有了房子，翁文灏设法并从地质调查所挤出一部分经费，又向中基会申请到一部分资助，从国外购到了当时先进的地震监测仪器。他还通过叶企孙、吴有训，物色到毕业于东南大学物理系的李善邦负责具体建台事宜。

李善邦（1902—1980），广东兴宁人，1925 年毕业于南京东南大学物理系，在校时曾受教于著名物理学家叶企孙、吴有训教授。毕业后，李善邦只谋到一个中学教员的职业，聊以养家糊口。谁知学校中风潮迭起，李善邦少年气盛，仗义执言，与恶势力相争了一番，结果失业在家。接到叶、吴二师的电报，李善邦连春节也顾不得在家过，告别怀孕的妻子，立即北上投入工作。由于当时中国人对现代地震仪器知之甚少，翁文灏首先安排李善邦去上海徐家汇天文台，学习地震仪器的构造原理、安装及地震观测资料的处理。

徐家汇天文台是为海船进出长江航行安全服务而设，也兼有地震观测业务，负责人是位名叫龙相齐的意大利人。李善邦见到的龙相齐满脸都是对中国人的鄙视，对中国人研究地震更是认为绝对的不可能。他只让李善邦与他的助手一起干些打下手的零活。根本不让他染指关键性工作。李善邦身负重任，心急如焚，但对龙相齐的所作所为又无计可施，只好给翁文灏写信，请求指示办法。翁文灏知道龙相齐是个虚荣心极强的人，就设法在农商部给他弄了个顾问的头衔。龙相齐果然对这个虚衔甚是欢喜，对李善邦的态度也就由“阴转晴”了。

半年之后，李善邦结束在上海的学习，来到位于北平西山的鹫峰。鹫峰也算得上是京西的一处名胜。当年西山一带为“离宫别馆之所集，梵宇琳居所萃，朝官贵介骚人栖息觞于其间”。鹫峰之巅有徐容光所建“鹫峰精舍”。山坡中有一寺院名曰秀峰寺。据说秀峰寺原为一位名叫高让的明朝太监委托南僧智深创建，中经几度兴废，最后转到林行规的名下。李善邦上山之时，北京周围屡经战乱兵灾，鹫峰上的多处寺院已经坍塌废弃，四处杂草丛生，荒僻，无人，夜晚还不时听到野兽的嗥叫。鹫峰地震台建在花岗石的台基上，仪器室用石块砌成，占地约 200 平方米，其中东北角为二层，内装气象仪器，楼顶上安有风速计及无线电天线。台址的地理坐标为北纬 40°03′55″，东经 116°05′46″，海拔 155 米。[25]在仪器室的东南约 30 米处，建有办公室，内设分析地震记录的工作室、图书馆和冲洗照像记录的暗室。办公室的东南不远处就是工作人员的宿舍和厨房。地震台 1928 年开始建造，1929 年完工。1930 年春，从德国进口的一套维歇式机械地震仪运到。

近代地震仪与早期的验震器（如候风地动仪）有了实质性的不同，它是记录摆和地面的相对运动的仪器。当摆静止不动时，若地面在摆的自由摆动方向上快速来回运动（摆动），且摆动周期比摆的自由摆动周期短得多时，由于惯性，摆仍将静止不动，因而可将地面相对于摆的运动记录下来，并且可以用某种方式将这种运动加以放大。由于地面运动可以分成任何三个方向：两个水平的、一个垂直的，而每一个方向的运动都必须分别记录下来，所以一台完备的地震仪必须有 3 个摆，各自记录一个方向上的运动。地质调查所购进的这套地震仪，其水平地震仪的锤重有 200 公斤，东西分向周期为 6.0 秒，放大 99 倍；南北分向周期为 5.8 秒，放大 95 倍。垂直地震仪锤重 80 公斤，周期 4.7 秒，放大 79 倍。翁文灏特意请来吴有训先生亲自指导仪器安装调试。

经过数年筹备，1930 年，一块刻有“实业部地质调查所鹫峰地震研究室”的牌子终于正式挂出。这是中国人自建的第一个现代地震台，中国的地震科研事业就从这里起程出发了。就在这一年的 9 月 20 日，鹫峰地震台记录到了发生在土耳其的一次地震，这也是近代中国人第一次用仪器记录到的地震，它无疑增强了翁文灏坚持将地震科学研究搞下去的决心和信心。他知道要使中国地震研究迅速赶上世界先进水平，必须加强对外交流，迅速提高研究人员与国际同行的对话水平。按照国际惯例，每个地震台都要将自己的观测数据定期刊印记录报告，向世界各国地震台公布交换。在翁文灏的指导下，李善邦编印了地质调查所鹫峰地震研究室《地震专刊》，每两月一期，刊布观测数据，与世界各地震台交换。后来改为编印《地震震象》，每月一期，与各地震台交换;《地震专刊》则每季一期，刊登交换来的资料，对重要地震的核算结果、方案讨论及对仪器改进的报告。鹫峰地震台的出色工作，很快受到国际同行的关注和重视，地震资料交换也越来越丰富。翁文灏得知日本在 1923 年关东大地震后测震学发展很快，遂于 1931 年派李善邦赴日本考察学习。1932 年，地震台又从欧洲进口了一套当时世界上最先进的地震仪——伽利清 · 维利普式电磁地震仪。这套仪器的东西、南北及垂直分向的摆周期分别为 11.95 秒、11.02 秒和 10.06 秒，与之配套使用的灵敏电流计的周期各为 11.10 秒、11.28 秒和 11.05 秒。世界一流的先进设备，完善的管理，适合的台址和科研人员优秀的素质，加在一起必然是准确的记录和出色的成果。

翁文灏认为，要干一点实实在在有利于国家民族的事情，就要舍得牺牲一些眼前的。个人的利益和幸福。他是这样要求自己，这样身体力行，同样也这样要求别人，特别是他的年轻下属们。但他绝不是个只要求下属拼命工作、快出成果而不关心他们生活的人。他认为安排好他们的生活条件、工作条件，就是对他们一种无形的鞭策，也才会有良好的工作成绩。鹫峰地震台距位于市中心的地质调查所约 40 公里。从地质调查所到地震台去，要先从西直门乘人力车到颐和园，再换乘毛驴，约需 4 小时。荒山野岭之上，几位年轻人的工作、生活自然会遇到许多大大小小的困难，翁文灏尽可能想方设法为地震台创造较好的生活条件和工作条件。首先，在他关心指示下，地震台的图书很是丰富，既有许多地震学专籍和地球物理学方面的刊物，也有业余的科普图书。观测室楼上架设了一台能够看到土星光环和木星卫星的 3 英寸口径的折射式天文望远镜，以供工作人员业余研究和消遣。地震台还安装了电话。为了提供良好的卫生条件，保护好年轻人的身体，翁文灏甚至亲自指示为地震台厕所安装了抽水马桶。这在 30 年代，连北平城里也还是高档的新鲜玩意儿。

1934 年盛夏的一天，由清华大学去鹫峰的路上，来了一位风尘仆仆穿着学生装的年轻人，他就是清华大学物理系的高才生、翁文灏的堂弟，后来的中国科学院院士翁文波。翁文灏的叔父翁厚甫有 7 个儿子，翁文波最小，生于 1912 年。翁文波在宁波读完了小学、中学，1930 年考入清华大学物理系。这次翁文波是奉老师张子高教授之命，利用暑假的机会，到鹫峰地震台来实习并收集资料，准备完成地震方面的毕业论文。

地震台的先进设备和丰富的地震资料，使翁文波获益匪浅。根据这些资料，他撰写了第一篇科学论文《天然地震预报》。正是由于鹫峰地震台的这段实习经历，使翁文波立下从事地震预测研究的志向。尽管以后的历史变迁，特别是日寇全面侵华的民族危机，使翁文波转向了石油地质研究，探寻国家迫切需要的石油资源，并为此做出了巨大的贡献，被誉为“中国地球物理勘探之父”。但是 32 年后的华北邢台地震，使翁文波又想到鹫峰，想到了由翁文灏开创的中国地震科学研究。从 1966 年开始，他肩负共和国总理的嘱托，接续上了 32 年前开始的“天然地震预报”研究，并且一干就是 20 多年，直至 1995 年他生命的最后一刻。翁文波从鹫峰地震台起步，一路坎坷，一路风雨。1984 年他完成了《预测论基础》，创建了“以信息预测为中心的系统预测理论”，被誉为“预测学宗师”㉖。

日本帝国主义发动的侵华战争，既打破了翁文灏科学救国的梦想，也使刚刚发展起来的中国地震学研究被迫中断。1937 年“七七”事变，日本发动全面侵华战争，北平形势迅速恶化，7 月 10 日，日军炮火切断了鹫峰地震台的电源，地震台自是日起被迫停止工作。从 1930 年 9 月记录到建台后第一次地震，到 1937 年停止工作，鹫峰地震台共记录到 12472 次地震。地震台的工作人员冒着生命危险将珍贵的伽利清 · 维利普地震记录仪与部分图书分别装箱，乘黑夜运到燕京大学，将仪器存放燕京大学物理系地下室内，两箱图书后来存放在协和医学院。但他们欲待回去抢运大量的地震记录资料已不可能，结果那 7 年辛勤工作的结晶尽毁于战火之中。

抗战时期地震台无法继续工作，李善邦改作地球物理探矿工作，但他仍念念不忘地震观察和研究工作。在不可能进口地震仪的情况下，1943 年李善邦在重庆北碚设计研制成功了水平向机械记录地震仪。为纪念翁文灏为中国地震科学研究所做出的开创性工作和贡献，他特意将这台仪器命名为“霓式地震仪”㉗。

开辟国际交往

在中国地质学界培养出一批训练有素的人才，奠定了最初根基之后，翁文灏又最早把目光投向世界。他积极主张加强与国际学术界的联系与交往，以便及时了解和掌握最新的学术发展趋势。要与国际学术界交往，中国人就必须拿出自己的成果，让人家钦佩的、至少也要让人家不能轻视的成果。国外的一些学者看到地质调查所如此四处奔波，艰苦纷忙地工作，却见不到他们有何具体的成果发表公布，感到很奇怪。他们搞不清楚神秘的中国人是有意保密呢，还是出于谦虚，抑或是他们根本就没有成果可言？研究成果要为世人所了解，就必须有自己的载体，通过一定的媒介，翁文灏首先提出创办学术刊物的主张，具体建议发行两种刊物，一种为汇报（Bulletin），一种为专报（Memoirs）。

对于翁文灏的建议和国外学者的猜疑，丁文江显得非常犹豫。他当然期望中国地质界能尽快地取得优秀成果，发行的刊物能够让世人耳目一新。但他总是用国际上先进的标准衡量，认为目前的工作还达不到科学的标准，必须进一步努力提高水平，拿出去的东西就要像个样子。许多次，他决定了又放弃。翁文灏对丁文江的认真态度和虚心的精神非常赞成，但他认为连身为殖民地的印度、安南的地质调查所都发行了刊物，我们更不必妄自菲薄，不妨一面求进步，一面促交流，而交流则能够促使我们更快地进步。但所长丁文江到最后也没有下定决心，出版刊物的事就拖了下来。

第一次世界大战结束以后，战胜各国于 1919 年在巴黎凡尔赛召开和会，讨论战后的国际形势，重新进行利益分配。中国除派出正式的官方代表团外，1918 年底由梁启超、蒋百里等组成半官方的代表团前往欧洲，考察战后欧洲情况。丁文江是这个团的成员之一，并兼任中国出席巴黎和会正式代表团的会外顾问，随团赴欧洲，地质调查所所长一职由翁文灏兼代。翁文灏经过慎重的考虑，决定乘此机会先把几种专报、汇报送去排印，等丁文江回来以后，再请他撰写序文，审定封面，然后发行。翁文灏认真编辑整理了《地质汇报》第一号（第一篇是丁文江的《冀北煤田报告》，第二篇是翁文灏的《绥远地质要报》）；《地质专报》甲种第一号：叶良辅等撰写的《北京西山地质志》。在印刷的时候，“又因印刷着色地质图的困难，一再试验”，翁文灏都亲自验看，一丝不苟。许多年以后他还感叹：“凡百事创办时必有许多麻烦，皆为后来做现成工作的人所不易想象，但非创办人尽心努力，这种麻烦又不能解除。”㉘ 丁文江回国以后，见翁文灏已将工作做好，便欣然为两种刊物撰写了序言。由此中国地质界第一批成果呱呱坠地，走向世界。随后《地质专报》乙种第一号翁文灏的《中国矿产志略》，丙种第一号章鸿钊的《石雅》也先后问世。这一切都在国际上引起良好的反响。

在中国地质学起步之初，还有一个重要的问题便是科学名词的翻译。近代地质学从西方传入，因此名词都是西方人所创。华蘅芳翻译西方科学书籍时，因为无专业知识，尽管翻译时煞费苦心，但并没有给汉文名词打定根基，许多地质学名词都是日本人从西文译为汉文的。当时留日背影的章鸿钊主张我们应完全接受使用日本人的译名，不宜另起炉灶。留英归国的丁文江认为，日本人把Cambrian译为寒武纪，把Devoinan译为泥盆纪，是按日语发音音译，在他们是声言相符，对我们来说则文理不通了。他主张将地质学及其相关学科的专门名词彻底重新翻译。[29]

面对两种针锋相对的意见，翁文灏经过认真的分析，提出他的见解。他认为：在矿物学名词上，日本人几乎完全使用中国的古书旧名，例如石英、长石、云母、方解石等等；遇有中国古书未有的矿物，才使用新名翻译，但仍尽量采用汉文的形式，如角闪石、磷灰石等。在岩石学、地质学等中国实在缺乏专名时，他们才迫于需要创造了一些英文专名。翁文灏主张："日本人既沿用中国的矿物旧名，我们自也可袭用日本的岩石新语。古生物与现代生物有密切关系，更不好自立异。""日本名词为中国所无者，中国自应通用，中国名词为日本所未有者，日本亦必接受。"中国人沿用寒武纪，但Ordovician日本本来没有汉文译名，我们译为奥陶纪，日本人也应采用。"科学必须求节省时间，最宜免各分门户。"[30]翁文灏的意见说服了丁文江。丁文江后来又专门安排人编辑了一本《中英对照矿物岩石地质名词辑要》，使中国地质学所用名词归于统一。

1922 年初中国地质学会成立，中国地质学界对外交流的渠道更加开阔。就在这一年的 8 月，第 13 届“国际地质学大会”在比利时布鲁塞尔召开，翁文灏作为中国地质学家代表，也是唯一的中国代表首次出席大会。国际地质学界由此知道了中国已经有了自己的地质学家，那片充满神秘色彩的东方大地，在地质学上的空白已经开始变化了。

国际地质学大会，英文名称是 International Geological Congress，旧译为万国地学会。它是 19 世纪末欧洲地质学家组织成立的世界地质工作者的组织，历史悠久，规模巨大，深受国际地质学界重视。1875 年，首先由美国和加拿大地质学家提出建立定期召开的国际性地质学家集会的设想。1876 年，美国科学促进会正式提出组建国际地质学家组织的倡议，并推举古生物学家赫尔（James Hall）为筹备会长，加拿大的亨特（Hunt）任秘书长，英国、瑞典、荷兰各有一人为委员。筹委会研究制定了国际地质会议的组织形式、活动内容和组织章程。次年，法国地质学会应筹备会的请求，开始筹办第一次世界地质学会议。1878 年正值巴黎召开国际博览会，国际地质大会即乘此机会在巴黎举行，正式宣布成立。最初大会每三年召开一次，后改为四年一次。1906 年第 10 届国际地质大会开始有中国人出席，但所出席之人均非地质学者，更谈不上有什么科学论文发表。

据清廷档案记载，光绪三十年（1904 年）十二月十六日，中国驻美、秘、古、墨公使给外务部的咨文中称：“第十期万国地学会。拟定于西历一千九百零六年二月间，在墨西哥京都开办，因会议之事最关紧要，……查有驻墨二等参赞兼总领事，浙江补用道梁询堪以委任，令届期就近赴会。”[31] 1910 年 8 月斯德哥尔摩第 11 届大会，中国由一位驻德国的外交官出席。1913 年 8 月多伦多大会之后，因为世界大战的原因，国际地质学大会被迫中断，直到 1922 年方在比利时召开了第 13 届大会，已经距上次会议 9 年了。如果说国际地质学界这 9 年有什么大的变化的话，中国地质学界的崛起应该是其中之一了。9 年前地质学家们从多伦多分手时，中国没有一篇论文，甚至可以说没有一个人从事地质研究。9 年后当他们再度在布鲁塞尔相会，中国已经设立了地质调查所、地质学会并粗具规模，地质学刊物出版发行，一批成果相继问世。中国第一次便向大会提交了 4 篇科学论文，涉及地层学、构造地质学、地震地质学等多方面学科。[32]

翁文灏根据对 1920 年底甘肃海源大地震的实地考察和地质构造研究而撰写的《中国某些地质构造对地震之影响》(法文)，在会上引起广泛的注意和重视。翁文灏还在会上散发了地质调查所已出版的各种刊物、成果，希望与各国的地质学组织和刊物建立广泛的联系与刊物交换关系。与会者对地质学在中国的发展表现出了浓厚的兴趣。翁文灏通过出席第 13 届国际地质学大会，广泛宣传了中国地质学已取得的成就，打破了中国地质学界的封闭状态，与国际地质学组织建立了初步联系，为今后与国际的交往开辟了道路。

鉴于翁文灏突出的科学成绩和他为开创中国地质事业所做出的重要贡献，国际地质学会推举他为学会副会长及评议员。这也是中国科学家第一次在国际科学组织中出任重要学术领导职务，为此中国科学社特于 10 月 22 日在南京举行欢迎大会。干事长杨杏佛在会上致词表示:“日来各国学者来华讲演者颇多，诚为国人幸事，然吾国例绝少国际闻名之学者，以其心得饷外人。今得翁君为吾人吐气不少。”次日，又特请翁文灏在该社作题为《地质构造之研究》的演讲。会议主席竺可桢高度赞扬翁文灏，“为中国学者得世界荣誉之第一人”。

此后，翁文灏又于 1926 年出席了第 3 届太平洋科学会议，这也是中国学者第一次参加此会议；1929 年出席了在爪哇（今印度尼西亚）召开的第 4 届太平洋科学会议；1937 年出席在苏联莫斯科举行的第 17 届国际地质科学大会，并当选为大会副主席。

每次出席会议归来，他都在地质调查所、地质学会举行的学术报告会议上，报告参加会议的经过、概况和重要的学术报告内容，并给有关刊物撰写介绍会议情况的文章，以使更多的人了解。翁文灏在不断参加国际科学会议，向世界介绍、展示中国地质科学研究队伍的发展和取得的最新成果的同时，更注意把世界上最新的研究成果和发展趋势介绍给国内的同行。

1925 年 1 月 27 日，翁文灏在中国天文学会上发表著名的学术讲演，介绍了德国天文学家和气象学家惠格纳（Alfred Wegener，或译魏格纳）于 1912 年创立的大陆漂移学说。这篇讲演稿后来以《惠氏大陆漂移说》的题目，发表在《科学》杂志第 10 卷第 3 期上。他使中国学术界第一次知道了惠格纳的名字，第一次了解到大陆漂移学说。

大陆漂移学说是德国科学家惠格纳于 1912 年提出的对海陆变迁历史的一种最新解说。在惠格纳之前，有关海陆分布变迁的历史有多种解释，其代表者有两大派：一是海陆变迁说，认为太平洋在第四纪以前尚是大陆，至第四纪初始沉没为海；一是海陆固定说，认为地球自数万万年以至于今，其海陆分布并未有根本的改变，今日之大洋大洲早在地质时代中已经形成。至于海陆变迁之原因，则又有许多主张和解释，如“四边形说”、“收缩说”、“均衡说”及“地槽说”等，大陆漂移说则是一种最新的学说。翁文灏介绍：惠格纳的学说从地球物理学上证明，海洋底地壳较为重密，与大陆成分不同，大陆岩石多含铝氧，其平均成分近于花岗岩；海底岩石多含铁镁，其平均成分近于玄武岩。海底地壳比重为 2.9，而大陆壳比重为2.6或2.7，故大陆之浮于海洋，“如舟浮于水，不难漂移”。从地理和地质上看，一观“大西洋之两岸形势，即见此凸彼凹，莫不遥相呼应。将北南美洲向东移40度左右，则美洲之东岸与欧洲及非洲西岸乃一一吻合无间，接之两岸地质亦皆遥相连接”。翁文灏也认为，“亚洲移动之历史较为复杂，但一经惠氏指明，亦觉了然”。翁文灏还介绍了大陆漂移说在生物学、古气象学及测地学方面的证据，文章还附有几幅大陆漂移过程的简单示意图。翁文灏最后认为，“此说理论极为新颖，其说明地质时代之海陆分布，诚有胜过前人之处”。但他也不讳言，该学说对地学史上一些详细事实，尚有许多“未能充分说明”，不尽足以证明漂移事实之存在。而反对者，也确实没有足以推倒这一学说的强有力证据。因此他认为：“惠氏此说实尚未脱理论假设之程度。”[33]

诚如斯言，惠格纳的学说提出以后，几乎像每一个新鲜事物都要经历过的那种命运一样，既受到一些人的欢迎，同时也遭到一些人的反对。20年代中期，大陆漂移说因在理论上缺乏足以产生漂移的合理机制，又未证实海岸线的吻合和陆块运动的现象，正遭到许多人的反对，翁文灏却在这个时候把它介绍到中国。翁文灏既没有不假思索地全盘接受这一理论，也没有被世界上一片反对者声浪吓退，因为他觉得，不管怎么说，这一学说开辟了人们的视野，或许将由此引发出新的研究，新的观察。他希望中国的“言地学者”从中受到启发，开创自己的研究。

此外，翁文灏还向国内介绍过德国古脊椎动物学家施罗塞（M.Schlosser）的《蒙古第三纪脊椎动物化石》、瑞典古植物学家赫勒（T.G.Halle）的《山西中部古生代植物化石》等。

谈到中国科技发展的历史，近代来华的外国科学家是个不应回避的存在。但是，过去很长一段时间里，我们或者有意无意地回避这个话题，或者在需要的时候拉出来几个作为帝国主义文化侵略的代表，展览、批判一番，客观介绍和评价他们科学文化活动的著述不多。这其中的原因颇为复杂。就来华的洋学者方面说，不可否认，帝国主义文化侵略的代表肯定是有的；但真正为科学而来的也并非少数。为科学而来的人中，真心愿意帮助中国发展科学的大有人在，或多或少带有文化殖民主义心态的也不乏其人。从中国方面说，怀有洋奴心态，心甘情愿充当文化买办的人不是没有；但希望借助“国际人才”之力促进中国科学发展，应该说是主流。处于半殖民地地位和科学落后状况的近代中国，既面临着科学无国界与科学家有祖国的理与利矛盾；又面临着如何在中外科学合作中争取科学进步又不损害国家主权的权与利难题。在地质调查所的历史中，特别是翁文灏主政时期，有一些很有价值的例子颇值得我们回味。

作为本人即是“海归学者”的翁文灏，非常重视并积极寻求国际合作，把对外合作视为迅速缩小与国际先进水平差距的有效途径。因为对国际学术界状况及中国与世界差距之处有深刻的了解和认识，故尔他即不夜郎自大，更不枉自菲薄，而是将召聘洋人来为中国科学“打工”——聘请国外专家和寻求国际合作，视为迅速缩小与国际先进水平差距的有效途径。

早在丁文江初创地质调查所之初，因缺乏人才，经北大校长推荐，1913 年聘了原北京大学的德籍教授梭尔格为客卿。这一年的冬天，丁文江与梭尔格一起到太行山去做地质调查。丁文江此行还有一个没有说明的任务，就是实地考察这位德国同行的野外实地工作水平和人品。因为，梭尔格在京师大学堂教了三年的地质学，几乎他所有的中国同事都对丁文江说此人脾气不好，而且根本看不起中国人。

论学识和工作经验，丁文江刚刚走出大学校门不久，梭尔格则是担任过大学教授的博士；论职务丁文江是地质调查所所长，梭尔格是受聘的外国雇员。两个在一起共同工作，这并不是一件很好拿捏的关系。尤其是那时候的中国，自鸦片战争以来所遭受的痛苦和耻辱，特别是八国联军攻占北京的经历，还在许多人、许多地方遗留着看得见的伤痕。对洋人的反感以至仇恨，在许多人心里是难以抹去的底色。同时，在失败主义的阴影里，也有一些人养成了一种洋奴心态，外国的月亮比中国的亮，见了洋人就直不起腰来，副奴婢膝的样子。

丁文江呢，在野外工作中遇到学术上的问题时，他便很虚心地向梭尔格请教，既不摆所长的架子，也没有丝毫的媚态。丁文江发现，梭尔格也并非像许多人说得那样脾气大、瞧不起中国人，反而总是极热心地解答他的问题，很严谨地指导他的工作。丁文江认为:“他是一位很可敬的学者。”二人于是变成极好的朋友。此事给丁文江的启示是:“可见得外国的专门家不能与中国人合作，不一定是外国人的过失。”尽管梭尔格不久因被征入伍，并在青岛为日军所俘，在地质调查所工作时间不长，但章鸿钊先生肯定，在中国地质事业初创之际“德国梭尔格博士襄助最力”。

胡适认为，丁文江之所以能成为学术界政治家，在于他有两种美德：一是从一个人的工作上认识他的专门本领，一是很虚心地向有专门本领的人请教。

讲中国近代的考古学特别是史前考古学的历史，“中国的古纳”是不能不提到的人物。

“中国的古纳”是瑞典地质学家安特生的昵称。他本是 1914 年应农商总长张謇之邀来华任矿政顾问的。来华前曾任瑞典地质调查所所长、1910 年国际地质学大会的秘书，组织过国际性的铁矿资源调查活动，主编有《世界铁矿资源》，当时已是世界著名的地质学家。来华初期，安特生对中国北方的煤铁资源，如对斋堂煤矿产煤和储煤情况的调查，对华北龙烟铁矿发现与调查等，都是在地质调查所协助之下完成的。但是，因北洋政府“没有人会利用他这样的专家”，这位年薪 18000 大洋的顾问，长期处于任务不饱满的状态。

安特生还是一位有过两次赴北极、两次赴南极探险经历的著名探险家，对未知领域有着强烈的探寻、求知欲望。当在地质调查中发现了古生物和新石器时代器物时，他敏锐地感觉到了这其中巨大的科学价值，并迅速地转向中国史前考古发掘与研究。这其实是一个与他的矿产资源调查本职工作距离不算近的学科。在中国还没有自己的现代考古学家时，翁文灏及地质调查所对安特生给予了必要和积极的支持。

正是在地质调查所的支持下，安特生从瑞典方面争取了到经费的资助。瑞典方面于 1919 年成立了以王储任委员长的瑞典中国委员会，先后提供了 85 万克朗的资助。也正是在此项目资助之下，安特生在内蒙古发现了绥远青铜器，发现了河南渑池仰韶村，这处不寻常的新石器文化遗址。此后，在安特生的主持下，由地质调查所组织中外专家对仰韶进行了系统的勘测与发掘。“仰韶文化”如今成为中学历史课本上的重要一页。安特生还在对北京附近的调查中，发现了周口店地区化石的价值，由此引发了 20 世纪上半叶中国最重要的科学活动——“北京人”的发掘和研究。也正是因为安特生的发现，我们知道了齐家文化、马家窑文化等等。

丁文江对与安特生合作的评价是：“我们调查所不但成了中国新石器时代的研究中心，并且因此获得瑞典国太子和政府的合作与帮助，并且因此获得全世界学术人士更大的注意和重视”。

由于中国缺乏古生物学人才，1920年丁文江自美国聘请前哥伦比亚大学教授葛利普来华担任地质调查所技师，同时与蔡元培先生商定让他在北大地质系兼教授，两家各出200大洋作他的薪金。

说葛利普是中国古生物学的奠基人并非过誉。葛利普为德裔美国犹太人，1870年生于威斯康星州席达堡（Cedarburgh），年轻时曾在纽约当过订书工人，1890年入麻省理工学院地质系，1900年获哈佛博士学位，1905年任哥伦比亚大学教授。葛氏研究范围颇广，来华前已是蜚声国际的著名古生物学家，著有《北美标准化石》、《地层学原理》等，在美国学界颇负盛名。因在第一次世界大战时美国鼓励反德风气，甚至在科学著作中也禁止引用德国来源，引起葛利普愤而辞职。葛利普来华以后，为中国培养了第一代古生物学家，奠定并开创了中国古生物学发展的基础。杨钟健认为，葛利普来华“不到数年，立刻起了领导作用，使我国毫无根基的古生物学，有了根基”。据翁文灏回忆：中国“许多青年学者都跟他做详细的无脊椎动物化石的专精研究，并做地史学中具体详细的分层定时工作。”中国第一代古生物学家，如孙云铸、杨钟健、斯行健、黄汲清、张席禔、乐森璕、田奇㻪、朱森、陈旭、许杰、计荣森，都是葛利普先生的高足。葛利普虽然因为风湿病，两腿不能走动，手指也都肿胀，然而他来华后完成了大量的科学工作，著作等身。尽管葛利普对矿产并不看重，翁文灏也曾对他说：你只看重化石的研究，而完全不考查煤层和厚度和煤质的优劣，未免太偏了罢。但翁文灏仍坚持认为：“我们对于专门人才，必须用其专长，不可过于求全”。为充分发挥其所长，地质调查所为他配备了秘书。据杨钟健先生回忆，葛利普平时在家中研究，“他要书，单子一开，有人替他找出，为他送去。化石的修理，标本的编号，文章的抄打，都有人替他帮忙，而他家中还有女书记替他办理一切”。

葛利普把中国当作他的第二故乡。当七七事变以后，身陷北平的葛利普对日本侵华表现出强烈的愤慨，他总是对人讲要给他的老同学罗斯福总统写信，如果美国再不对日宣战，他就要和罗斯福绝交。太平洋事变后，他被日本人关进了集中营，和中国人民一起经受了难忘的苦难，直至 1946 年病逝于北平，至今埋葬在燕园。

在安特生关于周口店的化石研究初露端倪之时，翁文灏又积极寻求新的国际合作。自 1927 年起，地质调查所与美国教会主办的协和医学院合作从事周口店研究，并于 1929 年组织成立了双方合作的新生代研究室。除经费由协和方面争取到了美国洛克菲勒基金强有力的资助外，协和医学院也为此提供了一切研究必需的设备及便利，使这一项目得以顺利开展。具体主持此项研究的则是协和医学院解剖科教授、人类学家步达生（Davidson Black）。

步达生系英裔加拿大人，1919 年来华任协和解剖科主任，于人类化石研究极有兴趣，在开展周口店项目之前既与地质调查所有所合作。地质调查所采集的关于人类材料，如沙锅屯、仰韶以及甘肃等旧石器时代或原始时代人骨，最初均由步达生研究。在地质调查所正式举行周口店发掘之后，步达生从事人牙、头骨等化石材料的鉴定与研究工作，揭示了北京猿人的真实意义，确定了北京猿人之属及其在人类学上的重要地位。

1934 年，积劳成疾的步达生逝世在他的办公桌旁，逝世前几个小时还在与杨钟健谈“北京人”的研究。古生物学家杨钟健深情地回忆说：“步氏虽为外国人，但在历年合作上，颇能尊重中国人意见，及中国之主权，并对中国人之成绩，亦不抹杀事实。”他的逝世使“我们失掉了一位很好的引导者和朋友”。数十年后，中国著名的考古学家李济先生仍认为，步达生关于华北人遗骸的体质特征的研究，“仍是常被引用的关于中国人的体质人类学的论文之一。因为它的质量高”。

步达生1934年去世后，为了能使研究工作保持世界先进水准，地质调查所专门成立了以英国皇家学会前会长艾略特•史密斯为主席的国际委员会，负责挑选继任者。我们可以从史密斯的学术地位，体会到这一委员会的权威性和地质调查所对此的重视程度。果然，受聘的德籍人类学家魏敦瑞（Franz Weidenreich）来华接续工作。李济对他的评价是：魏敦瑞“关于北京人的科学报告不仅是人类学论著的杰作，而且也是结构严谨、文笔流畅的典范”。

同时，地质调查所还聘请了法国地质学会前副会长、地质学教授德日进神父（Teilhard de Chardin）为新生代研究室专门顾问。李济曾对德日进有过这样的评价：“他所发表的报告差不多全是示范性的，中国的化石学家、地质及史前考古学家，大半都受到了他很有益的影响。”他的“《中国原人》确实是这期间中国出版的所有科学名著中的经典之作”。李济甚至认为：“没有任何用欧洲语言写的关于人类化石的研究报告可与北京人的专著相比。”北京猿人头盖骨的发现者裴文中承认：“在指示我工作方法的时候，我深切认识了德日进先生，…我的古生物学的知识，除杨（钟健）先生外，完全由德先生口授。”

地质调查所另一项在近代中国科学史上有重要意义的工作——中国土壤研究，也是得益于对外合作。1930年，翁文灏受中华教育文化基金董事会委托（全部经费由基金会提供），在地质调查所成立了土壤研究室，开始从事中国土壤调查与研究工作。著名土壤学家李庆逵先生认为，当时“就现代土壤科学来说，在我国不论是学科理论、研究方法和专业人才都还是空白”。因此翁文灏专门聘请了美国土壤学家潘德顿（R.L.Pendleton）来华指导和工作。潘德顿期满回国后，又聘请了梭颇（James Thorp）来华。在潘德顿、梭颇的指导下，土壤研究室先后在山东、河北、陕西、甘肃、广西、广东及江西等省，开展了我国近代规模最大、范围最广的土壤资源分布调查，发表了大量的调查报告和研究成果，同时还编制了百余幅中国土壤图，采集了万余个土壤标本。该室不仅开创了中国现代土壤学研究，而且培养造就出了侯光炯、李庆逵等中国第一代土壤学家，在不长的时间内实现了土壤学研究的本土化。该研究室日后发展成为中国科学院南京土壤研究所。

在考察和分析地质调查所对外科学合作的历史的过程中，我们不难发现，之所以地质调查所能在对外科学合作中让中国科学受益，两位主持人的观念的很重要。不论是丁文江还是翁文灏，他们对落后的中国科学事业如何快速地发展，有着十分清醒的认识。翁文灏明确地说过:“要承认我们发起在后，进步已迟，尤其在物质科学中，必须与先进学者虚心合作，用力追随。”胡适在《丁文江的传记》中特别强调地指出，丁文江“创立地质调查所，建立中国地质学，他的领导工作，除了训练领导许多中国青年地质学家之外，还有充分认识和充分利用外国专家学者的一个同样重要的方面”。当然，仅仅是承认人家科学发达，口头上重视对外合作是绝对不够的，选择合适的合作者，充分发挥其所长十分关键。

处于半殖民地位、国家主权备受侵凌的近代中国，国家主权问题更具有特殊意义。如果在对外合作中丧失主动权，就容易成为外国人或外国机构的附庸，真的成为文化买办。不可否认，由于近代中国的半殖民地地位，以及西方所拥有先进的科技水平和强大的经济后盾，使他们在科学合作中往往处于优越的地位，但国家主权绝非可争可不争。翁文灏的原则便是："科学的真理是无国界的，但科学人才、科学材料、科学工作的地方都是有国界的。"我们必须"于欢迎科学合作之中，力持中国主权"。尽管地质调查所时期聘请了不少西方学者并与他们建立了良好的合作关系，但其根本目的还是要使中国学者尽快地成长。在杨钟健预备将周口店的部分化石标本分给德日进研究时就遭到翁文灏的反对，他的理由是"凡是中国人能作者，不必令外国人担任"。

不可否认，当时国内舆论中有一味迎合激进民族主义情绪，对中外科学合作缺乏客观的分析的倾向。中国科学家在如何无损于国家主权，而又有利于推动国家科学事业发展问题上，面临着非同寻常的强大心理和社会压力。在丁文江去世后，上海的外国报纸《字林西报》称赞他是"一个真正的爱国者"。丁文江之所以被称为真正的爱国者，正是因为他深知国家的根本利益何在，知道如何最大限度地维护乃至发展这种利益。同时，他也非常明了西方人的目的何在，明了西方人思考和行为方式，懂得并且积极地寻找二者利益的结合点。更难能可贵的是，他总是能找到这种结合点，最终使两方得到"双赢"的结果。没有对国家长远与根本利益的深切认识，一味空言维护民族国家利益，拒绝一切中外科学合作，表面似乎气壮理直，实际上走向了另一种形式的闭关锁国，不过是狭隘民族主义的一种表现形式而已。

客观地说，在中外科学合作之中，中国的科学机构既要维护国家与民族利益，双方也必然要有一部分权与利的让渡，关键是要以平等合作，互利互惠为前提，或者说从根本和长久利益上更有利于中国科学与学术事业的发展。

燕山运动学说

1926年10月，翁文灏应邀出席了在日本东京召开的第3次太平洋科学大会，他向大会提交的论文题目是:《中国东部的地壳运动》。论文宣读之后，立即引起众多地质同行的关注。他们注意到翁文灏提出了一个全新的概念：燕山运动。

20年代中，翁文灏在构造地质学方面投入了相当多的精力，对中国东部特别是六盘山以东华北地区的区域构造特征和构造运动时代进行了认真的研究，将地质调查所10年来所积累的野外调查和室内研究成果，以及外国地质学家调查中国地质的报告，进行全面系统的梳理和理论思考，总结出一些基本性的概念，得出一批有重要意义的结论。“燕山运动”就是他的重要成果之一。

我们人类生活的这个蓝色星球大约已有46亿

年的历史了。地质学家们将地球固体地壳的形成，作为地质历史的起点。这46亿年的地质历史划分为代、纪、世等单位，其中大约从46亿年前到约5.7亿年前为先寒武纪，从约5.7亿年前到现在这一段时期分为古生代、中生代和新生代。古生代中分为寒武纪、奥陶纪、志留纪、泥盆纪、石炭纪和二叠纪，中生代分为三叠纪、侏罗纪和白垩纪，新生代分为第三纪和第四纪。纪下又划分为许多世。以往地质学界对中国东部在中生代及其以后的地壳运动知之甚少，随着中国地质研究队伍的不断扩大，地质调查的广泛深入和研究水平的不断提高，对中国中部和北部中生代地层和构造关系已"知之颇多"。翁文灏认为，从震旦系（未变质的前寒武系）直到侏罗系，有些地方甚至到更高的层位，地层的全部序列是整合的，很少甚至没有不整合的踪迹。因此中生代运动在中国大地构造学中具有极重要的意义。他数年间致力于这项研究，发表了一系列论文。其代表作就是后来收入《翁文灏选集》中的《中国东部中生代以来的地壳运动及岩浆活动》、《热河北票附近地质构造研究》和《中国东部中生代造山运动》。

地质学家们将地槽区发生的、比较短促的时间内引起地形剧烈变动的地质现象称为造山运动。以往欧洲的地质学家们认为造山运动有四个时期，即休伦（Huronian）时期，加里东（Caledonian）时期，海西（Hercynian）时期及阿尔卑斯（Alpine）时期，后者也称喜马拉雅时期（Himalayan）。对于这些，翁文灏早在留学时期即熟稔于胸，在欧洲地质旅行中所见中生代地质与古生代地质之不整合，更是印象深刻。回国以后，屡次的野外地质调查却令翁文灏颇为奇怪，欧洲那些典型的中生代与古生代地质不整合现象，在中国东部却极难得见。但欧洲来华的地质学家，均将中国山脉形成强纳之于海西或喜马拉雅诸期之中。随着调查的广泛，研究的深入，翁文灏分析了叶良辅等对北京西山、大同盆地、陕西北部和湖北西部归州盆地的调查结果，看到在前侏罗系与侏罗煤系底部的假整合规模甚小，但清晰普遍；前侏罗剥蚀在侏罗系和三叠系间构成不规则接触，或使三叠系部分以至全部消失。未全部剥蚀的三叠系与侏罗系以平行位置出现，二者从未有任何角度不整合。他认为在三叠系与下侏罗统间的间断关系，显示出有一个不容忽视的运动。在中国东部许多地区调查所见，地层在下白垩统之下，多数均有清楚的不整合出现，在河南南部秦岭东延部分，前白垩纪的不整合变得更为明显。而且这种不整合在中国东部广泛分布。这一运动与海西造山期相比则年代太轻，与喜马拉雅造山期相比则又过于古老。翁文灏以它首次在北京西山被发现，大胆给它创造了一个新名："燕山运动"。

翁文灏进一步研究并描述了燕山运动时期的造山带。他认为秦岭的东延，在河南东南部凝灰砾岩之下有明显的不整合；鄂尔多斯北部和西北部的山脉，即中国地理学上所称的阴山山脉，归化（呼和浩特）、包头以北的大青山，石炭纪至侏罗纪砂岩均已强烈褶皱，并带有大规模的逆掩断层。在阴山山脉与东秦岭两个造山带之间，平缓而清晰的褶曲仍有发育。在浙江境内，也已明确了解到建德砾岩和砂岩群与覆于其上的白垩纪斑岩间有一个巨大的不整合存在。这些都是这场造山运动的表现。后来，他进一步将燕山运动分为A、B两期。A期在侏罗纪之末或白垩纪之初，地层起宽缓之褶曲或拗曲，大部分倾斜不甚急，而局部的上下升降则颇大。以贺兰山、阴山、宣化一带、热河地区的强烈褶皱和大规模的逆掩断层为代表，秦岭、淮阳山脉及淮河流域的褶皱都属于这一时期。而B期在白垩纪之中或白垩纪末。这一时期地壳变动再次剧烈，而在特别地带还发生剧烈的褶皱与逆掩构造。华南各省的褶皱（包括南岭）均属于这一时期。

在区域构造方面，翁文灏把中国东部分为华北构造和秦岭构造两大区。华北构造区包括贺兰山、乌拉山、大青山、宣化附近、热河北票等地带，表现为强烈的褶皱和逆掩，其中贺兰山和热河诸山的褶皱指向为由西向东和由北向南，而大青山及宣化附近则是由南向北。秦岭构造区包括北秦岭、中秦岭和大巴山，以东西向构造为主，一般褶皱指向南。秦岭东延为大别山及霍山弧，后者是一三角形的老地块，尖端指向南方。弧的北边出现淮河流域的褶皱及由东南向西北的逆掩。

翁文灏还注意到，自李希霍芬等提出中国多为高原构造之说以后，中外学者言中国地质者，遇有二种地层间不自然之结合，几乎一律以正断层解之，认为中国东部的断层主要是正断层或垂直断层。这几乎已经是定论。翁文灏自己早年的报告也都用这一结论去解释。但随着调查的广泛和精确，他对这一结论由怀疑逐渐走向否定。他认为，中国东部造山带内横压力甚为猛烈，致使多造成倒褶（Overturning）及逆掩（Overthrust）构造。如贺兰山，“此山之逆掩断层自西而东……其横移运动之显明殆毫无可以疑义”；“黄河之北色尔腾山及乌拉山亦有挤迫之形势”，“大青山……有南北二大逆掩断层，在北者名阴山断层，在南者名曰白石头沟断层，皆东西延长”[34]。他觉得这绝非局部的偶然现象，而是在构造上有深切意义。宣化南部的“黄阳山、鸡鸣山一带，逆掩构造甚为显明”，过去囿于权威论点，均以垂直断层解释，但一些地质现象却无法从力学上自圆其说。翁文灏首先打破这一传统，认为那正是逆掩断层的表现。后经孙健初、王日伦详细实地勘察，证明翁文灏的结论与事实相符。热河北票地区、淮河区域的构造等等，都为这个观点提供了充足的证据。

翁文灏特别注意到，大型盆地的边部地层表现陡倾，并往往出现地层不整合，而到盆地中部则地层逐渐变为缓倾乃至水平。这说明构造运动的水平应力从边部开始，逐渐向盆地中心迁移，因而边部的沉积薄，中心的沉积厚。他还注意到了，在华北一些地区三叠系和侏罗系间往往有地层间断，估计可能有平缓的褶曲以及拗曲和断裂作用。这就是后来所称的印支运动。翁文灏在关注燕山运动的同时，对与之有关的岩浆活动及金属矿床的形成也提出了重要的见解。

由于时代和科学发展水平的局限，他当年得出的一些具体结论，也有后来被证明是错误的。但在他提出“燕山运动”这一理论 60 余年之后，在他诞生 100 周年的时候，中国地质学界的最权威人士——他当年的学生和部下黄汲清先生依然可以骄傲地说：“他所创立的燕山运动及与之关联的岩浆活动和金属矿床之形成的理论”，都是“他对中国地质学的重大贡献，其影响是深远的”。[35] 燕山运动的发现堪称是 20 世纪中国和太平洋区域地质学的重大成果，它使“环太平洋构造”这个全球概念，获得了完整而现实的内涵，充分说明中国大地构造学说从一开始就是世界大地构造学的重要组成部分。

周口店猿人

1929年，地质调查所的工作取得了一项轰动世界的成果，仅这一成果就足以使中国科学界骄傲半个世纪，这就是周口店北京猿人头盖骨的发现。周口店北京猿人遗址现在已成为国际学术界公认的人类起源、哺乳动物化石最重要和最丰富的遗址之一。1987年，联合国教科文组织世界遗产委员会将周口店北京猿人遗址列为“世界文化遗产”，使之成为世界级的文物保护单位。北京猿人的发现，改写了人类史的教科书，但有关周口店北京猿人的发现，今天已极少有人知道翁文灏在其中的作用了，提及他的人则更少。这不能不说是一个历史的遗憾。

"龙骨"的秘密

很早以前，中国药材商的收购单上就有一味名叫"龙骨"的中药。李时珍《本草纲目》中也有它的记载。据说，"龙骨"可以治健忘症、遗精、伤寒、毒痢、九窍出血、男妇溺血、小儿脐疮、阴囊汗痒等多种疾病。直到19世纪末，北京药铺中的"龙骨"因为一个外国人的注意，才进而成为改写人类历史的最珍贵材料。

1899年，一位叫哈伯勒（K.A.Haberer）的德国驻北京公使馆官员，对中国药材店中的"龙骨"发生了兴趣。他在上海、宁波、宜昌及北京等地收购了一些，寄给了德国明兴（慕尼黑）大学的古生物学家施罗塞（Max Schlosser）。施罗塞在1903年出版的研究报告中宣布：这些来自中国的"龙骨"，实际上就是古生物的动物化石，而且包括哺乳动物化石90种之多，较重要的种属有熊属、狼属、剑齿虎、象、犀牛、河马、三趾马、猪、骆驼、羚羊、鹿等等，特别是有一个牙齿的化石似乎属于猿类，也可能是人类。但是，施罗塞这篇极富刺激性的报告，当时并没有在中国激起任何反应，哪怕是小小的涟漪。由于材料来自许多地方，施罗塞也只能说它来自中国，而不能指定具体在中国何处。直到民国初年，担任北洋政府农商部顾问的瑞典地质学家安特生在调查北方新生代地质和史前文化中，才把注意的目光集中到北京的附近。他最初是利用在内地外国传教士组织，进行广泛的"龙骨"搜求。大约是在1918年，安特生由一位在北京教会学校教化学的美国人给他的报告中，得到了周口店的"龙骨"[36]。三年后，经过与翁文灏、丁文江的协商，安特生聘请了他的同乡开罗埃及大学教师师丹斯基（Otto Zdanzky）来华，协助在北京西南房山周口店以产"龙骨"闻名的石灰岩山洞地带进行小规模的考察发掘。当时他们的目标也只是发掘新生代哺乳动物化石。出土的化石被送往瑞典，由那里的专家进行室内清理和鉴定。因为当时的地质调查所，无论人才还是器材，都无法承担这样的工作。

翁文灏虽然主要精力致力于中国地质矿产的调查勘探，但对基础性科学研究工作也非常重视。他以敏锐的学术眼光，洞悉这一研究的科学价值，并积极寻求各种国际合作的可能。1926 年 10 月瑞典王太子访华，翁文灏于 22 日组织并主持了中国地质学会等学术团体举行的欢迎会。这位瑞典王太子即后来的瑞典国王古斯塔夫六世，是一位考古学家和中国文物鉴赏收藏家，时任瑞典科学研究委员会会长，掌管瑞典在中国进行地质学、古生物学和考古学考察研究活动的经费。会上，除了安排梁启超介绍了中国考古学研究情况外，学术报告会快结束的时候，翁文灏还请安特生用幻灯片展示了师丹斯基在周口店的发掘成果：两枚很像人的臼齿的化石，并由此证明了施罗塞 23 年前的研究结论：远东确有人类存在的遗留，而其中一个准确的地点就在我们的身边——周口店。

与施罗塞 23 年前的情况有了极大的不同，安特生的讲演引起中国学术界的极大注意，并"在 24 小时之内，变成了世界最瞩目的科学新闻"[37]。一直在关注安特生工作的翁文灏，极想抓住这个机会，推动地质调查所对新生代地质、古生物及周口店堆积的研究，设法寻找扩大规模和深入持久进行发掘研究的途径。因为单靠地质调查所自己的力量，无论是人力还是财力都是绝对不可能的。但是不知出于什么原因，瑞典方面并没有进一步强有力的经费支持。而翁文灏与北京协和医学院解剖系主任、加拿大籍的解剖学家步达生（Davidson Black）的商谈却取到了积极的回应，双方就共同开展周口店发掘等问题形成共识。身为北京协和医学院解剖学系主任的步达生，对古人类的研究也很有兴趣。从 1926 年 10 月 18 日翁文灏给步达生的信中可以看出，他们对合作进行了详细而周密的筹划。

我收到你的 16 日的信，对我们过去讨论的合作，做了概要的安排。对这具有高度科学兴趣的计划我很满意，并感谢给予中国地质调查所很大的支持。我同意你在信中所提的大纲，为了比会谈的更清楚一些，再略为申明几点：关于周口店的研究，我完全同意你的计划。为这项研究，中国地质调查所将派一位现在德国学习的中国古脊椎动物学家到瑞典，了解从前发现的材料和研究情况，以便将来和你所提议的从事这种工作的其他同行更好地合作。必要时，为了地形和地质调查，中国地质调查所还可以提供一二位地质学家。中国地质调查所可以资助一小部分工作经费，但我们都赞成最好是由洛克菲勒基金会的研究部门答应资助全部费用。关于人类和其他遗物的研究成果发表于《中国古生物志》，还要明确，交给你的人类骨骼当永远保存在中国，是否由人类生物学研究所来实现此事？……大量从河南、奉天和甘肃发现的人骨架，已得到发现人安特生的同意，归中国地质调查所所有。[38]

周口店古人类遗迹的发掘考察将成为一个国际合作项目。如何充分发挥国际合作研究各方最大作用和能量，借助国外资金促进中国科学事业的发展，又要不损害祖国的利益，维护国家的主权和中国学界尊严，特别是在国家贫弱、政府腐败的环境中，在外国人已先取得成果的这一领域，这令翁文灏颇费心思。他深知，要想赢得别人的尊重，首先必须保持自尊，而真诚的合作，除了友好的情谊，更需要坚厚的实力。要保持中国人的一席之地，取得真正的发言权——不论是标本的保存还是成果的发表，中国人必须有自己的专家和成果。可当时在地质调查所乃至中国，还没有站在世界前列的古生物学家。

新生代研究室

翁文灏和步达生最初的意向是，由步达生争取获得洛克菲勒基金会的资助，地质调查所和协和医学院合作成立“人类生物学研究所”，地址就设在东单三条协和医学院对面的小礼堂。经过更慎重的考虑，最后按照翁文灏和丁文江的建议，改为在地质调查所成立“新生代研究室”，作为地质调查所的分支机构。这样既扩大了研究的范围，也进一步明确了隶属关系。1927 年 2 月，双方以通信的方式签订了《中国地质调查所和北京协和医学院关于研究第三纪及第四纪堆积物协议书》。协议书的主要内容是：

1. 从 1928 年开始，由洛克菲勒基金会资助 22000 美元，作为到 1929 年 12 月 31 日为止的两年的研究专款，中国地质调查所拨 4000 元补贴这一时期的费用。

2. 步达生在双方指定的其他专家的协助下，负责野外工作；二至三名受聘并隶属中国地质调查所的古生物学专家，专门负责与本项目有关的古生物研究工作。

3. 一切标本归中国地质调查所所有，但人类学的材料在不运出中国的前提下，由北京协和医学院保管，以供研究之用。

4. 一切研究成果在《中国古生物志》或中国地质调查所其他刊物，以及中国地质学会的出版物上发表。[39]

从这份协议中可以看出，翁文灏最初的设想几乎完全得到实现和保证。从这一年 4 月开始，在周口店展开了大规模的发掘工作。翁文灏派他的学生、地质调查所技师李捷，负责地质和地貌学的调查研究工作，任地质师兼野外事务主任（Field Director），聘请瑞典脊椎古生物学家步林博士（Dr.Birger Bohlin）任古生物研究专员和周口店野外工作顾问。

这一年的夏天，阎锡山部队正与奉系军阀张作霖在北京附近打得热闹，周口店一带时常听到隐约的炮声，甚至散兵游勇也不时光顾发掘现场，把发掘的洞穴当作手榴弹的试验场。尽管如此，到了 10 月 18 日因冬季来临而停止发掘工作之时，他们共开掘并检验了大量的洞穴堆积物，并且在收工前三天。即 10 月 16 日，由步林找到了一个完整的人类臼齿。经步达生的深入研究，判定这是一颗透出牙床不久的下颚第一左臼齿，属于一个年约 9 岁的儿童。他把这一标本，连同师丹斯基的标本重加研究，认为二者系同一种属，并把他正式命名为“北京中国猿人”（Sinanthropus Pekinensis）12 月 5 日，翁文灏中国地质学会特别会议上，作了题为《中国古人种之搜寻》的学术报告，系统介绍了地质调查所近年在古人种方面研究考察工作的设想、计划及实施情况，特别是在周口店的发掘情况。

第二年春天，新生代研究室正式成立，全面负责周口店的发掘工作。同时进行全国的新生代地层和古生物研究。周口店的发掘工作在翁文灏和协和医学院院长胡恒德（Henry Houghton）的主持下，分 4 月下旬至 5 月下旬，8 月底至 11 月底二期进行。此时，翁文灏在 1926 年致步达生的信中提到的“在德国留学的中国古脊椎动物学家”——杨钟健留学归来。翁文灏求贤若渴，亲自上门送去聘函，邀请他代替李捷之职担任技师，负责周口店的工作。当时国内毕业生入地质调查所，月薪从 30 元起，留学归来者可达 100 元。但因中国古生物家缺乏，翁文灏为让杨钟健能安心地质调查所的工作，破例给他的工资是每月 200 元。其中从洛氏基金中支 120 元，另由翁文灏介绍杨钟健到师大及北大兼两小时的课，补足200元之数。同时还给杨钟键派了一位助手——北京大学的毕业生裴文中。这一年除了发现一个小孩的下牙床和一个带3颗牙齿的成人下牙床外，未有更大的发现。

因为周口店遗址的发掘结果远远超出预先估计，而原计划将要到期，翁文灏遂与步达生等频频磋商进一步发掘研究的新计划，并草拟了1929—1930年工作细目。新计划预计仍由洛氏基金会提供经费，总预算为11万元，仍由地质调查所和协和医学院合作，并把新生代研究室办立一个“真正的中国机构”。1929年2月28日，翁文灏和步达生共同拟定了《中国地质调查所新生代研究室组织章程》。人事方面确定：丁文江，名誉主任；步达生，主任兼古人类学家；杨钟健，副主任、古生物学家；德日进神父，科学顾问；裴文中，采集主任兼古生物学研究员。[40]

然而，由于发掘没有重大的进展，而且挖掘工作碰到了坚硬的第五层，动物骨骼化石非常稀少，许多人认为周口店的工作已经到了山穷水尽的地步，成了一件无足轻重的事。步林辞职，去参加西北科学考察团，杨钟健和德日进结伴去山陕地区研究华北新生代地质。周口店的发掘大有就此销声匿迹的趋势。但是，翁文灏以其特有的科学敏感，相信在坚硬石层下面或许还会有化石，因而极力主张挖掘工作不可间断，并责令裴文中负责继续督工挖掘。到了12月初，北京的天气已十分寒冷，翁文灏正为裴文中等人尚没有收工回城而颇为焦虑的时候，于12月3日收到裴文中派专人从周口店送来的信，信中报告昨晚挖掘到一个很完整的猿人头盖骨化石。信虽不长，但翁文灏从略带颤抖的字体上，感受到了裴文中激动的心情。几乎同时，翁文灏又得知，裴文中怕送信人路途耽搁，已同时打电报给步达生："顷得一头骨，极完整，颇似人。"[41]

城里的许多人对裴文中的报告都抱怀疑态度，有人说裴文中不可能认识"人"的头骨，也有人觉得裴文中不可能有这么好的运气，因为完整的猿人头骨实在太珍贵了。12 月 6 日，翁文灏终于在焦急中等到了裴文中亲自从周口店带回的、经过初步干燥处理的猿人头盖骨化石。经过步达生等人鉴定，正式确认这确实是古人类头骨化石。裴文中这才向翁文灏详细汇报了发掘经过。

原来，到了 11 月底，已经下过小雪，北京的天气越来越寒冷。就在裴文中他们准备就此结束 1929 年发掘工作的时候，忽然又发现了一个很深的小洞。尽管天气很冷，但职业的责任心驱使裴文中一定再去探个究竟。裴文中将绳子系在腰间，从山顶坠下，他见洞内化石非常多，立即决定延期收工，继续挖掘下去。到了 12 月 2 日傍晚时分，就在这个洞中，裴文中在离洞口不远的地方挖掘到一个发黑的圆圆的东西，一半在松土中，一半在硬土中。因为天色已暗，洞内光线不足，他们就秉烛而掘。继续工作了一段时间以后，天色更黑了，裴文中决定用撬棍撬。果然，拿撬棍用力一撬，头骨蹦出土层。尽管这个稍显鲁莽的举动造成头骨一部分破碎，但这也使裴文中看清这个猿人头骨要比现代人的头骨厚得多，达 10 多毫米。裴文中首先想到要立即将这一重要情况报告所长翁文灏先生，因为正是他在困难的时候坚定了大家的信心。裴文中连夜写好信，次日一早派人下山呈送翁文灏。12 月 6 日，裴文中又亲自携带头骨，乘车返京。

12 月 28 日下午，翁文灏专门主持了在地质调查所召开的中国地质学会特别会议，报告周口店发掘猿人头盖骨经过，以及新生代研究室进行的野外发掘及室内研究情况。会议于下午 2 点举行，出席者中有斯文赫定等中外科学家150余人。翁文灏首先致词:“原周口店中国猿人之发现，业已数年。以前发见之研究，已有专门论文，于中国地质学会志及古生物志中发表。地质调查所着手采集，则始于十六年四月，以李捷为地质主任，步林为古生物专家，嗣由杨钟健、裴文中二君继续。近时则由裴君独自担任，最近之发见，即为裴君一人所得，有猿人头骨一件，及其他重要化石多种。此项实地采集，及室内研究之经费，系由罗氏基金社慨捐，此项捐款，并不以分配标本为条件，乃由地质调查所呈部增设一新生代动物化石研究室，专从事新生代化石之采集及研究人类化石在内，但历史时代之古物则在外，一切采集物品，(人头骨在内)皆为地质调查所所有，概不运出国外。此项研究室之人员，现以丁文江为名誉主任，步达生(原协和医学校解剖教授为人类学专家)兼主任，杨钟健为古物学专家兼副主任，德日进(前法国地质学会会长及地质学教授)为专门顾问，裴文中为采集主任兼古生物学研究员。协和医学校对于此事之合作，乃在允许步达生教授参加此项研究，并供给一切研究必需之设备与便利。近二年来，自周口店所采材料，除已有多种陈列者外，尚有多量，须加长时期之室内要作。现在雇工数名，正在积极整理，分别陈列。”随后由步达生、裴文中、杨钟健分别报告周口店发掘及研究状况。

北京猿人头骨的发现轰动了世界学术界，被认为“这是达尔文发表人类进化论以来，第一次得到的最完整可靠的支持及证实他的证据”[42]。“北京人”(Peking Man)之所以有重大价值，是因为它代表了从猿到人进化过程中一个重要阶段。它显示出人类进化的程度。从地层的堆积及共生动物，以至石化程度的研究，证明它属于更新世中期，距今约四五十万年。古人类学家把人类进化史分成三个阶段：直立人（猿人）阶段、早期智人阶段和晚期智人阶段。北京人便属于直立人阶段。以后，周口店地区又发现了“新洞人”（早期智人阶段）和“山顶洞人”（晚期智人阶段）。

在此之前，科学家们谈论人类进化的最基本的资料，就是只保存了头顶部分的爪哇人头盖骨，德国海黛尔堡人的下颚骨以及英国“曙人”的几块破碎的化石，而且出土情形和出土的地层也不十分清楚，没有直接的记录。北京猿人头盖骨则不然，整个挖掘过程、地质年代的测定、地层层序都十分清楚。“该标本自由裴文中亲手采掘以来，从未一刻脱离地质调查所负责人之手。故自掘出之后之所经过，完全明了。由地质上古生物之种种事实，关于其年代种种绝无问题和疑义可以发生。”[43]北京猿人的发现，立即使上述三种原始人的化石黯然失色。步达生经过全面深入的研究后，发表了专著，从此“北京人”驰名世界，随之也澄清了对“爪哇人”长期以来争论不休的猿与人的问题。

此后新生代研究室的工作条件有了改观，工作成果也更加突出。经裴文中等人的努力，更多的“北京人”头骨、带牙齿的上下颌骨和其他的人类骨化石相继发掘。特别是 1936 年一年中，贾兰坡连续发现了 3 个完整的“北京人”头盖骨，震惊世界。同时还出土了大量的古脊椎动物化石，分别由安特生、魏敦瑞（Franz Weidenreich）、杨钟健、裴文中、贾兰坡、卞美年等进行研究。经过进一步的研究确认，“北京人”已经属于真正的人（Homo），于是爪哇猿人被称为“直立人”（Homoerectus），“北京人”改称“北京直立人”（Homoerectus Pekinensis）。裴文中还发现了“北京人”用火的遗迹和多种经过敲打的古石器，说明“北京人”已是相当进步的人类。

新生代研究室以其卓越的成果，成为当时中国科学发展最突出的典范。正如著名考古学家李济所说："民国初年，……提倡科学思想及科学事业的若干机关中，民国初年成立的地质调查所表现的成绩，最为国际所称道。称道的最热烈的要算是古物研究的报告。"[44]翁文灏作为所长，自始至终从宏观上组织领导了周口店的发掘、科研工作，调动各方面的积极性，团结不同国籍、不同学术观点的学者长期相处，密切合作。例如，杨钟健留学德国尚未毕业之时，翁文灏就积极与他联系，约其毕业后回国到地质调查所工作。杨钟健回国以后，翁文灏立即登门送去聘书。杨钟健尚未工作即得大病一场，翁文灏派人到医院关心询问医药用费问题。这一切都使杨钟健深为感动，"产生了尽力为地质所服务之心"。据杨钟健回忆："翁先生对我的工作极为重视，且于有须他协助之时，无不尽力协助。我之研究工作能迅速进展，实与翁先生的主持与协助之力是分不开的。"他承认："翁文灏与我一生生活最有关系，以致会影响我的一切。"[45]至于北京猿人的发现，用黄汲清的话说，"在某种意义上说，他的功劳并不在步达生、杨钟健、裴文中之下"[46]。然而"北京人"的故事并没有到此结束。抗战爆发后，翁文灏受邀出任国民政府经济部长，辞去了地质调查所所长职务。但该所由经济部直辖，翁文灏对该所工作也依然是关怀有加。虽然地质调查所已南迁，北平分所的新生代研究室因为与美国人办的协和医院合作，而当时日美关系尚未破裂，因此还在维持工作，但形势已危如累卵。

翁文灏虽然政务繁忙日理万机，但对地质调查所，对孤悬北平的"北京人"化石的安全依然十分挂怀。到了1940年末，日美关系日趋紧张，身为重庆政府高官的翁文灏对形势当然洞若观火。1941年1月10日，他与地质调查所代所长尹赞勋联名致函胡恒德，建议将存于北平协和医学院的“北京人”化石等暂移美国存放。翁文灏在信中表示，“鉴于国际局势日益紧张，我们非常急于了解在平诸位朋友一旦遇到紧急情况时准备如何处置新生代研究室那些价值不等的科学物品”。虽然中美双方有协议，周口店发掘出的实物必须留在中国，但“考虑到将这批物品从北平运到这里（指重庆）来的实际困难”，翁文灏提议将存放在协和医院的“北京人遗骨标本模型及其他重要化石等珍贵物品”，“先用船运往美国，委托某个学术研究机关在中国抗战期间替我们暂为保管，俟战争结束后再送还中国”。另外，他还建议目前在北平的葛利普、裴文中“最好来西南随我们一起工作”。

同日，他还致函地质调查所新生代研究室名誉主任、犹太人科学家魏敦瑞，表示“该是寻找一个安全地方保存诸如北京人遗骨、标本模型和各种重要化石等珍贵物品的时候了”，并请魏“代表中央地质调查所新生代室物色一个合适的美国学术研究机关，并请将一切情况告诉我们”。为此他还专门给当时在重庆的美国驻华大使詹森(Nelson J.Johnson)写信，告知鉴于日美关系紧张，很快会危及北平协和医学院的处境，北京人遗骨等物品均极具科学价值，必须尽一切手段妥为保存，为此已分别致函裴文中、胡恒德、魏敦瑞、葛利普及德日进等。“为躲避日方的检查，我请求大使先生用最保险的外交邮件方式帮助我们将此信件包送到北平。”尽管詹森认为用外交邮件寄送这些封口的信件包是非常不正规的，不符合规定，但仍然表示相信邮包只有与“北京人”安全有关的东西，他“准备以个人名义寄给史密斯先生，由他转交裴文中博士”。

翁文灏的信直到 3 月 22 日才转到裴文中的手上。4 月 16 日裴文中给尹赞勋回信，对协和方面的消极态度表示无可奈何：“胡兄

（指胡恒德）实不肯为力，但他们有他们经商的目的，我们实不可强求也。只有听之而已。”协和医学院院长胡恒德(Houghton)在给翁文灏的复函中，则明确地拒绝了将“北京人”化石暂移美国保管的建议。胡恒德在信中表示，经征询协和校董和美国驻华大使等人意见，认为“将这批化石转移出北平是不切实际的想法”，因为美国方面“不敢承担违反日伪政府及其海关法规的责任”。而且认为“即便将来局势恶化，这批标本也不可能受损，……最坏的情况莫过于不再在北平(或中国)保存而被分散在世界其他博物馆罢了。果真如此的话，这些标本似乎完全有可能在战争结束后被保存下来，并有希望归还中国。……请你勿庸担心这批宝物的安全保管问题。”

由于美国人拒绝了翁文灏在最有利的时机提出最恰当的建议，此后事情就变得无法把握了。据说在1941年8月的时候，胡恒德又与洛克菲勒中国医学委员会的董事们讨论过将工作人员转移到中国西部的想法。但是委员们担心，日本人可能会借机将日本医生安插在重要职位，达到利用这家医院的目的。最终，董事会决定反对这一“漫长、艰险”而且只有男人才能“偷偷”完成的行程。他们决定不作改变而继续执行原计划，并祈祷公开的战争不会爆发。

到了1941年末，胡恒德又突然地积极起来，同意将化石运往美国。然而，事情竟真的象他先前说的那样一动不如一静了。12月7日日本轰炸珍珠港，上述“董事会无法控制的局面”终于出现了。12月8日，上午8点刚过，一队日本兵包围并闯入北京协和医院，关闭了所有的门，禁止一切人出入。与此同时，另一队日本兵闯进入了院长的住宅，胡恒德正在那里与几位医生一起用早餐，收音机中播放着日本袭击珍珠港的消息。这时电话铃响了，胡恒德拿起了电话：“是的，我们已经听到这个消息了。日本兵现在正走进大门。”

胡恒德和医院里所有的美国人都被逮捕了，他们将在日军的监狱中渡过 4 年的铁窗生涯。

1942 年冬天，在重庆的翁文灏收到一封 9 月 10 日发自东非洛伦索的来信。发信人是协和医学院解剖学教授佛腾（Fortuyn），他向翁文灏报告了他自太平洋战争爆发后被从北平送到东非的经过，并告知太平洋战争前“北京人化石连同一部分相关物品起先托付给美国驻平陆战队，打算在他们从中国撤退时带往美国。不料，他们尚滞留秦皇岛时，太平洋战争爆发了，这些陆战队员都作了日军的俘虏。此后，这些化石的下落竟杳无音讯”。翁文灏当即于 12 月 31 日致函时在美国自然历史博物馆的魏敦瑞，将此事直言相告，并在信中埋怨:“中日战争发生时我就要求将北京人运往美国的，一直到太平洋战争爆发前一年，我还在与胡顿讨论安全保护北京人化石问题，那时我建议化石送往美国保管。我知道有协议，化石不能携出中国，但那时我预见到美日间将发生战争，为此特意征求我国当局同意。然协和医学院当局行动迟缓，直至战争爆发。”翁文灏所说“我国当局”当然指的是蒋介石。

次年 3 月 30 日翁文灏将此事转告致函美国驻华使馆官员文森特(Carter Vincent)，并表示“我们迄今尚未公布这件事，是为了避免引起日本人的注意和兴趣。……我们必须马上行动找到它们并加以安全保管。”他认为美国国务院及海军部可能会对追查有帮助，请文森特设法让美国国务院关注此事。文森特 4 月 2 日复函，告已电问华盛顿海军部，一有消息立告。4 月 10 日，翁文灏再函文森特，追问查询结果。文森特 27 日回函，告已将此事禀报国务院。他还分别给 Lobenstine 博士、M.C.Baltour 博士等相关人士，请求帮助寻找北京人化石的线索。此后，翁文灏忙于后方经济建设工作，此事被暂时放在了一边。

抗日战争胜利后，虽身任国民政府行政副院长和全国性事业接收委员会主任委员等繁重事务，翁文灏仍然关注着北京人的寻找工作。1946 年初有消息说北京人化石在日本东京出现，翁文灏“得知这些人类早期演化的珍贵遗物还在世上”的消息时“确实非常激动”。他立即于 1 月 19 日致函在华调停国共关系的马歇尔将军，请求美方协助将北京人化石由日本归还中国。在简要介绍了战前中美合作从事中国史前人类研究的成果，以及太平洋战争爆发时北京人化石遗失的经过后，翁文灏告知“一段时间以来没人知道这些化石遗骨的下落。但日本方面在努力寻找这些化石，并最终获得成功。我不十分清楚日本人是如何找到这些化石，又如何将它们运往东京的，它们很可能在日本东京帝国大学保存着”。为使化石安全归还中国，他请马歇尔致电盟军统帅麦克阿瑟将军，请他关心此事。并表示中国愿意派遣科学家前往日本接收，并一再强调：“在此事上所作的任何方便之举动，都是对早期人类研究这项重要工作的巨大贡献。”然而，不久他又得知上述消息只是报纸传闻，并不确切，“周口店化石恐不易重为寻获”。

此后的翁文灏越来越深地被搅在国民党的政治漩涡之中，他的科学智慧与组织才华，在程式公文与权力争斗中被消耗殆尽。虽然他官至行政院长——内阁总理，却落得个战犯的罪名，不得不亡命海外，远避欧洲。但是他的书生本色并未稍减，对“北京人”的眷恋之情也愈发地浓烈。或许，促使他 1951 年初的回国之举中，也正包含着这份恋情。因而，当他于 1952 年 1 月 1 日早晨读到杨钟健、裴文中在当天《人民日报》上发表的《控诉美帝国主义无耻盗窃行为》一文时，他那颗渐已平复的心再次激起千层波澜。该文称，据东德学者来函相告，英国伦敦大学生物系教授华特生在美国自然历史博物院魏敦瑞那里，看见了一具周口店中国猿人的头骨，据说系美国兵战后从日本皇家博物院所获。因而杨、裴二人著文指斥美国存心盗窃，要求予以归还。此时的翁文灏，虽为闲居在家的一介平民，甚至没有工作，没有收入，但是责任感和爱国心让他夜不能昧，于是连夜间撰写了一份说明投寄中国科学院领导，以当事人的身份，历述中美合作发见与研究北京人的种种历史经过事实及相关的协定，申张中国主权，并表示，美国方面如果盗窃猿人标本，实系违约与欺骗。“此事演成如此结果，实出意外。”然而，事情就这样过去了，寄出的信也如石沉大海。一年多以后，翁文灏才从来访的杨钟键口中得知，关于“北京人”头盖骨存放于纽约之说，不过是一个谎信。此后的二十年中，在历史波涛中漂流着的翁文灏，依然期待、盼望着遗失的“北京人”能落叶归根，早日回家。

中国地理科学创始者

20世纪60年代初中苏关系紧张，边界谈判僵持不下之时，翁文灏突然被请到一个陌生的地方，出来迎接他的主人竟是共和国总理周恩来。翁文灏没想到周总理是要向他请教一些问题，一些关于地理和地图的问题。因为周恩来很清楚，翁文灏是中国近代地理科学的创始者，中国第一部现代化地图集《申报馆地图》的编纂者。翁文灏与周恩来谈话的内容不得而知，我们也无须细究详考，然而翁文灏对中国近代地理科学的贡献，确实是他学术生涯的一个重要方面。

清初测绘地图考

1930年，翁文灏谢绝了中华教育文化基金会同人们的一再挽留，辞去了中基会董事的兼职，同时接受年薪 7200 元的中基会“科学研究教授”的席位，一心在地质调查所从事起专业研究，研究的重点是中国地理及地图。地质调查需要依靠地图定位，而民国初年中国难以找到测绘精当的全国地图。当时翁文灏等出外考察往往还要自绘地图，他迫切地感到需要一部新的中国地图。然而如果要对中国疆域重新进行全面的测量绘图，不要说没有经费，就是有钱，又哪有那么多的人员，哪有那么多的时间。工作如何着手呢？翁文灏的方法是从历史开始。

大概由于兵学和史学的发达，中国人一向重视地图，史学家读书时的一个重要原则便是“左图右史”。更早的地图测绘已不能知其详，但自清朝初年以来，中国地图测绘的沿革经过、测绘的范围方法等等，我们今天还是比较清楚的，而这正是翁文灏给我们的贡献。翁文灏用中基会的补助，大量搜集购买了有关中国地理学的中外著作，各种地图出版物，加上历年来地质调查所搜集的全国及各省国人自测或外人窃测的大大小小、或详或略的各种地图，地质调查所图书馆当时存图之富在全国居首位。

翁文灏的观点是：当前的地图大都根据清初测量所得的结果，后人的舆地经纬度数表等，也都是“按图而推得其度里”，而不是先测得其经纬度数和距离，而后画在图上。如果搞不清楚清初测绘地图的历史情况，既不知道地图上所标的一切什么地方是确实经过测量的，又不知道是用什么方法测量的，故而难以判断以前的测绘是否准确可信，新地图就无从参考，难以着手。他详细阅读了法国人苏西孩（E.Souciet）的《印度中国数学天文地理历史及物理观察》（1729 年，巴黎出版），杜赫德（J.B.Duhalde）的《中国地理历史政治及地文全志》（1735 年，巴黎出版），马侠氏（Maillia）的《中国通史》（1783 年出版）和格罗籍（Abbe Grosier）的《中国志》

（1818年出版），以及唐维尔（D'anville）、衣斯尔（Isle）的有关论著和中国古籍中的有关记载，对清初地图测绘的经过和许多技术性问题，有了全面具体的了解。

清康熙二十八年（1689年），清廷与俄罗斯签订《中俄尼布楚条约》，中国收回雅克萨，却将尼布楚及其以西地区让与俄罗斯。康熙帝事后始觉中国吃了亏，他身边的法国传教士张诚（Gerlillon）此时向他进献亚洲地图，说明这正是中国人对满洲地理知识的缺乏的结果。康熙觉悟到测绘地图的重要和必要，于是命令传教士讲授有关知识，亲自学习，孜孜不倦，同时还命令推荐专家，秘密从国外购买仪器。以后数次征抚蒙古，游历满洲及巡幸江南，康熙都让张诚随行，随时测定纬度，为制图做准备。

康熙帝先是命传教士试测绘北京附近地图，经过他自己核校，认为远胜旧图，乃命令正式开始全国地图的测制。从康熙四十八年四月十六日（1708年7月4日）起，白晋（Bouvet）、雷孝思（Regis）、杜德美（Jartoux）等法国教士，开始自长城起测，直到1709年1月返回北京，绘成北京附近长城各门各堡及附近城寨、河谷、水流等地图一幅。1707年12月到1708年6月，完成北直隶测量；1709年5月至1710年12月完成东北地图的测绘。1711年起，康熙又命增加人员，分成两队，一队往山东，一队出长城至哈密，测定喀尔喀蒙古之地。后山东一队先测完，又测山西、陕西（包括甘肃）。而后河南、江南（江苏、安徽）、浙江、福建、江西、广东、广西、四川、云南、贵州、湖广各省均一一测绘，至1717年功成返京。在杜德美领导下，综合各地测量，绘成《皇舆全图》，于康熙五十八年（1719年）进呈。从康熙二十八年开始留意，至五十八年图成，康熙帝“费三十余年之心力，始克告成”[47]。这是第一次用新法测绘的中国地图集。

测绘地图，首先要有一定统一的尺度，而中国人习惯所称的里数。清朝初年全国各省并不一致。当时国际上并无统一的度量标准，康熙决定统一以工部营造尺为标准，1800 尺即 180 丈为 1 里。当时的营造尺与今天的度量单位米的关系如何呢？翁文灏从当时法国教士多马斯（Thomas）测定地球一度经线合 20“刘”（古代法国的里，Lieue），合 200 华里，推算出一“刘”等于 10 华里，等于 2853“笃亚斯”（古代法国的丈，Toise）。1“笃亚斯”，相当于今天的 1.949 米。经过换算，翁文灏得出了康熙时的 1 华里应该等于现今的 555.465 米，1 米相当于中国 3.245 尺。民国三年（1914 年）北京政府颁布的权度法则把 1 米定为 3.125 尺，1928 年颁布的度量衡制又将 1 米定为 3 尺。他批评北洋政府放弃当初测图时审慎规定的标准不用，结果造成“现今之法定里与康熙时之地理里相较，每（经）度差 15 里之多”，使“读今日中国地理著作中之言若干里，若干方里者，反觉渺无意，不知所云，良可慨矣！”

翁文灏还考证弄清了康熙《皇舆全图》所采用的测量方法。他确认，当时是以天文测量与三角网测量相配合，而且“实地丈量之方法颇为审慎周密”，“尺度既一，复用测境测定坡度，对准方向，并先量极准确之基线，用三角法递推互较，由近至远，而更由已知他处以返求而复测之”。他肯定：此“乃中国第一批之三角测量（Triangulation）工作也”[48]。

翁文灏又认真考察了《皇舆全图》所根据的经纬度和图书所标 630 处有经纬度数地点，认为“由今观之，虽不必尽确，然亦可以资比较也”。他甚至具体分析了几处传教士们用天文观察所定的经纬度。证明他们经纬度的测量，“实不甚精密”，地图中“各地点之相对关系之精密，过于其绝对位置”。翁文灏高度评价在康熙帝亲自主持下，外国传教士努力而完成的清初地图测量工作。他认为，这项工作“不但奠定中国地理之基础，亦实为世界地理之一大贡献”[49]。

申报馆地图

在翁文灏致力于对清初测绘地图过程和方法进行历史考察的同时，丁文江正积极为编纂新的中国地图奔走。1930 年，上海《申报》为纪念创办 60 周年（1872 年创刊），准备组织边疆旅行团，赴边疆考察。丁文江则极力建议《申报》改为出版一套新版中国地图。《申报》老板史量才在丁文江的宣传鼓动之下，决定接受建议，改出地图，由丁文江、翁文灏和曾世英共同承担编纂。

曾世英是江苏常熟人，1919 年毕业于苏州专门学校土木科，原在天津顺直水利委员会（后改组为华北水利委员会）测绘处工作，早年参加过长兴煤矿轻便铁路勘测和设计及天津经度测量工作。1929 年曾随丁文江赴西南，进行川广铁道的实地考察，精于测绘。曾世英具体负责实际的编图工作，翁文灏担任指导和联系。

在编绘地图之初，翁文灏等人确定了几个重要的原则：首先，尽可能搜集各地经纬度，“上溯清初旧书，博考近时游记，更征及中国地质调查所、印度测量局等尚未出版之新材料”。他们共得到有经纬度数可稽考的地点一千几百处，详加考证。在绘图上，过去地图以人字形或笔架式记号表示山脉，并把山脉与分水混为一谈，认为天下山岭脉络相通，起于一祖。翁文灏等不仅纠正了错误的地理知识，并且完全采用全新的等高线及分层设色，不仅于中文地图中辟一新纪元，亦“一洗往昔对于地形之误解”，“促进国人对于祖国之认识”。翁文灏认为，清初地图“精而不详”，清末民初陆军测量

"散而不整",《申报馆地图》应该"聚散漫之地形详图而归纳之,撷其精彩",并"博征外籍,而详审国境,俾外人读之者亦可于中国现行省区有所见知,或可稍塞其明知故昧之口实"。此外,对于中国各省面积,以往多沿袭十八九世纪旧数,而不合民国新定的行政区域,各县面积更无确数。《申报馆地图》出版后,要能使读者可从中测算各地面积,"自有此图,始知中国之幅员矣"[50]。

《申报馆地图》原计划只有一种,名《中华民国新地图》。在编绘和筹备付印的过程中,鉴于篇幅较多,如果一集出版,必然会因售价过高影响销路,且不便流传,于是又决定再出一缩编本。史量才认为,祖国历史和地理乃教育青年学生爱国爱群的基础素材,因此决定将缩编本搞成可供学校教学和一般读者使用的普及本,除普通地图外也有专题性的全国总图,名为《中国分省新图》。这两本地图被总称为《申报馆地图》,1933 年出版。"其图位置准确高度分明,参考周详,色泽显著风行一时。"[51]

《中华民国新地图》和《中国分省新图》"是我国第一本根据实测资料,按等高线运用分层设色法绘制的现代化地图集"[52]。地图出版以后立刻赢得国内外的广泛重视和赞誉,认为是地理界的巨著,被誉为是划时代之作。《申报馆地图》产生的影响也是深远的,在此后的数十年间,一再重印。从 1933 年初出版,到 1939 年已印至第四版,1948 年又增补内容,印行第五版。特别是新中国成立后,国家各方面建设对地图的需要极大,"该图的重要性才充分显示出来"[53]。

组建地理学会

翁文灏不仅在地图学,也在地史学、地文学等多方面推动了中国地理科学的发展，被公认为“我国地理科学的创始人之一”[54]。

1920年，翁文灏即已写下一篇重要的自然地理著作——《中国地史浅说》（后于1922年发表在《博物》杂志上）。他认为：“今代地理上之一山一水一丘一壑，莫不于地质历史上有其当时不获已之原因，故地理学者兼通地史，其应用于地理学者，尤在利用已知之地史以说明现代的情形。”他根据文字记载，论述了中国最近代之地史，探讨了中国海岸的变迁，黄河的泛滥与迁移等问题，把中国地史分为太古（泰山系）、元古（五台系与震旦系）、下古生（寒武与奥陶二纪）、中古生（志留与泥盆二纪）、上古生（石炭与二叠二纪）、下中生（三叠与侏罗二纪）、上中生（白垩纪与第三纪）各界与最新的第四纪，并列举了各界中的主要岩石及含矿可能性。

《中国山脉考》是翁文灏对中国地文学的一个重要贡献。他在这篇发表于1925年《科学》杂志第1期的文章中。主张考察山脉分布必须以地质构造与内外营力为据，指出：“舍地质而论山脉，无论中外，均不免于矛盾穿凿之病。”他驳斥了我国过去追索山脉的种种错误观点，评论了“古代中国地理精于水道而疏于山脉，言水多详而言山多误。”批判了把山脉分为条状，索其脉络以及分干支与所谓“龙脉”的堪舆方法，并也指出了两水之间必有一脉的纯分水岭观点的错误，认为以分水线确定山脉经常会陷入谬误。他强调了研究山脉的系统与分类应以考察地质构造、造山时期与内外营力为主；因为“山脉的造成不一时，山脉之构造不一式”，所以首先要从地质构造上辨清褶曲地带及古陆区之分布，而褶曲轴及断层线常成为山脉形成之原因。文中介绍了德国人富特勒（Futterer）关于中亚及中国山脉的论述，以及把中国山脉分为八大系，即阿尔泰山系、天山系、西昆仑山系、南山（祁连山）系、东昆仑（秦岭）山系、中国山系（即我国东北—西南走向华夏山系）、印度山系（横断山脉）及喜马拉雅山系的观点；介绍了维理士（Willis）所著的《亚洲大陆构造图》中的五大古陆，即西伯利亚古陆、蒙古古陆、西藏古陆、印度古陆及东亚古陆以及介于此五古陆之间的褶曲地带。

翁文灏概括了山脉的成因，他认为有：（1）剧烈的褶曲；（2）拗褶；（3）断层及阶级断层；（4）火山；（5）蚀余山五种。其中前三种成因常延续成脉，后两种成因往往以孤山出现；并且认为阿尔泰山为断层山，秦岭则同褶曲（背斜与向斜）加断层作用所形成，而吕梁山则为地垒式山系。他强调，承袭过去就山论水的方法是不妥当的。近代地理学者应从地质构造与地形雕刻的观察来论述山脉。文中最后还指出："据地质调查的历史考察，（中国的）重要褶曲时期不在古生界（代）之末期，而在中生界（代）之中期。……成山原因除褶曲作用外，断层与拗屈（曲）居极重要之地位，此皆与欧洲形迥不相同处。"[55]

1928年，他在《科学》第13卷第1期上发表《中国地理学中的几个错误的原则》一文，批判了过去"天下山脉发源于一"、"葱岭为天下山脉之总汇"、"河流多潜源重发"、"盐水湖必为古海涸底"以及"沧海桑田"等谬论，纠正了对研究山脉的种种非科学观点。从而大力促进了中国地文学的进步。

1929年，他又发表《中国地理区域及其人生意义》一文，论及我国人口与地理的关系。他认为我国当时行省的划分非常之不自然。在唐初全国分为十道，还比较与自然情形相合，经宋朝以来，尤其是元明两代的变更，行省的划分日出自然愈远。他写道："自然区域的重要大约一般都能承认，但苦于不知自然区域如何划分。"他把全国土地分为五类：

（1）平原（包括松辽、华北、江淮、西江、河套、泾渭、宁夏等），共占全国土地总面积的10%左右。

（2）盆地（包含塔里木、准噶尔、柴达木、四川等），共占全国土地总面积的16%。

（3）丘陵（包含海拔在1000米以下之山地），共占全国土地总面积之9%。

（4）高原（包含蒙古、西藏、黄土等高原），共占全国土地总面积之34%。

（5）山脉（包含海拔在1000米以上之山地），共占全国土地总面积的30%。

翁文灏指出，我国仅高原与山脉二类已占土地总面积的64%，几达2/3，与仅占全国土地总面积1/10的平原相比，我国山地比例之高在世界各国中是突出的。他还估计了中国外流流域面积与内流流域面积分别为61%与39%，全国可耕地约在100万至130万平方英里（合250万至330万平方公里）之间，即约四五十亿亩，按当时全国人口以4亿—5亿计，每人应有10亩，但实际上只有4亩。他指出了中国人口过多、耕地不足、人均耕地面积较小的特殊现象。1932年他写了《中国的人口分布与土地利用》一文，进一步阐明了中国人口问题的严重性。新中国成立以后，在政协会上，翁文灏曾与邵力子等就中国的人口与耕地矛盾问题多次讨论，并对马寅初“新人口论”的提出起到了积极推动作用。

为了加强全国地理学工作者的联系，进一步促进中国地理学的发展，1932年翁文灏与竺可桢等共同倡议组织中国地理学会。经过筹备，1934年3月中国地理学会在南京成立。当时的发起人有翁文灏、竺可桢、丁文江、李四光、王庸、向达、张其昀、胡焕庸、谢家荣、叶良辅、洪绂、黄国璋、刘思兰、曾世英、顾颉刚、谭其骧等 40 余人。翁文灏以其对中国地理学创始性的贡献被推举为第一任会长。

1934 年 9 月，中国地理学会主办的《地理学报》创刊，翁文灏以会长的身份，积极动员、邀请许多学者给学报写文章，支持学报的发展。李旭旦先生认为："《地理学报》之所以能在八年抗战期间继续坚持出版，延而未断，完全是和他所筹的经费支持分不开的。"[56]此后一直到 1943 年中国地理学会第五届年会上，学会才接受翁文灏的辞职请求，推其与竺可桢、李四光共同担任学会监事。在地理学会创始之初的 10 年，翁文灏以会长（理事长）的身份，为"推动解放前我国地理科学的发展做出了巨大的贡献"[57]。

注释

①㉑㉝55《翁文灏选集》第180页，冶金工业出版社1989年。

② 王铁崖:《中外旧约章汇编》。

③⑧⑨⑩㉒㉔㉟46 53 黄汲清:《翁文灏选集序言》,《翁文灏选集》,冶金工业出版社。

④⑭⑮ 翁文灏:《中国矿产志略》,地质调查所印行。

⑤⑥㉞《中国矿产区域论》,《翁文灏选集》第67页、第69页、第257页。

⑦ Granodrite，今译为花岗闪长岩。

⑪⑫⑬《中国地下富源的估计》,《翁文灏先生言论集》,上海友联书社1936年。

⑯⑰⑲《民国日报》1921年1月21日；1921年12月

21日；1921年2月25日。

⑱ 谢家荣《民国九年12月16日甘肃及其他各省地震之情形》，《地学杂志》1922年第8–9期。

⑳《简明大不列颠百科全书》第2册，中国大百科全书出版社，第596页。

㉓ 翁文灏:《甘肃地震考》，同①。

㉕ 秦馨菱:《中国自建的第一个地震台——鹫峰地震台》，《中国地质事业早期史》，北京大学出版社。

㉖ 王志明:《当代预测宗师》，中国文学出版社。

㉗ 陈焕新:《鹫峰地震台的人与事》，《中国地震报》1991年10月17日。

㉘㉚ 翁文灏:《对于丁文江先生的追忆》。同⑪。

㉙ 翁文灏:《回忆一些我国地质工作初期情况》(未刊稿)。

㉛ 第一历史档案馆藏外务部档3929号，转引自夏湘蓉、王根元:《中国地质学会史》，地质出版社。

㉜ 这四篇论文是翁文灏《中国某些地质构造对地震之影响》，丁文江《滇东的构造地质学》，翁文灏、葛利普《中国之石炭纪》，安特生《华北之新生代地质》。

㊱㊲㊴㊷㊹ 李济:《北京人的发现与研究经过》，《李济先生传记资料》，(台湾)天一出版社。

㊳ 贾兰坡《中国地质调查所新生代研究室的建立》，《中国地质事业早期史》第57—58页。

㊵《科学》第14卷第146—147页。

㊶ 裴文中:《回忆中国猿人第一个头盖骨的发现》，《文史资料精选》第6辑。

㊸ 步达生著、杨钟健译:《中国猿人北京种头盖骨之研究》,《中国古生物志》丁种第7号。

㊺《杨钟健回忆录》,地质出版社,第77页。

㊼㊽㊾《清初测绘地图考》,《翁文灏选集》。

㊿ 翁文灏:《中国民国新地图序言》,《中国民国新地图》,申报馆出版。

(51) 翁文灏:《中国分省新图第五版序》,《中国分省新图》,申报馆出版。

(52)(54) 胡焕庸:《欢庆地理学报创刊50周年》,《地理学报》第39卷第3期。

(56)(57) 李旭旦:《翁文灏先生对我国地理学的贡献》,《地理学报》第39卷第3期。

翁文灏（右起第五人）出席中央研究院评议会

第1章

从书斋到政坛

代理清华校长

校长风波

1931年7月3日，南京政府教育部（署理）部长李书华发布教育部第1128号训令：

令翁文灏

案据国立清华大学校长吴南轩呈，以暑病时侵，续请辞职，当即指令慰留，惟该校长病体极宜调养，校务未克照常处理，特派该员暂行代理清华大学校务。除以电饬遵照外，合行令仰该员即便到校视事具报。此令。[①]

翁文灏次日即奉令到校，出任清华大学代理校长。李书华的这个训令，表面上只谈是吴南轩“暑病时侵”，“极宜调养”，这不过是中国官场司空见惯的老把戏，实际背后掩盖着的是一场“校长风波”。

清华大学的前身为清华学堂，是清政府 1911 年利用美国退还的庚子赔款创办的留美预备学校。1925 年清华设大学部，招收本科生。1928 年，随着北洋政府的覆灭，清华大学由南京政府接管，改为“国立清华大学”，校长是南京派来的罗家伦。罗家伦上台后，一方面使清华有了很大的发展，另一方面强迫推行国民党党化教育，同时成立校董事会，削减学校经费，结果引起清华师生的反对。后来罗家伦被迫取消了董事会，清华由外交、教育两部共管改为教育部专辖，清华基金也移交中基会管理。1930 年蒋介石与冯玉祥、阎锡山展开中原大战，北平一度处于阎锡山势力范围，罗家伦因失去靠山被逐出清华。阎锡山派来了山西籍的清华毕业生乔万选做清华校长，但遭到清华师生一致拒绝。蒋介石重新控制北京后，次年 4 月派来了新校长吴南轩。

吴南轩名冕，字南轩，江苏仪征人，是 1929 年回国的留美博士，曾在国民党中央政治学校等处任职。1931 年 4 月到校接任校长职务后，他“实行一套深为清华师生深恶痛绝的个人专权的统治手段”[②]，引起清华师生的公愤。5 月底，清华爆发了一场“驱吴运动”。吴南轩被迫称病，躲进医院。6 月 24 日，教育部次长钱昌照奉派来北平“调查”，听取各方意见。调查的直接结果就是李书华的这一纸训令，准吴南轩离校，临时委派翁文灏“暂代校务”。

清华大学数年来风潮不断，校长更迭频繁，许多人视为畏途。教育部之所以委派翁文灏暂时代理校长一职，原因大约有三：1. 翁文灏是国内外著名的学者，有相当的社会声望；2. 翁文灏的主张一向平和，没有偏激的言论和行动，与清华各派之间向少纠葛；3. 翁文灏主持创办清华地理系并任系主任，现仍为兼任教授，与清华有一定的渊源关系。

创办地理系

翁文灏主持创办清华大学地理系是1928—1929年间的事。当时罗家伦于1928年9月接掌清华，到校后对各系进行整顿和扩充。经翁文灏倡议，清华决定增设地理系，并聘请翁文灏担任系主任。在翁文灏的主持下，经过近一年的筹备，1929年秋季开学之际。清华大学地理系正式成立。该系虽名为地理系，但实则包括地理、地质、气象三个主修学科。翁文灏聘请了葛利普、袁复礼、谢家荣、黄国璋等为教授，他本人还亲自讲授“中国地理通论”、“中国地理专论”的课程。针对当时国内大学中类似学科的课程设置情况和人才培养方向，翁文灏强调清华地理系要办出特色，要“与他校少有重复课程，多有互相课程”，以进行“界于地质、地理之间的教学和研究”为原则。[③]他的目的是要培养基础坚实，具备地理、气象等广阔知识面的通才。因为翁本人一向重视实际的研究和野外考察，因而清华地理系在课程设置和学生培养上，特别重视理论与实践的结合，课堂讲授与实验、室内课程与野外实践密切衔接。在课程的设置上，第一年地质课有短距离野外观察，老师率学生到青龙桥附近的“菊石沟”（又名菊花沟）、三家店——门头沟剖面、温泉、八达岭等地参观学习；第二年利用暑假期间，进行实际地形与地质测量实习；第三年用“春假作长距离野外考察”，第三年夏季开始进行专业性较强的地质、地理调查，收集毕业论文材料。[④]

按照清华当时体制，系主任不仅掌管本系教授选聘、经费的使用、课程的设置等，而且许多具体烦琐的工作也都要由系主任操办；甚至课程表的编制，学生选课单的批准以及实验室、图书设备的扩充，都要由系主任决定，工作颇为繁重。一年以后，翁文灏见地理系规模粗具，基础已立，遂于 1930 年 11 月辞去系主任一职，但学校仍请其担任名誉系主任和名誉教授。

代理校务

1931 年 7 月 3 日，李书华在发布教育部第 1128 号训令同时，还发给翁文灏本人一个第 1129 号训令，指示翁文灏："即便转知各教授、各职员，嗣后应加注意，务以养成纯良之学风引为己责；并查明此次鼓动风潮言行谬妄之学生，分别情节轻重，予以惩戒；校内一切非法组织，均令即日解散。仰并遵照办理具报。"⑤

翁文灏 7 月 4 日到清华接掌校务后，当即约集在校教授谈话，征询对解决此次事件的意见。教授们表示：有关学校事务愿意听从翁文灏主持，教授等并无成见。7 月 10 日翁文灏又出席学生座谈会，听取学生对校务的意见，同时也向学生们表明，学校事务能否进行顺适，学生亦应负一部责任，劝同学们"不可因一时感情用事轻举妄动，自荒学业"。

由于学生们已经达到驱逐吴南轩的目的，而翁文灏到校以后又采取心平气和的态度，耐心听取各方意见，因此学生与校方的对立情绪得到缓和，矛盾也没有进一步激化。7 月 16 日翁文灏致电教育部，对李书华 7 月 3 日电令中三点指示予以回复，表示，"目前校内一切已无问题"，以前学生组织的护校会，"自文灏到校以后既已结束，该会所有标语，亦均撤除净尽，现在校内确无任何非法组织之存在"，以前学生"言动稍逾常规者，然心尚无他情，似可原谅"。而且"学生等均能仰体钧部维护教育之盛意，安心求学，不敢外骛，拟请免予置议，以示曲成而宏作育"⑥。

翁文灏到校之时正值学年将终，各种事务纷繁，而且因前一阶段校长风波鼓荡，许多正常工作停顿，更增加了工作的繁难程度。按当时制度，下一学年的教授是否继续聘用或新聘，均在上一学年终了以前决定。翁文灏接任之时，不仅下一学年的教授均未聘定。而且教务长、秘书长及三个学院的院长等均已辞职或离职，学校的各种重要会议，如评议会、校务会均无法正常召开。在安抚各方、平定学潮的同时，翁文灏积极走访了许多教授，征求对学校人事安排的意见，首先聘定教务长、秘书长，随后又分别聘定三院院长，随即同各院院长商议延聘教授之事。由于主要部门的人选已定，校务会议、评议会均可正常召集，许多事情也就走上了正轨。

暑假期间，翁文灏又督促将上学期因风潮而延误的工作加紧追补，如招考新生，修葺校舍等等，还重新拟订了清华三年建筑计划。

翁文灏在代理清华校长期间还做了一件对后来颇有影响的事，就是对一个贫寒学生的安排。8月20日，翁文灏接到胡适前一天写给他的一封信。信中说：清华今年录取的转学生中，有一个中国公学转来的吴春晗，“中国旧文学的根底很好”，很有成绩，但家境甚贫，本想半工半读，因无熟人，一时难以找到工作机会，“若没有工作的机会，就不能入学了”。胡适请翁文灏“特别留意此人，给他一个工读的机会”，并请他找教授阅览一下吴春晗编写的《胡应麟年谱》。翁文灏很快请秘书长张子高教授与文学院院长冯友兰和历史系主任蒋廷黻联系，阅看了吴春晗的文稿，并给他安排了工作，使他得以在清华继续求学。⑦这位吴春晗便是后来的我国著名历史学家吴晗。

8月29日，翁文灏上文教育部，报告代理校长以来的工作进展情况，说明“急要校务既已大致就绪”，请求教育部“令行正式校长从早到校”，或“将校务交由校务会议暂时代理”。他在呈文中还坚决表示自己“才力浅短，难胜繁剧”，而且“近因坠车伤手，执笔为难，更须稍为休息”，“拟以开学为期，开学以后，当即引退”⑧。

9 月 15 日翁文灏为地质调查所事进京，将校务交给理学院院长叶企孙教授暂时代理，同时电告教育部备案：“文灏即日因事晋京，清华校务交理学院院长叶企孙暂代。”⑨

翁文灏就此离开了清华，未再到校视事。直到年底，由他推荐的新任校长梅贻琦到校就职，他方于 12 月 3 日在清华大礼堂露面，向大家介绍新校长，同时也作为自己向清华的告别。他说：“本人于今日临行之际，有两种善意的希望，愿意贡献给清华。一种是希望清华以后要保持安静的空气，一种是希望清华要具有进步的精神。总而言之，希望清华以后在安静的空气中求进步。”⑩

在安静的空气中求进步，这不仅是翁文灏对清华的希望，也是他的哲学和理想，对中国的理想。然而现实再一次打破了他的希望，打破了他的理想。

参加《独立评论》

“八九个朋友”

1931年9月18日，日本关东军在辽宁沈阳发动“九一八”事变，东北军未经抵抗放弃东北，黑龙江、吉林、辽宁迅速沦为日本的殖民地，1/5的国土被异族强行占领。1932年1月28日，日军又进攻上海，南京政府一度被迫迁都洛阳。中华民族在鸦片战争以来所连续蒙受的巨大耻辱，与“这几个月中”的历史相比都显得相形见绌了。“总而言之，大火已烧起来了，国难已临头了。”曾经“梦想的‘学术救国’、‘科学建国’、‘文艺复兴’等等工作，眼看见都要被毁灭了。”中华民族被迫着发出最后的吼声，但这吼声也各有各的腔调。

没有几位中国近代学者的传记中不提到《独立评论》这个刊物，丁文江、胡适、傅斯年、蒋廷黻、任鸿隽、陈衡哲、吴景超……翁文灏也是其中的一个。

《独立评论》是个周刊，该刊 1932 年 5 月创刊号的“引言”中有这样的话：“我们八九个朋友在这几个月中，常常聚会讨论国家和社会的问题，有时候辩论很激烈，有时候议论居然颇一致。……我们现在发起这个刊物，想把我们几个人的意见随时公布出来，做一种引子，引起社会上的注意和讨论。……我们叫这刊物作《独立评论》，因为我们都希望永远保持一点独立的精神，不依傍任何党派，不迷信任何成见，用负责任的言论来发表我们各人思考的结果：这是独立的精神。”[11]翁文灏便是这“八九个朋友”之一。其他的几个人有丁文江、胡适、傅斯年、周炳琳、蒋廷黻、吴景超、竹垚生、吴宪，后又增加陈之迈、何廉等。[12]其核心是胡适、丁文江。参加讨论聚餐的原本还有李四光、陶孟和等，但“他们始终不赞成办刊物，后来都没有加入独立评论社”[13]。翁文灏如何与胡适相识，又如何成为“八九个朋友”之一的。我们不得而知。在 20 年代中期甚至更早，二人即已有交往是可以肯定的，北京大学、中基会、丁文江都可能是他们相识的媒介。总之，他们有很多相识的机会和理由，而“这几个月中”历史的巨大变化，国家民族面临的迫切危机，无疑是促成他们凝聚结合为独立评论社的催化剂。

对于办刊物，胡适和丁文江因为有办刊碰壁的经验，“知道这件事不是容易的”，最初不很热心。

1922 年，丁文江和胡适等曾办过一个周报，名叫《努力》。丁文江认为：“中国政治的混乱，不是因为国民程度幼稚，不是因为政客官僚腐败，不是因为武人军阀专横，——是因为‘少数人’没有责任心而且没有负责任的能力。”[14]他觉得，“只要有几个人有百折不回的决心。跋山蹈海的勇气，不但有知识而且有能力，不但有道德而且要做事业，风气一开，精神就要一变”。甚至“只要有少数里面的少数，优秀里面的优秀，不肯束手待毙，天下事不怕没有办法的”[15]。《努力》在第二期发表了由蔡元培领衔，丁文江、胡适、王宠惠、罗文干、汤尔和等共16人签名的声明:《我们的政治主张》。他们认为，国家“破产丢脸到这步田地”，是因为好人袖手旁观的结果，宣称要由好人出来组织“好政府”，即一个“宪政的政府”、“公开的政府”，实行有计划的政治，还提出了召开南北和会，恢复旧国会，完成“天坛宪法”的制定，裁兵、裁官，改良选举制度等许多具体的建议。同年9月，王宠惠出任北京政府总理，罗文干、汤尔和分任财政总长、教育总长，故而此届内阁有“好人内阁”之称。但实际上政治照旧是军阀政客手中的玩物，南北和会召开了，黎元洪复任总统，旧国会恢复举行，“法统重光”，“而军阀的门客早就打算好了，要贿买那个旧国会，作为选举曹锟继任黎元洪为总统的准备”[16]。11月19日财政总长罗文干也涉嫌受贿案而遭逮捕。29日，“好人内阁”在存在了72天之后被迫全体辞职。《努力》周刊也在努力一年半之后，于1923年10月无疾而终——自动停刊了。正如汤尔和对胡适说的:“从前我读了你们的时评，也未尝不觉得有点道理。及到我到了政府里面去看看，原来全不是那么一回事！你们说的话几乎没一句搔着痒处的。你们说的是一个世界，我们走的又是另一个世界，所以我劝你还是不谈政治了罢。”[17]

大概正因如此，丁文江、胡适起初对办新刊物持反对态度。但是严重的民族危机面前，他们还是不能再矜持室内的议论，因为那被丧失的毕竟是1/5的国土，那国土上有几百万的同胞，有占中国一半的铁路、4/5 的铁和大量未开发的宝藏，况且他们清楚，日本人并不会因此而满足。“立一说或建一议都关系几千万或几万万人的幸福与痛苦，一言或可以兴邦，一言也可以丧邦”[18]的社会责任感再次使他们提起了笔。关于资金，丁文江提议采用《努力》周报的办法，由参加者每人每月捐出收入的 5%，存到一定数目，再着手出刊，使刊物首先做到在经济上独立。在积累了 5 个月的捐款之后，1932 年 5 月 22 日，《独立评论》第一期正式出版。

《我的意见不过如此》

《独立评论》最受瞩目的文章是关于要民主还是要独裁；统一是否必须要诉诸武力；对日本是要坚决抵抗还是妥协等等这类关乎时事政治的热点话题。《独立评论》几位主要撰稿人各抒己见，各执一词，“常常有激烈的争论”。傅斯年年轻气盛，人称大炮，主张对日坚决抵抗，丁文江、胡适则认为，以中国的军事和经济实力，根本不足以抵抗日本，主张目前情况只有对日妥协。丁文江的观点是：“中国号称养兵 200 万，日本的常备兵不过 20 万。……以武器而论，我们的 200 万兵抵不上日本的 10 万。……目前的问题，不是缺少人，是缺少钱，缺少枪，缺少子弹，缺少服装，尤其是缺少能指挥和组织的人才。”“抵抗日本，收复失地，一定要到中国能有战胜日本力量的那一天才会成为事实。”[19]现在“应该在不丧失领土主权范围之内与日本妥协，并且应该利用一切国际的关系来和缓我们的危急，来牵制日本，使他与我们有妥协的可能”[20]。蒋廷黻也主张：“在军事、经济、外交领域中，没有做好充分准备时，现在去跟日本打仗，是比无用软弱更为糟糕的事。”[21]

翁文灏几乎没有介入关于民主与独裁、武力统一还是和平统一等敏感而又热门的话题讨论。对于政治，或者说对于政府，翁文灏有这样一种观点："我们需要好政府的迫切，正像学生需要好教师的一样而且过之。学生不满意于教授便种种反对，弄得他不得不辞职，有时我对学生很表同情，因为惟有如此才可以叫坏教授去好教授来。但有时我也曾经劝导学生，虽然对于明明不甚满意的教授也不可轻易反对。我确知有好几处学生反对去了一个不很好的教授，但因中国实在缺少这类专门人才，所以左右不能成功，反招来了一个更不好的先生。如此循环再三，闹风潮反闹得学风大坏。好人不来，来者不好，最吃亏的还是学生。我于政治亦作如是观。"[22]

他发表过一篇《我的意见不过如此》的文章。文章中说：自己"原为一个毫无大志的小百姓，家里省吃俭用，只想在自己范围内尽一些力，做一点于自己兴趣相合与社会无害的小工作便算了。""对于各种深奥的主义从未用心研究，各种特别的理论也不十分明白"，"对于那种政治社会问题，或是现在所流传的各种主义都没有什么特别意见可说。"可是"在这种国破家亡的时候，环境及良心都不允许我们在职业工作之外不想别的心思"。思考的结果，他"只相信无论信仰什么主义，或采取什么制度，都要用好好的人去好好的做。政者正也。无论什么制度，其最重要的目的只在有法子使好的、有能力的人能够上去当政，不行的或不相宜的能够和平的下来"[23]。信奉什么主义是次要的，要紧的是认识到并认真地解决存在的实际问题。

从这里可以看出，翁文灏此时的政治态度，与"五四"时期胡适的少谈主义、多研究问题，与《努力》周报时期丁文江的好人政府主义不无某些相似之处。但此时的胡适却在与丁文江争论民主还是独裁的"主义问题"，翁文灏则仍坚持："实际问题的研究和解决，比什么独裁双裁，民主宪政等等名词争辩更为重要。”[24]“到了这样时候，大家不满意政府是天然的。”然而“在这个危急存亡的时候，我们更需要一个政府，而且要一个有力量能负责的政府。我们不应该破坏政府，只希望政府不要破坏自己。”他主张，与其打破旧，找来一个并不一定比旧更好的新，不如在旧之内认真地研究和解决存在的实际问题。解决的途径，翁文灏认为“只有努力工作”。因为国家的富强是独立自主的基础和物质保障，而国家“治平富强，非经过相当时期的各方面一齐努力不能实现”。不可能把姓王的赶下台或把姓张的拥上台，便会像变戏法似的忽然成功。像中国这样积弱、积贫、积愚、积乱的国家，要想赶上发达国家，非但要努力，“真还要拼命”。他批评许多机关中虽也有人努力工作，但大多数还似乎是懒洋洋的。他甚至非常悲壮地呼吁：“即使中国暂时亡了，我们也要留下一点工作的成绩，叫世界上知道我们尚非绝对的下等民族。”“不用烦闷，不要彷徨，我们还是要向实际工作上努力。”他甚至觉得“苏俄的建设工作便是拼命赶的榜样”[25]。

此前发表的《一个打破烦闷的方法——答复几位青年的来信》中，翁文灏更是针对青年人的“苦闷”，大大地阐发了一番他的工作哲学。他说：“在这种内忧外患交迫的时期，悲痛与烦闷是当然的。”“我自问也还有三分血性，所以人家向我诉苦，我说我也许比你感觉的更苦。你没有办法，我又何尝有办法？……与其在家叹气，何如努力工作？”

翁文灏认为，人生的目的就是工作，因而他的工作哲学的理论基础便是：“人就是为工作生的，不工作就是辜负人生。”因为人类的幸福是由真正的工作而创造的。工作，在翁文灏看来是人生的意义，具体地说也是履行国民的责任和义务。尽力做分内的事是每个国民最低的责任，甚至“不管成败利钝”，只要将自己该完成的工作完成了，就像义勇军，“把他的子弹放完了，就是死在沙场，也算尽了国民的责任”。虽然所做的事情“不能成为报上所称的名流”，“不会发大财”，只要真能造福于人，造福于社会，“都有相当的意义和价值，都值得尽心尽力去做”。他劝说那些还没有找到工作的青年不要灰心。要自谋表现，“锥处于囊必能脱颖而出”，只要有真才实学，绝不会被长期埋没。他鼓励青年人要勇于到内地艰苦的地方去。人要靠事业来养，事业也全靠人去做。有了工作不论事大事小都要好好地干。他批评青年中一些批判、痛斥其他社会成员腐化堕落的人，“一朝自己做事，却一样的腐化作孽”。他号召青年起码要立志始终做一个好人，一个有用的好人。㉖

翁文灏在《独立评论》发表的文章中，直接谈政治的不多，主要围绕经济建设这个主题。他所讲的又都与丁文江、胡适、傅斯年的话有紧密联系。是他们没有或没完全讲出来的，那就是如何地去增加我们的抵抗实力。也就是在办《独立评论》这一时期，翁文灏开始系统地思考国家的经济建设问题。地质调查和研究使他了解了中国经济建设的物质基础；科学的头脑和务实的作风，使他对国家经济建设的途径有了一种全新的主张。

翁文灏认为：“建设必先有计划，计划又必须有实在的根据，不能凭空设想，亦不能全抄外国成法。”清朝光绪年间，“最足以唤起中国人注意建设的也是中日战争”。几年中，中央政府及地方政府兴办了各种铁路、煤矿、钢铁厂，结果却是完全失败了。失败的原因。“第一是政府整个的政策真太糊涂”，把整个省、整个府的矿权凭空送给外国公司，结果后来再出资赎回。外国人未花一文钱就赚了中国一大笔赎矿的钱。如果中国早拿这些赎金去开矿，不知可开多少好矿。“第二个失败的原因是，当时举办的各个事业本身的经济条件原未完备。”如张之洞开办的汉阳钢铁厂，因为不懂科学，事先没有很好的计划设计，没确定铁矿砂和煤的来源与成分。便决定在汉阳设厂，定购了最忌磷分的酸性钢炉，后来用的却是含磷颇多的大冶铁砂，而所用马鞍山之煤灰磺并重，又最不宜于炼焦，结果只好废了旧炉，重新购置设备。翁文灏所看到的是：“计划的必要，中国现在大约已普遍承认的了，所以近几年来虽然没有多大建设，却天天可听见许多计划。”但计划往往离实际情况十万八千里，一经实行结果必定失败。因为这种计划者往往是从国外生搬硬套而来，根本不问中国的实际。或者当局要人让几个初毕业的科员去东拼西凑地起草，“要人们看都不看，只须作一篇序文，或题几个大字，就可发表出去，作为他们的成绩”。还有许多工作“做到半途，政局变了，机关改组或是长官换人，一切推翻重新起头”。同一样工作几次三番地重复，要紧的地方却整个遗漏了。翁文灏强调：“古人说，七年之病必求三年之艾。现在可以说五年建设，必须先有五年的测量、调查和研究。”因为“这种事业与空洞的政治不同，积渐的进步虽然有时似乎稍慢，但是总算起来却比年年从头做起还要快些”。他赞赏苏联第一个五年计划取得的成就，因为他们很早就开始了预备工作，而且第二个五年因第一个五年的基础，“成功必定更大”。他不反对一些特别的部门，可以而且必须借用外国的人才力量，但他坚信：“一国的整个计划，或是重要事业的中心组织，究竟还是要中国人自己能担任方好。”他批评那种“主张中国建设事业非整个的请教外国人来办不可”的崇洋思想，认为那种都交给外国人去做的想法“未免过于自暴自弃，而且天下也决没有如此便宜事！”[27]

试探从政

就在翁文灏与胡适等人放笔评论时事之时，1932年11月1日，蒋介石在国民政府参谋本部内成立了一个秘密机构——国防设计委员会。这个委员会的委员长由蒋本人亲自担任，而秘书长竟是翁文灏。

牯岭讲学

国防设计委员会的缘起，本是出于钱昌照的“设计”。钱昌照字乙藜，江苏常熟人，早年留学英国，在伦敦大学、牛津大学攻读政治经济学。回国以后，他曾遍访当时政界权势人物吴佩孚、张作霖、孙传芳等，欲图择主而仕，在中国推行自己的理想——费边社会主义。据说孙传芳对他颇为赏识，聘请他担任秘书长，但他却认为孙传芳非成就大业之人，却而不就。南京政府成立以后，钱昌照通过他的连襟、蒋介石金兰换帖的兄弟——外交部长黄郛，当上了外交部机要室主任，不久又当上了国民政府的简任秘书，接着又兼任教育部常务次长。此时，国民政府主席、教育部部长都由蒋介石自兼。

"九一八"事变以后，全国抗日呼声甚高，各地爱国救亡运动风起云涌，国民党内反蒋派也乘机对蒋介石的不抵抗政策猛烈抨击。蒋介石认为中日力量对比悬殊，此时中日交战，中国只有失败。但是对于如何尽快发展民族工业，充实国家力量，改变中日实力的对比，起码是缩小中日间的军事实力差距，蒋介石并无良策。1931 年冬的一天，钱昌照向蒋介石建议筹办一个国防设计机构，并提出国防设计应该是广义的，不仅有军事、外交，同时也应该包括教育文化、财政经济、原料及制造、交通运输、土地及粮食及各种专业人才等各重要方面。蒋介石对此表示原则同意，并让钱昌照就设计会的组成人员拟定一个名单。

名单很快便出现在蒋介石的办公桌上。钱昌照草拟的这个名单，与以往南京政府的官僚机构有一个极大的不同，名单中的人物大都是未曾在南京政府中任职，但却在社会上较有声望的专家学者、实业家、银行家等，有些甚至是对南京政府持批评态度的人士。"军事方面有陈仪、洪中、杨继曾；外交方面有王世杰、周览、徐淑希；教育文化方面有胡适、杨振声、张其昀；财政经济方面有吴鼎昌、张嘉璈、徐新六、陶孟和、杨端六、刘大钧；原料及制造方面有丁文江、翁文灏、顾振、范锐、吴蕴初、刘鸿生；交通运输方面有黄柏樵、沈怡、陈伯庄；土地及粮食方面有万国鼎、沈宗瀚、赵联芳等，一共有四五十人。"㉘可谓人才济济。

这个名单在民国史上的地位至今还没有引起人们足够的重视，

但是它的影响却颇为深远；使一大批以前不为当局了解的中国知识界、实业界的精英人物进入了蒋介石的视野，也使这些精英人物打开了与南京政府，具体的说就是与蒋介石的沟通渠道，不论这种沟通是他们主观迫切希望的，还是身不由己的。正是从这个名单开始，一批知识分子从“在野派”的身份向“在朝派”转变，并演化出一阵“学者从政”的浪潮。蒋介石也因此扩大了自己的智囊团和人才库，扩大了自己统治的基础，增强了在南京政府权力争夺中的实力，同时化解了不断利用新闻媒介对他指责攻击的批判力量。

按照蒋介石的意图，1932 年春、夏、秋三季，钱昌照分别安排名单上的人先后在南京、庐山牯岭、武汉等地与蒋介石见面或为其讲学。翁文灏是 1932 年夏天由钱昌照亲到北平邀请，前往牯岭为蒋介石讲学的。

此后数日间，翁就其专业所长，连续为蒋介绍中国地质、土壤与矿产资源情形，并特意强调：“中国煤铁矿产之质量东三省几占全国百分之六十以上，而我国铁矿为倭寇所占约百分之八十二以上。”对此蒋当即回应：“东北煤铁丰富倭寇安得不来强占。吾人誓必恢复我宝藏之区也。”就当时盛行的西北开发论，翁从专业的角度分析客观条件，认为：“农产土地应注意于气候与雨量，故西北土地虽广，只可移民数百万人为屯垦防边之用，绝非如世人所理想者，谓可容八九千万人移垦。”

翁文灏的一番介绍与议论，也让蒋介石对这位宁波同乡的学问与见识颇为感佩，大有相见恨晚之慨：“一切学识必以确合实际为前提，否则虽有学识何裨实用，有即等如无矣。惟如翁咏霓者始可谓有学有识之人，真不可多得也。”不禁心中暗赞：“翁咏霓诚今日中国需要之人才也！”[29]

初次见面的良好印象，使深感身边人才匮乏的蒋介石即对翁有重用之意。为慎重起见，他还专门电询陈布雷："翁文灏先生之学问、品性、能力，兄知其详否？请详告。"陈布雷的答复如何不得而知，但一个月后，蒋又用专机将翁接至汉口。据史料记载，7 月 28 日，王世杰为蒋讲美国政治制度之后，"翁文灏亦来讲"。晚，蒋再与翁文灏等谈话。次日，蒋乘机赴牯岭，翁文灏同机随行。[30] 8 月 2 日，蒋从牯岭下山，乘民权舰由浔江上驶，仍请翁同行。当晚蒋翁二人宿于舰上，"讨论政治各问题，夜过半始寝"。[31]

翁文灏这位"党外人士"的出众才识，更勾起蒋对"党内干部人才"缺乏的焦虑。他忧心忡忡地表示："史称唐虞之治，盖由于人选相当。""本党原有之干部尤觉人才缺乏，余甚忧也。"因此之故，那一段时间里蒋也特别留意人才的网罗与考察，而国民党内情形令他失望："世道日非，人欲横流，欲得贤能之士为助，当如何求之。旧党员皆腐败无能，新党员多幼稚浮嚣。"[32] 蒋遂决意以从事国情调查与国防预案研究与设计的名目，成立国防设计委员会，其本人为委员长，由翁文灏任秘书长，网罗国内各行业各专业一流人才为委员，借以延揽党外人才。对翁所介绍的胡适、丁文江、蒋廷黻、蒋梦麟等人，蒋表示均愿随时延见，以谋借重，并指示钱昌照："请与咏霓兄先确定人选，再约定（见面）次序。"

翁蒋相识，给蒋介石带来极大的鼓舞，他甚至有些沾沾自喜："今年得……翁文灏……诸人，皆才贤也。而翁为最有阅历，尤绝有能力。可喜也。"

蒋介石与翁文灏不仅都是浙江人，而且奉化、鄞县同属宁波府，亲近的地缘关系，使二人更多了一些共同语言。蒋介石先与翁文灏谈起中国的局势。蒋说中国以往在对外战争的屡次失败，都因为中国历来只知内争而不能共同对外，造成内部争斗不已而对外无力抵抗。他表示，反省自身，当以保全国家为己责，希望物色全国贤才，竭其所能，同心戮力。蒋还一再表白自己的目的不想与他人虚争政权，而在尽自身的能力和责任。最后蒋介石请翁文灏用三天的时间为他讲课，并发表自己的见解。

翁文灏听完蒋介石如此一番表白，心怀救国宏愿的翁文灏，对军人出身的蒋介石能有这样的认识颇感意外并深受打动，又见他一副礼贤下士的真诚态度，心中不免“颇感佩慰”[33]。随后的几天中，他向蒋介石大略讲解了中国的地质和矿产资源分布概况，并特意强调：“中国煤铁矿产之质量东三省几占全国百分之六十以上，而我国铁矿为倭寇所占约百分之八十二以上。”对此蒋当即回应：“东北煤铁丰富倭寇安得不来强占。吾人誓必恢复我宝藏之区也。”就当时盛行的西北开发论，他从专业的角度分析客观条件，认为：“农产土地应注意于气候与雨量，故西北土地虽广，只可移民数百万人为屯垦防边之用，绝非如世人所理想者，谓可容八九千万人移垦。”他还很热心地向蒋介石提出：国家必须建设，建设须有目标，标的既定，则力能集中而功效加速，方法适当则进行顺利而绩效可期。他建议，在此外侮迫切之际，应以保国兴国为目标，团结一切有爱国心的人士，振奋其精神，不宜以政党之界限限制其范围。欧西各国，每逢国事紧急时代，往往组设联合一致之内阁，苟能同心救国，即宜开诚相交。他还向蒋推荐了胡适、张伯苓、丁文江、顾振、徐新六、吴鼎昌、张嘉璈、蒋廷黻、周炳琳、蒋梦麟、周鲠生、卢作孚、范旭东等人士。

翁文灏的一番介绍与议论，也让蒋介石对这位宁波同乡的学问与见识颇为感佩，大有相见恨晚之慨：“一切学识必以确合实际为前提，否则虽有学识何裨实用，有即等如无矣。惟如翁咏霓者始可谓有学有识之人，真不可多得也。”不禁心中暗赞：“翁咏霓诚今日中国需要之人才也!”[34]蒋介石对翁文灏所讲的一切，不断点头表示赞赏，对他推荐的人物表示愿意随时延请会见。初次见面的良好印象，使深感身边人才匮乏的蒋介石即对翁有重用之意。一个月后，蒋又用专机将翁接至汉口。据史料记载，7 月 28 日，王世杰为蒋讲美国政治制度之后，”翁文灏亦来讲”。晚，蒋再与翁文灏等谈话。次日，蒋乘机赴牯岭，翁文灏同机随行。[35]8 月 2 日，蒋从牯岭下山，乘民权舰由浔江上驶，仍请翁同行。当晚蒋翁二人宿于舰上，”讨论政治各问题，夜过半始寝”。[36]

在翁文灏离开牯岭前，蒋介石提出要成立一个国防设计委员会，由他自己担任委员长，请翁文灏出任秘书长。翁文灏此时既没有加入南京政府的思想准备，对担任这样职务的深浅凶吉也缺少了解，自然不想贸然从事。同时地质调查所经过多年的苦心经营，已经呈现出了良好的发展趋势，如果此时突然离开，不仅继任人选一时难以完全承担，甚至可能会造成半途而废的结果。他表示自己可以担任委员，但秘书长一职概难允诺，请蒋谅解。蒋介石却坚持一定要他来担任秘书长。据说，蒋甚至慷慨地同意每年给地质调查所增加 10 万经费，以舒缓翁在筹措科研经费方面的压力。几经商酌，最后还是翁文灏表示妥协，接受了秘书长的职务。但说好由钱昌照任副秘书长，在南京执行职务。翁文灏仍留在北平，并不到南京办公，而与在南京负责具体事务的钱昌照以通信联络的方式，确定国防设计委员会的方针和基本工作，以便能继续主持地质调查所的事务。翁文灏就这样半推半就接受了蒋的委任，一只脚试探性地跨进了南京政府，另一只脚仍留在地质学界，并且重心依然在地质调查所，事实上仍与蒋和南京政府保持着一定的距离。

时隔不久，南京政府再次改组。10月28日任命公布，教育部长竟然是翁文灏。翁文灏对这个事先并不知晓的任命更感到有点进退两难。恰在此时，他的继母叶太夫人在北平病故，翁文灏立即上书南京政府，借口“丁忧”，护送继母灵柩返乡安葬，教育部部长一职坚辞不就。

国防设计委员会

国防设计委员会的地点在原国民革命军总司令部的旧址，南京三元巷2号。由于它是个秘密机构，门口不挂牌子。信封上不印机关名称，一切活动都不公开，对外只称“南京三元巷2号”，由蒋介石从军事委员会委员长秘密经费中每月拨款10万，作为活动经费。

蒋介石给国防设计委员会指定的任务是：一、拟定全国国防之具体方案；二、计划以国防为中心之建设事项；三、筹划关于国防之临时处置。设计会的任务也仅限于有关问题的调查和计划工作，并不参与实际行政和建设事务。设计会所提出的计划或方案“由参谋总长呈请政府核定或商由各关系机关施行”[37]。同时为了分工明确而又协调合作，国防设计委员会又与专负经济建设之责的全国经济委员会，订立了合作办法大纲，进一步明确：“国防设计委员会之工作以调查统计设计为主，兼及较小规模之试验事宜。其与重要经济建设有关之设计或意见，随时送交全国经济委员会研究参考。”“全国经济委员会关于建设计划之审查或专门事务之研究调查，为国防设计委员会人才及设备所能担任者，得商诸国防设计委员会代为办理。”[38]

按照《国防设计委员会组织条例》，该委员会设委员长一人。总理全会事务，但蒋介石并不管具体工作，只有在重大人事或重要决策问题时才稍加过问。委员会的实际办事机构是秘书厅。其职责有：“一、关于国防事业之调查事项。二、关于国防事业统计事项。三、关于文书之收发、分配、撰拟、保管事项。四、关于会议记录事项。五、关于职员之进退、考核事项。六、关于典守印信事项。七、关于会计、庶务事项。八、关于图书仪器等之购置、征集、保管事项。”[39]秘书厅设秘书长、副秘书长各一人。翁文灏实际上只是挂名秘书长，具体工作也很少过问，真正主持国防设计委员会日常工作的是副秘书长钱昌照。

首批聘任的国防设计委员会委员共39人，他们是：翁文灏、钱昌照、黄慕松、杨杰、陈仪、周亚衡、林蔚、丁文江、陈立夫、王宠佑、刘鸿生、穆藕初、曾昭抡、赵石民、陶孟和、刘大钧、吴鼎昌、徐新六、唐有壬、杨端六、万国鼎、沈宗瀚、胡石青、陈伯庄、顾振、沈怡、颜任光、钱昌祚、周鲠生、钱泰、徐淑希、俞大维、谢冠生、裴复植、王世杰、蒋梦麟、胡适、杨振声、周炳琳。[40]另外行政院各部会长官为当然委员，以后又陆续增聘了一些委员和专门委员。这些委员除少数属国民党有关部门要员外，绝大多数都是知名学者、技术专家和实业家。

秘书厅有调查处、统计处，专司调查、统计职责，另外还有一个专员室。调查处处长为杨公兆，统计处处长是孙拯。

组建国防设计委员会的目的是：“按现代的国防需要及本国之物资与形势，以制成整个的国防计划。”为了达到这一目的，国防设计委员会又分设7个小组，聘请约200名各界人士担任专员，分别就有关方面的课题进行调查、统计，制订对策计划。这7个组分别是：军事，国际，文化及教育，经济及财政，原料及制造，运输及交通，土地及粮食。[41]

尽管机构成立了，但是如何真正发挥出这些委员和专员们的特长，在最短的时期做出具体而显著的成果，适应日益恶化的中日关系和国际形势的发展，不要说蒋介石，就是提议成立设计会的钱昌照也并非胸有成竹。国防设计委员会在成立之初并没有具体可行而又便于操作的工作方案，各个小组既互不统属，也无分工合作计划，专员们也都是按各自的兴趣，做自己认为应做和可做之事。翁文灏发现这种情况之后，于12月14日致函钱昌照，提出必须立即改变这种状况。他认为：虽然作为学术研究“应就性之所近，不可勉强，只要有实在成绩，皆有其特殊价值”，但是既然组成了设计会这样一个机构，每个人的工作就不能再任其自流，而“应有整个计划及公共目标，庶用人办事皆有一定标准，而各项工作皆有贡献于此共目标的”。他主张，国防设计委员会的工作范围“宜扼要而不宜宽泛，宜具体而避免笼统”。他为设计委员会提出了四大工作目标：一、外交及国际调查；二、国防科学的研究；三、拟订国防经济建设计划；四、策划临时应变措施。鉴于中国以往外交失败的原因多是由于不能知彼知己，造成“临事不能决策，事后徒悔失机”。翁文灏要求设计委员会平时即须对国际形势和中国外交有充分的调查研究，尤其是要注意“列强在中国之政治及经济利益如何，中国对之有何法可以表示亲善或抵制侵略”；还要研究“各国党派政策之异同”。他认为，“日本各党派外交政策稳定激烈大不相同，而政局变化方在酝酿”，尤其要详加考察，并尽量联络对华持友好态度的人士。国防科学研究，要注意搜集国外有关国防新发明的情报，引导国内学术机关从事国防研究，对现在尚未着手开展的有关国防科学问题的研究，要采补助和提倡的方法。翁文灏对南京政府各部会制订的各自为政、互不相连、“徒装门面的空言”计划颇不以为然。他认为，经济建设最重要的在于“有一个整个计划，平衡进行，彼此皆有产销、供求及运输等连带关系”。他要求设计会力争在一两年内制订出一个这样的全面经济建设计划。面对日本日益暴露的侵华野心，翁文灏也提出着重于军事、原料和交通三个方面，加强策划临时应变措施。㊷

尽管翁文灏的主要精力仍在地质调查所，并没有太多过问设计会的具体事情，但他在设计会成立之初提出的这些非常有见地的、具有指导性的思想和主张，在设计委员会以后的工作中发挥了重要作用。

国防设计委员会的主要工作就是调查、统计和相关问题的计划草拟。到 1935 年 4 月更名资源委员会隶属军事委员会时止，设计会的主要工作有：

军事组：主要是对中国军事现状的调查统计工作，并拟订对日作战的军备建设计划。军事组研究了有关国防统计的分类和资料收集方法，设计了 64 种调查表格，分别函请主管机关填报。在军备建设方面，设计委员会认为，一旦中国遭到敌国大规模进攻，依我们的作战方略，“所需军队每方面多者十万，少者三五万”，加上援应补充之数共为 50 万人，应依此数字，按照现代战争需要来制定军队的编列，所需兵器的种类及其数量等等。根据这个原则，军事组到 1934 年 5 月前，先后与其他机关合作，拟订了《国防军事建设计划》、《国防军备十年计划》、《国防航空五年计划》和《兵工整理计划》等。㊸

国际组：其任务是研究并拟订与国防建设计划相应的外交方针。它所进行的具体工作有：1.对各国在华文化经济事业，分别派人切实调查，以明了各国在华的利益，作为制定对各国外交政策的依据。最后分别撰写了日、英、美、德、法各国在华文化、经济事业报告。2.分析研究欧洲国际关系。着重研究英、苏、德、法、意各国外交政策演变的现状，“搜集各种议论，藉以窥测趋势”[44]。国际组为此聘请部分在欧洲的中国籍学者撰写了《欧洲国际关系报告》，分析欧洲形势，提出中国应对方针。3.先后对新疆、西藏、西南、蒙古、东北等边疆地区进行调查研究，包括边疆测量，搜集整理边疆地理环境、边疆历史及人文经济状况等资料。4.也是国际组最主要的工作，就是搜集有关日本国内外情报资料，分析研究日本外交动态及侵略意图。为此还分别派人赴日本和东北地区进行实地秘密搜集情报.撰写情况报告。

教育文化组：设计会虽然认识到国民教育是“国防建设之知识的体力的及精神的基础”，但这个问题“范围过广，决非本会所能兼顾”[45]。因此，设计会把主要力量用于研究各国青年训练的方法，编制了国语、公民、历史、地理等中小学教科书及全国人文地理总图等。

经济与财政组：主要工作有：1.财政状况的调查。该组人员与北平社会科学研究所（陶孟和主持）合作，向有关部门搜集了近年政府实际收支数字和内外债偿还情况，还分别派人向长江流域的湘、鄂、赣、皖、江、浙六省和华北的豫、晋、陕、绥、察、冀、鲁七省，调查搜集各省近年财政制度和现状。他们认为，“目下中央财政收入偏重沿海区域，海域一有疏虞，财源立告断绝”，而战争却必然使财政支出猛增。为要解决这一矛盾，“找到一些在特殊情况下改变中国财政体系状况的办法”，他们与中央研究院的租税问题专家，合作研究了改进作为地方税收主要来源的田赋和营业税的问题，“以期能对于制度及办法之改良有所贡献”。2.关于贸易问题。自东北沦陷以后，“华侨海外商业零落以来，我国国际收支日趋逆境，长此以往，势必完全破产”[46]。设计会对近几年的各铁路及口岸间重要物资流通状况、海关贸易底册，重新统计并按国别与货别分别编撰，使南京政府对中国国际贸易形势有了真实具体的了解。3.估计全国人口总数，确定粮食供求平衡办法，研究各种必需物资的代替、补充、购买以及对国防必需品限制外流、奖励进口的方法。4.参与币制改革。中国当时以白银为货币本位，而美国在国际市场高价收购白银，造成中国白银大量外流，银根紧缩，经济衰退，市场混乱。经济及财政组派人赴欧洲考察各国货币制度，聘请金融货币专家，共同研究中国币制改革办法。1935 年南京政府进行币制改革时，设计会的钱昌照、徐新六、顾翊群等均参与策划。

原料及制造组：这一组由于有翁文灏、丁文江的亲自指导和参与，所做出的成绩也颇为可观。在原料方面，主要是与地质调查所合作，对全国矿产资源进行新的估价，讨论开发的途径。地质调查所在翁文灏的主持下，多年致力于中国矿产资源普查，取得了不小的成绩。但对地下资源了解并不等于就能够在战时利用，这还需要对资源开采、生产能力、交通运输能力等有全面的了解和运筹。矿业的调查主要集中在煤矿、金属矿、石油矿三个方面。煤矿调查的重点地区，一是铁路沿线，二是长江沿岸地区，如江西的萍乡、天河、高坑，湖南的谭家山。内容包括“煤矿的地点，交通设施，矿山公司的历史、组织、资本、工厂设备，矿山区域，煤矿工程，产品质量，不同时期煤的价格，目前经营条件，劳动条件，辅助工程和现在的改进，将来的发展计划”等等。设计会认为，必须对国内金属矿藏哪些可以自给，哪些必须依赖进口，哪些虽产量少但可以用其他替代，而哪些可以出口换汇，“有精确之调查。始能着手计划”[47]。从1933年起，该组调查的内容有全国的铁矿；青海、四川的金矿；长江流域各省及山东、福建的银矿；部分地区的铜矿；广西的铅锌矿；江西、湖南的锑、钨、锰矿；云南的锡矿及钨锑矿，以及浙江的矾土矿等，大部分还拟订了开采计划。对石油矿的调查重点在四川和陕北。1933年组成陕北油矿探勘处，在孙越崎的率领下，对延长和延川进行了勘探开发，打出了油井，虽然产量有限，但其意义和影响却颇为深远。

在工业调查方面，刘大钧主持的中国经济统计研究所，由设计会补助8万元，于1933年对华北、华中、华南145个重要工业县市，符合《工厂法》登记标准——雇工30人以上、使用动力的2435家工厂进行了调查统计，[48]编制了《中国工业调查报告》一书。

设计会认为:“现阶段中国铁路极不敷用的事实，将在开展一次大规模防卫战争方面造成极其困难的局面，并将阻碍其脱离对人力、物力使用的依赖，以及在外敌入侵时广泛地分散资源物质。”[49]运输及交通组分为铁路、公路、航空、电讯四部分进行调查，拟订战时运输和电讯计划。内容包括铁路线的设备、军运能力、战时运输需求量；华中及华南、华北各省公路通车情况、汽车数量、汽车修理厂能力；航运的港口、水道、船舶、引水人员状况；全国无线电台、有线电报电话、电讯材料、电讯人才状况等。拟制有《全国铁路军事运输能力审查报告》，电讯器材储备制造及重要电工器材厂迁移计划等多项调查报告和计划。

土地及粮食组[50]**：**该组对长江六省农政、地政概况进行了调查。在江苏句容县进行了详细土地调查；调查了江苏武进、南通及华南等地的粮食运销状况。该组所做的工作还有江苏句容县人口状况抽样统计试验，全国总人口的测算，户籍行政调查，军人体格研究等。

除上述工作之外，设计会还进行了西北地区和专门人才两个专题调查。翁文灏一向认为："建设事业之基础，最重要者为资源与人才，而人才尤为推进一切事业之动力。"设计会成立了一个专门人才委员会，以"调查专门人才并组织全国专门人才，以取得有效联络"为任务。自 1934 年始，设计会制定了各种调查表格，向有关机构广泛散发，调查了解具有高等文化程度和有成就的科学及技术人才。经过三年努力，收回调查表约 8 万份。这些材料在抗战爆发后，"计划全国专门人才总动员时，显现极大效能"[51]。

设计会还先后派人前往西北陕西、甘肃、青海、宁夏诸省进行调查。西北地区因远离沿海工业区，交通闭塞，自然环境恶劣，经济发展极为落后。20 年代后期开始，国人对西北重要地位和作用的认识逐渐提高，开发西北的呼声日高。设计会组织调查团，就西北水利测量、地质矿产、垦牧与民族、农作物及移垦、人文地理五大方面，进行了为期两年的实地考查，收集了大量资料，拟订了开发西北地区计划和许多具体措施。

1933 年夏，蒋介石在庐山主持召开了第一次也是唯一一次国防设计委员会全体委员会议，讨论了"国家总动员计划"和委员们的提案。

如何使设计委员会的调查工作及其成果发挥应有的作用，并与"国家总动员计划"相配合，1934 年 9 月 10 日，为"处理事务便利起见"，设计会的组织条例做了一些修订，突出一点就是在秘书厅的职掌中，增加了"关于国防事业之计划事项"和"关于国防事业之研究事项"两项职责，并规定"第一款之职掌应置计划部专司之"。"第四款之职掌……于必要时得设各种研究室"[52]。据此，设计会成立了矿室、电气室和冶金室三个研究室，拟具了一系列"经济统制计划”，如《战时燃料及石油统制计划》、《运输动员及统制初步计划》、《粮食存储及统制计划》等，并提出《重工业建设五年计划》和《四川水力发电计划》两个工业建设计划。

国防设计委员会时期，翁文灏并未太多地直接介入该会的领导工作，但他以自己的声望和号召力，影响带动了一大批著名知识分子投入到南京政府的抗日“国防设计”工作中。这些“调查统计”工作虽然是初步，甚至可以说是粗糙的，但它们在当时和抗战期间所产生的作用和影响却不容忽视和低估。许多基础性的调查统计在中国都是有史以来的第一次，也可以说它是中国近代第一次比较系统和大规模的国情普查。设计会所编列的许多计划如《战时燃料及石油统制计划》、《粮食存储及统制计划》，在抗战中特别是抗战初期均起到了重要作用。专门人才的调查为以后资源委员会招募技术人员提供了方便，资委会初期从事工矿建设所需的技术管理人才，很多都是据此招募的。

国防设计会并非像以后有些人评述的是“反共反人民的内战委员会”，它在成立之初的工作计划既已明确以日本为假想敌，一切的调查、统计、设计工作，均从未来中日间爆发全面战争出发。如军事方面，明确提出“设计之第一步应立即拟定对敌之作战方略，以及所需军队之人数及其编制与布置”。这个“敌”既非是中国共产党领导的工农红军，也不是桂系的李宗仁、白崇禧，而是“将由东北进扰平津，更中窥青岛、海州，南犯淞沪、浏河及乍浦或夷扰福州”[53]的日本帝国主义。

武康遇险

1934 年初，翁文灏先赴西安做地质旅行，回到北平不久，又赶赴南京参加中国科学社年会。会上，一位刚从美国学习地质归来的青年滔滔不绝，大谈大讲石油地质理论，并断言浙江长兴一带具有石油地质构造。此人的一番议论，使丁文江颇有兴趣，他建议翁文灏不妨乘此时机赴长兴一行，做些实地调查。[54]

翁文灏早就对石油开发极为关注。他深知，能源是现代工业前进的轮子，而“中国的固体燃料——煤是很充足的，但是液体燃料却很缺乏”。自 1878 年外国煤油进入中国市场的 50 年中，中国的油灯、蜡烛被彻底打垮，中国石油产品商场完全被几个外国大公司垄断。当时中国工业及民用所必需的煤油及汽油几乎全部依赖进口的洋油，仅此一项每年就需要 1.2 亿元到 1.5 亿元。石油是汽车、飞机的动力来源，应用范围也越来越广，不仅为工业发展必需，更是关乎国防建设的重大问题。翁文灏分析:“如果我们要有相当的国防，我们必须要有几千架的飞机”。汽油供给自然还要增加。如此大量的需要，全部依赖进口，不仅“漏卮太大，而且缓急也不可靠”，一旦战争爆发，进口受阻，势必更为被动。因此他认为。至少我们须“有一部分自己供给的能力”[55]。早在 1921 年，他就曾派谢家荣调查过甘肃玉门的石油，1932 年他又派地质调查所的地质师王竹泉、潘钟祥赴陕北调查石油地质，发现永平、延长有储油构造。1933 年 9 月他将孙越崎专程派往陕北，探寻工业开发陕北石油的可行性。1934 年初，翁文灏赴西安时，以国防设计委员会的名义，与陕西省商定成立以孙越崎为首的陕北油矿勘探处，着手开发陕北石油。此时，原中美合办的陕北油井只剩一口在出油。每天产量仅有 150 公斤。陕北石油储量有多少。到底是否有工业开采价值，翁文灏没有十足的把握。留美学者的一番议论自然也勾起他极大的兴趣，如果长兴具有工业开发价值的石油，与偏僻的陕北黄土高原相比，不论是交通运输条件，还是工业基础和使用效率自然都更经济方便。

中国科学社年会结束以后，虽然已是农历新年之际，翁文灏还是亲赴长兴调查石油。农历甲戌年正月初三?月 16 日），翁文灏从长兴乘汽车由京杭国道继续前往杭州。下午 3 时，车过吴兴不久，行至武康县东埭溪附近洋桥边时，因司机不慎，汽车猛撞到桥栏柱上。造成汽缸爆裂，翁文灏头部受重伤，完全昏迷。直至下午 4 时左右。翁文灏方被从此经过的长途汽车发现，当即被送往武康县医院抢救。由于伤势严重，武康方面连夜将翁文灏紧急送往杭州广济医院急救。

当时正担任浙江省教育厅长的陈布雷得知消息后，当即请正在杭州的著名医生牛惠霖大夫前往为翁文灏医治。经医生诊视，发现翁文灏左肩、额头、鼻、唇等多处有伤，头颅塌陷，鼻破唇裂，失血甚多，伤势极重。陈布雷首先将翁文灏车祸负伤的消息，电告翁文灏在上海的亲家张寿镛和翁文灏的大女儿慧娟，同时致电蔡元培先生及南京政府。商议治疗方法。17 日晨，钱昌照邀同南京中央医院外科主任著名外科专家沈克非，前赴杭州会诊。同时翁文灏的大女儿、女婿也由上海来到翁文灏床前。不久，张寿镛从上海聘请的德国医生，蔡元培邀请的中央医院前副院长赵医生等也都赶到杭州。专家们会诊后确认，翁文灏额部头盖骨陷入，眼角上有二洞，两眼不能自由张开。“他的脑部虽受震荡，但并未损伤”，“经过较长期休养之后，可以复原”，不需实施手术。[56]

翁文灏乘车遇险的消息，震动了全国，北平、南京的学术界、政界人士，都对他的生命安全表示出极大的忧虑和牵挂。2 月 17 日，胡适听到消息后，立即写信给行政院长汪精卫，对翁文灏的受伤表示极为焦虑。很快，正在南昌行营指挥“剿”共的蒋介石，第二天也从三封分别来自军事委员长侍从室秘书黎琬、教育部次长钱昌照和前江苏省财政厅长张寿镛的特急电报中，得知了这一消息。他一面下令医院一定要救活翁先生，一面派钱昌照亲往杭州，组织抢救。在翁文灏伤重急救之时，陈布雷、曾养甫均亲到医院探视，汪精卫、朱家骅、王世杰、陈立夫、陈公博等及许多学术团体纷纷致电表示慰问。蒋介石也指派浙江省主席鲁涤平代其前往医院探视问候，并命鲁涤平让牛惠霖暂驻杭州，专门负责翁文灏的治疗，同时延请有关名医会诊。此后数日，南京、杭州与南昌之间电报往还，一日数次向蒋报告病情及治疗情况。有关方面还将翁文灏的父亲、妻子等在北平的亲属接到杭州。到了 20 日，医生们见翁文灏神志恢复，谈话正常，认为“伤势已告大痊”，“两周后可复原”[57]，除留牛惠霖大夫继续在杭负责诊治外，其他人都返回各自医院。鲁涤平于 3 月 1 日专门电告蒋介石：翁文灏伤口已缝好，每日进食流质，病情已见平定，“惟因顾念职务，常表示烦恼，屡欲起坐经医师劝止”[58]。但翁文灏的病情却并不稳定。

3 月初，经北平协和医院脑科主任关颂韬用X光透视，发现翁文灏头中有碎骨陷入后脑，同时病人也出现有时神志昏迷的情况。由于他身体原本就单薄，加上此次负伤失血过多，体质极为虚弱，医生们又不敢立即施行手术，取去碎骨。有医生甚至认为：翁文灏“能否完全脱离险境尚难预料”[59]。从 3 月 23 日起，翁文灏接连数日高烧不退，最高时体温达到华氏 104 度，甚至“精神既现错乱状态，举动每失常度”[60]。3 月 26 日病情进一步加重，到了晚上，医生甚至认为随时可以发生危险，要求家属不要离开，并且应着手给他预备后事。

翁文灏受伤昏迷以后，朋友们都极为关注，甚至许多和他交情很浅而且没有利害关系的人，都纷纷打电报、写信，探问他的病状，“地质调查所的同人，听见他重伤的消息，一个个相对流泪”。胡适在3月初出版的《独立评论》第90号的编辑后记中，专列了两条消息，向读者报告翁文灏的病状，其中写道：“当消息最坏的一天，他的一位北平朋友写信给人说：‘如此天才，如此修养，岂但是一国之瑰宝，真是人世所稀有！’还有一位朋友对人说：‘翁咏霓是五十万条性命换不来的。’”另一个则是记叙了一件小事：“上月二十七日，独立评论社聚餐，主人家中恰有体重计，我们都试磅自己的重量，翁先生连衣服、皮鞋只有90磅。他笑说：‘我又掉了两磅了！’我们都劝他休息，他说：‘我明天到陕西去旅行，就是要去休息。只有旅行可以给我休息。’……我们盼望他能利用这个强迫休息的时期，绝对安心静养，——就是周口店再发现一个完整的‘北京猿人’的脑壳出来，他也不必过问！”[61]

没想到不久有人致函《独立评论》，讽刺胡适的一番说道是“台里喝彩”，“互相标榜”，弄得胡适真有些有口难辩。这时丁文江恰从杭州归来，把“在杭州翁先生病榻前的感想写了出来”，以《我所知道的翁咏霓》为题，在《独立评论》第97号上发表，希望人们以此“了解为什么翁先生的许多朋友十分的敬爱他”。

文章讲述了翁文灏衣食住行方面的几件小事，其中有一段这样写道：

他和他夫人住的是三间西厢房。三间里面有一间放着两个破书架子，一张小书桌，算是他的书房。他日里要写信、见客、指导人家工作，编辑印刷的稿子，所有这十几年来他的文章，都是晚间八点到十二点在那一张小书桌上写的。

地质调查所是个穷机关。当然没有汽车。他代理清华校长的时候，清华有汽车。可是他除去到清华来回外，从不用学校的汽车。后来，地质调查所经费稍有增加，大家都劝他买一辆汽车。他说：一辆汽车的费用至少可以做两个练习生的薪水了。为我自己舒服而少用练习生是不应该。所以始终他只坐一辆旧洋车。

他在清华的时候，地质调查所最穷，他完全不支薪，清华也不支全薪，因为他要维持不能在两个机关拿全薪的原则。中华教育文化基金会为了使他可以辞去清华的兼课而专心做研究工作，1931 年聘请他做每月 600 元的研究教授。到了 1933 年夏天，他却主动辞去研究教授而改在地质调查所支薪 400 元。问他为什么要这样。他说："因为我觉得新到所的同人——尤其是新回来的留学生——常常嫌钱少。我自己薪水少了，他们或者容易满意的。"

说到翁文灏的工作情况，丁文江觉得人们只知道翁文灏一天到晚做事，但并不知道他的做事与旁人不同之处。地质调查所从各方面得到的经费和补助，每年支出在 20 万元以上，而专门的行政人员只有一个会计。一个庶务，两个人的薪水一共不过 200 余元。翁文灏没有为自己设一个秘书。除了处理公务，检查督促各部门的工作，"余下来的功夫都是用在编辑印刷上面。地质调查所本身的汇报、专报、古生物志等等已经极繁重了。他又是地质学会事实上的总干事兼总编辑。这两个机关的出版品总数在一万页以上，至少有一半是以他手细看过校过的，有四分之一是经他改正过的"。"我有时候看见他把人家的论文从头到尾替他重做过，然而仍然署原作者的名，他自己不要求丝毫的声明和酬谢"。丁文江认为，翁文灏如不是因为大部分光阴消耗在"为他人作嫁衣裳"的事情上面，他的科学成就一定要数倍于今的。

丁文江把翁文灏的成功归于"他是个性极强的人而主张温和；他

是极明察的人而待人很厚道；他是极清廉的人而处世很平易”。他甚至这样写道：“我常对他说笑话道：‘我根本不相信世上有圣人。若是有，你总要算一个。’”最后，丁文江劝告青年读者：“有人告诉你‘社会是万恶的’，‘世上没好人’，你不要相信他，因为翁先生就是一极好的反证。”“希望你们把翁先生做模范，努力来建设簇新的国家。”

或许是亲人真诚的祈祷、朋友的衷心祝福感动了上苍，或许是翁文灏瘦小身体内蕴藏的顽强生命力吓退了死神，在长时间的昏迷之后，翁文灏终于战胜了死神，清醒过来了。又经过一段治疗，翁文灏在家人的陪同下，于4月27日离开杭州，于4月30日转至北平协和医院诊治、休养。协和外科主任关颂韬亲自南下，陪护病人北上。

武康遇险是翁文灏的一生中所经历的一件具有极重要意义的事件。不仅是因为他那90磅重的性命曾在生命的“危崖”边摇晃、倾斜，更重要的是，他知道是蒋介石下令医院不惜任何代价抢救，并派来了医生，接来了家属。他把这死去活来的生命历程，看成是蒋委员长的再造。如果说武康遇险之前，翁文灏对蒋介石心存好感是因为蒋介石“不耻下问”地请其讲学授课，“礼贤下士”地邀他出任国防设计委员会秘书长，使他对蒋有一种知遇之恩的话；武康遇险之后，蒋介石在翁文灏心目中，知遇之恩上又加了一层“救命之恩”。如果说“知遇之恩”尚可以“君臣之礼”相待，“君视臣如手足，则臣视君如腹心；君之视臣如犬马，则臣视君如国人；君之视臣如土芥，则臣视君如寇雠”[62]，那么“救命之恩”，这仅次于生身父母的恩德，在知恩图报的翁文灏看来，则只有“事父母几谏，见志不从。又敬不违，劳而不怨”了。[63]

中福整理专员

翁文灏出院以后在家中静养了一段，感觉稍好，就又开始处理地质调查所的重要事务，但由于体质亏损太大，“劳动过久，仍感不支”[64]。7月 8 日，由实业部和教育部联合主办的“全国矿冶地质联合展览会”在天津北洋工学院开幕，次日中国矿冶工程学会也在天津召开第四届年会。这两个会的筹备委员会主任委员都是翁文灏。由于受伤，他均未能亲自出席，筹备工作亦未能躬亲主持。尽管如此，对于这次全国矿冶地质成果的大检阅，翁文灏还是倾注了极大的关注，为《大公报》的“矿展会特刊”撰写了《实业部教育部全国矿冶地质联合展览之缘起》，介绍这次展览的缘起和意义，并在展览会 7 月 28 日闭幕前，坚持抱病亲自到天津观看了展出。结果由于奔波劳顿，身体“又复大感不适”，不得不前赴威海休养。在威海只住了半个月，因为心中仍牵挂着地质调查所的事务，8月13日他又匆匆忙忙返回北平。[65]回到家中不久，忽然接到蒋介石的电报，命其速往牯岭，说是有要事相商。虽身虚体弱，他仍立即登程前往庐山。

庐山见面之后，蒋介石先是询问了他的身体情况，翁文灏对蒋的救命之恩表示万分的感谢。寒暄之后，蒋介石就向翁文灏询问起河南焦作中福煤矿的情况。翁文灏因北洋政府时期在农商部矿政司任职，且多年来留心中国矿业，对焦作矿的历史颇有了解，于是将有关情况向蒋做了详细的报告。

河南焦作中福煤矿是我国储量丰富、煤质优良的一个大无烟煤矿，在当时是仅次于开滦和中兴的中国第三大煤矿，由中国人办的中原公司与英国人在中国开办的福公司（Peking Syndicate）合作经营。

外国人注意到中国的煤矿，最早是因为英国人要为其在远东的舰队和商船解决燃料问题。最初的注意点在台湾及海岸地区。自从外国地质学家和探险家进入中国内地以后，中国矿藏逐渐被外界了解。对于列强纷纷提出的开矿要求，清政府内部意见分歧。有人坚决反对，认为:“洋人挖煤，实则开矿。……如准其租山，则变成夷业，年月久暂殊难预定，必滋事端。”也有人主张设官厂，“借外国开挖之器，兴中国永远之利”[66]。更有一派主张官督洋办或官督商办，准洋人或商人择地开挖，由地方官根据情形酌定，照章抽捐。1869年10月，中英议定《新定条约》及《新修条约善后章程：新修税则》，“准由南省通商大臣酌定两三处开采煤斤，又准将南省各口出口煤减税”[67]。由此开始，大量外国矿师拥入中国，受聘从事地质调查和探矿、开矿工作。尽管清政府的政策是雇用洋人而由中国自办矿业，但许多外国地质及矿业人员仍以各种名目，私自从事中国矿产调查。

1894 年中国败于日本，次年签订《马关条约》，随后中国陷于列强瓜分的狂潮之中。列强所攫夺的重要权力之一即是在中国的开矿权。清政府欲利用“以夷制夷”之策，联络西洋以抵制东洋。在东北是勾结沙俄，准其造路开矿，驻兵设港；在关内是联络西欧，结果使以英国为首的列强长驱直进。在这种昏庸政策下，中国许多优质矿产便为列强轻易取得。其中开平煤矿、焦作煤矿损失尤巨。开平烟煤矿原本由中国人自行开办，却被英国人巧取豪夺，成为英商开平公司的主业。另一个就是英商福公司攫取了焦作煤矿的开采权。

1896 年曾有一个叫罗柴（Luzatti）的意大利人来华“调查”。第二年英国人在伦敦成立了一个福公司（PekingSyndicate），资本 2 万镑，派来北京设办事处的代表就是那个罗柴。1898 年 5 月和 6 月，福公司通过《山西商务局与福公司合办矿务章程》和《河南矿务合同章程》这两个文件，获得了在山西和河南开矿的权力，并于 1900 年取得在河南修武县焦作开矿的执照。1902 年曾任英国驻上海总领事的福公司总董哲美森（George Jamieson，1843—1920）在焦作白作村建立了“泽煤盛矿”，1906 年开始出煤。由于地质复杂。水势过大，福公司被迫停产，向西扩展，另辟新矿。福公司的扩张引起河南地方人民的反对。1906 年靳法蕙等民族资本家开办凭心煤矿公司，1912 年组办中州煤矿公司，欲与福公司抗衡。1914 年 9 月。中州公司与另外两个小煤矿豫秦公司、明德公司联合起来，并有河南省政府、河南省籍国会议员胡石青、王博沙，以及副总统黎元洪、河南督军张镇芳、参议院议长王家襄等加入股本，组成中原煤矿股份有限公司。中原公司增添设备。改进技术和管理。成为机械生产的新式煤矿，打破了福公司的垄断地位。为了避免两败俱伤，1914 年 11 月，胡石青等与福公司经过谈判达成协议，签订《合办福中公司草合同》43 条，1915 年 5 月 7 日正式签署。根据这个合同，双方共同组成“福中总公司”，采取“分产合销”的形式进行合作，同时福公司获得怀庆府各矿开采权，当地如开卫辉、彰德两府煤矿应与福公司磋商等权力。此后两公司的合作取得了明显的成效，煤炭产量激增，1924 年两公司共产煤 162 万余吨。

1925 年，英国人在上海制造了“五卅惨案”，全国爆发了反对英帝国主义的“五卅”爱国运动，河南焦作的福公司工人也从 7 月 6 日起举行大罢工。中原公司乘机支持福公司工人罢工，以打击福公司，壮大自己。福公司从此一蹶不振，停产竟达 7 年之久。

1931 年刘峙出任河南省主席，派自己的亲信、省财政厅长李文浩为中原公司监督。李文浩于办矿完全外行，却把中原公司视为省政府的财源，各种名目的勒索、摊派层出不穷；再加上公司本身管理不善，机构臃肿，人浮于事，技术落后，与道清铁路矛盾重重，存煤运不出去，以致中原公司入不敷出，难以为继。李文浩于山穷水尽之际，转而向福公司求援。福公司借机以福公司复工为条件。借给中原公司 300 万元。结果福公司在停产 7 年后重新“复活”。双方组成合产合销的“中福两公司联合办事处”，简称中福公司。按照矿业法和公司法的规定，中原公司股份占 51%，福公司占 49%，中方代表为总经理。英方代表为总代表。共负产销业务上的实际责任。中原公司、福公司各有自己的董事会和监事会。并各出 3 人组成中福公司董事会，董事长由中方担任，李文浩任总经理。“福中”改为“中福”，“福气”却越来越坏，管理状况没有改善，贪污浪费，成本高，产量小，欠债欠薪，争权夺利，罢工此伏彼起。李文浩于四面楚歌之中一走了之，先后继任的总经理待不上几个月也相继垮台。

翁文灏没想到蒋介石听完介绍之后，第一句话就是请他做整理专员前赴中福公司整理矿务。翁文灏急忙表示自己留心矿业，但从未办过煤矿，尤其对最近情况毫无了解，难以从命。会见之后，翁文灏找到当时任蒋介石秘书长的杨永泰询问内情，方才得知原委。原来中福公司难以为继，福公司董事长吴德罗夫（Woodruff）于 7 月间亲自来华，由英驻华大使陪同到牯岭会见蒋介石，向蒋表达对河南省政府领导中福公司的不满，要求蒋派人前往彻底整理，以挽救濒临倒闭的煤矿。翁文灏闻此，越发觉得此乃是非之地，于是再次向蒋力请辞卸此事。他说："我专业研究地质，不会开矿做买卖，中福存煤很多，我没能力出卖；何况我重伤之后，尚未恢复健康，决难担此任务。"[68]

蒋介石未置可否，翁文灏决定先回北平。在翁文灏回北平之后，蒋介石仍坚持派他为整理专员，但又任命河南省政府建设厅长张静愚暂行兼代，前往中福主持矿务。张静愚 9 月 12 日抵达焦作，"代表翁文灏接收中福矿并办理整理一切事宜"[69]。张到矿之后裁汰冗员，开源节流，努力整顿，提出了十项整理办法。不能说张静愚的办法没有对症下药，但是一个多月过去，却没有达到预期的目的。表面上是"公司亏空 300 余万元，积煤难销出亦无法补救"[70]，实际上是刘峙根本不买张静愚的账，处处掣肘，张静愚力不从心。蒋介石再次电催翁文灏："务必速往焦作就任。"[71]翁文灏只好允为试办，并表示如果失败，便当自请辞职，务请即为照准。

1930 年 11 月，翁文灏由南京前往焦作接办"中福公司"，随同前往的有他从陕北调来的陕北油矿探勘处处长孙越崎及国防设计委员会和地质调查所的工作人员共8人。翁文灏先到开封面见刘峙，表示自己此行完全是因为蒋介石的一再敦请，勉为其难，整理工作可对河南省政府随时报告，但希望刘峙不加干涉，如果不成，他将自去。刘峙深知翁文灏此行有蒋介石的全力支持，非张静愚可比，因此对翁一行表示非常欢迎，一定尊重。

翁文灏11月到矿以后，立即召开中高级职员会议，宣布随其前去的孙越崎为总工程师，张兹闿为会计科长，王菊如为主任秘书，其他5人分别为秘书、财务、营业和运输等科科员，原东西矿矿长、各科科长等一律照旧；原来公司一些挂名领薪而不工作的“参议”、“咨议”、“顾问”等，一律予以裁汰，停付薪资；同时将有营私舞弊行为的原中英双方会计长均予撤职，并裁去英国人的职位，公司的业务基本上全由中方主持。

至于矿务的整理，张静愚在任之时既已提出十条办法，翁文灏稍加修改，继续执行，即：

第一，整理时间定为两年，在整理期间，中福煤矿由河南省政府改归军事委员会领导。

第二，解散中福两公司联合办事处董事会，中原公司和福公司各派代表一人驻中福公司作为联系人。整理期间，中福公司原有的总经理、协理停止职权和待遇，由整理专员和总工程师代行他们的职权。

第三，原驻矿的河南省保安团一团仍住矿区，不另派军队来矿。

第四，解散职工联合会，停止工会活动。

第五，修武、博爱两县地方官员对于整理均应竭力赞助，不得扰乱破坏或鼓动风潮，如敢故违，分别捕拿，严加惩处。

第六，中福公司联合办事处所欠债款，暂缓付还。

第七，焦作工学院和中小学教育经费仍由中福煤矿支付。

第八，实业部驻矿监察员之经费立即停付。

第九，取消收入特别账内之装车费，一切收支按照正规会计手续办理。

第十，缩小组织，裁汰冗员，减低薪额，剔除浮费。

此外，改进煤矿的工程技术，改善经营管理方法。工程技术方面，翁文灏派孙越崎担任总工程师全面负责。

孙越崎，浙江会稽人，生于 1893 年 10 月，曾就读于天津北洋大学矿冶专业，因参与领导“五四运动”被校方开除而转学北京大学。毕业以后，孙越崎毅然担当了黑龙江穆棱煤矿的勘探开发重任，使之成为“北满区域内惟一之新式大矿”。1927 年，翁文灏只身赴东北调查地质时，在穆棱结识了孙越崎，对他“一出学校即入深山，数载辛勤，卒创大业”[72]的行为非常赞赏。孙越崎在北大时期虽未听过翁文灏的课，但对他的道德学问也是倾慕已久。二人一见如故，“抵掌长谈”，由此定下终生的友谊。1932 年，孙越崎受翁文灏之邀加入国防设计委员会，赴陕北主持石油开发，1934 年任陕北油矿勘探处长，成为翁文灏手下的得力干将。此番整理中福，翁文灏再调孙越崎前来协助。

中福煤矿原有一位“工程顾问”叫道格（Docguier），是位比利时人。他曾任开滦煤矿“总管”25 年，大权独揽，盛极一时，退休以后又由中福公司请来做顾问。他带来了一位曾任开滦煤矿工程师的比利时留学生，做中福总工程师。孙越崎任总工程师后，那位总工程师只得离开，道格对此颇为不快。但翁文灏对他还是很尊重，考虑到他在中国多年，对中国矿业十分熟悉，仍聘他为顾问。孙越崎上任以后，发觉中福由于开采掘进过度，造成许多浪费，马上下令把下山的工程全部停工，将水泵、绞车、钢轨等全部撤出，以节省开支。起初道格对此大为不满，经过孙越崎有理有据的解释，道格真诚地表示同意和赞赏。他对翁文灏任用孙越崎这样的人担任中福总工程师非常钦佩。半年以后主动向翁文灏表示：“你们中国有这么好的工程师，我在这里已经没有用了，可以走了。”虽经翁文灏的挽留，他最后还是主动辞职回国了。

翁文灏从福中公司到中福公司这几十年的历史过程中看到，经营管理水平在相当大的程度上决定了企业的盈亏存亡。而管理的中心工作是应做到利用天时，巧借地利，创造“人和”。去焦作之前，翁文灏以公司财产做抵押。先从金城银行老板周作民那里借到大洋30万元，到矿以后立即将拖欠工人和职员的工资全部清还，并偿还了铁路款和窑木债务，极大地稳定了人心。他还勉励各级职员努力工作，做到清正廉洁，提高效率。他自己首先带头，每月只支薪150元。为了保障工人安全，公司还“加聘良医，增多医院，以治疗各种伤病”[73]。中福医院设X光、化验室等，总院达床位200张，分院有50张，还能做胸腔、腹部手术。这一切更激发了工人职员们的积极性。

翁文灏发现，以取暖为主的块煤在产运销三方面存在着严重的矛盾。“产”不论在春夏秋冬，基本是稳定的，而“销”则集中在冬季。若随“产”随“运”，则在夏季滞销时换不回现金，运费难以筹措。若在夏季减运或停运，一来会丧失在道清铁路运输上的垄断而引起小煤窑乘虚而入，后患无穷；二来也无处囤存大量开采出来的原煤。若集中在秋冬季抢运，则道清铁路运力不足，有脱销的危险。要解决这些矛盾，首先是搞好与道清铁路的关系，争取道清铁路的支持，让铁路保证严格执行装卸时间不超过 6 小时的规定，以提高运输效率。

道清铁路由河南浚县的道口至清化（后改博爱县），全程 166 公里，本是福公司为运输其矿产品而修筑的从山西泽州（今晋城）至道口的“泽道铁路”的一部分。自道口的三里湾码头向西修至清化以后，因为福公司的“泽煤盛矿”开办四年尚未出煤，铁路没有营业收入，福公司无法维持，遂提出由清政府赎买，以建筑费作为收赎借款。清政府初予拒绝，后经英方再三恳请，清政府派詹天佑亲自前往查账看工，最后于 1905 年由盛宣怀与哲美森签订《道清铁路借款合同》，以息借 75 万镑为代价，将道清铁路收归中国国有。直到 1915 年前，道清铁路实际以福公司煤炭运输为主。福中公司成立以后，道清铁路也随煤产量的提高而营业逐年增加。1934 年上半年，道清铁路废除了对小煤窑的运输限制，小煤窑大量涌入。冲击了中福公司对道清铁路的垄断局面，也使中福公司产品在市场上增加了竞争对手，中福公司多次交涉均无结果。

到焦作以后，翁文灏很快就察觉到，与道清铁路的关系好坏。是这次中福整理工作的成败关键之一。为了协调路矿关系，保证中福产品及时迅速运出，中福公司与道清铁路多方展开交涉。在下层方面由业务科长都樾周与道清铁路运转课交涉谈判；上层方面，由翁文灏、中福公司总代表贝安澜（Allan Bell）及福公司董事长吴德罗夫向道清铁路局长范予遂提出拒运小窑煤的问题。他们多次到路局交涉，范予遂坚持：尽力支持中福，绝不积压，但拒运小窑煤无法律根据，不能接受；甚至表示：如有意见“请向铁道部交涉，部方有指示，铁路局当然照办”。道清铁路坚决支持小煤窑的目的，一方面想摆脱中福公司的控制，同时增加自己的收入；另一方面还因为当时的铁道部长顾孟余、道清路局局长范予遂都是汪精卫改组派线上的人物，对于蒋介石派来的翁文灏故意予以抵制。翁文灏在无可奈何之际，终于动用了蒋介石的“权威”。

1935年三四月间，军事委员会南昌行营和武汉“四省剿匪总部”先后给道清铁路局发来密电：政府锐意整顿中福，有关国际信誉，道清路局务须在运输上大力支持中福。范予遂见电文并未明说禁止运输小窑煤，于是在回电中也只讲：“对于中福煤运，保证大力支持，随产随运，绝不积压。”而故意回避小窑煤问题。6月间。铁道部又给道清路局发来一份密电：“奉委座电：‘道清运输小窑煤，影响中福，仰转饬该局务须全力供应中福’等因，合仰妥拟办法……”[74]蒋介石要道清路局停运小窑煤的意思十分明确，而铁道部却耍了滑头，一面电复“遵办”，一面却转令道清路局“妥拟办法”，实际是拖延和软抗，但又摆脱了自己的责任。对于官场上的这种作风和文字游戏，翁文灏极为厌恶。他为此专门写了一篇《整顿内政的途径》，登载于《独立评论》上。他文中讲到整顿内政“要有切实严正的管理”时这样说：“我新近有一个经验，某上级长官令行某机关转令其所属某局长办理某事，某机关当即电复谓已电令遵办，但其令某局长文内则说‘仰即妥拟办法’。如此做法，在公事上实为很明显的一种罪恶”[75]。

在经营方法上，翁文灏一方面注重降低成本，使原来的每吨7元降至每吨2元，另一方面又重定煤价。过去中福的煤价是由矿区的销售价格加上铁路运费作为各地的售价，所以越远越贵。翁文灏到后，改变了这种办法，凡是有其他煤矿竞争的地方，就压低售价，没有竞争的地方则抬高售价。虽然各个地方的售价有亏有盈，但总体而言，则每吨仍有1元以上的盈利，而且这样做的结果，使一些缺乏竞争力的小煤窑被挤垮，造成中福在该地的垄断地位，然后中福再逐渐提高售价。最后平汉路沿途、陇海路西段的许多小煤矿都被挤垮，甚至上海市场上越南鸿基无烟煤也被挤掉了不少份额。

1935 年 7 月底，翁文灏又督促孙越崎和营业科长都樾周亲自前往汉口、芜湖、南京、上海等地推销产品。结果至 1935 年底，中福公司实际生产 105 万吨原煤，利润达 112 万元。只有运输方面，因与道清铁路的关系始终未彻底解决，而未达到百万吨的目标。基本达到了 1935 年实现产运销利“四个一百万”的总体目标。10 月间，翁文灏亲到金城银行，将赴任之前向周作民商借的 30 万元大洋周转金一次还清。周作民对着翁文灏情不自禁地竖起拇指：“真守信用！”[76]

据河南省主席刘峙向蒋的秘书杨永泰报告：“中福公司自翁专员文灏接事后，整理顺手，业务日臻上乘。”中英之间纷扰数年，多次派人整顿都无功而返的中福矿案，竟在一介书生翁文灏的手中妥帖理顺，增产增收。翁在中福煤矿整理工作中清晰严谨的工作思路，雷厉风行的办事手段，以及圆润的处世风格和清廉的个人操守，不仅赢得中英两国资方的赞誉，伦敦《泰晤士报》详细报道了中福整理经过，对翁文灏管理有方大为赞赏。伦敦股票市场上福公司股票价格大幅度上涨，为数十年所未有。从此中福公司走上了良性循环的发展道路，在煤矿企业中树起了金字招牌。1936 年整理结束时，中福公司董事会中英双方都坚持选举翁文灏为董事长，但他并没有公司的股份，只担当一个名誉董事长而已。自然也给蒋留下深刻印象。此后，蒋对翁在行政能力与个人道德操守方面的信任，几乎从未有过动摇和怀疑。

行政院秘书长

初掌机要

翁文灏在中福的初试身手，不仅展现了他在科学领域以外的行政能力，更让他个人价值空间得到极大拓展。1935 年 11 月 1 日在国民党四届六中全会上，汪精卫遇刺受伤。随后召开的国民党“五大”上，汪精卫被迫辞去行政院长之职，蒋介石乘机接任，取得对行政院的控制，并立即着手组织自己的内阁。当时的行政院有内务、外交、军政、海军、财政、实业、交通、教育、铁道及蒙藏委员会、侨务委员会、禁烟委员会、振务委员会、卫生署、地政署等。行政院的办事机关是秘书处和政务处，设秘书长和政务处长主管行政院内日常事务，实际等于行政院长的幕僚领袖。蒋介石决定让翁文灏担任他的秘书长，而且主意一定便不容推辞。

随后，蒋介石又邀请清华大学教授蒋廷黻出任政务处长。蒋廷黻的政务处长一职是否出于翁文灏的推荐，虽没见到直接的材料证明，但蒋廷黻有这样一段记载："当翁带我到委员长南京郊外汤山官邸去见他，我们未决定我应该如何答复他。……我们落座后，委员长说：'好，我想翁博士已经把我的计划告诉你了。你的意思如何?' '我没有经验，' 我回答，'我不知如何做法'。'你能，' 他说，'从工作中吸取经验。不工作永远得不到经验。' 他一面对我说，一面拿起笔来写了一道手谕：'派蒋廷黻为行政院政务处长'。我告诉他我须返清华，结束那方面事务。'啊，不，' 他说 '这次我上任，一定要带所有人员一同上任，清华那方面由我替你电告清华校长好了。'" [77]我们可以想象，翁文灏一定也有过类似的经历。

12 月，以蒋介石为首的行政院正式成立。各部部长分别是：副院长兼财政部长孔祥熙，内政部长蒋作宾，外交张群，军政何应钦，海军陈绍宽，实业吴鼎昌，铁道张嘉璈，交通俞飞鹏，教育王世杰，蒙藏黄慕松，侨务陈树人……与以往的历届行政院相比，这一届给人一种耳目一新的感觉。因为很有几位出自资源委员会，因而又被称为"三元巷内阁"，也有人称之为"人才内阁"，同时又有了一个新名词，叫"学者从政派"，主要指翁文灏、蒋廷黻等由知名的科学家、教授，放弃学问的探讨，转而投身宦海的这些人。

如果说翁文灏此前接受国防设计会秘书长职务还是非常低调仍至秘密的非公开行为，而且翁蒋双方都带有一定的试探性，甚至多少有一点"幕宾"、私人帮忙的味道。行政院秘书长一职，则是翁正式加入南京政府、由科学领域转向政治——弃学从政的标志。

按照当时行政院的组织法，秘书长和政务处长都是简任职。秘书长负责协助院长执行政务，负责全院日常行政事务和财务工作；政务处长主要负责进行政策研讨，替院长拟定政策，二人的职务在法律上是平行的。虽然蒋廷黻认为：翁文灏“不论在经验方面或是声望方面，都是我的老大哥。……我一开始就决定把政务处作为翁的附属单位，尽量采纳他的意见”[78]。然而蒋介石还是决定给翁文灏以特殊的待遇，为此，蒋还为此特别提请立法院对《行政院组织法》进行了修订，将秘书长一职由原来的简任级提升为与部长相当的特任级。这样秘书长就成为行政院办事机构的最高首长，开创了国民政府制度史一先例。

虽然翁文灏自己表白，是因九一八之后的民族危机而有弃学从政之念，实际上，对于自幼饱读诗书且曾获秀才功名，深受儒家入世思想影响的翁文灏而言，“达则兼善天下”应该是其人生观中自然存在的一部分，毋须特意的刺激与强化，何况其少年时代即怀抱“我虽年少知自勉，须扶衰弱佐中兴”的理想。因此，蒋介石的这份“知遇之恩”，确实给他提供了参与国家中枢机要，施展才华、实现其救国志向与人生抱负的机会。这在翁文灏的心目自然更有其特别的份量。

行政院是国民政府最高行政机关，除各部在院长的领导和指挥下，按各自职责范围执行政府职能外，行政院讨论和议决行政事务的机构是行政院会议。会议由行政院正副院长、各部部长、各委员会委员长、行政院秘书长和政务处长组成，行政院长为主席。会议的权力是：向立法院提出法律、预算、大赦、媾和、条约及其他对外交涉案，任免以上行政、司法官吏。议决各部会不能解决的事项。会议每周二上午在行政院举行，这是正式的内阁会议，各部部长、委员会委员长、卫生署长、经委会秘书长及行政院秘书长、政务处长出席。会议由行政院长主持。院长不在时由副院长主持。翁文灏以“党外知识分子”身份出任蒋介石在行政院系统的幕僚长，负责的是日常行政性事务。此时蒋的权力重心自然是军事委员会，中枢机要掌握于侍从室，行政院秘书长也当然重要，但距进入权力核心、参预蒋的中枢机要还有很远的路程。作为秘书长，翁文灏的重要工作之一便是为每周的行政院例会做好一切准备。一份会议议事程序是必不可少的，它通常包括：1.一周来政情报告；2.会议应讨论的事务和应做出决议的建议；3.有关政府人员任免事项的建议。

这种正式的会议更多的是一种形式和法律上的程序，会上很少讨论。这大概也是专制政治的特色之一。最重要、最核心的决定，实际是三五核心人物商于密室，最后由最高独裁者定于一念。开会之时，议程油印在一本小册子上，按照次序，先是听取政情报告，内容分为普通、机密两种。会议讨论的事务和要做出的决定，大都是各部会的提案。先由各部会的部长、委员长宣读提案的原文。翁文灏事先在这些提案上已附有处理意见。他的处理意见一般分为同意、修正同意和不同意三种。一般情况下通常签上：经过仔细考虑，建议采纳原提案；或者是：由于本案只注意到某方面问题，忽略了其他方面，因此本案应予修正；也可以签：基于法律及政治原因，本案应予重新考虑。行政院例会时间不长，但都有众多且冗长的提案，这样翁文灏简要明了的签署意见条就备受重视，有时甚至要求只念一下签附的意见条就行了。按照蒋廷黻的说法：“就某种意义说，实际上是我们的签条左右了中国的政治。”[79]这话虽然说明了一些问题，但更需要说明的问题是，这些签条上的意见并非是秘书长或政务处长的个人意见。重要的提案和重要的意见，通常是要事先请示院长、副院长乃至与各部会进行讨论之后才做出的。有时对提案中的一些问题不够了解，他干脆就不签附意见。

行政院重要的决定，或者说翁文灏在各部会提案上签附的重要意见，大都是在前一周周五下午在行政院长官邸举行的行政院非正式会议上讨论决定的。行政院长蒋介石和副院长孔祥熙是从不到行政院中的办公室去办公的，他们都在家中办公。每周五下午的行政院非正式会议就在蒋介石的黄埔路官邸举行，蒋不在南京时，就移到孔祥熙的公馆中。这个小型非正式会议的参加者只有蒋介石、孔祥熙、外交部长张群、军政部长何应钦、实业部长吴鼎昌、铁道部长张嘉璈、教育部长王世杰、秘书长翁文灏及政务处长等。与正式的行政院会议相反，非正式会议上倒是可以进行较充分的讨论，各抒己见，对当前的重大政治问题进行意见和信息的交换，讨论各部重要的行政问题以及重要的任免事项。不过事情也是因人而异，蒋介石主持的会议，不论是正式的或非正式的，“会议就开得有成效。讨论事情和做出决议时也快得多”。据说，蒋介石开会非常守时，但他沉默寡言，多是听别人发表见解，很少参与讨论，直至会议快结束时，他才开口。他所讲的便是最后的决定。孔祥熙则相反，他“从不准时开会或散会，在讨论中又从无自己独立的见解，喜欢谈天说地，讲有关他当年是如何显赫一时之类的事”[80]。

依照国民党的政治体制，行政院并非政治权力的渊源。每周二行政院会议通过的重要决议，还都要送到第二天即周三上午召开的中国国民党中央执行委员会政治委员会（或称政治会议，简称中政会）会议上讨论通过。按照国民党的政治理论和《训政时期约法》的规定，国民党在“训政时期”实行“以党治国”，“以党统政”，国民政府的正副主席、委员及行政、立法、司法、监察、考试五院正副院长，均由国民党中央执行委员会任命，“宪法未颁布以前，行政、立法、司法、考试、监察各院各自对中国国民党中央执行委员会负责”。中政会便是国民党对中华民国实施统治的最高决策机构，“是政治发动的枢纽”。“中国国民党中央执行委员会政治会议，在决定训政大计指导政府上，对中国国民党中央执行委员会负责；国民政府在实施训政计划与方案上，对中国国民党中央执行委员会政治会议负责”[81]。这时中政会的主席是汪精卫，蒋介石是副主席，秘书长是顾孟余，副秘书长是陈布雷。中政会的职掌大部分与行政院是重复的，中政会成员们对行政事务的了解程度也不像行政院那样具体透彻，对行政院一些提案提出的背景，实行的可行性并不清楚，但它代表着国民党中央对国家统治权力的控制。严格地说，这里也仍然算不上是中国权力的核心部位，“真正实权所在，始终是围绕着委员长转的”[82]。

行政院的职掌范围，各部会的具体工作，行政公文的流转程序，政治决定从提出到公布所遵循的一套官僚体制，这一切对于翁文灏都是陌生的。不过他对这一切的适应过程并不长。他很快就了解到，行政院办公厅有约300名工作人员，每天收文平均约900件，发文约500件。每件来文。如呈文、函件、电报、便笺等，由秘书人员注明收文日期，按其性质分送到各主管科组，由主管科组提出处理意见和办法，加注签条。处理过的这些公文再分别送给秘书长或政务处长。秘书长和政务处长分别有一位高级秘书人员，决定哪些送秘书长（或政务处长）亲自过目，哪些盖章后直接退主管科归档或答复。每件发文则要经过撰办、叙稿、呈阅画行到缮发等一系列程序。翁文灏任秘书长期间有几位重要的秘书，如原清华大学社会学教授、《独立评论》的主要撰稿人之一吴景超，以及徐象枢、端木恺、郑道儒、张平群、陈克文等。

翁文灏在人生的重大转折时期，在日记中给自己写下这样要求："誓拚生命拯邦国，莫逐流波坠俗尘。"[83]他每天要花大量的时间仔细而认真地处理这些如潮水般来往的公文，然后将其中重要的事项和公文，每一天或两天向行政院长（或副院长）汇报一次，请示意见。不论是蒋廷黻还是他的继任者何廉都承认，翁文灏每天看的文件和埋首于公文的时间都比他们多。

在北洋政府农商部时期，翁文灏就对官僚政治中的许多弊端有切身的体验。如果说循规蹈矩还有一定的客观合理性和必要的话，而人浮于事，机构重复矛盾，办事互相推诿，缺乏效率简直让人难以容忍。但是他对这一切并不急于更张，一是因为许多事情并非一个行政院秘书长所能主宰和改变，"那要更高一级的批准"；二是因为仓促上阵操之过急的结果，往往先牺牲的倒是自己。

新行政院开过第二次会议之后，蒋介石便命令翁文灏和蒋廷黻，分别就中央政府和地方政府的行政工作进行检查督促。蒋廷黻雄心勃勃，花了3个月的时间，研究了中央政府的体制运作。他发现许多机关叠床架屋，重复浪费，而一些当务之急却无人问津。如铁道部、交通部，还有经济委员会都有公路业务，而没有人关心空运；中国是个以农立国的大国，却没有专门的农林主管机构。他亲自拟订了一套改革计划，其中包括建议改铁道部为运输部，将交通部改为主管邮政、电信业务；取消全国经济委员会和建设委员会；将实业部所管农业划出，单独设立农林部，甚至要求对行政院与中政会的关系进行调整等等。报告上呈以后，蒋廷黻立即遭到来自各方的反对。结果蒋介石的决定是：翁文灏来接替蒋廷黻检查督促中央政府工作，蒋廷黻去负责各省市县工作的检查督促。不久，驻苏联大使颜惠庆辞职，蒋介石即调蒋廷黻前往莫斯科接任，以避锋芒。政务处长由另一位学者、著名经济学家、南开大学教授何廉接任。

当然，翁文灏也并非无所作为，他把精力更多地投入于行政院风气的整顿。他认为:“行政官吏惰废因循，经济机关浪费散漫，缺乏系统，为知识分子所不满，即是政治危机，应从速彻底整理”。他采取先易后难的策略，从整理积牍积弊、提高行政效率、节省行政经费等具体事务着手。例如，制订了《行政院核阅公文办法》、《行政院处理公文办法》、《行政院发表新闻办法》、《行政院视察各省市暂行章程》等一系统规章制度，成立行政效率委员会，举办高级行政人员研讨会等，并向蒋建议“设立行政整理委员会及专员训练所”，对全国行政机构作系统整顿和行政人员培训等等。一年之内，行政院面貌焕然一新。

翁文灏就任行政院秘书长后，碰到的真正棘手的案子，是后来在中国近代史上具有重要地位的“一二 · 九”爱国学生运动。

平息学潮

1935 年下半年，华北的局势进一步恶化。日本在占据热河之后，把下一个目标瞄准了冀察两省。6 月 27 日，日本借“张北事件”强迫察哈尔省政府达成《秦土协定》(由察省民政厅长秦德纯与土肥原贤二签订)，迫使南京政府将察省主席宋哲元撤职，成立察东非武装区，二十九军从该区撤出。7 月 6 日，日本又借口天津租界内两名汉奸报社社长被暗杀及中国政府接济滦东非武装区的热河义勇军，由日本驻屯军司令梅津美治郎向北平军分会代理委员长何应钦提出“觉书”，要求取消河北省国民党省党部，撤退驻河北的中国军队，罢免河北省主席及平津两市市长，取缔反日团体和反日活动。何应钦回函全部接受，是为《何梅协定》。11月，日本又指使汉奸殷汝耕在河北通县成立伪“冀东防共自治政府”，声明冀东22个县脱离国民政府。在日本策动下，一些汉奸又制造“华北五省自治运动”，企图使冀、察、晋、绥、鲁五省脱离国民政府，把华北变成第二个满洲国。

南京政府对日本提出的“华北政权特殊化”要求先是表示反对。蒋介石一方面调动军队，一方面对日表示绝不容许违反国家主权完整，破坏国家行政统一的“自治”；但在日本的强大压力威胁恐吓之下，终又屈服退让，11月26日撤销了军委会北平分会，何应钦改称行政院驻北平办事长官，宋哲元为冀察绥靖公署主任。南京政府还准备成立半傀儡式的“冀察政务委员会”，以宋哲元为委员长，并同意17名委员中，由日方推荐7名，满足日本对“华北政权特殊化”的要求。

12月9日，北平大中学生在中共北方局的领导下，举行游行示威，高呼“停止内战，一致对外”、“打倒日本帝国主义”的口号，反对日本的侵略行径和蒋介石坚持内战、对日妥协的政策。游行遭到军警镇压，有百余人受伤，30余人被捕。16日，学生再次举行大游行，反对成立“冀察政务委员会”。尔后，平津学生又组织南下扩大宣传团，赴南京请愿，并深入民间广泛宣传抗日。天津、上海、南京、杭州各地学生也纷纷响应，游行示威，要求停止内战，一致抗日，掀起了全国性的抗日救亡运动。

翁文灏在北平上学的二女儿翁燕娟也积极投入了这场运动，并在16日的游行示威中被军警打断肋骨多根，负伤入院。此时翁文灏全家已由北平迁到南京，二女儿燕娟因为马上就要高中毕业，故而一人留住北平，托胡适照顾。翁文灏心中惦记着女儿，对青年学生的爱国热情也非常同情，可是作为行政院秘书长，他对学生们的“激烈”行为持否定态度。

南京政府害怕大批的学生到南京，更害怕学生在南京与军警发生冲突，出现流血事件。引起各界对政府的不满，进而发生大规模的反政府运动，于是行政院的头等大事便是全力平息学潮。蒋介石一面下令铁道部：铁路决不能运载学生南下进京，一面命行政院派干员四处活动，说服已经起程的学生返回校园。

12 月 19 日，南京请愿学生冲进行政院，要求见蒋。翁文灏出面接待，听取了学生们的要求，并表示：“1.政府当局对于国务之重要以及维护国权及领土之必要已深切注意，正在努力工作，对于应有责任决不推诿。2.对于外交方针，蒋院长已一再说明，谅所共晓，惟望全国人民谨守纪律，使政府可以专心做事。3.所提请愿各点，自当向当局切实转陈，政府定当尽其力之所能。从速处理。4.希望学生诸君勿荒学业，使秩序安定。”[84]翁文灏一面疏通渠道，组织各校校长和学生代表赴南京与蒋介石举行谈话会，一面派行政院中极富口才的秘书、参事们赴各地及学校，劝阻学生赴南京请愿。1936 年 1 月 15 日，行政院安排蒋介石在励志社接见了中等以上学校校长代表，同时翁文灏在行政院礼堂，与各地专科以上学校学生请愿代表 130 余人举行对话会，听取学生们对政府的抗日要求。

丁文江之死

就在翁文灏被行政院如潮的公文和学生运动忙得焦头烂额之时，传来了一个不幸的消息：丁文江在湖南衡阳遇难，生命垂危。

丁文江 1936 年湖南之行的目的有二：一是受铁道部之托，为即将通车的粤汉铁路寻找煤矿，以解决全线煤的供应问题；一是受教育部之托，为清华大学物色迁移地点。当时由广州到汉口的粤汉铁路正在利用中英庚款的借款加紧施工，一旦完成，由北平至广州的中国南北大动脉将全线贯通。翁文灏与丁文江都参与了此路的规划设计。按理说，这条铁路与北方产煤区相连，火车自身用煤本不应成问题。但此刻日本在华北虎视眈眈，剑拔弩张，战争一触即发。考虑到战争一旦爆发华北必将陷于敌手，那时长江下游以及沿海的工业就都面临能源危机，而且资源委员会正在湖南积极兴建战时工业基地，煤矿当然更是必不可少的动力来源。丁文江决定亲到湖南考察煤矿现状和储量。此时教育部也已计划一旦战争爆发则将华北重要学府南迁，因而请丁文江顺便代为在湖南为清华大学物色房子。照翁文灏看来，这两件事都不需要丁文江亲自去做，但丁文江不仅去了，而且还做得极为认真。

12 月 2 日，丁文江先由南京到长沙，看了几所学校，物色房子，12 月 5 日、6 日游览南岳衡山。虽雇了轿子，但丁文江始终未坐，一路考察，忽而俯察岩石的裂痕，忽而量度气压的指数，计算步数，边走边做地质勘测，一直抵达衡山顶峰祝融峰。7 日，丁文江又赶到谭家山。车距谭家山煤矿 15 里处，丁文江即开始步行，沿途一路测量一路观察。到谭家山后，“他并不稍休息，即沿谭家山东侧田园经草塘曾家山冲，到东茅塘一带，查询土窑情形”。“午餐后，下洞考察，矿洞倾角 45 度和斜深 170 公尺”，丁文江“不畏艰苦直至洞底。亲测煤系倾角及厚度”，出洞之时，已汗流浃背，衣服尽湿。[85]他匆忙将衣服烘干便赶回南岳。8 日，丁文江到衡阳，住在粤汉路局株韶段的宾馆。当晚在凌鸿勋（正主持粤汉铁路的修筑）家吃过饭。回到宾馆洗了澡，服了一片安眠药便睡下。第二天凌鸿勋按约来陪他去耒阳马田墟煤矿考察，呼而不醒，待破门而入。见丁文江已昏迷不醒。大家认为系煤气中毒所致，遂努力抢救，但第二天上午仍未见醒，凌鸿勋乃急电告南京翁文灏。

按胡适的分析，造成丁文江煤气中毒这一绝大悲剧的原因有四:“第一，他从矿洞里出来就伤风了。那天晚上他洗了澡去睡，想出点汗，故关闭窗户。第二，他缺少用壁炉的经验，更没有料到那晚上大风雨，壁炉烟囱的煤气出不去，反吹回屋里来了。第三，此君的鼻子本没有嗅觉，闻不出煤气。第四，他的习惯要睡足八小时，因为次日要去看矿，他服了一片安眠药。”[86]这些不幸原因的综合作用，致使丁文江煤气中毒。这并不是最不幸的，或者说这只是不幸的开始。衡阳的医生们做了 6 个小时的人工呼吸，为了防止他牙关紧闭，还使用了口腔扩张器，拔掉了两颗门牙，并致使丁文江左胸第五根肋骨骨折（当时未发觉）。经过由长沙湘雅医院赶来的杨济时医生抢救，10 日晚丁文江从昏迷中醒转，11 日晨即可饮牛奶。

翁文灏 11 日由南京飞抵长沙，即转赴衡阳。翁文灏原本计划将丁文江接至南京或上海救治，为此还动用了蒋介石的专机。但他 11 日晚赶到衡阳之时，丁文江已经清醒，对人也已能一一认识。医生宣告。病人脱险，翁文灏紧张的心稍为放松。学生运动正如火如荼，行政院还忙于到处“灭火”。见病人已经清醒，而且由衡阳到长沙去乘飞机，一路坎坷，不利于病人。翁文灏便空机回京。

12 月 4 日，杨济时医生发现丁文江“左乳头外一寸余之处有一元银币大的一块肿起”，决定将他送到长沙湘雅医院去做 X 光检查。X 光检查的结果，“发现左右两肺底有少许发炎变化，且左胸似容有少量之水液”。但并未引起医生的足够重视，更没有发现他的左肋肋骨的骨折。他们所见到的是丁文江“病势日有起色”，“能谈话饮食”，甚至已要求下床行走。到了 12 月 23 日。丁文江的病情发生突变，体温升高，呼吸急促。脉搏跳动每分钟达一百十几次。24日湘雅通过在长沙的傅斯年电告北平协和医院，请求指示和帮助。协和为避免院外人干涉之嫌，电湘雅杨济时医生："推荐顾仁医师备外科的咨询及施治，如顾仁要求，协和极愿相助"[87]。同日经湘雅的外科主任顾仁（Phillips Greene）诊视，从丁文江胸部抽出了大约500毫升的稀脓液。此后又有脓液抽出。26日顾仁电报协和外科主任，请赴长沙会诊。胡适将有关消息电告翁文灏，请他准备飞机，协和外科主任将于28日由北平飞南京转长沙。28日晨顾仁施行外科手术，才发现丁文江第五肋骨已折，又取出脓液150毫升，化验结果，发现脓中有肺炎双球菌。协和外科主任娄克思（Loucks）29日抵长沙。1月2日离开，他综合丁文江发病前的旅行劳作情况和煤气中毒后的种种症状经过，结论是：煤气中毒，造成脑中枢血管损坏。脑部血管出血，或脑部脉管血栓。胸腔作脓，增剧脑部血管固有之损坏。

1936年1月4日，丁文江病情急转直下，未等协和再派医生动身前往，竟于5日下午与世长辞。

丁文江的死对翁文灏是个极大的打击。他知道："一个地质学者死在实地工作上，他如死而有知，或亦可以自慰"[88]。可是刚刚起步的中国地质学界，遭到的打击，做出的牺牲也实在太大了。一代天才赵亚曾32岁被土匪夺去性命，如今创始者丁文江48岁竟因煤气中毒身亡。翁文灏武康遇险之时，正在协和医院养病的丁文江，曾涕泪交流地与医生争执要强赴杭州。他只有一个念头："咏霓这样一个人才是死不得的"[89]。后来赶到了杭州，并写了"差不多是一篇身后的墓志"的《我所知道的翁咏霓》。没想到两年之后，他竟先撒手人寰。20年来丁文江待翁文灏如友如弟，翁文灏敬之如师如长。

中国地质学在他们手中诞生，培植成长。回想这些，翁文灏真后悔没能阻止丁文江这次湖南之行，很久以后他和人谈起此事，还是满腔的懊悔：根本可以不亲自出马的，实在是无妄之灾，无妄之灾！

作为丁文江遗嘱的执行人之一，翁文灏遵照丁文江“死在哪里葬在哪里”的遗言，为丁文江举行了隆重的葬礼。5 月 4 日丁文江的葬礼在长沙岳麓山举行，翁文灏亲为执幡招魂。告慰死者最好的方法就是完成他未竟的事业。翁文灏将丁文江全部未发表的地质调查报告交给黄汲清，命地质调查所负责整理，以备刊行。后来这些报告在抗战最艰苦的岁月中，由地质调查所付梓刊行。丁文江身后无子。丁文江夫人史久元的生活问题就由翁文灏和几位朋友承担下来。翁文灏从没放弃自己的这份责任，直到丁文江夫人逝世。

西安事变

1936 年的另一件大事发生在年底。

蒋介石一方面表示：“和平未到绝望时期，绝不放弃和平；牺牲未到最后关头，决不轻言牺牲。”在外交上与日本周旋；一方面着手整编军队，抢修铁路、公路，购置军火，加快军工企业的建设，准备对日作战。同时，加紧对陕北中国共产党和红军的“围剿”。中国共产党领导红军经过二万五千里长征到达陕北后，蒋介石即派兵将陕北围困，并于 1935 年 10 月成立了蒋亲任总司令的“西北剿匪总司令部”。奉命“剿共”的张学良东北军和杨虎城的第十七路军，在与红军的交战中连吃败仗，损失惨重。在民族危机日亟的关头，身怀国恨家仇的张学良和东北军将士，渴望的是对日作战，打回老家去，不愿把性命丢在对红军的内战之中。中国共产党也不断发表宣言，呼吁立即停止内战，组织抗日统一战线，一致抗日，并在前线积极与东北军和西北军建立联系，宣传统一战线的主张。张学良、杨虎城以及东北军和十七路军的广大将士，在中国共产党抗日统一战线政策的感召和影响下，要求抗日反对内战之情绪不断高涨。张学良、杨虎城分别与红军建立了秘密联系，达成了停战协定。

1936年10月，蒋介石亲临西安，依然坚持“攘外必先安内”的政策，督促张、杨立即出兵陕北，实施他的“剿共”计划。随后，蒋在洛阳亲自部署，组织四路大军兵围陕北，并于10月31日发布总攻击令。蒋介石见张、杨迟迟不动，12月4日再到西安督战，驻扎临潼华清池。他宣布要一个月内完成对陕北红军的“围剿”，要求张、杨做出最后选择：或者出兵进攻陕北，或者他调闽皖，将陕北战事交给中央军。

12月12日凌晨，在反复陈说利害、力劝蒋介石改变内战政策无效的情况下，近乎绝望的张学良和杨虎城发动“兵谏”，派兵包围了华清池，软禁蒋介石，并拘留了蒋介石的随员陈诚、卫立煌、蒋鼎文等。张、杨发表对时局八项主张，要求：一、改组南京政府，容纳各党各派共同负责救国；二、停止一切内战；三、立即释放上海被捕之爱国领袖；四、释放全国一切政治犯；五、开放民众爱国运动；六、保障人民集会结社一切政治自由；七、确实遵行总理遗嘱；八、立即召开救国会议。

此事令南京政府高层陷于一场明争暗斗之中。12日夜里，翁文灏列席国民党中央常务委员会和中央政治委员会的紧急会议，方得知蒋介石被拘的消息。何应钦坚决主张武装“讨伐”张、杨，会议授权由何应钦负责指挥调动军队，何随即下令调动军队开赴潼关。宋美龄、孔祥熙、宋子文则反对武力“讨伐”和轰炸西安，力主和平解决，以免蒋介石有性命之危。国民党内的各派势力都积极活动，准备填补权力的真空。在巴黎的汪精卫也打电报表示要立即回国。

翁文灏虽然列席了 12 日晚的会议，但他并没有发表意见的权利，不要说中央常委，他根本还不是国民党员。但他意识到蒋介石这一回确确实实是处在危险之中了，中国的命运也处在危险中了。一旦蒋介石命归西天，南京政府必定出现分裂，就会有人借讨张杨之名发动内战，也会有人以抗战之名兴兵独立。日本人则趁火打劫，坐收渔人之利，中国的前途真的是一言难尽了。

不断有各方面来的消息：端纳飞西安了；共产党的代表周恩来也去了西安；宋美龄、宋子文又亲自去了；日本的态度；苏联的主张。各种力量都要在这紧要的关头，显示自己的存在和力量，让事情向自己期望的方向发展。此时的翁文灏还不可能对历史的进程施加影响。正如何廉说的那样："翁文灏和我虽都在政府中位居高职，比起'圈内集团'来，毕竟还是外人。我们并非政府的里层人物，也非党的成员，我们不过是政府的'装饰品'！我们从未能搞清楚幕后究竟在搞些什么"[90]。

12 月 25 日，翁文灏与吴鼎昌、何廉到孔祥熙家中，孔笑着迎出来，说今天会有好消息。中午他们就得到确切消息，蒋介石已与张学良和中共达成协议，停止剿共，一致抗日。蒋介石由张学良陪同由西安飞抵洛阳。陈布雷提议由翁文灏、何廉与他共同为蒋介石起草一份文告，以蒋介石的口吻就西安事变向全国做一说明。商议的结果，由陈布雷单独起草了一份，翁文灏与何廉共同起草了一份。26 日上午，三人又将两份草稿合而为一，敲定一份正式文稿。当翁文灏等赶到南京机场的时候，只见蒋介石面色惨白，一副病态沉重的样子走下飞机，并交给了陈布雷一份他自己在飞机上起草的对张、杨训词。《对张杨训词》27 日公开发表，并假称是 24 日在西安对张、杨当面的训诫。

蒋介石声称引咎自请处分，并提出免去本兼各职，回家休养。国民党中央和国民政府则声言慰留。同意给假一个月调养身体。这不过又是中国官场的游戏，真正的权力一刻也未曾离开蒋介石的手掌。就是在他休假期间，翁文灏仍要跑到奉化去。当面向他汇报情况，请示主张。

1937 年 2 月，国民党召开了五届三中全会，在 21 日最后通过的宣言中，初步确定了停止内战、和平统一的方针。22 日通过了《国防经济建设案》和以蒋介石名义提出的《中国经济建设方案》。行政院也进行了调整，南京政府加快了抗日准备工作的节奏，特别是抗战经济工作的准备更加迫切。就在这时，翁文灏突然得到一项新的任务。

注释

①⑤⑨⑩《清华大学史料选编》第2卷上，清华大学出版社1991年，第122页。

②《清华大学校史稿》，中华书局，第103页。

③《清华大学校刊》第418期。

④ 杨遵仪:《清华大学地学系（1929—1937）》，《中国地质事业早期史》，第111页。

⑥ 翁文灏:《呈复教育部整顿校务文》，同①，第124—125页。

⑦ 翁文灏:《呈现教育部文》，同①，第130—131页。

⑧ 李又宁:《吴晗传》，（香港）明报月刊社出版，第6—7页。

⑪《独立评论》第1卷第1期（1932年）。

⑫ 翁文灏:《年谱初稿》。

⑬⑭⑯⑰⑱87 胡适:《丁文江的传记》,(台湾)远流出版公司。

⑮ 丁文江:《少数人的责任》,《努力》第67期(1923年)。

⑲ 丁文江:《抗日的效能与青年的责任》,《独立评论》第37号。

⑳ 丁文江:《假如我是蒋介石》,《独立评论》第35号。

㉑《独立评论》第41号。

㉒㉓㉔㉕㉖《翁文灏先生言论集》,上海友联书社1936年,第38页,第81—86页,第34—40页,第27—33页,第20—26页。

㉗ 钱昌照:《国民党政府资源委员会始末》,《回忆国民党政府资源委员会》,中国文史出版社,第1页。

㉘ 翁文灏:《年谱初稿》。

㉙《事略稿本》同上,第117—118页。

㉚《事略稿本》15册。

㉛《事略稿本》16册。

㉜ 蒋介石《困勉记》,1932年9月1日,"国史馆"藏蒋中正总统档案。

㉝ 吴兆洪:《我所知道的资源委员会》,同㉗,第68页。

㉞《事略稿本》同上,第117—118页。

㉟《事略稿本》15册。

㊱《事略稿本》16册。

㊲㊴㊿52《国防设计委员会组织条例》,《资源委员会档案史料初编》上,(台湾)国史馆编印。

㊳㊷㊾ 郑友揆等:《旧中国的资源委员会——史实与评价》,第8—9页。

㊵ 翁文灏、钱昌照致蒋介石函,引自郑友揆书,第7—8页。

㊶ 一说为八个组，尚有一专门人才组，见吴兆洪文。

㊸《参谋本部国防设计委员会秘书厅工作报告》，同㊳，第 12 页。

㊹㊺㊻㊼㊾《参谋本部国防设计委员会秘书厅工作报告》，转引自《国防设计委员会活动评述》，《学海》1994 年第 5 期。

㊽ 不包括外资企业，不包括兵工厂、造币厂、电影制片厂等。

㊿ 关于该组的名称，国防设计委员会的两次组织条例中均为“土地及粮食组”，但一些回忆中称之为“人口土地及粮食组”或“土地粮食及人口组”。

51 翁文灏:《中国工程人名录序》，商务印书馆 1941 年。

54 顾毓瑔致翁心钧函（1989 年 10 月 4 日）。

55 翁文灏:《中国的燃料问题》，同㉒，第 54—58 页。

56 61《独立评论》第 90 号。

57《大公报》，1934 年 2 月 21 日。

58《大公报》，1934 年 3 月 2 日。

59《大公报》，1934 年 3 月 9 日。

60《大公报》，1934 年 3 月 26 日。

62《孟子 · 离娄》。

63《论语 · 里仁》。

64 65《大公报》，1934 年 8 月 14 日。

66 孙毓棠:《中国近代工业史料》，科学出版社 1957 年。

67 王铁崖:《中外旧约章汇编》第 1 册。

68 71 73 翁文灏:《关于福公司历史的回顾》，（全国）《文史资料选辑》第 102 辑。

69 70《大公报》，1934 年 9 月 18 日，10 月 6 日。

72《孙越崎传》，石油工业出版社 1994 年。

⑭ 张冲霄:《英商福公司和道清铁路》,《文史资料选辑》第102辑。

⑮ 翁文灏:《整顿内政的途径》,同㉒,第200页。

⑯ 孙越崎:《中福煤矿的坎坷道路》,《文史资料选辑》第102辑。

⑰⑱⑲ 蒋廷黻:《行政院政务处长时期》,(台湾)《传记文学》第31卷第5期。

⑳㉒㉚《何廉回忆录》中国文史出版社,第93页。

㉑ 陈之迈:《中国政府》第一册,商务印书馆。

㉓ 翁文灏:《年谱初稿》。

㉔《大公报》,1935年12月。

㉕㉖ 刘基磐:《丁在君先生在湘工作情形的追述》,《独立评论》第193号。

㉘ 翁文灏:《对于丁在君先生的追忆》,同㉒,第229页。

㉙ 傅斯年:《我所认识的丁文江先生》,《独立评论》第188号。

抗战时，翁文灏在重庆

第5章

总绾后方经济

欧洲之行

观礼英王加冕

英国国王乔治六世要在1937年5月举行加冕典礼。南京政府决定由行政院副院长兼财政部长孔祥熙为特使，亲往伦敦祝贺。3月20日国民政府公布了中国庆祝英王加冕典礼使团的组成名单：特使兼团长孔祥熙，副使陈绍宽（海军部长）、郭泰祺（驻英大使），27日又加派使团秘书长翁文灏，武官温应星、桂永清等。

翁文灏见了秘书长头衔大吃一惊，虽然参加使团一事他事先已知，但秘书长一职却并没人与他打过招呼，而秘书长实际等于是使团的总管家。他急忙面见蒋介石，表示希望改为参赞："孔不会要我管事，我也不愿管他的事。"

蒋介石不以为然地一挥手:“完全不是这么一回事，你们各有不同的任务。孔做什么你不用过问，你的工作直接对我负责，也不必报告给孔。”

“我的工作是什么呢?”

“日本对我国不断侵略。最终免不了要用武力抗日，可是谈何容易。双方强弱悬殊，我国势必大败，可那时不但我国吃亏。欧洲各国在我国的许多既得利益，定必尽归消失，由日本人独吞。中日交战于他们具有切身利害关系。可是他们究竟将采取什么对策，我们还不清楚。此时也不宜正式提出交涉。你在国外素有声誉，我希望你趁这次机会，探询他们态度，随时向我密电报告。”①

此外，翁文灏还要“考察接洽几项经济事业”，“更拟实地看看人家的人事组织、管理方法”，“并拟访问学术机关与地质人物”。因为此行归来，他的“工作当有重大变化”。

孔祥熙的任务名为“庆祝英皇乔治六世加冕典礼特使”，实际也负有向外国商洽借款及购买军火的任务。由此也可见蒋介石的用人之道。

4 月 2 日，使团一行 30 余人，由上海搭乘意大利维多利亚号客轮起程赴欧，蒋介石率中央各部官员、工商界代表等亲到码头送行。翁文灏赴欧期间，行政院秘书长一职由魏道明代理，资委会秘书长则由何廉兼任。

船出吴淞口，沿海岸线南下。东海、南海烟波浩渺，水天一色，船经马六甲海峡，进入印度洋，这正是翁文灏当年负笈留欧求学的路线。他不由得回想起求学以来的经历。回想起归国以来中国科学教育的发展，回想起一年多来自己从政的经历，他一方面对已经取得的一些进步甚感欣慰，觉得“前途颇可有望”；另一方面又为“政府建设费用尚不及浪费之多，办经济事业者太不懂经济”而扼腕叹息。他在船上给胡适写了一封长信，讨论中国教育的发展方向。他认为，虽然只进行了一些小规模的建设，“中国工业人才已大感不足”，“过去者已大后时，新来者未见其人。此诚为中国教育之一大问题”。他主张中基会对此事应负起责任，对于留学补助金等采取相当的方针，“以引导有志青年向适当的方向努力”。同时也向好友倾吐从政一年来积郁心中的苦闷烦恼。他写道：“凡于国事有益者，弟极愿勉力为之，虽极辛劳，在所不惜，亦惟如此，始觉工作得有意义。此外虚名虚荣皆非所计，有时且存心力避虚名。但近经验，极觉自身工作劳而无功，虽往往忙得日不暇给，但并未有若何真正成绩，思及于此。懊丧万分。”②

4月20日船抵埃及赛特，使团一行赴开罗，参观了金字塔。26日，船在意大利热那亚靠岸，转由陆路前进。28日抵捷克，5月2日抵德国柏林，次日跨过海峡到达伦敦维多利亚车站。

英王代表和中国驻英国大使、庆贺加冕副使郭泰祺到车站欢迎。随后的几天中，代表团忙于宴饮应酬。5月4日是郭泰祺的招待会，5日是英国国会下院的招待会，12日英王乔治六世正式加冕典礼，13日是英国外相艾登的招待会，14日是英王、王后在白金汉宫的加冕大宴。

尽管一些必要的外交应酬已经排得满满当当，翁文灏仍然见缝插针，与英国政要分别接洽，探询他们对远东形势的态度。他首先会见了英国财政部的顾问李滋罗斯（LeithRoss）。翁文灏对李滋罗斯并不陌生。李滋罗斯曾担任过南京政府的财政顾问，协助进行币制改革，对南京政府的财政有过很大的影响。翁文灏记得，在南京时，李滋罗斯曾请他安排单独与蒋介石作过一次谈话，还特意避开了宋美龄，由翁文灏陪同并做翻译。原来孔祥熙在与李滋罗斯洽商一笔借款，李滋罗斯表示英国人对孔不信任，要求将财政部长换人，否则借款不可能成功。此次李滋罗斯一见翁文灏就大发牢骚，对蒋介石仍派孔祥熙来英商借 2000 万英镑一事极为不满。经李滋罗斯介绍，翁文灏分别会见了即将就任首相的财政大臣张伯伦和外相艾登。张伯伦和艾登的意见基本相同，他们认为，日本在华北单独投资，排斥他国；在华南则要求英国依照四国银行协定，遇有投资和借款的机会必须通知日本共同参加。对此他们表示："英国不论在华北或华南，都有权投资，英国愿意在华投资经办各种企业。"而且自信"英人经济优良，必能抵制日本"。"至于武力战争，英国决不参加。万一中日交战，英国立即远避，中国不可空望帮助。"③听了这一番表白，翁文灏不禁有些失望。虽然原本也不曾指望英国人在中日交战时能够挺身而出，但大英帝国竟如此畏惧退缩，却也出乎意料。他看出大英帝国毕竟今非昔比，面对纳粹德国的日益强大，自己已是泥菩萨过河，只想乘中国虚弱之时，进一步扩展他在中国的经济势力，根本无意帮助中国建设，更不要说共同抵制日本在华的扩张了。

翁文灏把更多的时间和主要精力，集中于对英国工业的考察和建设债款的商洽。他先后参观了福特（Ford）铁厂、柯比（Corby）钢厂，分别与Brassert&Co、Ashmore、Benson、Pease&Co的专家商谈建设钢铁厂问题，与Arnold&Co谈判建化肥硫酸亚厂的问题，与福公司谈中福煤矿问题等，并且还专门就中国建设债款的担保办法，与英国输出担保局进行商洽。

从英国回到欧洲大陆，翁文灏先去了法国巴黎。但他见"法国内阁极不稳固，此起彼倒，循环变化，觉得此种大事无从谈起"，于是乘此机会参加了法国科学院会议和法国地质学会年会。

6月6日使团抵达比利时首都布鲁塞尔，翁文灏又顺便前往访问了Societe Funienls和Callens，还特意回到母校鲁汶大学一游。8日，使团一行乘火车离开布鲁塞尔，9日上午抵达德国首都柏林。中国驻德大使程天放和德国经济部长沙赫特（Schacht）到车站迎候。

接洽中德合作

在德国期间，翁文灏先是陪同孔祥熙参加一些外交应酬，如6月9日经济部长沙赫特的晚宴，6月10日外交部副部长麦根森的午宴，驻德大使程天放的晚宴，6月11日德国远东协会、中国实业研究会和汉堡东方协会的宴会。6月12日到13日，他还随孔祥熙专程由柏林前往沙尔兹堡（Obersalzberg）希特勒的乡间别墅鹰巢（Eagle' sNest）会见希特勒。14日陪同孔祥熙参观德国陆军学校，观看军事演习，会见国防部长白龙培（Blomberg）等等。6月14日孔祥熙离德飞赴美国之后，翁文灏的主要精力转向对德国科技和工业的考察。

从20年代后期开始，因第一次世界大战而中断的中德关系逐渐恢复。蒋介石的南京政府非常注意联络德国，以寻求军事和经济的支持，并聘用了大量的德国军事顾问。1934年以后，中德关系进一步发展，"双方由单纯的民间贸易和非官方的军事往来，发展为政府间的密切合作"。[④]蒋介石希望在军事技术和装备上得到德国的大量援助，德国则希望向中国倾销军火并进口急需的钨锑等矿产品及桐油、猪鬃等战略物资。德国方面通过1934年初组建的"工业产品商贸公司"，简称"合步楼公司"（Haplo），专门从事对华贸易。

1934 年 8 月，合步楼公司与南京政府签订了一个《中国原料和农产品与德国工业和其他产品互换的协议》，内容是中国向德国输运矿产品及农产品，换取德国的工业产品。[⑤]德国方面承诺将提供 1 亿马克的贷款，由南京政府订购德国工业产品。

对德贸易工作原本由孔祥熙负责，但他以中国先垫款会引起通货膨胀为由，迟迟未能实行。1935 年蒋介石命翁文灏接办此事。起初翁文灏因此事已由孔祥熙经办，不愿插手，但蒋介石坚持让他负责，并命令他:“不要考虑任何其他的意见，一切照我的意见切实办理。”[⑥]翁文灏于 1935 年底与德国代表克兰（Klein）达成原则协议，中国向德国出口钨锑矿砂及农产品，德国向中国提供军械和工业设备。1936 年 2 月，翁文灏派资委会委员顾振为首的中国代表团赴德，与德国经济部长沙赫特签订了 1 亿马克的周转信贷合同，由此正式开始了中德易货贸易。翁文灏此番欧洲之行目的之一，便是与德国商定供给中国军械和工业设备的具体清单，并签订技术合作意向书。

在对德国工业考察中，翁文灏发现德国是缺乏丰富石油资源的国家，而工业生产和军事战备均对石油有极大的需要和消耗，所以德国非常重视石油代用品的提炼和制造，建有很多设备精良的炼油厂，其中 Heana 一家每年产油即 30 余万吨，这给他极大的启发。他还专程前往埃森（Essen）参观了克虏伯（Krapp）钢铁厂。克虏伯钢铁厂是当时世界上最大的兵器生产基地之一，自清末即与中国政府有密切的往来。翁文灏代表资源委员会与克虏伯签订了在湖南湘潭建设一个日产 4 吨的钢铁厂包工合同。该厂产品“于商用钢品之外，兼包铸钢，以助兵工，设备特为完备”。这便是后来的中央钢铁厂。此外还与 Brassert&Co 商定，由其设计在广东建设一个钢铁厂。

翁文灏对德国在第一次世界大战战败之后，十几年时间内迅速恢复并再次强大起来的现象十分震惊。他多次会见德国国防经济署长多玛斯（Oberst Thomas），探询德国经济短时期内振兴的原因所在。多玛斯邀请他前往国防经济署，安排主管人员专门就此问题与他举行座谈，介绍经验。翁文灏得到的回答是："根本方针要在确认国家至上，实力第一，所以生产、制造、贸易、分配，一切皆此前提，由主管机关出力筹划，尽量指挥，私人产权虽仍存在，但须尽先贡献于国家实力之需要，政府之财政金融亦充分为实力之扩张而筹定办法，公私一致向同一目标积极前进。此类工作经济部长兼中央银行总裁沙赫特实系其关键。"⑦

翁文灏还就中日关系和德日共同防共协定问题表示了南京政府的忧虑，探询德国意向。德国副外长麦根森表示，他可以担保德日之约绝不侵及中国，德国也绝不受日本利用侵略中国，翁文灏对这种保证似乎颇感欣慰。他还陪同孔祥熙拜会了希特勒。

在德期间，翁文灏被德国柏林工业大学授予名誉博士学位。赫革加自然科学学院（Akadermie Naturalforsher，Halle）还聘其为国外会员。

此刻中日关系已处于剑拔弩张之势，蒋介石一面急命孔祥熙速赴美国联络，一面迭次电催翁文灏速往苏联活动。6 月 27 日，翁文灏抵达苏联首都莫斯科。

参观苏联建设

翁文灏访苏，公开的名义是以地质学家的身份，参加即将在莫斯科召开的国际地质学大会。驻苏大使蒋廷黻与苏联外交部联系，表示翁文灏希望"商洽一些公事"，于是翁文灏也成为苏联政府的客人。

翁文灏此番欧洲之行的秘密使命，当时驻英、法、德大使均不知晓，只有驻苏大使蒋廷黻例外。经蒋的引见，翁文灏先后会见了苏联副外长斯托马雅可夫（Stomayakov）、外长李维诺夫（Livinov）。翁文灏向李维诺夫表示："九一八"事变以后，日本侵占东北，不仅中国领土遭丧失，苏联原在东北的既有权力如中东铁路也被迫廉价出让，可见日本军国主义势力的扩张，中苏两国均深受其害。他还探询苏联对澳大利亚提议召开太平洋会议，并邀请苏联参加持何态度。李维诺夫认为，在目前形势下，召开这种会议为时已迟，不易收效。他表示，苏联对中国目前的处境非常同情，如果中国同意，两国应尽早签订易货贸易协定，苏联可以为中国提供一部分设备，使彼此具有实质性关系。同时，李维诺夫也坦诚相告，苏方认为：南京蒋介石政权与苏联的关系原本是很坏的，如果现在愿意从头做起，建立友情，应当速即订立互不侵犯条约。他说，苏联根本就不会侵略别国，订立条约的目的，就是向世人表明，中国可以得到苏联的帮助。另外，李维诺夫对蒋介石邀请德国军事顾问指挥军队一事表示忧虑，他认为，如果这样中苏就不可能建立军事联系。

与李维诺夫的会谈给翁文灏留下很好的印象，他觉得"苏联果真有助我抗日的好意，互不侵犯条约和交换货物合同简单明了，都是极可欢迎的办法"，如果真能实现，总算不虚此行。于是他将上述情况电告蒋介石，建议接受，并询问是否立即与苏方洽商换货合同的内容。翁文灏大为不解的是，蒋介石回电：互不侵犯条约已令外交部与苏联大使洽订，换货合同可以暂为缓议。既然外交问题由外交部洽订，经济问题又暂为缓议，翁文灏觉得自己的秘密使命已经结束，于是利用这个机会赴各地参观，“以领略苏联新建设的气象”。

经过苏联重工业人民委员会的同意，翁文灏前往乌克兰参观访问。他先后参观了新开通的莫斯科至伏加尔运河，参观了乌克兰首都基辅的农用车辆厂、集体农庄和第聂伯水电厂等。苏联的社会主义建设成就给他留下极深刻的印象。他看到，尽管苏联人民的物质生活还不富裕，但他们节衣缩食致力于工业建设，特别是重工业和国家基本建设取得了巨大的成就。翁文灏特意与重工业人民委员梅兹洛克（Mezhlauk）进行了长时间的会谈，探讨苏联工业建设的成功经验和中国工业发展应遵循的道路。梅兹洛克多年从事重工业建设，具有丰富知识和经验。他认为，“资本主义国家如美英德等工作效率养成有素，故苏联远不能及，相差殆至二三十倍”，但苏联一方面实行奖励制度，鼓励提高效率，“同时工作进程有计划，逐步前进，密切配合，促使整个国家之效率超过于资本主义诸国”，而资本主义生产的无计划，导致爆发周期性经济危机，造成破坏和浪费。至于中国经济，梅兹洛克认为：“共产制度并非一蹴可即，中国不妨保存温和之私人资产，除少数事业完全国营者外，其余可由民营，或容纳民股。但全国纲要应有计划，对于公私营业同时注重，一贯进行。”⑧

从乌克兰参观回来，翁文灏以中国首席代表的身份，出席了7月21日至29日在莫斯科召开的第17届国际地质学大会。中国出席大会的代表还有黄汲清、裴文中、朱森等学者。翁文灏以其对中国地质学发展的卓越贡献和精深的学术造诣，被推举为大会副主席并担任煤田地质组主席，还参加了“万国地图及地层学辞典”的讨论。这也是中国地质学家第一次参与国际地质大会的组织领导工作。

紧张的国际形势也反映到地质大会上，德国和意大利没有派代表出席这次莫斯科大会，日本的代表虽然出席了大会，但遭到与会者的冷遇。会上日本正式提出邀请下次国际地质大会在东京举行，受到全体代表的抵制。

“太息仓皇多事变，弦歌声里寓兵芒”。此时国内形势已发生急剧的变化。7月7日，驻华北的日军借口演习中一士兵失踪，炮轰北平西南的宛平县城，挑起卢沟桥事变。起初南京政府把它视为局部冲突，欲将事情就地解决。但翁文灏听到消息以后，意识到中日两国已到了决战关头。此时只有“拼以牺牲维国脉”，对强盗空言和平，无异于与虎谋皮。“河山半壁终难恃，奋起抗争誓不休。”⑨不久蒋介石发表庐山谈话，表示决心抵抗到底。为动员力量准备全面抗战，蒋介石电促翁文灏立即回国。翁文灏8月9日由苏联经瑞典返西欧，然后从伦敦乘飞机回国。万里赴戎机，关山渡若飞。翁文灏由伦敦起程，乘荷兰远东航线的飞机，一路经希腊、伊拉克、伊朗、印度、缅甸、暹罗、马来西亚、新加坡、香港等地，于9月5日赶回南京。

厂矿内迁

从上海出发

翁文灏9月5日回到南京之时，战火已在上海燃起，南京政府处于极度忙乱之中。为适应战时形势，军事委员会8月初改组为大本营，作为战时政府。大本营设六部，分别负责战时工作的不同方面，其中第三部负责国防工业，第四部负责国防经济。翁文灏被任命为第三部部长并复任资源委员会秘书长。翁文灏回国不久，军委会又成立三个委员会分别负责工矿、农产和贸易事务，翁文灏兼任工矿调整委员会主任委员，他面临的第一个棘手工作就是沿海工矿企业的内迁。

中国近代工业的一个显著特点，应该说是缺点，就是布局的极不合理。据实业部对雇工30

人以上，或以油、电、汽为动力的工厂登记统计，1936年初，苏、浙、鲁、闽、粤及上海、南京、青岛、威海、天津等沿海省市的工厂，数量占全国70.75%，资本额占70.49%。工人数量占76.99%，其中上海分别占全国的31.39%、39.73%、31.78%。[10]这种畸形的布局无疑是中国近代半封建半殖民地经济发展的必然结果，也是它的典型特征。当这场空前的民族战争爆发之时，它的弊害就暴露无遗了。中日之间的力量对比，日方占有明显优势，一旦战争爆发，特别是在战争初期，中国必定会丧失部分领土，位于东南沿海的中国工业精华也必定饱受摧残，毁于战火。因而，在1932年“一·二八”事变之后，许多有识之士就提出一旦爆发全面战争，沿海企业的出路问题，而且有人明确建议：应“将各种新式工厂分移于各省，如是则战时人民生活资料、战地的给养，不至感受缺乏，而固有的一点新式工业，不至完全破坏”[11]。南京政府虽有类似的考虑和动作，但仅限于国营工业，对于沿海民营工矿并无具体计划。

卢沟桥事变后，何应钦于7月21日召集有关部会负责人举行“实施总动员谈话会”。次日成立了以何应钦为主任委员的“国家总动员设计委员会”，筹划对粮食、资源、交通、金融、财政等实施统制，其中指定资源统制由资源委员会、实业部、财政部、全国经济委员会、交通部、铁道部会同筹办，由资源委员会召集。资委会等七部会会议决定，成立财务、矿冶、燃料、机器化学、棉业、建筑材料、牲畜毛革和专门人才8个小组，分别从速讨论，建议动员办法。在机器化学组28日的小组会上，资委会专门委员林继庸就战时军需供给问题，建议“迅速迁移机器及化学工厂，以应兵工急需”。资委会即派林继庸等三人赴沪与厂家洽商，并约请厂家代表赴南京共商办法。林继庸在上海的活动受到上海机器五金制造业同业公会主席、上海机器厂老板颜耀秋，新民机器厂胡厥文，新中工程公司支秉渊等爱国企业家的积极响应，颜、胡二人还随林继庸赴南京，共同议定机器厂迁移内地办法。

8月10日的行政院第324次会议，对资委会8月9日提出的《补助上海各工厂迁移内地工作专供充实军备以增厚长期抵抗外侮之力量案》决议："奖金暂从缓议，余通过。由资源委员会、财政部、军政部、实业部组织监督委员会，以资源委员会为主办机关，严密监督，克日迁移。关于印刷业之迁移，由教育部参加监督。"⑫资委会8月9日提案的主要内容是：上海机器厂家的各类机器约有2000部，连同工具价值400万元。装箱、搬运及津贴，需政府拨给40万元；另给奖金20万元；购地、建筑等费200万元，请政府以低息借给厂家，10年清还；建厂需地500亩，估值5万元，请政府拨给。此外，上海大鑫钢铁厂、中国炼气公司、大中华橡胶厂、康元制罐厂、民营化学工业社也愿搬迁内地，请给予协助。计政府津贴迁移运费及技术工人川资津贴费用56万元，划给地皮500亩及借给建筑等费329万元。

在得知行政院的决议后，资委会副秘书长钱昌照立即召集林继庸及财政部、实业部、军政部代表组成监督委员会（简称监委会），以林继庸为主任委员，前往上海主持一切内迁事宜。8月12日内迁工厂推举了颜耀秋、胡厥文、支秉渊、叶友才、严裕棠、余名钰、吕时新、王佐才、赵孝林、项康元、钱祥标等11人组成上海工厂联合迁移委员会，在监委会指导及监督下进行工作。经监委会认可，"迁移地点以武昌徐家棚附近为集中地点，再分配东上宜昌、重庆，南下岳阳、长沙"⑬。由此开始了中国近代史上空前的工业内迁运动。

迁移委员会很快制定了《迁移须知》，指定迁移路线。许多爱国的民族企业家在这场内迁运动中态度明朗，行动积极，表现出强烈的爱国主义精神。有的小厂听了内迁动员后二话不说，连夜整理行装，第二天就向迁委会报名，领了证件，带着机器，说声“到武汉见”就出发了。8 月 22 日，第一艘内迁民船驶出上海，取道苏州转赴镇江—武汉。至 9 月 15 日，已迁出工厂 34 家，已报关待船起运者尚有 89 家。

“八一三”事变爆发后，许多民营工厂纷纷要求加入内迁行列，预定的 56 万元内迁费，财政部仅于 9 月 8 日拨到 15 万元，而截至 9 月 1 日已支出 16.6 万元。钱昌照一面请求行政院通过变通办法，增加内迁范围和拨款，一面电嘱林继庸：内迁工厂仍“先以行政院原案部分为范围”。这一态度激起急欲内迁的民族企业家们的不满。9 月 17 日，钱昌照又向行政院提出一项《上海工厂迁移内地扩充范围请增加经费案》，提出新增三种关系重要亟应迁移的工厂，但行政院并没有很快答复。因为翁文灏回国之后，南京政府又酝酿对战时经济及工矿内迁工作重新做出全面的安排。

武汉的规划和顿挫

翁文灏回国之际，正是上海民营企业内迁工作进退两难之时。创议内迁之初，内迁工厂的范围仅限于机器化学工厂中与国防军事攸关的企业，并无大规模内迁民营企业的规划，而且当时上海大多数企业对内迁意义并不明了，态度也不很积极。尤其是一些大企业，他们或是寄希望于租界的保护，将工厂迁进租界；或是改头换面，挂上外商的招牌，托庇于外国资本的保护；或者畏惧内迁的艰难，对内迁后的前途缺乏信心；甚至个别心存投日之念，百般阻挠。因此，资委会最初的方案对内迁企业比较优惠，也有号召和鼓励的目的在其中。随着“八一三”沪战的爆发，要求内迁的企业数量猛增。有的还提出一些要求政府包下来的条件。如中华国货产销协会、中华工业总联合会、上海市国货运动联合会3个轻工业团体在要求内迁的呈文中，提出依照目前实际需要，至少须拨款400万元，方可勉敷应用。拒绝这些企业的内迁要求，不仅伤害他们的爱国热情，也不利于抗战时期的后方经济；答应这些条件，监委会并无准备，且已远远超出了上海工厂迁移监督委员会的职权范围。此外，在如何安置已迁工厂和恢复生产上，也已暴露出许多亟待解决的问题。

9月中旬，军委会成立工矿、农产、贸易3个调整委员会，以翁文灏为工矿调整委员会主任委员。9月23日行政院第330次会议对资委会18日的提案决定：民营企业的内迁，“请工矿调整委员会召集军政、财政、实业、教育四部及资源委员会审定办理”[14]。为调整工业以应抗战时期军需民用起见，翁文灏、钱昌照重新拟订整个计划，“一方面扩大各厂矿的内迁，一方面增加了内迁厂矿迅速复工的保证”[15]。这个“整个计划”的重要部分，就是9月27日翁文灏主持召开的、专门讨论工厂内迁问题上会议决定的。

会议从下午5点一直开到晚上10点，参加者有财政部、军政部、实业部、军委会第三部、第四部及资委会的代表。会议先是对18日资委会要求扩充内迁范围、增加内迁经费的提案做出决定，认为这些工厂均与国防有关，除吴蕴初所办各厂迁移补助费减为40万元外，其余全部通过。会议重新制定了厂矿内迁的原则，将内迁范围由以前机器化学工厂正式扩大到所有厂矿：

1.迁移之工厂分为两种：一为指定军需厂矿，二为普通厂矿。

2.指定军需工厂，指国防上必需该厂之助，由政府令其迁移，政府机关有确实分配工作或定制货物之计划，而该厂于迁移后确能担任此项工作。并在原料、动力、人工等方面均可有供给办法者而言。此等工厂之迁移，得由政府按其个别情形酌予补助。

3.指定军需工厂之范围，以下列各种工厂为主：

（1）兵工所需之机械工厂、化学工厂、冶炼工厂。

（2）动力及燃料工厂与矿厂。

（3）交通器材制造工厂。

（4）医药品工厂。

（5）其他军用必需品工厂。

4.关于以上各种工厂，应请兵工署、军需署、后方勤务部（交通器材工厂由后方勤务部提出）、第三部、第四部提出工厂种类及名单与所需定制货物之种类、数量或分配工作计划。交由主持迁移机关，根据需要缓急，原料、动力、人工供给情形，迁移后开工所需时期及经费限度，斟酌选定，与各机关分别商洽或开会共同决定之。选择工厂时，凡上海已经迁出或即将迁出之工厂，宜尽先选择。

5.迁移各厂之补助办法。由主持机关斟酌各厂情形与各关系机关分别商洽，拟具意见，呈请军事委员会委员长核定。其息借办法，由工矿调整委员会临时个别决定之。

6.普通工厂为军需工厂以外之工厂。凡愿迁移，呈经政府核准者，得予以免税、免验，减免运费，便利运输，征收地亩等之援助，惟因财政所限，不补助迁移费。关于迁移后之安插及工作问题，亦由厂家自行筹划为原则。

普通厂矿具有精巧技术制造能力，经主持机关认为有特别援助之必需者，得筹定息借办法办理之。

7.上海第一批应迁各厂迁移现行办法即可告一段落。为对金融情形与工业需要能兼筹并顾计，所有上海工厂迁移善后与以后工厂迁移事宜，应由工矿调整委员会主持。在工矿调整委员组织尚未完备以前，由第三部暂行负责，遇有关问题时，与第四部或其他主管机关会同办理。⑯

同时还决定增加迁移经费52.6万元。

这个新的内迁原则，明确并扩大了内迁的范围，提高了内迁主管机关权威性，理顺了内迁工作中各方面的关系，使前一阶段上海工厂迁移监督委员会欲办而无力办的工作，可以迅速而有序地开展起来了。另一方面，这一新原则偏重与国防有关的厂矿，也使许多非直接与军事有关的工厂，困于经费等原因而不得内迁。

11月14日，由工矿调整委员会、资委会、第三部、第四部、军政部、财政部、实业部等机构代表组成了新的“厂矿迁移监督委员会”，以孙拯为主任委员，林继庸为执行组组长，全面接管主办内迁事宜。翁文灏分派林继庸、顾毓瑔往苏州、无锡、常州，金开英、朱谦、陈良辅往浙江，陈世桢、欧阳仑往山东各处抢运物资，联系内迁工厂。11月28日，翁文灏再次派人分别赴九江、芜湖、郑州、开封等处，劝导厂矿内迁。鉴于上海迁厂时期没有统一通行证，而使运输多受阻碍，翁文灏呈准军委会印发“军事委员会货运特种护照”，又经行政院加盖“本照所载货物准予免税放行”字样，由监委会负责核发内迁厂家。各厂家的内迁物资，因此能够顺利通过各驻防区畅行无阻。工矿调整委员会还商请铁道部，允许内迁的机器、半制品、材料等物资经铁路运输时，凭工矿调整委员会的证明半价收费。工矿调整委员会还与农产、贸易两个委员会在镇江设立联合运输处，负责内迁物资运输船只和车辆的征集分配。

在厂矿内迁的问题上，翁文灏不仅关注内迁厂矿的规模数量，更注重于内迁工作的实际效果，也就是要使内迁厂矿能够迅速恢复生产，并且最大限度地发挥效益。工矿调整委员会11月22日在汉口成立武汉办事处，一方面抢救镇江沿江至武汉一带的物资，一方面设法从兵工署接来一批订货，交给各工厂承造。

上海工厂内迁之初，虽然官方指定到武昌徐家棚附近集中，然后再分配西上宜昌、重庆，南下岳阳、长沙，但实际工作过程中，还是把武汉当成了目的地。资委会先后派员赴武汉寻找供内迁工厂落脚的厂房、仓库和宿舍，但是并不顺利，只找到四处空地：一、武昌的毡呢厂，约有2000平方英尺；二、燮昌火柴厂，约3000平方英尺，三、大兴公司的空地，约10余亩；四、武昌文佛禅寺约2000平方英尺。对于内迁到武汉的百余家工厂来说，这点地方无疑是杯水车薪。

工矿调整委员会接办内迁工作后，加强了在武汉地区的征地规模。10月14日抵武汉寻找新工业区的林继庸，选中了武昌城外的洪山与簸箕山附近的荒地。翁文灏对这一选择非常满意，因为那里土地空旷，水陆交通方便，且地势较高，无洪涝之虞，是理想的工业区基地。工矿调整委员会又先后与湖北省政府、民政厅、省警察局、武昌市市政处商定有关征地及安全保护等事宜；与汉口市商定在汉口硚口一带征地及租借汉口日本租界内房屋事宜；与国民党湖北省党部特派员和市党部特派员商定劳动管理及训练事宜；与暨济水电厂议妥由汉口日夜供应电力，以过江电缆送至武昌，专供内迁工厂使用。此外，工矿调整委员会还制定了工业区的全面规划。

但是，在武汉的征地遭到一些地主的阻挠。他们在地方政府的支持下，乘机漫天要价。工矿调整委员会每交涉一次，地价就上涨一倍，当地的恶势力甚至不许任何人出卖土地。洪山有一个地主将土地出卖内迁企业，当地长春观一个大地主道士，竟以地价太廉为由，打着“收复失地”的旗号，聚众以武力相抗，闹得工矿调整委员会也无计可施。至12月初，受官方补助迁移费或予以便利由上海迁到武汉的工厂已达123家，机器材料12000吨以上，工人1500人，已恢复工作的却只有20余家。“初到之工厂，迁移已近四月，尚不能开工，以致厂家怨嗟，工人愤激，对于政府信用深抱怀疑。”[17]翁文灏不得不召集工矿调整委员会常务委员会议，提出扩大内迁工厂安置地区。12月13日南京失守，武汉成为日军攻击的目标。蒋介石电令工矿调整委员会：筹划战时工业，以川黔、湘西为主。工矿调整委员会只得放弃了在武汉筹建新工业区的计划，动员武汉地区的民营工厂继续西迁。

从武汉到西南

1937年12月29日和1938年1月2日，工矿调整委员会两次召集武汉各纱厂负责人开会，讨论纱厂迁川事宜。

在抗战爆发之时，南京政府主持经济建设的机构如实业部、建设委员会、全国经济委员会等，根本没有战时经济建设的全盘计划。提出民营工厂内迁主张的林继庸仅是资委会的专门委员，原案中内迁企业也仅限于与军事关系密切的机器、化学工厂等。内迁运动兴起之后，虽有一些轻工业、纺织工业工厂提出内迁申请，但限于职权、财力以及上海短时间内即陷于敌手的客观形势，大多数企业特别是轻纺工业都未得及时撤出。苏、锡、常一带的纺织工厂也是被毁的被毁，资敌的资敌。翁文灏回国之后，特别是1937年底国民政府酝酿改组，准备由他全面主持战时经济工作之时，对于工厂内迁才有了较为全面系统长远周详的计划。

计划再次内迁之时，首先被提到议事日程的就是关系军需民用的纺织工业。工矿调整委员会决定，第一步至少需迁出纱锭 5 万枚，其中震寰厂、裕华厂共 3 万枚，申新厂 2 万枚。因为当时苏沪一带纱厂失陷，市面纱布利市 10 倍，许多纱厂心存侥幸，不愿关厂迁移，但翁文灏等态度坚决，期在必行。

翁文灏于 1 月 22 日派林继庸飞赴重庆，探勘工矿区域，联系征地及运输事宜。与武汉地方当局的态度不同，四川省当局对工厂迁川甚为欢迎。正在武汉养病的四川省主席刘湘命建设厅长向各内迁工厂多方游说，动员迁川，并表示一定在运输、厂地、电力、劳力、原料、市场、捐税等方面大力协助。四川省政府成立了由各方代表组成的迁川工厂用地评价委员会，对内迁工厂购地给予了许多方便，凡迁川工厂厂地印契准免收附加税三成。四川复旦中学校长颜伯华先生带头将其 200 余亩祖田，以公允的价格让售与内迁企业，作为对抗战的支援。

工矿调整委员会于 3 月初改组为工矿调整处，主管民营工矿企业，翁文灏自兼处长。3 月 22 日，工矿调整处又召集武汉三镇的机械业厂家开会，讨论迁移问题，催促各厂准备一切，一俟紧急命令到达，数天内即须迁离武汉。

工矿调整处除尽力协助迁川工厂外，还规定工厂迁桂、迁滇的协助办法。按照地方情形和原料供给情况，计划将纸、糖、麻织、硫酸、橡胶、机器、罐头、印刷工厂迁往广西，除由武汉迁一部分工厂往广西外，并拟将未及迁出的留沪工厂和广东部分工厂继续迁往广西。云南适宜纺织、电器、机器、五金、制药、制纸、颜料、油漆、冶炼及煤矿等工业，工矿调整处计划由沪、港、粤三处选择适当工厂迁往云南。此外湘西、贵州、陕西等处均有工厂迁往。

由于日军进攻加剧，7月15日国民党当局命令驻武汉各政府机关于5日内迁往重庆。翁文灏知道形势严重，更加快了工厂内迁速度，并颁布了武汉工厂拆迁的选择标准：⑱

（一）纺织厂类：

1. 国人经营之纱厂应全部拆迁。

2. 拆迁纱厂的所有布机应一律随厂内迁。

3. 小型织布业亦设法协助其内迁以增加后方生产。

4. 染厂之拆迁与地点之分配，均以能适合该地方需要而定。

（二）机器五金工厂类：

1. 资财在5000元以上规模较大者，应由其单独迁移。

2. 设备虽然比较简陋，但能制造兵工厂所需之用具。或能承担制造某项器材之一部分者，应由其自行组合，共同迁往同一地点，联合经营。

3. 各工厂所有之动力设备应全部内迁。

4. 凡工厂太小不拟内迁者，其优秀的技术工人应由政府协助迁往后方，并给予合适之工作。

5. 各工厂作所有的原料，如生铁、铜材、铜块等，包括废料在内，应尽量迁往后方备用，以免资敌。

（三）其他各项工厂：

1. 生财价值在5000元以上者，应一律内迁。

2. 工厂虽小，但其设备较先进者，应一律内迁。

3. 凡后方对该工厂之产品或设备需要者，应一律内迁。

4. 凡该工厂之设备、工具与其他工业有关系者，应一律内迁。

5.凡该工厂之技术工人为后方所缺乏者，应一律内迁。

8月5日，被吹嘘为马其诺防线第二的马当要塞失守，蒋介石手令限期拆迁武汉各纱厂。7日，工矿调整处宣告限各纱厂即日停止清花，克日迁出，否则实施炸毁。10日，翁文灏命令各纱厂加紧拆迁，并派出人员进驻工厂督促，按照所定工作进度，每日具报。12日，敌机轰炸徐家棚、刘家庙一带，日军从三面形成包围之势，武汉已呈不稳状态，而关于工人迁徙遣散、军队行动与拆迁物资运输等又频生矛盾。工矿调整处联合军委会政治部、交通部、武汉行营、卫戍司令部、市政府、新生活运动促进委员会妇女指导委员会、赈济委员会等共同协商，立订紧急措施，使内迁工厂及随迁工人的车辆、车费、沿途食宿及疏散费等均得到妥善解决。

到8月中旬，武汉的工厂已大部迁移，路上行人日见稀少。10月22日，工矿调整处留汉人员全部撤离，武汉内迁工作结束，三天后武汉三镇陷落。

此次由武汉迁移的工厂（包括从别处迁汉后再迁的），经工矿调整处协助及登记有案者共304家，物资50182.5吨，技术员工1万余人，分迁川、黔、桂、陕等省。

业别	厂家数	物资量（吨）
纺织染工业	71	26150.4
机器五金业	122	7314.3
电器无线电业	17	3051.5
陶瓷玻璃业	10	2851.7
化学工业	31	1725.5
印刷文具工业	22	2149.1

食品罐头工业	15	1723.9
煤矿业	7	4832.8
其他工业	9	383.3
共计	304	50182.5

此外，其他地区也有一些厂矿响应号召内迁西南，如在孙越崎主持下，中福煤矿重要设备器材均内迁四川。

从工矿调整处这一阶段的工作可以看出，第二阶段的内迁与上海工厂内迁有了很大的变化，已从单纯为国防军工目的转为战时后方经济建设目的；从单项、个别工厂的内迁转为全面、大规模的工业内迁；从劝导鼓励内迁转为强行统制性内迁。

据统计，抗战时期由官方协助内迁的民营厂矿共448家，机器材料70900吨，技工12080人。内迁工厂中，机械工业占40.4%，化学工业占12.5%，纺织工业占21.65%，钢铁工业占0.24%，电器工业占6.47%，饮食工业占4.71%，教育用品工业占8.26%，矿业占1.78%，其他工业占3.79%。[19]至于国营的资委会各厂、兵工署所属兵工厂等也同时全部内迁西南，且规模较民营企业更为庞大。

中国工业建设的重心随着武汉内迁的结束，由东南移到了西南大后方。翁文灏的注意力也由内迁而转到如何使工矿尽快恢复生产，建设西南大后方，维持抗战中军需民用的问题上来。

建设后方

“当代第一人才”

1937 年底 1938 年初国民政府再度改组，战时政府取消，所属各部和行政院各部合并为几个庞大的部会，仍归行政院系统。其中原实业部、国民政府建设委员会、全国经济委员会（水利部分）、军委会第三部、资源委员会、工矿调整委员会等合并为经济部。1938 年元旦，国民政府正式任命翁文灏为经济部部长。

翁文灏就任经济部部长的宣誓仪式是 1938 年 5 月 23 日在武汉举行的，国民党元老吴稚晖监誓并发表训词：“国当重大之时，必需忠正之士。翁君学问道德，为当代第一人才，向来专心研学，兹因国局艰难出任经济重责，必能禀其素修，早成宏效。”[20]

经济部成立之初，其业务范围极为广泛，凡后方战时工农业生产及经济统制各项工作，全属该部职掌。部内设农业、工业、矿业、商业、水利、总务6个司，秘书、参事、技术3个厅及统计室、会计处、合办事业监理委员会等；直辖机构有资源委员会、工矿调整处、农本局、平价购销处、燃料管理处及商标局、度量衡局、商品检验局、地质调查所、农业试验所、工业试验所、矿冶研究所、黄河水利委员会等。还有部辖的公司：中国茶叶公司、中国植物油料厂等。

经济部的业务活动，可分为三种：一般的经济行政工作；资源委员会主管的国营工矿企业；工矿调整处协助民营企业工作。

属于一般行政职权的业务活动，主要是接办了原实业部主管的农、工、商、矿行政管理及其登记、试验和研究等事宜，以及原全国经济委员会主管的水利兴修事宜。

工业司：主管工业建设、工厂登记、劳工事务（社会部成立后，劳工事务改归社会部主管）、工程师登记、发明专利的甄别登记以及工业行政管理等事宜。

矿业司：主管矿产开发、矿区管理、矿区税收、矿区开采执照的审查核发、矿产管理等事宜。

商业司：主管商业管理、公司登记、国内外贸易、商品展览、商会及会计师登记等事宜。

农业司：主管农、林、渔、牧、垦殖事业的开发及其试验、研究、管理，合作社的兴办及管理等事宜（社会部成立后，合作事业划为社会部主管）。农业司后于1942年农林部成立时撤销。

水利司：主管水利兴修、水文测量、水工试验、水力资源勘探，以及一切水利事业的行政管理等事宜。1942 年水利委员会成立后，水利司同时撤销。

电业司：主管全国电气事业的兴办、电力网设计、电气事业行政管理等事宜（此项业务原由工业司办理，1942 年起由新成立的电业司专管）。

翁文灏综理全部事务，但侧重于工矿生产。翁文灏认为“国营民营必须同时并顾，力避歧疑”，因此他同时兼任主管国营工矿的资源委员会主任委员和主管民营企业的工矿调整处处长。“便于并进”[21]。经济部的两位次长是政务次长秦汾，分管水利；常务次长何廉，侧重农业。秦汾原是数学教授，后投在宋子文门下，多年任经济委员会秘书长。

7 月底，翁文灏由武汉飞抵战时首都重庆。受南开大学校长张伯苓之邀，翁家住进了位于沙坪坝的南开中学校园。因翁家周围种了许多芭蕉树，翁文灏的二女儿为之取名“蕉园”。经济部设于重庆市内陕西路川盐银行，资源委员会位于牛角沱，翁文灏家在沙坪坝，三地相距较远，他每天来回奔忙，常常利用路上的时间阅读文件。

翁文灏虽身兼数职，但对所任各职都非常认真，不论职位高低，一兼到底。大到对外交涉，小到某个厂矿的事务，他都亲自过问处理。有人甚至背后说他是“总经理兼会计主任、营业主任兼跑街、记账员”[22]。他每日半天在经济部办公，半天在资源委员会办公，中午则到工矿调整处用餐。他经常利用午餐一段时间召集经济部的次长、各司司长、主任秘书等一起举行工作午餐，对重要公务当面洽商，防止互相扯皮的情况，避免不必要的公文旅行。这样既提高了办事效率，同时也改善了各部门主管官员之间的协调和团结。一次工作午餐上，翁文灏提出自从工业崛起后，办工业者欲脱离商会，自行成立独立的组织，但如果用工会的名称，便会与工人的工会混淆，他让大家商议如何解决这个问题。有人介绍了日本、德国使用工商联合组织的先例，翁文灏听后很表赞同，当即决定并嘱次日即通知各省建设厅长施行。这样“工商联”这个名称便在中国出现。翁文灏每日办公坚持今日事今日毕，即使下班时间已过，紧急公事未办完，他决不回家，饿了便啃口冷饼、馒头来充饥。身边的工作人员为此常发牢骚:“部长每天如此，我们只好陪着。也不能回家。这差事实在苦得很。”㉓

翁文灏坚持用人唯贤，对国民党内党同伐异和裙带关系极为反感，因而在国民党内与孔祥熙、CC系的关系都很淡漠。在经济部系统内，几乎看不见有什么国民党的党务活动，工作人员大多是埋头技术或潜心学术的知识分子。翁文灏本人也是在就任经济部部长后，方由蒋介石亲自推荐加入国民党。据说到了1945年经济部机关才正式成立区党部。开会时经召集人一再敦请，翁文灏方到会讲话。他第一句话便是:“我这个党员是蒋总裁硬派给我当的，所以很不够格。也没什么话可讲。不过我今天只讲一句话,”说着他把手指向墙上孙中山遗像两边的条幅，“革命尚未成功，这句口头禅已念了多少年了？要念到哪一年才算完？同志仍须努力，你到底努力了些什么？望望总理这两句遗言，心里不感到惭愧吗?”话音未落他便点头退席。㉔

翁文灏将全部精力和智慧都用在后方工矿业的发展建设上。

国营工矿的发展

1937年末战时政府机构合并改组之时，原计划把各机构全部打乱，重新合并改组。钱昌照对此竭力反对，他认为如此全盘打乱，将使近年苦心经营、刚刚打下点基础的资源委员会事业受到挫折。翁文灏也有同感。经过他的调和斡旋，最后把资源委员会整体保留，作为经济部主管国营工矿业的附属机构，具有相对独立性，由翁文灏兼任主任委员，钱昌照为副主任委员。

资源委员会 1938 年 3 月迁赴重庆，在上清寺租了一幢彭姓住宅，作为职员暂时栖息之所。不久又在牛角沱临江的地方租得萧氏新建房屋数幢，作为办公地点，上清寺的房屋改为宿舍。因为日寇飞机时常空袭，资委会又在西郊上桥镇双碑，先后建筑办公室一所，图书馆一所及职工住宅 10 多所，还修筑了地下防空洞。1942 年又在牛角沱购得华西公司等楼房两座，直到抗战胜利。

资委会职掌的是：创办和管理经营基本工业；开发和管理经营重要矿业；创办和管理经营电力事业，由“筹划经济动员而兼事重工业建设之机关，变为纯粹之重工业建设机关”[25]。资源委员会按职掌分工，设工业处、电业处、矿业处、秘书处（后又将秘书处人事组扩为人事处）和技术室、经济研究室、购料室（后改材料处），后又增设了会计室和财务委员会（1942 年 5 月改为财务处）。各处室的负责人是：主任秘书兼工业处长沈怡，矿业处长杨公兆，电业处长恽震。购料室主任吴鸿照，经济研究室主任孙拯，会计室主任张峻。新的资源委员会设委员 8—12 人，最初聘任的有：徐新六、范锐、吴蕴初、林蔚、俞大维、周骏彦、霍宝树、顾翊群、王宠佑、沈怡。另外有叶渚沛等专门委员 19 人。

翁文灏认为，战时经济建设工作的推进，首先是要有具体明确的目标，锲而不舍，努力奋斗，而“国营事业特为注重者”，第一项是“迅设电厂，以树立工业生产中心”[26]。

战前中国工业的畸形布局，使战时工业建设和持久抗战更多了一份艰难困苦。要使中国具备持久抗战的经济力量，必须在大后方建立新的工业中心，这是对日持久抗战的必要条件。建立新的后方工业中心，涉及后方工业如何布局，原料、能源动力有否保障，交通运输是否方便，国营、民营企业如何协调配置等诸多方面的问题。能源是现代工业的发动机，能源动力工厂的设立是工业发展的前提，因此翁文灏抓的第一件事便是“迅设电厂”。

抗战前国营电力工业主要由国民政府直属的建设委员会经营。建设委员会于1928年成立，由国民党的一位元老张静江主持多年。张静江（1877—1950）字人杰，浙江吴兴人，早年曾捐助革命党人的反清起义活动。1914年孙中山在东京成立中华革命党时，他任财政部部长；1924年国民党“一大”被选为中央执行委员，后长期任国民政府委员、建设委员会委员长，“在国民政府大员中，建设成绩，最居上乘”[27]。建设委员会成立之初，先后接管了浙江长兴煤矿、金陵电厂、戚墅堰电厂，1937年将两电厂改组成扬子电气股份有限公司。1929年建委会着手建设淮南煤矿，兴筑了淮南铁路，后组成淮南路矿股份有限公司。合并改组为经济部的一部分后，建委会电业方面的机构、人员，多归于资委会电业处，如陈中熙、陈大受、许应期、单基乾等，都成为电业处的技术骨干。

资委会在战前也曾拟定在全国大规模兴建电气事业的方案，包括在四川、湖南、浙江等地兴建一批大型电厂。但因经费的关系，只在湖南湘潭兴办了一个湘江电厂，为在该地兴建的工厂提供能源，后也被迫内迁。电业处成立以后，专办后方电业建设。武汉沦陷前，资委会将汉口、宜昌、长沙等地的发电设备尽可能拆迁，运往四川、云南，先后建立了岷江、自流井、宜宾、昆湖、湘西等6家电厂，又与四川、贵州、甘肃地方政府分别合办了万县、贵阳、兰州 3 个电厂。1939 年底，资委会已经拥有电厂 11 个（除上述电厂外还有建设中的龙溪河水电厂和从建设委员会接收的西京电厂），其中 8 家已投入使用，装机容量达 7986 千瓦。[28]1940 年以后，中国战场交战双方呈胶着状态。战线相对固定，战局趋于稳定，后方工业发展对电力的需要更加强烈和迫切。资委会一方面增加发电设备的生产，创设新厂，同时设法维新和更换陈旧设备，扩大原有各厂的发电能力。资委会后又陆续创办和合办的发电厂有四川泸县电厂、广西柳州电厂、青海西宁电厂、西康西昌电厂等；扩充了万县、昆湖、岷江、宜宾等厂的发电容量。1945 年抗战结束时，资委会已有电厂 19 家，装机容量 34024 千瓦，与初期相比增加了 12 倍多。占后方电业的 52％。从 1937—1945 年的 9 年中，共发电 221708 千度。[29]

资委会所属电厂除建于省会城市的多用于照明用电外，其余绝大部分均以供应工业用电为主，而且主要是供应非资委会所属工厂，因为资委会所属国营工厂都规模较大，多自备有发电机。据 1944 年的统计，资委会各电厂用户中，兵工厂占 19.6％，化工制造厂占 19％，其他的电工、机械、纺织、钢铁、造纸、煤矿等厂矿共占 33.2％。在规划和逐渐形成的后方 39 个“工矿中心”中。有 17 处中心主要或大部分要依赖于资委会所属电厂供应动力。[30] 如四川的自流井、五通桥、宜宾和泸州乃四川中心地区，其余如西宁、天水、西安、汉中、西昌、万县、贵阳、柳州、昆湖，也均被视为后方经济中心区域。资委会电厂无疑对促成这些工矿中心的形成，起到了积极推动作用。此外，龙溪河水电厂供应重庆，都江电厂供应成都。资委会还准备开发螳螂川水力，以供给昆明市区。

1940 年以后，后方物价开始上涨，发电成本随之高涨。但为了防止推波助澜，引发通货膨胀，经济部不敢抬高电价，结果却抑制了国营电业的发展，使得发电厂本身的营业收入无法维持自身的设备维护修理。资委会电业方面每年的拨款，只有一部分分配于基建单位，其余大都用来补贴设备维修的需要。

1944 年，翁文灏邀请当时世界著名的水电工程专家、美国垦务局总设计师萨凡奇来华考察长江水力资源，寻求大规模发展后方水电的途径。在资委会人员的协助下，萨凡奇实地考察了长江三峡，提出了一份《扬子江三峡计划初步报告》，就开发三峡水电工程方案、工程造价、综合效益、中美技术合作等做出初步计划。在翁文灏的积极推动下，国民政府将三峡开发工作交由资委会具体负责，并于 1945 年 5 月成立了“三峡水力发电计划技术研究委员会”，开始前期技术准备工作。抗战胜利后，中美签订合约正式着手工程建筑。后因国民党发动全面内战，工程被迫下马。

为促进电力事业发展，提高中国电力事业技术水平，翁文灏把人才的培养列为重要工作。在抗战紧张、资金缺乏的情况下，资委会从 1943 年起，先后派遣三批青年技术、管理人员赴美国学习。第一批中，电力方面的就有后任清华大学副校长、中国科学院院士的张光斗。任过台湾“行政院长”的孙运璇，以及谢佩和、王平洋、施洪熙等。三批共有电力方面人才五六十人，后来几乎都成为中国电力事业的骨干。

翁文灏抓的第二件重要的工作是“建立中心制造工业，以奠定事业基本”[31]。

钢铁生产和机械制造业状况是战前中国工业落后的典型体现。钢铁生产能力是一个现代国家工业实力和工业化程度的重要标志。而战前中国的钢铁生产能力却令中国人汗颜。1937 年，全中国用机械冶炼的生铁产量为 958683 吨，钢 556347 吨，而其中日本占领下的东北就分别占去了 84.8%和 93.5%。中国人自办的铁厂，仅有汉口六河沟铁厂和山西阳泉保晋铁厂两家，钢厂仅有上海炼钢厂等四家，年产量不足 4 万吨。

钢铁生产之所以被视为工业发展程度的标志，重要原因之一，是因为它体现了一种综合工业生产能力，如地质勘探水平，铁矿石开采能力，煤铁资源的优劣多寡，投资能力的大小等。翁文灏很清楚："丰富的铁矿几乎是近代国家富强的一个最重要条件。然而战前中国工业的落后，致使 99.9%以上的铁矿石均输往日本及东北。"[32]后方各省仅有的个把钢铁厂多是土法冶炼，产量低，质量差。抗战爆发后，军事的迫切需要刺激了后方机械厂的发展，内迁工厂安顿之后也积极恢复扩大生产，新设工厂层出不穷。建工厂要钢铁设备，工厂建好要生产，更需要钢铁做原材料，因而对钢铁及钢铁制品的需要量也急剧上升。到 1939 年下半年时，大后方存铁和内迁时抢运内地的生铁用完，进口的钢铁原料又大幅度减少。后方土法冶炼的生铁质量太低，无法使用。后方工业呈现严重的"铁荒"。

战前翁文灏主持从德国引进设备筹建的湘潭中央钢铁厂，因国民党军队的迅速溃败，被迫"人工流产"。西南地区因已探明的煤铁资源均十分贫乏，没有适宜建设钢铁厂条件，战前资委会没有纳入考虑范围。中央钢铁厂建设夭折之后，翁文灏不得不重新考虑在西南另建钢铁厂。最初，资委会提出的《西南各省三年国防建设计划》中，准备三年投资 713 万美元、500 万法币，兴建一批小型炼钢炉和熔铁炉，达到年产生铁 2 万多吨、钢材 7 万多吨的生产能力。加上内迁的民营企业及四川原有民营企业的产量，年总产量可达到生铁 3.4 万吨，钢材 8 万吨，可基本满足后方生产所需。[33]可惜，这一切由于外汇和交通运输的阻断，只停留在字面上，最后仍然只是个计划。

1939年底，资委会提出了一个新的《举办国营工业三年计划》，并获准实施。按照新计划，三年投资146万美元、5105.5万法币，建设大渡口钢铁厂等，争取在1942年实现年产生铁5.1万吨、纯铁3600吨、钢材4.08万吨的目标。此后至抗战结束的数年间，资委会共投资了89023万元，先后与兵工署及地方政府等机构，联合兴建了大渡口钢铁厂、资源钢铁厂、电化冶炼厂、威远铁厂、资蜀铁厂和云南钢铁厂等6个钢铁企业。[34]

大渡口钢铁厂位于重庆以南，以内迁的汉阳钢铁厂、大冶铁厂和六河沟铁厂、上海炼钢厂的设备为基础，以綦江的铁矿石和南桐的烟煤为主要原料，由资委会和兵工署各投资100万元，联合兴办。1938年武汉撤退之时。资委会和兵工署就联合组成了钢铁厂迁建委员会，联合拆迁上述四厂设备。运至大渡口。大渡口钢铁厂是当时后方规模最大、设备最全的钢铁企业。全厂共有7个制造所，第一所负责提供动力，拥有两台容量1500千瓦的发电机及锅炉设备；第二所负责生铁冶炼，有两座炼铁炉，分别为100吨和20吨；第三所负责炼钢和铸造，有两座10吨的炼钢炉及3座小型炼钢炉；第四所生产钢材，轧制钢轨、钢板等；第五所冶炼焦炭；第六所自制耐火材料；第七所担当机械修配。该厂1940年5月开炉出铁后，又在綦江浦河另设一“大建分厂”，生产圆钢、方钢、扁钢等特种钢材，也于1943年出铁。到1945年抗战结束时，大渡口钢铁厂共生产铁3.4万多吨，钢锭1.8吨，钢材7000吨。[35]

资委会参与兴建的钢铁企业虽只有6家，但其规模和生产能力都是后方民营企业不可企及的。资委会通过兴建这些钢铁企业，使其生铁生产能力从1940年的2494吨，占后方总产量的5.5%跃居到1945年的22556吨，占46.5%；钢产量从1941年的116吨，占后方总产量5.8%，增至1945年的10206吨，占56%。[36]在战后8年的总产量中，资委会的铁、钢产量分别占15.9%和51.1%。

与钢铁工业相比，中国机器制造业战前的水平也并不高多少，但在内迁的企业中所占的比例却最大。因为许多机器厂都与军事订货有密切关系，在内迁中是首要的补助对象。然而内迁的民营工厂和西南地区原有的机器工厂规模都很小，技术水平也比较落后，主要以制造生产机器配件、小型工具和从事修理为主，缺乏大型动力机械、工作用机等。翁文灏利用国营工业的资金和技术优势，把资委会经营机械制造业的重点放在发展机床、电机等大型机器设备和技术要求高的精密仪器制造上。抗战期间，资委会只建设了5个机器制造厂，即中央机器厂、宜宾机器厂、江西机器厂、江西车船厂和甘肃机器厂，但它们的作用是其他机器厂所不能也无法替代的。最具典型意义的当属中央机器厂。

中央机器厂的根底就是战前资委会欲和航空委员会合办的飞机制造厂。飞机制造厂计划失败以后，翁文灏决定将其改建为普通机器厂。当时在湖南湘潭已建起部分厂房，从德国进口的一些设备也陆续抵达。1938年2月，翁文灏决定：1.机器厂改建云南，有关人员立即赴昆明附近勘查厂址，建造厂房，争取在最短时间内开工生产；2.已抵达湘潭的设备和已抵达香港的机件，均转运至越南海防，经滇越铁路赴昆明；3.有关职员、技工分成三部分，选择厂址，建造厂房，拆运机器设备同时进行；4.工厂迁滇后的主要任务是，生产汽轮发电机及内燃机、发电机，并准备生产飞机发动机，承制后方急需的普通机械。在筹备委员会职员、工人和技术人员全力以赴的工作下，次年初该厂在昆明部分开工生产。

中央机器厂在总经理王守竞的领导下，各种设备陆续安装调试，投入生产。中央机器厂分为5个分厂，分别设计制造蒸汽轮机、蒸汽锅炉、内燃机、发电机及车辆和有关器材。1941年8月，日机空袭昆明，给中央机器厂造成极大破坏。资委会对该厂进行调整，以增进生产效率，同时将主要机器设备迁进山洞生产。改组后的中央机器厂分为7个厂：第一厂负责冶炼和锻造，第二厂设计制造蒸汽锅炉及器材，第三厂生产内燃机，第四厂生产大型发电机及器材，第五厂生产各种工具机，第六厂生产纺织机械，第七厂生产不属上述六厂生产的一般机械。凭借雄厚的资金和技术力量，中央机器厂成为大后方唯一的全能机器厂，其产品的数量和质量都是大后方机械行业中的佼佼者。它们利用瑞士先进技术生产的两套2000千瓦电站成套设备，是中国人生产电站成套设备之始。中央机器厂还创下了中国机械工业的许多个第一。第一个齿轮、铣刀、分厘卡、飞机起落架……大后方许多工厂所需要的各种原动机（发电机、柴油机、煤气机、水轮机等）、车床都来自中央机器厂。中央机器厂在战时共生产了各种规格、型号的发电机、柴油机等50台，生产了车、铣、钻、刨床600多台，生产了数十套大型梳棉机、纱锭等纺织机械。除中央机器厂外，宜宾机器厂等其他4个资委会机器厂生产的产品，也为抗战时期后方工业的发展提供了巨大保证。这里都倾注着翁文灏的心血。

翁文灏萦萦于怀的第三件要事就是：“倡导并使用特种矿产锡、锑、钨砂，以供给友邦（美国及苏联）之急用，而保障对我国之援助。”[37]由于翁文灏的提倡、重视和各方的努力，战时特种矿产品发挥了巨大的经济和战略作用。

地球在长达 46 亿多年的复杂演化发展中，既衍生形成了人类，同时也产生了丰富的矿产资源。中国是个矿产资源极为丰富的国家，矿产资源不仅有相当的储量，其品种也颇为齐全，特别是有一些世界其他地区罕有或储量极少的矿藏。钨、锑、汞、铋、钼、铜 7 种矿产品，是重要的工业原料和战略物资，当时被称为特种矿产——“特矿”。

钨是一种高强度金属，比重大，硬度大，所有金属中钨的熔点最高，达到摄氏 3410 度，其导热导电性能极好。钨在工业上最初用于灯丝材料，随后便在电器工业和冶金、机械、化工工业上得到广泛应用，对于提高钢的强度和硬度，有不可替代的作用。中国的钨矿储量居世界首位，最早于 1908 年在江西大庾西华山被发现并开采，以后在大吉山又有发现。相传最初由德国传教士邬礼亨廉价收购，进而购买矿山土地。当地人士得知后，为维护国家矿权，出面交涉，几经周折，结果以高于原价数倍的价额赎回。1914 年中国才开始对江西钨矿进行有规模地开发。第一次世界大战期间，各国争相购买钨、锡等矿产品，刺激了钨矿业的发展，到 1926 年，中国钨砂产量已达到世界总产量的 65.3%。[38]但是那时中国的钨砂全部出口，因为中国人还无力冶炼制造钨铁。

锑锡等其他几种矿产资源的情况也与此相似。锑的储量也是中国第一。清末湖南巡抚陈宝箴曾积极推动锑的开采经营。设立湖南矿务局。自 1882 年湖南锡矿山开采锑矿以后，中国锑矿砂的产量就一直居于世界前列，1913 年时，其年产量“已达全球总额百分之五十有四”[39]。锑这种明亮的银白色金属，是一种硬而脆的晶体结构。纯锑并没有十分重要的用途，但当它一旦与其他物质进行化学或物理上的结合之后，便成为非常有用的金属，只要在铅中加入少量锑，就能使其强度和硬度明显提高。铅锑合金是制造子弹头的重要材料。

锡与钨锑相比，其被发现和被利用的历史要悠久得多。中国是最早使用锡的国家，公元前1800多年的中国青铜器即是铜锡合金。云南个旧是中国最大也是最古老的锡矿，公元前即已开采。清代乾隆、嘉庆年间，个旧锡年产量达5000多吨。锡虽质地很软，但化学性质稳定，抗腐蚀强，具有重要的工业价值。

当时中国虽然是这些矿产的主要生产国，但却是低消费国。钨、锑等矿砂绝大多数甚至全部出口，经营这些矿品贸易的中外商人从中获得极丰厚的利润，甚至各地方政府也通过征税、专卖等方法攫取了大量财富，使其成为当地政府的重要财源。

30年代初，南京国民政府就打算对特种矿产实行中央政府统制，但因各地反对力量甚强便拖延下来。翁文灏以其特有的专业眼光，对特种矿产品的经济及战略意义极为重视，他曾对这些矿产的分布和开采情况做过详细的考察，记载于《中国矿产志略》。国防设计委员会成立以后，他积极推动对特种矿产品的统制。1935年，资委会再派人认真考察了钨锑矿的生产运销情况，提出了《统制全国钨矿方案》和《钨锑统制实施纲要》。资委会认为，当时特矿存在着严重的乱开滥采现象，由于洗砂技术低，损失极大，造成资源浪费，而且土法开采，规模小、技术水平低，生产成本过高，造成在国际上的竞争力低下；国内矿商收购后，绝大部分不是与国际直接贸易，而是被上海、香港等地的在华洋行操纵控制。资委会建议立即实行国家统制，以免特矿产业的崩溃和国家财源的流失。

这时，翁文灏已受蒋介石的指派与德国代表克兰谈定中德易货贸易办法，由中国向德国出口德国所需之钨、锑、锡、棉、麻、大豆等农矿产品，德国输华物品则以抵御日本的军械为主要部分，还包括用于重工业建设的设备器材。农产品的收购交运由中央信托局进行，矿产品的收购交运由资委会办理。翁文灏明白，要想顺利地履行中德易货贸易协议，保证有充足的矿产品出口换取军火和工业设备，必须对特种矿产实行国家统制。

资委会经蒋介石的首肯，成为南京政府的特种矿产统制机构，先后于 1935 年 12 月与湖南省订立了统制湖南锑业合作协议，1936 年 2 月与江西省订立了统制江西钨业协议。协议规定，资委会在湘、赣两省设统制机构，负责特种矿业的统制，省方负责矿区治安缉私，所得盈余由双方平分，而资委会所得部分必须用于在该省兴办重工业企业。这是一个对地方颇具诱惑力的协议，很明显，资委会的让步是巨大的。翁文灏的原则是：重要的是让根本目标得到实现。如果斤斤计较于细小利益的分配，即使借助中央之力迫使省方接受了他们认为损失太重的条件，资委会在实施统制之时，则必然要遭到各省地方势力在治安、员工招募、产品运输、物资供应等方面的不合作乃至抵制破坏，必要的让步，可以化解地方势力的抵触情形。

1936 年 1 月，资委会在长沙成立锑业管理处，2 月成立钨业管理处于南昌，开始实行对锑钨业的统制。不久，资委会又分别与广东、广西等订立了类似的锑钨统制协议。钨业管理处还在江西赣县设有赣南分处，在湖南零陵设湖南分处，在广州设广东分处；锑业管理处有贵州分处设于六合，由此开始了国家对特种矿产品的“特殊”政策。担负了特矿统制工作以后，资委会制定颁布了各种矿产品管理的法律法规，使特种矿产品的生产、运销、管理逐步走上正轨。

在江西，资委会最初把统制的重点放在钨砂运销环节，规定钨砂必须全部售予钨业管理处，但是钨砂的生产实际仍被旧的钨砂商人操纵。为此资委会将事务所设到各产钨县，直接向开矿者收买，并规定禁止商贩收购，私售钨砂者一经查获，立即没收或罚款。这样一来遭到钨商们的强烈抵制。一些地方官员也把状告到蒋介石面前。但资委会坚持认为，不如此就不能真正做到有效统制。他们还争取到江西省政府主席熊式辉的支持。另一方面，钨管处也招募一些钨商为钨管处服务，减弱了他们的抵制力。此后资委会逐渐控制了赣钨的生产和运销，结束了钨商操纵赣钨生产的历史，使之纳入国家管理的轨道。

在湖南，突出的是对锑矿的统制。对湘锑的统制，最初的重点是限制生产和运销数量，以调整价格和供求关系。因为当时国际市场锑品形势是供大于求，如对生产不加限制，结果必然是锑价暴跌，锑业生产将陷于万劫不复的境地。锑管处规定，按照普查的结果，以各冶炼厂前一年实际产量，并参照当前国际市场锑品贸易情形，以定每月的总产量，然后按百分比分配于各炼厂。各炼厂凭证领取运锑护照及出口许可证，锑管处每吨收取两元的护照费和8%的许可证费。交纳护照费或出口许可证费后，锑品的运销目的地锑矿处不问。这实际上很难说就算是统制了，而且1936年日本商人一次就在长沙购入锑砂2000多吨，使资委会备受刺激。1937年起锑管处秉承资委会指示，改变统制办法，实行“锑业专营”，规定一切锑品均必须交售长沙锑管处，价格由锑管处决定，经长沙关输出的锑产品均凭资委会出口许可证方可放行。专营办法遭到锑商们的竭力反对。他们采取联合办法，“以停采、停炼、停运为要挟”，一面藉词呈控，攻击专营。锑商们还囤积锑品，拒售锑管处，致使锑管处无货可收，甚至“勾结军队煽动矿工”，驱赶锑管处人员。资委会一方面坚持必须专营的强硬原则，并借助湖南省政府力量强行派保安队随锑管处人员进矿设办事处；一方面与锑商谈判，修改专营条件。最后资委会同意，收购价格按伦敦或香港的市价确定价格标准，并随时浮动调整，锑商则接受资委会的专营。[40]

中国的钨锑锡等特种矿产品，虽然产量在世界占重要地位，且绝大部分销售出口，但由于矿商零散经营，办理不善，各省也各自为政，难期统一，对外贸易支离破碎，价格不能自定，反受洋商和国际市场的操纵影响。据统计，1935 年时上海市场钨砂售价每吨 1703 元，洋商每吨可从中获利 346.80 元，利润率为 25.6%。设立统制管理机构之后，资委会随即于 1936 年 5 月 15 日在上海四川路 33 号企业大楼设立驻沪国外贸易事务所，负责赣湘两省钨砂对外销售；9 月又设专销华南钨砂的广东事务所；1937 年元旦设驻汉国外贸易事务所于汉口，专营湘锑的对外贸易。资委会的国家统制政策规定，中外商人必须从资委会购买钨锑，并凭资委会发给的出口护照报关出口。

国外贸易事务所成立之后，立即遭到一向操纵和垄断中国钨锑对外销售的外国在华商人强烈反抗。他们串通一气，密切联络，不与资委会国外贸易事务所交易，欲借以抵抑砂价。资委会坚持不让步，但“钨砂源源到沪，而银行支撑亦有限度”，情况相当严峻。如果资委会不坚持到底，半途退缩让步，必定前功尽弃，统制归于失败。在资委会咬牙坚持的最后一刻，外商终于因国际市场“需货甚殷，不能久持，乃分别来所接洽交易”[41]。至此，资委会钨锑等特矿的统制活动才算真正意义上得到实现。资委会国外贸易事务所依靠国家政权和财政力量，方勉强渡过这道难关。

在资委会统制以前，中国钨锑砂的市场交易价格一向依照伦敦市场行情波动。资委会统制之后，由于控制了矿砂生产，统一了销售，结果伦敦市场行情反随驻沪贸易事务所之开价及成交价格而变动。

1937年“八一三”沪战爆发后，长江口被日军封锁，赣钨运销被迫改由粤汉铁路运往香港出口。1938年9月20日武汉危急之时，资委会将驻上海、武汉的两个事务所合并改组，并接收了广州事务所的粤钨贸易，改称资委会国外贸易事务所，11月迁港办公。10月广州失守，粤汉铁路又被日寇阻断，资委会再令湘锑、赣钨的运输改由湘桂经越南海防出口，很快于11月设立一个海防分所，专门办理收货转运事项。

1939年春，国民政府宣布将锡、汞、铋、钼等矿品也列入国家统制范围，并于同年5月6月分别在贵州晃县设汞业管理处，在广西桂林设锡业管理处，执行统制责任。至此，国民政府通过资源委员会所推行的，国家对“特矿”产销经营统制体系完全建立。

对特矿品的统制，其直接结果便是使中央政府掌握了重要的外贸资源，增加了财政收入和易货贸易资本。抗战爆发后，特矿品又成为重庆政府偿还贷款和战时债务的重要物资，为支援抗战发挥了巨大作用。资委会统制的特矿品先后主要销往德、英、苏、美四国。欧战爆发前，钨锑矿砂主要输往德国，用于偿还德国的信用贷款，而这些贷款主要用于进口资委会发展工业的机械设备及抗日军队的武器。1936—1938年出口德国的钨砂分别为5091吨、8037吨和8962吨，占同时期中国出口钨砂和德国进口钨砂的绝大部分。[42]欧战爆发以后，特矿品则主要输往苏联、美国。1937—1948年间，资委会外销钨砂中，输往苏联达40765吨，输往美国达39705吨。同期外销锑产品中，运美 26324 吨，运苏 12360 吨，运英 13635 吨。外销锡产品几乎全部输往苏、美，其中出口美国 26352 吨，出口苏联 11706 吨。汞、铋、钼等则绝大部分输往苏联。[43]

由于资委会的努力，抗战时期中国对苏美的借款，由特种矿品以易货偿债形式担负清偿部分几乎都得到很好的执行，既有力支持了抗战，也维护了国家的信誉。而孔祥熙主管的由中央信托局负责的以出口农产品担负的偿债部分则未能完全贯彻。

农本局事件与权力之争

在经济部下属的各类机构中，有一个特别的组织——农本局。成立于1936年春季的农本局，实际上是一个农业信贷管理机构，主要任务是促进农村信用的流通和促进农产运销，取“农为邦本”之意，故名为农本局。该局原属实业部，1938年划归经济部直辖，但有关政策方针则由农本局理事会决定。理事会有理事25名，理事长是行政院副院长兼财政部长孔祥熙，翁文灏是理事之一。理事会下设总经理。主持实际工作。

抗战爆发之时，农本局的总经理是“学者从政派”人物之一、著名经济学家何廉。何廉字淬廉，湖南宝庆人。他早年赴美国留学，学习经济及统计学，获耶鲁大学博士学位。1926年回国后入南开大学任教。执教10年后弃学从政。在南开大学的 10 年中，他除了教课，还组织并主持社会经济研究委员会，从事社会经济调查研究。1931 年这个委员会改组为南开经济研究所。在何廉的主持下，南开经济研究所的工作取得了巨大成绩。他们在《大公报》连续刊载中国重要经济与金融统计数字，在中国还是第一次，一时颇为轰动，对全国都有重要的影响。此后出版的《南开统计周刊》、《南开指数》等，都因对中国经济研究产生重要影响而蜚声海内外。

何廉从讲坛走上政坛的道路，也是源于翁文灏的推荐。翁文灏与何廉相识是在《独立评论》时期，何廉也是《独立评论》的撰稿人之一，而何廉介入《独立评论》则是他的留美同学、南开的同事和好友蒋廷黻的介绍。1936 年蒋廷黻因要出任驻苏大使，政务处处长一职需人接替，于是翁文灏想到了何廉。1936 年 6 月末前后。正在北戴河休养的何廉接到翁文灏邀其出任行政院政务处处长的来信。翁文灏的邀请非常及时，因为何廉此时也正因华北政治局势的恶化想换个环境。当他还没拿定主意的时候，又收到蒋廷黻的信，劝他要毫不迟疑地走马上任。一周以后，翁文灏又给何廉去了第二封信，促使何廉决定“参与以委员长为首的政府事务”[44]。何廉先是接替蒋廷黻任行政院政务处长，抗战爆发后任军委会第四部次长、农产调整委员会副主任委员，1938 年 6 月被翁文灏邀入经济部，任次长，主管农业行政，兼任农本局总经理。

农本局迁到重庆以后，原农产调整委员会改为农业调整处，划归农本局。不久为适应战时采购棉花，解决后方军需民用，又成立了一个经办花纱布业务的“福生庄”。这样农本局的主要业务就分成两大系统，一个是农本局传统的农业信贷，农产运销；一个是福生庄的花纱布购销。

何廉认为，农本局最迫切的任务是在农村建立分配信用的基层组织单位——农业信用合作社和农业合作金库；建立农产运销的基层组织——农民自有自营的一系列仓库设施和粮仓，避免中间人的剥削。他设想，首先组织农业信用合作社，吸收和分配农业信贷，在此基础上成立以县为单位的县合作金库，先由农本局注入开办资金，以后改为由基层信用社认股，然后逐渐成立省合作金库、中央合作金库，形成全国范围的合作金融网。农产储运方面，他认为小自耕农、佃农没有足够的粮食储存条件，收成后不得不立即出售，而此时正是粮价最低之时，如果建立仓库网，农民自有自营，可减少中间商人的剥削。

农本局由于翁文灏的支持，何廉等人的努力，在农业信用、仓库和生产贷款等方面取得了一定的成就。当时在后方各省建立的农业合作金库和农业仓库达 200 余处。但他们的工作也受到来自地方既得利益者地主、高利贷者的干扰。即使没有这些干扰，以中国面积之大，农业经济落后之远，农本局的资金也不过是杯水车薪。

1938 年末，粮食控制方面的任务，特别是米的分配和价格控制也交由农本局来负责。1938 年冬，农本局受命控制米粮分配，第一项工作就是储备军粮，保证军队需要；其次是采购和销售大米，维持后方粮价稳定。

如此繁重艰巨的事务，由农本局这样一个既无政治权力，又无素有训练的专业粮食工作人员和专门资金的经济部下属机构承担，本来就显得草率。当时中国重要产粮地区接连陷于敌手，后方人口激增，物资匮乏，物价上涨，通货膨胀。作为战时首都的重庆是米的消费中心，农本局应重庆市的要求，从 1939 年冬到 1940 年夏，陆续按政府价格将大米投入重庆市场，以平抑市场粮价。但到了

1940 年夏，大后方米价飞速上涨，重庆市长吴国桢要农本局每天供给重庆市场 3000 担平价米。何廉认为：农本局按高昂而持续上涨的市价采购粮食，然后按很低的政府官价供应重庆市场，在资金和人力上都困难重重，而且农本局粮库里的许多粮食并非属农本局所有，而是属于农民的。但“政府的一般看法，似乎是不管怎么说，农本局既在仓库里储有粮食，就应该按政府控制价格供应市场”[45]。何廉只好将农本局仓库里的 7000 到 10000 担米拿出一半，供应市场。平抑物价，保留一半供应军需。结果一个星期以后，刚降下来的米价又涨上去了，而农本局已无米可供。蒋介石命农本局购进更多的米，但财政部长孔祥熙给何廉的回答是：“我们没有这笔钱。”

翁文灏与何廉就粮食控制问题进行了全面的讨论。其实事情很明显：要控制粮食价格，政府手中就必须拥有大量足够充分的实物。农本局虽收购了一些大米并在仓库中储存了一些农民的大米，但农本局既要在手中控制相当数量的米谷保障军队供应，又不能轻易动用农民的存米。按翁文灏、何廉的认识，“如果我们想要利用（农民在仓库中的存米），就应当比照市价付给农民合理的代价”，“而政府需提供很大一笔财政支出”。但孔祥熙不愿这样做。[46]如果采取强行征用，那就意味着没收，意味着对贫苦农民的剥夺，因为在农本局仓库中存粮的并不是地主，地主有自己的仓库。在米的定量分配上，有些政府和党的机构虚报人数，以便分得更多的米，重庆市政府更是夸大需要，而农本局对分配的审慎与严格监督，引起许多抱怨和压力。让既无权力、又无资金和人力的农本局承担这项任务本身就是个错误。他们觉得设一个专门粮食管理机构，改土地税征收货币为征收实物，是控制粮食供应和分配的唯一办法，否则平抑米价的费用很快就会因过高而使政府无法承担。只有土地税改征实物，才会真正触动大地主的财富，符合“有钱出钱，有力出力”的精神。

农本局的工作不断受到来自许多方面的攻击。在蒋介石主持的每周一次的汇报会上，总是有人抱怨米价的上涨，财政部次长徐堪甚至把掺杂沙子的低劣米摆到了会议桌上。有人不断在背后煽风点火，大造舆论，攻击经济部营私舞弊，这一切的目的就是要不断地激怒蒋介石。

果然，1941 年 12 月 28 日晚，戴笠手下的一班军统特务，在事先未打招呼、未说明原因的情况下，突然将经济部商业司长兼平价购销处长章元善及国货联营公司经理寿墨卿拘捕。29 日一早翁文灏听到消息后，立即要求面见蒋介石。蒋介石邀翁文灏共进午餐，并向他解释：因为对经济部所管平价基金社会上多有闲言，故派戴笠等例行调查，并未让他们抓人。这些人可以照常执行公务，只是不要擅自离开重庆。翁文灏一方面表示不反对调查，但同时也极力表明章元善持身廉洁，他可以担保。当天下午，戴笠又亲到经济部面见翁文灏，出示蒋介石手令，说明系奉命调查，并非逮捕。对蒋的命令不便硬抗，翁文灏只好将相关人员都约集到部。戴笠又提出这些人必须集中讯问，晚上不能回家。翁文灏虽然当即表示反对和抗议，但也无可奈何。当晚，他又亲访行政院长孔祥熙，一再担保上述人员不至逃逸，希望能让他们正常办公。孔祥熙也拿出蒋介石给他的手令，把一切都往蒋介石身上推。忙活了一整天也没有丝毫结果的翁文灏，回到家时已是深夜 12 点半了。

几年来的积怨郁闷一骨脑儿涌上心头，一怒之下，翁文灏提笔具呈，要求辞去本兼各职，并且从第二天起不再到经济部办公，同时拒绝出席行政院例会，以示抗议。12 月 31 日，陈布雷奉蒋之命打电话给翁文灏，表示挽留，并通报所拘留之人大部分可马上释放。当天，除章元善及寿墨卿外，其余被拘押之人释放回部。翁文灏并没有就此干休，3日，又托张群向蒋介石转达职辞意愿，并认为从种种事实看来，此次系财政次长徐堪故意与经济部为难，并表示此等“一批著名污吏乃竟大胆欺凌正人，当局竟受其蒙蔽，可叹没过于此”。次日，张群转告，他昨晚曾向蒋说明粮食平价应考虑政治关系及用合理办法，并且劝翁不要再提辞职之事。但翁文灏仍坚持辞职，并再托张进言于蒋，准其辞经济部长。蒋介石也于当天再次约见了翁文灏，称赞他一向公平廉洁，声名甚佳，表示不能准予辞职，让他仍返部任事。翁文灏再表辞意，蒋坚持不允。7日，孔祥熙设午宴招待翁文灏及被拘押的蔡承新、吴味经、朱谦、都樾周、吴闻天、王性尧、李博侯等经济部职员，表示慰问。蒋介石也同意章元善由翁文灏保释，并让经济部指定一次长一同参加清查。

上辞呈给蒋介石，陈布雷打电话挽留；上辞呈给孔祥熙，行政院秘书长魏道明持孔祥熙函登门挽留；托张群向蒋请辞，张群拒绝转达；当面向蒋请辞，蒋则以“股肱相邦，患难相济”的话挽留。经济部长成了翁文灏想辞而辞不掉的职务。

此事对翁文灏及经济部内那些弃学从政的知识分子们是一次沉重的打击，何廉抱怨国民党中若干分子对非党人员歧视太甚，甚表恢心。交通部长张嘉璈也上书蒋介石，力言对官吏应留体面，否则知识分子从此灰心，不肯任事。有人认为，这是财政部徐堪等向经济部争权夺利，劝翁文灏要注意与政府要员搞好关系。翁文灏没有说什么，但在私人日记里却写下了这样一段话：“为国服务，鞠躬尽瘁，虽死不辞，但绝不拥甲倒乙，亦决不随风而靡，决不图谋私利。对于为官地位更绝无恋栈之意。不合则分，绝不能有运动勾结行为。耿耿此心，向来如此，现在及将来亦如此。”书生意气跃然纸上。

在折腾了近一个月之后，也没查出章元善等人贪污的事实，最后以“怠忽公务，藐视功令”罪名，对章元善停止任用；并将“衣食平价，未有成绩”的责任推给何廉主持的农本局，命令改组。实质上就是找个替罪羊，借以平息社会上对国民党政府腐败无能的指责，并且把经济部的一部分权力移到了财政部。在屡辞不获的情况下，翁文灏只好尴尬地再次走进经济部的大门。

翁文灏明白，农本局事件的真正原因是孔祥熙对经济权力的争夺。他不想为此消耗精力：孔祥熙愿意管就由你去管好了，烟酒专卖局抓去了，农本局干脆也给你。于是调查结束不久，翁文灏联合行政院秘书长张厉生、国家总动员委员会秘书长沈鸿烈给蒋介石上呈，请求撤销农本局。结果是农本局名义保留，但何廉辞去经济部次长和农本局总经理职务，农本局的粮食购销工作由专门成立的全国粮食管理局负责（后又改为粮食部，由孔的红人徐堪为部长），农业信贷工作移交中国农民银行。农本局只负责花纱布运销调剂工作。

1942 年初，孔祥熙又把目光瞄向了农本局唯一的工作——花纱布管理。农本局的花纱布购销工作，就是从产棉区采购棉花，运销后方，供纺织工业和人民日用。当时负责这项工作的农本局继任总经理是穆藕初。穆藕初，名湘玥，曾留学美国，学习棉业，在河南、上海开办过纱厂，是个著名的民族资本家。他到农本局后为缓解机纱不敷需用，曾倡议在四川三台以木机用手工纺出土纱，织出“洋经土纬”布，名噪一时。

农本局为采购棉花，在国民党控制的产棉区均设有办事处，下设“福生庄”，专办棉花的收购业务。福生庄最初通过上海购进棉纱棉布，经香港、海防到昆明，转运重庆。由于战场形势的日益恶化，这条路线越来越困难，并且很快就被切断。福生庄的目标只好限定在后方的陕西、豫西及湖南等产棉区，在这些产棉区的主要收购点和集运点设有分支庄负责收购。原棉集中运输需要打包，农本局为此与上海银行合资在陕西泾阳设立了打包厂。棉花机器打包后，由农本局运输处组织车辆负责运输，通过铁路运到宝鸡，从宝鸡经公路运往广元，然后转水路南下到重庆。

由于后方棉纺厂生产能力不足，农本局又推广家庭手工纺纱。其方法是利用农本局建立的合作金库和农业仓库系统，由福生庄将收购的棉花先运到各县的农业仓库存储，再由合作金库通过合作信用社将棉花分配给农民，在家中进行传统的手工纺纱。纺好的纱由农本局按价付给农民现款或棉花，收进的棉纱则集中运往后方工厂织布或销售。这样既缓解了后方纺织厂生产能力不足的压力，又增加了农民的收入。

1942 年初，物资局来了命令，要求农本局转知西安办事处，先收旧棉后收新棉，但所定的收购价格却是旧棉低于新棉。这显然是对农民敲骨吸髓的剥夺。因为旧棉所含的水分要比新棉低，在斤两上要轻得多，如果以比新棉低的价格出售，农民极为吃亏，因此不愿交售。物资局还指示：如农民不肯出售旧棉，可以适用“行政命令”，挨户搜查，强迫农民交售。这个命令的内容远远超出了福生庄的职责范围。福生庄表示：福生庄人员只能对收购棉花的品级、质量担负业务责任，至于怎么使农民遵行政令。如何到农民家中搜查，强迫农民交售，福生庄既无权也无力办理。物资局答应由物资局在前面办理“行政”手续，福生庄跟在后边办“业务”。但是物资局的行政工作办得很不顺利，自然福生庄也就不会有大的收获。

最后福生庄抢收到的几千斤棉花全部交给了军需署用于赶制棉衣。

在蒋介石主持的国家总动员委员会会议上，军需署抱怨军用棉花一斤也没收到，影响了棉军衣的生产。蒋介石大发脾气，将穆藕初训斥一通，说他阳奉阴违，不顾军需民用。第二天报纸就刊登了蒋的手谕，说穆藕初对于政令阳奉阴违，贻误重要业务，着即撤职查办。翁文灏了解到事情并非如军需署所说一斤没收到，就给蒋上了一个呈文，这才将“查办”二字取消。但穆藕初本就患肠癌，经此一气，竟一病不起，后于 1943 年 9 月死在医院之中。

翁文灏于是借棉花事件再次上书，要求将农本局撤销。蒋介石起初也颇犹豫，批的是“再研究”。翁文灏便再次上书申述理由。蒋介石在征求孔祥熙的意见以后批准了这一方案。1943 年 2 月农本局负责的花纱布管理工作移交财政部成立的花纱布管理局，纳入孔祥熙的范围，4 月农本局正式撤销。曾为农本局的工作投入了大量精力的何廉对此不胜惋惜：“我一生中最好和精力最盛旺的岁月投入农本局的工作，我认为我们完成了大量的工作。……我们眼睁睁看着我们的工作毫无理由地土崩瓦解了。”㊼

开发玉门

抗战爆发以后，液体燃料成为最重要也最紧缺的物资。因为大后方铁路缺少，运输几乎全部依赖汽车。沿海口岸的陷落，进口燃料基本上断绝来源，原来完全依赖进口洋油的中国公路运输几乎陷于瘫痪。汽油成为最珍贵的东西，甚至有“一滴汽油一滴血”之说。强烈的社会责任感激励着翁文灏尽快创办中国自己的石油工业，为抗战提供基本的物质保障。

作为有远见的科学家，翁文灏很早即已意识到石油将成为未来工业的重要能源，并且着手中国石油地质调查。在 1921 年赴甘肃调查地震之际，翁文灏即派谢家荣专门赴玉门，对那里的石油地质进行调查，写有《甘肃玉门石油报告》。

甘肃玉门虽远离中原，但其有石油蕴藏之事，中国史书早有记载。有石油蕴藏久见载籍，最早见于晋人张华的《博物志》:“酒泉延寿县南山名火泉，火出如炬。”延寿即今之玉门一带，火泉如炬则无疑是石油、天然气苗燃烧的形象描述。《后汉书・郡国志》、郦道元的《水经注》等均有类似记载。《大明一统志》更明确记载:“石油，肃州南山出。”近代以来，甘肃玉门石油也引起外国资本家的兴趣。光绪年间，一位名叫林辅臣的比利时人就曾建议甘肃当局开发玉门的石油，可惜林辅臣不幸死于回国购买机器设备的途中。尽管由林辅臣之子林阿德接办其事，但林阿德心不在焉，结果此事便以“距省太远，运销不便”而夭折。1935 年，著名外交家顾维钧和银行家周新民等再鼓勇气，以大陆银行、金城银行为后盾，组织公司，请求南京政府以五年为期，授予探采甘肃、新疆、青海三省石油的特权。当时南京政府经过审议，认为:“此种矿业依总理遗教应归国营，惟目前国库竭蹶，无力经营，与其弃置，似不如利用人民资力提早开发”。[48]遂由实业部等拟定特许权状 16 条，准许开发。并于当年 11 月 1 日由国民政府颁发了 82 号训令，核准该案。顾维钧等 1936 年成立了中国煤油探矿公司筹备处，聘请中外技术人员于 1937 年开始对柴达木盆地和玉门进行地质调查，但公司聘请的外国技师们最后没有找到玉门石油具有工业开采价值的依据，也没再进一步勘探。

除玉门以外，当时国内还有新疆独山子、青海柴达木及陕北延长等处有过原油流出，但翁文灏认为最有希望的还是玉门。这不仅是因为他自己当年亲自主持过玉门石油调查，对石油河一带的地质情况比较了解，同时还因为他认真听取了孙健初亲身调查玉门石油之后的建议。

孙健初字子乾，1926 年毕业于山西大学工科采矿专业，1929

年进入地质调查所。孙健初的才能深受翁文灏的赏识，并曾参与了煤油探矿公司筹备处西北地质矿产试探队的工作，他认为玉门可能储油量较丰。

抗战爆发后，翁文灏决定尽快着手开发玉门石油，因为石油对中国的抗战实在太重要了。然而要想开发石油，首先必须收回给予顾维钧等人的开采特权。根据实业部拟定的 16 条特许权状及有关规定，顾维钧等人的勘探期限为 5 年，开采期限则自勘探期满日起有效期 20 年，并延续有效 20 年，即共 45 年。依此计算，到 1980 年政府方可收回，这使翁文灏感到非常棘手。秀才的文字功底加上洋博士的科学见识，在仔仔细细地阅读了有关授予顾维钧等玉门石油开采特权的全部档案文件之后，翁文灏于文词之中一番推敲，果然发现了的文件中存在的缝隙。翁文灏发现 1935 年实业部将顾维钧等人的申请上报以后，行政院 8 月 28 日的第 226 次会议决议："交内政、外交、军政、财政、实业五部，并函请全国经济委员会暨军事委员会资源委员会会同审查。" 8 月 31 日上述部门召开会议，就此问题提出 8 项原则，其中之一规定："在呈请特许案核准后六个月内开始探勘。" 中国煤油探矿公司筹备处虽然派人对青海、玉门一带进行了地质调查，但也可以说没有进行严格意义上的"探勘"。如果以 1935 年 11 月 1 日国民政府颁发 82 号训令作为核准日期，那么到 1938 年无疑早已过期。翁文灏是当时中国首屈一指地质学家，而且曾任北洋政府和南京政府矿业管理部门的最高技术负责人——技监，当然可以在一般性矿产地质调查与矿业勘探开发之间的界线，做出权威性的判断和划分。于是，他指示此时已由军事委员会归属经济部，负责主管国营工业的资源委员会，以中国煤油探矿公司未能遵奉特许状如期开发为由，呈请经济部收回该公司的玉门石油开采特权。顾、周等人无力开发，在这种情况下也无理由阻挡，于是同意交回特权。[49]

最初也有人提议开发玉门应与苏联合作，甚至蒋介石也对此表示认可，但并没有得到苏方的积极响应。与此同时，工业开发之前的进一步地质调查勘探工作紧锣密鼓地开展起来了。在翁文灏的亲自部署下，1938 年 6 月 12 日甘肃油矿筹备处在汉口成立，先由四川油矿探勘处机械工程师张心田任代主任，负责主持筹备玉门油矿的勘探、开发事宜。9 月，曾主持陕北油矿勘探、于 1936 年赴美考察油矿工程的严爽奉翁文灏之召回国，翁文灏立即调其担任筹备处主任。严爽是江苏泰兴人，北洋大学矿冶系毕业，曾于 1933 年随孙越崎赴陕北勘探石油，任钻井队长。

要进行勘探，翁文灏的另一个困难是缺少钻机。如果从国外购买，资金、运输都是问题。虽然四川有一部从德国引进的旋转钻机，但是当时对四川石油也抱有很大的期望，不可能抽调玉门。在甘肃油矿筹备处成立的当天，亲自率筹备处负责人登门拜访了正在汉口的中共代表周恩来。

翁文灏为什么要拜见周恩来呢？玉门开发与中国共产党又有什么关系呢？原来早在 1934 年，南京政府的国防设计委员会（委员长是蒋介石，翁文灏是秘书长）就成立了一个由著名工程专家孙越崎为处长的陕北油矿探勘处，在陕北延长一带进行石油探采。1935 年红军进占延长后，油矿及设备均由红军接收经营。翁文灏拜访周恩来，就是想商请中共同意把原来丢弃在陕北的钻机等两套勘探设备，运往玉门从事勘探，协助开发玉门油矿。这两套进口的勘探机械，当时在国内算得上是稀缺的高科技设备，对玉门开发至关重要。周恩来当场“慨允照办”，并表示“同心为国，决无疑义”。1938 年

6 月 18 日资委会正式函请八路军驻汉口办事处，请予以协助。办事处主任钱之光同志 20 日复函同意，并说明“已商准周恩来同志介绍本军驻陕代表林伯渠同志，于张心田主任到陕时就近照料一切，并转电延安陕甘宁政府”[50]。张心田到陕后，受到高自立、萧劲光等人的接见，并得到边区政府和八路军后勤部门给予许多方便和照顾。10 月 18 日两套钻机及配件安全运抵咸阳。翁文灏闻讯之下即有些意外又颇受鼓舞，认为:“即此可见（共产党）一体为国之真诚，良可欣幸。”就在钻机抵达咸阳的三天前，翁文灏派出的筹备处主任严爽、地质学家孙健初和技术员靳锡庚已经向玉门进发了。12 月 26 日，严爽一行骑着骆驼抵达风雪中的戈壁荒漠玉门老君庙。

玉门位于祁连山北麓，海拔 2400 米。老君庙坐落于距玉门县城 30 公里、嘉峪关西 80 多公里处，距酒泉 100 多公里，距重庆 2552 公里处。此地气候变化无常，冬季更是奇冷无比。严爽等人不顾天寒地冻，立即着手在冰天雪地中测量地形，绘制地质构造图。1939 年 3 月，勘测队不等钻机运到，就确定井位，用人工挖掘了第一号井。27 日见到该井工业油流，日产 1.5 吨。5 月 6 日开始利用刚运到的两台顿钻钻井。8 月 11 日，探得油层，日产原油达 10 吨，定名为 K（干油泉露头）油层。K 油层的发现为大规模开发玉门石油提供了科学依据。孙健初写出《甘肃玉门的地质》报告，确认该处地质是良好的储油区域，具有重要开采价值。

然而在当时的条件下，真要开发玉门石油还有许多困难：第一是气候条件恶劣，地高天寒，戈壁荒漠寸草不生，一切生产、生活物资均需由数十公里甚至上千公里外运入；第二是地理位置偏僻，远离交通干线，运输困难；第三资金困难。石油勘探、开采和冶炼的大量设备国内不能制造，大部分需要进口，正值抗战国家财政支绌，资金从何而来？因此，尽管1939年当年玉门就产油428吨，加工了71吨，在着手大规模开发之前，翁文灏等人还是慎之又慎，唯恐投资之后不能达到预期目的，而浪费了国家的物力、人力。1940年9月8日，翁文灏又派钱昌照和孙越崎亲往玉门调查研究，探寻油矿发展的前景和可行性。钱、孙二人听取了专家的报告，查看了有关材料，了解了玉门附近的情况。孙越崎主持过陕北油矿的开采，从管理到技术都是内行，他认为开发玉门石油有三个有利条件：一、从地质资料上看玉门有较丰富的石油蕴藏；二、有严爽、孙健初、靳锡庚等一批懂石油、不怕艰苦的人；三、翁文灏的坚决支持，“玉门油田开发一定大有希望”。于是孙越崎就与严爽、孙健初、翁文波、董蔚翘等人共同商议，根据抗战的需要、油矿当时的情况和将来的发展，草拟了一份比较积极的《甘肃油矿二年扩充计划》。按照这一计划，玉门油田到1942年8月要达到每日产炼原油7万加仑的能力，而1940—1942两年内，用于购置设备材料、运输、安装等方面的费用共计7400万元法币和300万美元。1942年9月至1943年2月，还要再投资150万美元、3000万元法币，用于扩充炼油厂。[51]

翁文灏对这一计划表示积极支持，并立即上报行政院请求批准。但是这个计划上报以后，在行政院会议却遭到孔祥熙等人的冷眼。在12月10日的行政院第494次会议，该计划遭到行政院副院长兼财政部长孔祥熙的冷眼。孔本人一向反对发展国营工业，现在对开发玉门表示置疑。在他的主持之下，会议最后决定政府不对开发玉门油矿进行拨款，此事应采取银行贷款方式，以公司组织的形式招商承办。孔提出的招商承办，在当时情形之下，实际就是拖延不办，因为顾维钧等人有特许而无力承办的前车之鉴已经再明显不过了。

既使有私人资本家现在愿意投资兴办并且能够成功，如此重要、稀缺的战略物资被私人垄断，那对国家又将是一种什么状况？因此翁文灏等人坚决反对招商承办，主张由国家投资，建立国营企业。在一次国防工业委员会（翁文灏为主任委员）会议上，翁文灏让资源委员会副主任委员钱昌照再次提出开发玉门石油问题，并明确主张应由国库拨款。对于招商承办之事，认为至少也应待第一期计划实行后再为考虑。会上，钱昌照再次提出开发玉门石油问题，并激动地说："中国如果是一个上轨道的国家，在抗战以前这样的矿早就该开发了。时至今日，再不开发，太不像话了。请大家好好审议，立即决定。"[52]财政部次长徐堪起而反对，坚持由私人资本举办。二人为此当场发生激烈争辩。反对的意见不仅来自孔祥熙一派私人财阀们的代表，甚至来自一位学地质的官僚学者——国民党中央宣传部长朱家骅。朱家骅早先留学德国，学习地质，曾创办了两广地质调查所、广州中山大学地质系等，于中国地质学事业发展也算是有所贡献。此时，他以最高学府——中央研究院掌门人的身份，又刚从玉门参观访问归来，说起话来颇有权威：在那样的环境和条件下开油矿，即使生产出汽油来，抗战期间也肯定用不上。与其如此，还不如把有限的外汇用在直接进口武器和兵工器材上，开发石油是舍近求远。朱家骅的这种意见在当时还是颇有代表性的。一些人认为，经济建设非短期可以见效，与其花钱进口设备搞工矿企业，不如买武器来得简单。陈果夫、徐堪也都公开表示反对。但翁文灏、钱昌照等始终认为：中国必须工业化。日本之所之能够侵略中国就是因为中国没有工业化。如果中国还不觉悟，即使抗战胜利了，也难免重蹈覆辙。孙越崎听到那些以后不免有些失望，但是翁文灏并不灰心，数年来的官场历练，已使他对解决问题的门径有了全新的认识。

他对孙越崎说：“会上解决不了的事情就要靠会下去想办法。你同我去见孔祥熙，由你当面向他说明计划。向他多说几句好话，大约可以成功。”二人到了位于重庆炮台街的孔宅，专程登门拜会行政院副院长兼财政部长的孔祥熙。孙越崎当面汇报了玉门油矿办理情形，又详细介绍计划的可行性，表示：“这是功在千秋的事情，院长批准了，历史会记下您一笔。如果院长批准，我们决不浪费一分钱。可以请翁部长监督。”或许是“历史会记下您一笔”的话打动了孔祥熙，他竟完全批准了这一计划。出了孔府以后，孙越崎还在为低头去求孔祥熙而耿耿于怀，翁文灏却豁达地说：“我们是为公又不是为私。大事成功了，还有什么难受？”[53]就这样，在翁文灏等人力争之下，1941 年 2 月 4 日的行政院会议第 502 次会议又决定：甘肃油矿由政府拨款开发。3 月，油矿筹备处正式改为甘肃油矿局，孙越崎任总经理。

与此同时，资源委员会为解决油田运输问题，与西北公路局签订《为运输机件及供应油料互助合约》，规定：油矿所购机料从重庆等地运往矿区所需车辆，除该矿自有者外，不足之数自公路局负责调用；从 1940 年 9 月起，油矿所产汽油除已订约预售者外，按重庆市价七折，尽先供给公路局。此外油矿为解决运输困难。还向国外订购了 500 辆卡车。为解决工人缺乏的问题，经军政部同意，从 1941 年 4 月起，玉门、酒泉、金塔、安西四县应征壮丁拨给该矿充当工人。在国外订购的设备尚未运到之际，资委会又将江西高坑、湘潭、萍乡各地原用以采煤的钻机移运玉门，增加钻井能力。

1941 年 3 月 16 日，资委会撤销油矿筹备处，在重庆正式成立甘肃油矿局，任命孙越崎为总经理。在翁文灏的积极支持和协助下，孙越崎挑选调集了各方面的技术专家和专门人才参加油矿开发：原筹备处主任严爽出任矿长，炼油厂厂长是重庆动力油料厂厂长、前地质调查所燃料研究室主任金开英，负责设备器材的组织和油品销售业务的业务处长是从工矿调整处调来的法国留学生郭可诠，负责全局物资运输的运输处长由张心田担任。1941 年，翁文波也带着自制的物理探测仪和他的得意门生童宪章，正式加入了开发玉门的行列。翁文波在英国获得博士学位回国后，先在中央大学任教，1939 年用自制的仪器电测石油成功，后被称为"中国测井之父"。他们的加入，更壮大了玉门开发的队伍。

孙越崎布好阵势，只待从美国订购的机械设备运抵玉门即可大干一场。从美国订购的设备共有能钻 1000 米的旋转钻机 12 套，顿钻 2 台，抽油机 40 部，发电机 5 部，还有储油、输油等设备和一套日炼原油 1500 桶的裂炼装置。但是 1941 年 12 月 7 日爆发的太平洋战争，使这一切成为泡影。战争爆发之时，玉门油矿订购的设备除少部分在美待运外，大部分散在香港、仰光、腊戍等地运输途中。由于香港、仰光很快沦陷，虽经竭力抢运，但大部分机械尽陷敌手。据统计，在仰光、腊戍、畹町等地相继沦陷时损失的设备共 12773 件，总重 2077.95 吨，价值 70 余万美元；在香港损失的卡车等零件价值近 19326 美元、2207 港元。[54]抢运入境的物资仅拼凑成 4 台钻机，最可惜的是炼油设备一点没有得到。

进口设备的路被断绝，油矿开发只能自力更生立足于国内。孙越崎从重庆赶到玉门，与有关人员商讨立足国内开发玉门的对策措施。在翁文灏的支持下，四川油矿探勘处的德制钻机紧急调往玉门，其他设备也就国内能够办到的尽力搜罗，川、陕、豫、粤、湘、黔、滇各省，无不寻访。向重庆的工厂订购了车床、水泵、油泵、炼油釜闸门等配件。从各地搜购的各种钢管、马达、水泥、重晶石等，千里迢迢运往玉门。由于国产钢材质量不高，又无耐温耐压的无缝钢管，只好自行设计制造釜式蒸馏炼油炉，而自制釜式炼炉最高也只能提炼20%的汽油。如果得到从美国进口的蒸馏裂化式设备，不仅炼油能力可极大提高，而且从原油中提炼的汽油比例可高达64%，并包括4%可供飞机使用的优质汽油。假如当初计划早些得到批准，以后的情况可能完全不同。

尽管有如此大的困难，油矿局还是提出了1942年要比1941年提高9倍产量，生产汽油180万加仑（约合5000多吨）的宏大目标。像当年中福煤矿的“四个一百万”，又是翁文灏在后面坐镇指挥，孙越崎在前方冲锋陷阵，两人配合默契。1942年7月翁文灏还亲自到玉门，帮助解决困难。由于翁文灏用人得当，孙越崎和全局职工、技术人员拼力奋战，玉门油矿的开发迅速走上正轨，形成生产规模。1942年11月，180万加仑的目标提前实现。

1942年8月，蒋介石为解决新疆盛世才问题派宋美龄入疆，他则亲自到嘉峪关督阵。利用嘉峪关等候宋美龄的空闲，蒋介石顺便前往玉门视察了油矿，听了孙越崎的汇报，视察了戈壁荒滩处油矿的生产状况，对玉门油矿短期内所取得的成就，蒋介石也不由得深表嘉许。

整个抗战时期，玉门油矿从无到有，从小到大，历经日机轰炸扫射，1941年的井喷大火和1943年的特大水灾等重重艰难险阻。1939至1945年的7年间，玉门共实现钻井61口，其中最深者达900余米，原油产量共约7866多万加仑，炼产汽油1303万余加仑，煤油511.7万加仑，柴油71.7万加仑，此外还有石蜡等副产品。[55]到抗战结束时，玉门炼油厂已能日炼原油5万加仑。这些产量在今天看来微不足道，可是在当时却给抗战增加了巨大的物质力量。

"战时川、甘、陕、新及宁夏、青海部分区域，凡所用油皆赖其供应。"[56]特别是汽油多供给西北地区的军事机关、公路局等交通运输部门，煤油、柴油则多销往重庆等后方城市。整个抗战期间，在翁文灏主持下，资源委员会共投资近 19 亿元（合战前币值约 1178 万元）开发石油，发展中国的石油工业，其中仅玉门油矿即达 14.5 亿元（合战前币值约 1030 万元），占全部投资总额的 87%。[57]

经过数年的努力，玉门油矿不仅钻井、炼油生产规模初备，而且还盖起了干打垒的房子，在附近有水源的地方兴办了农场，还自己生产蔬菜、畜养牛羊，建立了医院、学校、剧场、茶社、浴室等，较好地解决了职工生活福利问题。老君庙附近成为一座沙漠中的城市。

鉴于孙越崎在国家危亡时刻，在西北荒漠艰苦的条件下，为建设玉门油矿、开发中国石油工业做出了卓越贡献，1942 年 8 月中国工程师学会授予他金质奖章一枚。孙越崎也是继凌鸿勋（主持修筑粤汉铁路）、侯德榜（发明侯氏制碱法）、茅以升（设计修建钱塘江大桥）之后，第四位接受这一中国工程界最高荣誉的工程师。[58]

抗战时期玉门油矿的开发建设，不仅生产出了大量的燃料、能源，有力地支持了抗击日寇侵略的伟大民族战争，而且它还培养造就了中国自己的石油工业队伍，为以后新中国石油工业的发展奠定了基础。著名的石油地质学家孙健初、著名的地球物理学家翁文波、中国第一位输油管道专家翁心源……从地质、钻探到石油冶炼、运输，一大批科学技术人才在玉门成长起来，60 年代大庆石油会战中著名的"八大工程师"，有七位出自玉门。玉门还培养了中国最早的石油产业技术工人，在大庆石油会战中，18000 名职工来自玉门，被誉为"铁人"的优秀工人代表王进喜就是当年玉门油矿的技工。

正如中共玉门石油管理局党委在《玉门油矿史》的前言中所说的那样，玉门油矿“是中国现代石油矿场开发创建的里程碑，也是中国石油工业发展的历史缩影”，“它是中国石油工业蓬勃发展的策源地，也是我国石油工业崛起的摇篮”。老君庙石油河是中国石油工业的母亲河。“人们不会忘记油矿的开拓者严爽、孙健初、靳锡庚；不会忘记当时的上层有识之士翁文灏、钱昌照、孙越崎、邹明；不会忘记石油产业工人代表郭孟和、王进喜……”[59]历史不会忘记！

失子之痛

1944 年 9 月 17 日，翁文灏突然接到航空委员会头一天午夜发给他的电报：“翁心翰受了致命重伤。”[60]翁文灏不由得心头一紧，一种不祥的感觉立即笼罩他的心头。很快，陆续来的消息印证了他的感觉，他的次子——空军上尉翁心翰，在对日作战中不幸以身殉国，牺牲于贵州三穗县境内。

翁心翰字凤书，1917 年 12 月 29 日出生在北京。他与众兄弟姐妹们的不同之处是从小由祖父母带大，备受宠爱。不仅衣食生活各方面得到特殊照顾，而且性情也格外活泼开朗好动。长大以后，翁心翰长得越发英俊洒脱，聪明爽直，虽然不见他上学特别用功，可考试成绩却每每均在优良。他从小就有很强的正义感，尽管长得并不很强壮，却敢于仗义执言，常常为受人欺侮的同学打抱不平。

“九一八”事变以后，中日关系日趋紧张，翁心翰对日军的飞扬跋扈，看在眼里恨在心中。1935年，当听说北平黄寺的驻军关麟征部在驻地举办高中学生暑期军训，正在汇文中学读高二的翁心翰立即报名参加。但是军训开始不久，就因日方的威胁抗议而迫中止。参加军训的青年学生眼见敌人逼近家门，自己欲自卫而竟不能，无不感到奇耻大辱，悲愤万分。翁心翰对天起誓，一定要洗涤这一耻辱。他立志投笔从戎，以身保国，不久便瞒着最疼爱他的祖父毅然报名投考南京中央军官学校，以空军入伍生从戎，被录取为空军军官学校第八期学员。

1937年卢沟桥事变，全面抗战爆发，翁文灏由欧洲乘机返国之时，不由得想起身列戎行、即将驾机迎寇的爱子。他于机上口占一诗，寄赠心翰。勉其英勇杀敌，报效国家，诗曰：[61]

飘然一叶入云霄，壮志英怀侪辈超；
报国心忠追往哲，献身志切在今朝。
千寻奋击空中斗，百世长垂勋绩昭，
歼灭匈奴当日愿，家风赖汝霍骠骁。

翁文灏心里很清楚，走上沙场就是与死神同行，而“报国心切的人，在作战时死的机会更多”。尽管他身居要位，却丝毫没有想为自己的爱子寻一个安全稳妥去处，而是鼓励爱子勇敢地搏击长空，奋歼来犯之“匈奴”，像汉代骠骑大将军霍去病一样，建功沙场，做一个保国为民的英雄。

1938年12月1日，翁心翰以优良的成绩毕业于中央空军军官学校第八期飞行科驱逐组，证书是“驱字第21号”。最初，翁心翰被分配到第三大队任飞行员，负责成、渝上空防御，保卫陪都重庆。

1939 年 5 月，一次战斗正在进行之时，飞机突然发生故障，翁心翰凭借高超的技术，沉着处置，人机均安全返回，因此被传令嘉奖。1940 年夏，日本为尽快结束侵华战争。制定了代号为“101 号作战”的陆海军联合空袭作战计划，集中近 300 架飞机，对大后方重要城市实施持续大规模轰炸。翁心翰也频繁升空，与敌交战，7 月 24 日在成都上空的战斗中，因击落敌重轰炸机一架。被记功两次。

翁心翰还参加了第二次世界大战中首次对日本零式战斗机的大规模空战。零式战斗机（A6M1）是日本新研制的海军舰载战斗机。这种飞机时速可达 541 公里，升限 1 万米，可载弹 120 公斤，在速度、火力和盘旋灵活方面，都远远超过中国空军当时使用的苏式 N—15、N−16 战斗机。战前，日军反复叫嚣其拥有新式飞机，要求与中国空军决战。1940 年 9 月 13 日，敌机空袭重庆，中国空军 9 架N−16 和 25 架N−15 升空迎战,结果敌零式驱逐机和九七式驱逐机共 30 架，与中国空军在壁山上空展开激战。敌机占据优势，结果我方阵亡 10 人，伤 8 人，毁机 13 架，损伤 11 架，翁心翰便是此次战斗的幸存者之一。这是中国空军抗战以来最激烈的战斗，也是最惨重的失败。经此一战，中国空军实际上已无力再抗击日军空中进犯了。为减少牺牲，中国空军只得尽量避免与敌机正面交锋。中国丧失了空中反击能力。翁心翰也被调往第 11 航空大队，从事航空士官的训练工作，以后又曾被派往印度，接受美国P−36 型飞机的训练。

1944 年 2 月，26 岁的翁心翰与周勤培小姐在重庆家中结婚，航委会主任周至柔将军亲任证婚人。据闻，婚礼之日正赶上翁家所住的沙坪坝南开中学地区停电，有关方面听说翁部长的二公子举行婚礼，特意将停电日期更改。翁文灏知道以后颇为不快，他说：你们只为我一家，可想到没有，本不该停电的工厂，工人去上班因停电无法工作，本该停电的工厂工人没去上班，有电也没人工作，这给国家造成多少损失啊。

翁文灏严于律己，不追求特殊，潜移默化地影响着子女们。为了照顾翁心翰的婚后生活，上级欲派他到运输大队去工作，但被他坚决地谢绝了，他不愿因为是部长的儿子而受到特殊的照顾。战争尚未结束，他更不愿离开战斗的岗位。翁文灏的子女很多，也都渐渐地长大了，一家人住得很有些拥挤。翁夫人常笑着说："家里人这样多，抗战结束回家，老家容不了这些，恐怕要添两间才行。"翁心翰听了总是说："我从不想到将来战后怎样，在接受毕业证书的时候，我就交出了遗嘱。我随时随地准备着死。"

从1944年4月起，日军为打通大陆交通线，使南北日军连成一片，集中大规模兵力，发动了所谓的"一号作战"。日军先后进行了"河南会战"、"长（沙）衡（阳）会战"、"湘桂会战"，由河南长驱直下，攻陷郑州、洛州、长沙、衡阳、桂林、柳州等地。为配合陆军抵抗作战，中国空军连续出动，战斗异常频繁激烈。此时翁心翰已晋升为空军上尉，任第十一大队驱逐机中队副中队长。该年8月31日，他以领导训练热心负责被记功一次。9月8日他率队进驻湖南芷江，负责对入犯日军进行空中阻截。翁心翰进入抗战以来最激烈的战斗状态，每天升空数战，最多时"曾于二日之内领机往战八次之多"。

9月16日，翁心翰再次奉命率队起飞，赴桂林上空作战。完成任务返回途中，在广西兴安境内发现敌人阵地，歼敌心切的翁心翰主动率两僚机"低飞扫射，战果至佳"。但飞机不幸被敌炮击中，罗盘损坏，翁心翰左腿也受了伤。在这样的情况下，翁心翰仍率二僚机挣扎驾机返营，飞至贵州三穗县瓦寨乡时，因储油用罄，试图迫降。在这危急存亡的紧要关头，翁心翰沉着指挥，先令所属各机依次择地着陆。一机落泥地，一机落河沟，人机均未损伤。待他迫降之时，平软之处已被占满，而油已耗尽，不容犹豫，结果机头触土石埂，产生剧烈震动，翁心翰“右额破裂流血甚多，胸膛受震亦伤，立即不省人事。时约下午五时”[62]。由于瓦寨距县城 30 余里，待医生赶到时，他的生命已经无可挽回了。翁心翰于当日晚 8 点 30 分壮烈殉国，时年 27 岁。国民政府空军总司令部后追授他为空军少校。

爱子为国牺牲的英雄行为，使翁文灏感到悲痛也感到自豪。可上见钟爱孙儿的七旬老父，下视新婚丧夫的儿媳，他又怎么能不悲从中来。翁文灏切切实实地感受到了那难以用语言和眼泪表达的痛苦，长歌当哭，他挥泪写下《哭心翰抗战殒命》：[63]

自小生来志气高，愿卫国土拥征旄。
燕郊习武增雄气，倭贼逞威激怒涛。
誓献寸身防寇敌，学成飞击列军曹。
江山未复身先死，尔目难瞑血泪滔。

艰苦吾家一代人，同舟风雨最酸辛。
上哀衰父凄怆泪，下念新婚孤独亲。
痛切连枝齐息涕，悲怀身世更沾巾。
宗邦如此阽危甚，何日江山得再春。

人生自古皆有死，死为邦家亦足荣。
痛惜士兵少斗志，能捐身命自豪英。
伤心最切兆民苦，哀哭惊看大厦倾。

儿已丧亡卫国土，千钧重责更谁擎？

翁文灏把对日寇的仇恨和失子之痛，深深地埋在了心底，每日照常办公见客。当《大公报》记者为此专程前去访问他时，他“谈起殉职的儿子时，没有叹息，甚至谈笑时全没有半点不自然……‘本来作战就是危险的，报国心切的人，在作战时死的机会更多。’说完，他淡淡地笑笑”。[64]

翁心翰牺牲的消息自然惊动了翁文灏许多的下属、同僚，人们纷纷向他表示慰问和关心。国民党中央秘书长吴铁城9月21日特代表官方致函翁文灏表示慰问，函云：“自二少君心翰上尉殉国消息传布，全国人士莫不哀悼。少君不以家庭庇荫耽于安乐，自奋请缨报国之志，卒遂其杀敌成仁之愿，而吾兄遣之从军，教之尽忠，闻其立功则喜，而不以其捐躯为悲，公而忘私，亦足钦仰……”[65]陈布雷也致函悼唁。翁文灏在给陈布雷的回函中，介绍了心翰殉国经过后，方对老友表露自己内心的痛苦：“弟勉办公事，视若处之泰然，实则衷心痛创，非可言喻。吾国空军人员为数较少，死亡频仍，精华垂尽，不特弟一家之苦，实亦可为大局忧也。”[66]此刻，他所萦怀的仍然不只是自己一家之苦，而是国家民族的命运前途。

战时生产局

1944 年 11 月，翁文灏又被任命了一个新的职务——“综理战时生产事务之最高机关”战时生产局局长。[67]

抗战初期大后方工业曾出现过一个蓬勃发展的态势，不仅资源委员会所属国营工业如此，民营工业同样有一个突飞猛进的发展。从民营工厂的数量增长上看，1937 年新增工厂 60 家，1938 年新增 183 家，1939 年新增 346 家，1942 年新增 1077 家。民营工业短期内获得迅速发展的原因大约有三：一是因为对日抗战的客观需要，为工业发展提供了巨大的市场。战争造成物资消耗的猛增，强烈刺激了军火、药品、交通工具等多种工业及相关产业的发展；沦陷区人口大量迁移后方，也增加了对工业产品的需求。另一方面，战争又使正常对外贸易锐减，特别是日用消费品的进口几乎断绝，使以前需要进口外国或沿海地区产品的内地市场，完全要依赖自己的生产。其次，民营企业家在团结抗战、共赴国难的爱国主义精神激励下，为积极改变后方工业的落后面貌，以实际行动支援抗战而努力奋斗，克服了重重困难，在内迁的基础上，不断扩大生产规模，改进生产技术，提高生产效率，增加产品产量。第三，翁文灏主持的经济部工矿调整处对民营企业实行积极协助和奖励政策，也对民营工业的发展起到了推进作用。工矿调整处成立之初，翁文灏曾向厂家表示：“国民政府工矿调整处是为厂家服务的，不是个做官机关，要官民打成一片。”[68]

翁文灏还积极推动民营企业家的联合合作。在工矿调整处的建议下，1939 年以后在重庆成立了全国工业协会、迁川工厂联合会、国货厂商联合会、西南实业协会、战时生产促进会、中小工厂联合会等战时民营企业联合组织，既方便了政府与企业家间关系的沟通，也有助于企业之间的联络。翁文灏还经常参加重庆企业家的“星五聚餐会”，倾听企业界的呼声，宣讲政府经济政策。

工矿调整处对民营企业的奖助方式主要有：贷助资金、供应材料、定购产品和奖励技术进步、培训技术工人等。1938 年至 1945 年 2 月底，由经济部直接办理或工矿调整处办理的直接贷助金共计 2.4 亿元；1938 年，“工矿调整处拟订购储材料工具计划，统筹购储备厂所共同需用之材料”，次年成立材料库，先后向国内外收购大量工业材料、器材、工具，分配厂矿。另外还有保息补助、小工业贷款等。

但好景不长，战时后方工业从 1943 年开始走下坡路，一方面表现为新设工厂数量的减少和规模的缩小，另一方面表现为一些工厂减产、合并、出顶，以及“以商养工”、“以商代工”现象的发生。造成这种现象的元凶，既有重庆政府经济政策上的主观因素，更因为 1942 年滇缅公路被日军切断，中国大后方处于几乎完全被封锁状态的客观形势。

经济的衰退自然要影响军事的抵抗力量。为了维持重庆政府，增强中国战场抵抗和牵制日军的实力。1944 年 9 月，美国总统罗斯福派其私人代表赫尔利和美国战时生产局长纳尔逊（Nelson）来华，商谈协助中国后方生产问题。

纳尔逊原是美国私人企业 Lears&Robeck 百货公司的总经理，在战时加入政府，任美国战时生产局局长，深受罗斯福的信任。1944 年 11 月，纳尔逊以美国总统特别代表的身份再度来华，此时他已不再担任美国战时生产局局长，而以重庆政府高等经济顾问的名义，专门负责美国对华经济援助工作。纳尔逊认为中国各机关职权划分不清，不能协调，工业生产应集中于战时生产局一个机构，凡是生产局长决定，不管各部意见如何，一概不能更改，美国援助也应都经由生产局，不另给各部。按照纳尔逊的建议，11 月 16 日中国战时生产局正式成立，蒋介石任命翁文灏为局长（1945 年 1 月 10 日正式任命），彭学沛为副局长。

按照《战时生产局组织法》，“战时生产局为综理战时生产事务之最高机关，隶属行政院，并受军事委员会之指挥监督”。其负责范围为：“一、关于军用及主要民用物资之生产事项；二、关于国内外主要器材之购办事项；三、关于生产之优先次序事项；四、关于器材及从事工业人员之支配事项；五、关于紧急军用及民用物资之进出口事项；六、关于军用及主要民用物资国内及国际之运输优先次序事项；七、关于军用及主要民用原料成品之标准化及节约，与原料成品规范之修订及技术之改进事项；八、关于军用物资之购储事项；九、关于主要之战时生产所需原料成品及设备之征用事项；十、关于房屋、公路、公共工程及其他建筑所用器材之限制使用事项；十一、关于生产及购办工业器材及建置工业设备所需资金之决定事项。”[69]几乎囊括战时生产的一切方面。

战时生产局内设八处，各处及其负责人分别是：秘书处处长吴兆洪（后为吴景超），优先处处长彭学沛。材料处处长张兹闿，制造处处长包可永，军用器材处处长杨继曾，运输处处长王炳南，采办处处长严家淦，财务处处长张悦联。[70]美国机械制造专家孔莱（Coonley）、纳尔逊的秘书杰克逊（Jacobson）为生产局顾问，同时又先后派来 20 余名美国工业技术专家负责技术问题。

按照国民政府的授权，战时生产局所定有关“战时生产之计划及办法”，“战时生产之优先次序、采办及建造方案”，“战时生产之物品运输方案”等，“各公私战时生产机构及政府管制机关均应照办”。1945 年 1 月，行政院液体燃料管理委员会及经济部工矿调整处、燃料管理处均划归该局。

战时生产局的任务就是要促进国内军用及民需必要物资的生产。纳尔逊提出要由政府提供资金，向各厂矿订货生产，并认为这是通货膨胀时期政府鼓励生产极重要的办法。但孔祥熙把持财政部，反对这种办法，理由是这样会加速通货膨胀，而主张将中国、中央、交通、农业四行的生产货款权交给战时生产局代行。尽管纳尔逊反对，认为银行贷款还本之外还要加收利息，才真正是加速通货膨胀，但财政部坚持自己的意见，结果“财政部对战时生产局只担任职工薪津旅费和招待美国人的钱，至于为数较大而直接帮助生产的钱，就是生产的业务费，完全是靠银行贷款来运用的”。据翁文灏 1945 年初在参政会报告:“该局成立之初即与四联总处商妥透支 100 亿元。”[71]

战时生产局采用的方法主要有：1.产品预订，即战时生产局向厂家提供产品订单，并事先优付定金。2.向厂家购储与作战有关之物资，以鼓励该物品的生产。3.订立《工业设备租贷办法》，将国有设备和美国借法案物资有偿租贷厂矿，以增加其生产能力。4.垫助资金。即在必要情况下向工厂提供短期贷款。5.技术协助，制定公布工业标准，并派专家赴工矿指导技术改进工作。6.对于生产所需原料及器材代为筹措。此外还有运输及技术工人培训等问题。

战时生产局从成立到 1945 年 3 月止，共提供了价值 23 亿多元的产品订单；向厂家付出购储物资的定金及价款 1.64 亿多元；向厂家提供短期垫款 8 亿余元；付出购料定金及贷款 17.6 亿余元。[72]

战时生产局的成立，对于抗战后期大后方工业的恢复，对于争取抗战的最后胜利，具有积极的作用，翁文灏也为此付出了很大的心血。

虽然付出了很大的心血，但战时生产局对后方工业建设和抗战胜利还是产生了非常积极的影响。抗战胜利前后一段时期，还有一件让翁文灏同样付出很多心血，但却几乎丝毫未见效果的工程，就是三峡水电站的建设。

从 1943 年开始，翁文灏即着手规划战后的中国工业恢复与重建工作，甚至着手制定战后五年工业发展计划。他接受战时生产局美国经济顾问柏斯克的建议，考虑由美国投资并提供设备，在三峡建造水力发电厂及化肥厂的计划。当时的总体设想是：利用美国贷款，在三峡建造一容量为 1050 万千瓦的水力发电厂，同时建造一座利用三峡电力年产 500 万吨的化肥厂，以向美国出口化肥的方式，用

15年还清全部贷款。1943年底，翁文灏与钱昌照联袂电邀美国著名水电工程师萨凡奇来华考察。

萨凡奇是水利工程方面的权威专家，在美国垦务局任设计总工程师近三十年，先后在美国及加拿大、澳大利亚、南美及亚州等地主持设计大型水利工程60余处。萨凡奇于1944年5月从印度飞抵重庆。为了配合萨凡奇的工作，资源委员会进行了充分的准备，搜集了相关丰富的资料包括海关五十多年来的水文记载、中央地质调查所的地质资料、全国水利委员会和扬子江水利委员会的相关记录，以及飞虎队拍摄的高空摄影照片等。在黄育贤、李鸿斌等中国地质及水电专家的陪同下，萨凡奇还于8月间坐船从三斗坪顺流而下，至石牌一带，亲自查看了三峡一带的地形和地质状况。在中国水利、地质等相关专家和技术人员的协助下，萨凡奇经过两个多月的研究、设计和计算，于1944年10月初向翁文灏呈送了一份《扬子江三峡计划初步报告》。

依照萨凡奇的设想，三峡工程包括水库、拦河坝、溢水堰、泄水堰、引水道、厂房、尾水道和船闸等数项工程，兼有防洪、航运、灌溉的功能。初步计划在宜昌上游5～15公里的南津关至石牌之间选定一坝址，坝身用混凝土直线重力式，坝顶高度约250米，蓄水水位约160米。坝的中部装在16米高的钢质鼓形水门，下部再装有泄水管两排，计104孔，每孔直径2.4米。水电站房设在长江两岸，全部深藏于岩石隧道内，各安装48台水轮发电机组，每台机组容量11万千瓦，总装机容量1056万千瓦，估计年发电量为817亿度，水库蓄水量617亿立方米，蓄洪量270亿立方米，工程造价估计10亿美元左右，计划用8年时间完竣。

虽然萨凡奇计划只是一份供工程人员对三峡计划继续调查、测量、钻探及研究时作为参考的初步报告，但一经披露，立即在陪都重庆产生了巨大轰动，饱受战火煎熬的国人似乎看到了战后中国经济复兴的曙光。翁文灏特以经济部的名义向萨凡奇颁发了金质民生勋章，以表彰其对中国经济发展的杰出贡献。蒋介石也于 11 月 12 日在官邸举行茶会，招待萨凡奇博士。1945 年初，国民政府正式批准了萨凡奇的三峡计划，并令资源委员会具体着手筹备建设。

翁文灏以资源委员会的名义于 1945 年 5 月 1 日聘请萨凡奇为该会顾问，并于 11 月 21 日与美国垦务局正式签订了技术协助合约，由垦务局代为进行三峡大坝的工程设计。1946 年 3 月萨凡奇再度来华，并对三峡坝址进行复勘。在翁文灏的积极推动下，三峡工程的各项准备工作迅速展开。从 1946 年 5 月起，资源委员会先后派出 54 名工程技术人员，携带三峡资料，由工程师徐怀云带队赴美国垦务局参加机械、电器设备等专业组的设计工作。同时国内组织相关专家和技术人员进行的各项实地勘测，包括航空测量和地质钻探工作也都在积极进行之中。然而，国内政治形势的变化，让翁文灏始料未及。1947 年 5 月，南京政府宣布“三峡工程暂告停顿”。翁文灏怀着万般苦涩的心情，致函美国垦务局及萨凡奇，称有关三峡计划设计工作因国内经济困难暂停，并随即全部召回了在美国丹佛从事设计的中国技术人员。

与学术界的联系

除了经济建设工作之外，在抗战期间，翁文灏还对中国文化建设倾注了很多的心血。他与中基会、中国地质学会、中国工程师学会和中央研究院等都有着密切的联系，是这些机构的领导者或核心成员。

翁文灏是中央研究院首届评议员，后又继丁文江任评议会秘书，为中央研究院的发展做了许多有益的工作，得到大家的肯定和好评。

成立于1928年的中央研究院，一直由其创建者蔡元培先生任院长。1940年3月5日蔡先生在香港逝世后，中央研究院院长继任人选问题颇为中国知识界所瞩目。按中央研究院章程，中央研究院院长的产生实行“提名制”。即由该院评议会通过评议员投票方式，选出3位候选人上呈国民政府。由国民政府主席从三位被提名的候选人中，圈定一人。当时中央研究院还没设院士，评议会为全国最高学术评议机构，除负责联络国内各研究机关，决定研究学术之方针，促进国内外学术研究之合作互助，并握有推举院长候补人之权。评议会由以院长为议长，设秘书一人负责日常事务。为使本已处于战火之中的科学事业不再因主持无人而受更多的损失，中央研究院 3 月中旬即召集评议员赴重庆开会，以选举院长候补人。正式会议开始之前，负责具体主持评议会工作的评议会秘书翁文灏，即与在重庆及已到重庆的评议员朱家骅、王世杰、傅斯年、周仁、竺可桢、汪敬熙、李四光等，就院长候补人问题进行了非正式沟通，征询大家意见。时任中国驻美国大使的胡适，似乎是中研院院长最热门的人选。傅斯年在致胡适的信中说："我辈友人以为蔡先生之继承者，当然是我公，又以为从学院之身分上说，举先生最适宜，无非表示学界之正气、理想、不屈等义。"据说陈寅恪曾声明，重庆之行只为投胡适一票。但是，翁文灏 3 月 16 日接到一封陈布雷给他的信，说蒋委员长"盼以顾孟余为中研院院长"。翁文灏次日在中研院与傅斯年等会面时，原样转达了陈布雷信中的意思。不料一石激起千层浪，傅斯年对此"颇表愤慨"，认为这种事先指定的做法"于（中央研究院组织）法不符"。汪敬熙、李四光也"主张应有 Academic free spirit（学术自由精神）"。

翁文灏将众人的意见很快反馈到陈布雷处。陈布雷急忙对翁文灏解释，说蒋介石只是在与他和张群谈及中研院时，提到中研院应归行政院管辖，院长不宜由评议会选举，但也"未言决即更改"；"对院长人选，曾提及吴稚晖、戴季陶、钮铁[惕]生等，嗣又提及顾孟余"。陈布雷如此一说，好像反倒是中研院小题大做了。既然蒋本人也只是非正式地提及，并没有一个断然的决定，除向陈布雷说明“盼能依法办理”，希望不至破坏法律外，翁文灏也就没有再作更多的表示。此外，他特意又走访了陈布雷提到的，蒋作前述表述时的另一位在场者张群，似乎也没有探听到更多与陈布雷所说不一致的地方。下午，翁文灏与傅斯年、任鸿隽、李四光、汪敬熙等人一起，又同王世杰专门讨论选举院长事。据翁文灏日记载，当时王世杰只是表示，关于此事，他本人“有二个consciences(良心)”。两个什么consciences?王世杰具体说没说也不得而知。到3月20日，已有更多的评议员到渝，大家又聚在中研院，酝酿院长候补人选，议论所及，主要有胡适、翁文灏、朱家骅、王世杰、马君武及顾孟余六人。次日，在翁文灏举行的欢迎宴会席间，评议员们进行了一次民意测验性的非正式投票。结果翁文灏得23票，胡适得22票，朱家骅得19票。

中央研究院评议会终于在重庆的蒙蒙细雨中，于3月22日正式开幕。第二天，会议进行院长候补人的正式选举。到会评议员以无记名方式推举三名院长候补人，结果翁文灏与朱家骅各24票，胡适20票，李四光6票，王世杰4票，顾孟余1票。按照有关规定，评议会将得票最多的前三人具名呈报国民政府。

按说此事的结果还算圆满，一方面学者们顶住了最高当局的“条子”，显示了自己的academic free spirit；另一方面，当局没有再强行施压，或搞暗箱操作之类，而学者们选出的翁、朱、胡三人，也并不出当局意外。胡适旺盛的人气原本也只是国内知识界一种情绪的表达与释放。陈源的态度可谓是最典型的代表：中央研究院院长胡适当得，但是他“现在在美国的使命太重要，不能回来也是事实”。傅斯年说得更明白：“实则我们之选与不选，先生之就与不就皆不相干。”而且他们也没指望蒋会舍翁、朱而选胡。况且连胡适本人也此时也“并不想做院长”。

按说接下来的事应该比较简单了。胡适是思想家，当时中国名气大得不能再大了的学者，现任驻美国大使；翁文灏是中国地质学的奠基者，也是当时中国科学家中国际知名度最高的，现任经济部部长；朱家骅在三人之中学术资历最浅，但也算是地质学家出身，作过大学教授、系主任，现任国民党中央组织部长。三人之中圈定谁都没有什么困难，甚至不久就已有人向在国内的胡适夫人江冬秀道贺：胡适要当中研院院长了。

然而一波未平一波又起，从 3 月下旬直到 9 月上旬，中央研究院院长的正式任命迟迟没有下文。实际上，关于中央研究院院长人选问题，自从蔡元培逝世以后各方就一直在较量之中了。

最不愿意胡适此时回国的是国民党中央宣传部长王世杰。用王世杰的话说，虽然胡适算不上一流的外交家，美国的外交政策也不是容易被他国外交官转变的。但他认为，美国外交政策中那些可以设法转变的，胡博士去做就比其他人有效。因此他极力反对让胡适回国当院长。据信，蒋介石让陈布雷“下条子”举顾孟余的事，就是王世杰的移花接木之计。没想到弄巧成拙，此事遭到学者们的强烈反弹，选胡适的呼声反而更高。陈寅恪尤其大发学术自由之说，甚至明确表示：我们总不能单举几个蒋先生的秘书。

最想且最有能力把胡适从美国调回来的，不是傅斯年，更不是陈寅恪，而是行政院副院长兼财政部长孔祥熙。孔祥熙是个对权力和财富欲望都很强烈的人，虽家财万贯，仍聚敛不止，尤善假公而济私。尤其是知识分子，对孔祥熙最为反感。傅斯年多次在国民参政会公开攻孔，要求其下台。而胡适对傅斯年的攻孔行为是不赞成。

但是，1940 年初，为美国第二次对华借款以云南锡矿砂作抵押事，胡、孔产生矛盾。孔祥熙同意在先，内容对外公布后又反悔，责备条件太高，要求胡适重谈。双方关系由此恶化，孔甚至必欲使胡适去之而后快。中央研究院院长选举之后，孔祥熙找到了一条排挤胡适的正当理由。

很快，国内有关胡适将回国任中研院院长的消息不胫而走，甚至驻美大使的继任人选颜惠庆本人都已整装待发了。与此同时，孔则不断组织进行对胡适的攻击。“因为他们攻击的次数太多”，蒋介石也做出“还是请他回来吧”的表示。此时最觉尴尬的要算是胡适了。虽然“并不想做院长”，但此时若声明不干，那则有恋栈之嫌。因为在知识分子眼中，中研院院长就象大学校长一样，必竟属于学术职务，而驻美大使则是政府官员。“官迷”的名声对于崇尚自由主义的胡适要算是最重的骂名了，因此他一开始采取了“此时一切不过问”对策。但是没过多久他就撑不住了。7 月 22 日，胡适致函王世杰，对外间盛传其将被免职事表示不快，且露辞意。收到此信后，王世杰如热锅蚂蚁，他先后找陈布雷、翁文灏商议对策，又将信送呈蒋介石。此事的最后决定者蒋介石，此时方正式表示由胡适继续任大使不变，并嘱外交部公开否认外电所传胡适辞职谣言。27 日，王世杰电胡适：“外传调兄返国，均由中央研究院问题引起，政府觉美使职务重于中研院，迄无调兄返国决定。”

接下来院长的人选只有在翁文灏、朱家骅之间选择了。一直到蔡元培先生逝世半年有余的 9 月 18 日，国民政府才正式公布派朱家骅为中央研究院代理院长的任命。

1942 年四五月间，翁文灏收到中央研究院历史与语言研究所所长傅斯年寄自云南李庄的一封信。信中说：“梁思成、思永兄弟皆困在李庄。思成之困，是因其夫人林徽因女士生了T.B，卧床二年矣。思永是闹了三年胃病，甚重之胃病，近忽患气管炎，一查，肺病甚重。……他们二人万里跋涉，到湘、到桂、到滇、到川，已弄得吃尽当光，又逢此等病，其势不可终日。”傅特别推崇“思成之研究中国建筑，并世无匹。……其夫人，今之女学士，才学至少在谢冰心辈之上。”“思永为人，在敝所同事中最有公道心，安阳发掘，后来完全靠他。”“……总之，二人皆今日难得之贤士，亦皆国际知名之中国学人。今日在此困难中，论其家世，论其个人，政府似皆宜有所体恤也。”信末，傅斯年特别强调：“思永、思成二人之处境，恐无外边帮助要出事”。

傅斯年的信原本是寄给他的顶头上司中央研究院代理院长朱家骅的。因为当时梁思永是中研院史语所的研究员，梁思成所在中国营造学社的主要成员此时也已划入史语所的编制，他们都应算是傅斯年的直接属下。但是，考虑到朱家骅正在病中，所以他还“写了同样信给咏霓”。估计一方面是傅斯年怕朱家骅在病中无力顾及，为保证此事能收到切实效果，故采用了“双保险”策略。而另一方面，与翁文灏在中国学术界的地位，以及他本人与梁家的友情亦不无关系。因为在给朱家骅的信中，傅斯年特意提及他之所以同时写信给翁文灏，就是因为“咏霓与任公有故也。”

翁文灏与梁任公梁启超有何“故”呢？说来话长。据翁文灏晚年回忆，在震旦读书之时，业余“读梁任公编《清议报》、《新民丛报》，严几道译《天演论》、《群学肄言》，始知优胜劣败，须图自强”。喜读《新民丛报》，甚至深受梁任公“新民体”文章的影响，这大概是那一代中国知识分子许多人都有的经历，自然算不上有“故”。地质调查所时期，翁文灏已与梁启超有所交往，特别是1922

年地质调查所面临被裁撤危机之时，梁启超出手相援，大概要算梁翁之“故”的开始。此后，翁梁交往虽不甚多，但也属惺惺相惜一类。特别是梁启超去世后，翁文灏又为那部著名的《梁任公年谱长编》出力甚多，也留下学术界一段佳话。最初主持《梁任公年谱长编》编纂工作的是地质调查所前所长、梁启超的故交丁文江，具体工作由赵丰田担任。此事原本与翁文灏全无关系。不幸的是，丁文江于1936年初英年早逝。为免此事半途而废，翁文灏竟毅然接手，代替丁文江继续主持。丁文江逝世六天之后的1936年1月12日，翁文灏即会见赵丰田，了解年谱工作进度，协助解决具体困难。不久，梁思永又给他送来部分梁启超日记抄本。此后，翁文灏还与胡适多次商讨年谱的编纂工作。年谱初稿完成以后，翁文灏陆续油印50部，分别寄送胡适等相关人士，征求修改意见。编纂梁启超年谱事虽已有丁文江搜集资料、亲订体例在先，赵丰田具体从事于后，但若非翁文灏督促坚持，最后究竟何时能成，也是难以想象。从翁文灏来讲，一方面是代亡友丁文江完成此未竟之业，一方面也是对梁任公于近代中国思想界巨大贡献及当年患难之际出手相援义举的回报吧。

令人庆幸的是，傅斯年“双保险”的信最后得到了让人圆满的结果。不久，傅斯年收到了一笔二万元的资助款项，代为写了收条，并将款项如数送到梁氏兄弟手中。因梁思成不在李庄，林徽因当即作函回报，情真文雅，传为美文。全文如下：

孟真先生：接到要件一束，大吃一惊，开函拜读，则感与惭并，半天作奇异感！开函拜读,则感与惭并,半天作奇异感！空言不能陈万一,雅不欲循俗进谢,但得书不报,意又未安。踌躇了许久仍是临书木讷，话不知从何说起！今日里巷之士穷愁疾病，屯蹶颠沛者甚多。固为抗战生活之一部，独思成兄弟年来蒙你老兄种种帮忙，营救护理无所不至，一切医药未曾欠缺，在你方面固然是存天下之义，而无有所私，但在我们方面虽感到lucky终增愧悚，深觉抗战中未有贡献，自身先成朋友及社会上的累赘的可耻。

现在你又以成、永兄弟危苦之情上闻介公，丛细之事累及咏霓先生，为拟长文说明工作之优异，侈誉过实，必使动听，深知老兄苦心，但读后惭汗满背矣！

尤其是关于我的地方，一言之誉可使我疚心疾首，夙夜愁痛。日念平白吃了三十多年饭，始终是一张空头支票难得兑现。好容易盼到孩子稍大，可以全力工作几年，偏偏碰上大战，转入井臼柴米的阵地，五年大好光阴又失之交臂。近来更胶着于疾病处残之阶段，体衰智困，学问工作恐已无份，将来终负今日教勉之意，太难为情了。素来厚惠可以言图报，惟受同情，则感奋之余反而缄默，此情想老兄伉俪皆能体谅，匆匆这几行，自然书不尽意。

思永已知此事否？思成平日谦谦怕见人，得电必苦不知所措。希望咏霓先生会将经过略告之，俾引见访谢时不至于茫然。此问双安。

以往有关梁思成、林徽因的著述中，都将此事之成归功于朱家骅的努力，但是有关细读傅、林两函，有一件事让人莫名其妙：林徽因在给的傅斯年这通谢函中，却没有一句对朱家骅的感谢之言。这又为什么？

依常理推想，如果朱家骅曾为此事出力，傅斯年不太可能隐其善行不向梁思成、思永兄弟及林徽因道及。而林徽因如果知道朱骝先院长为此事尽过心力，也绝对不可能没有只语片言的谢词。尽管朱家骅长期以来作为党国大员，主管国民党中组部，推行特务政治，在自由主义知识分子中形象不佳。但他毕竟也是北大教授出身，出任中央研究院长代理院长后与知识界的联系也尚称融洽。况且林徽因也不至于嫉恶如仇般连最起码的人之常情也不顾，相反她是极与人为善，受人点滴之恩则报以涌泉的。其处世为人的态度，已有很多关于她的传记著述作过很生动细致的描述。那么，唯一合理的解释就是：此事的成功与朱家骅并无直接关系。

如果再细读林徽因的信，那句“丛细之事累及咏霓先生”的话，背后是不是同样有“感激之情，而又不失知识分子的自尊人格”？

回过头来，我们再检索翁文灏的相关史料，终于看到了这件沉迷已久的悬案真正的谜底。翁文灏有记日记的习惯。但是因为日记文字非常简练，如果不清楚其所经事情的前因后果与相关人物，往往不知其所云何事。我们在翁文灏 1942 年日记检索到两处提及梁思成、思永兄弟的文字：

1. 9 月 16 日（星期三）访陈布雷，托梁思成、思永事。

据翁文灏日记所记，这一天的上午，翁文灏去了国民党中央训练团，为受训的干部演讲《最近之经济建设》。中午请荷兰驻华公使等人午餐。下午，在接见了来访的穆藕初等人之后，他登门走访了蒋介石的秘书陈布雷，第一件事就是“托梁思成、思永事”。然后，又提及美国方面对魏道明作驻美大使的反响。但究竟其对陈布雷所托梁思成、思永何事，日记一字未提。

2. 9 月 28 日（星期一）接见……周国□（送来蒋赠梁思成、思永贰万元正，余即转李庄傅孟真，托其转交）。

翁文灏每天接见大量中外来访人物，日记中对于每日所见人物大多只记名字，如有重要事情，往往在名字后的括号里稍有记录，以为备忘。这位周某某是翁文灏 9 月 28 日所接见的第八位来访者，他名字后面括号里的 25 个字，无疑就是这个故事最准确的谜底。

由此我们可以得知，收到傅斯年的来信以后，翁文灏于 9 月 16 日拜访了陈布雷，并通过陈布雷将梁思成兄弟困顿之情上达蒋介石，可能也将傅斯年的来信一并转交了。12 天以后，蒋介石派人送来二万元，翁文灏当天即转寄李庄的傅斯年，请其转交梁氏兄弟。这也正是为什么林徽因在给傅斯年的信中，会有“现在你又以成、永兄弟危苦之情上闻介公，丛细之事累及咏霓先生”，“希望咏霓先生会将经过略告之，俾引见访谢时不至于茫然”的说法，而只字未提对朱家骅的感谢。如果说傅斯年这“善莫大焉、功莫大焉”之举尚有其职责所在的因素，那么翁文灏的帮忙，则真是彻底地出于知识分子之间惺惺相惜、患难与共的真诚友谊，出于中国人的传统美德。真不敢想，如果没有傅斯年、翁文灏的出手相助，梁氏兄弟及林徽因和她的孩子们能否度过那道坎。

中华教育文化基金会是翁文灏联系密切的文化机构之一。20 年代翁文灏就是中基会的董事并兼管基金会财务，1936 年他再度当选为中基会董事。1941 年 12 月 7 日太平洋战争爆发，美日交战，太平洋交通断绝，中基会的运作也遇到重大障碍。具有远见的中基会董事们，在太平洋战争爆发前就依据对国际形势的客观分析，估计到美日极有可能在太平洋爆发战争。为了使中基会在战争中能保持正常工作，受资助的科学机构和科学家不因此而中辍研究，1941 年 4 月 18 日在香港召开的中基会第 17 次年会上，董事会通过一项决议：如果美日战争一旦爆发，出现交通阻断的“紧急状态”，董事会无法正常开会，在华、在美董事可分别组织“紧急委员会”（后改为“非常时期委员会”）；“财政委员会在美事务应由全体在美董事会同纽约财政顾问委员会处理之”；授权贝克和重庆办事处干事长任鸿隽在“紧急状态”期间代董事会会计签署支票与每月借款收据。[73]

1942 年 1 月 18 日，在内地的中基会董事在重庆举行会议，正式成立非常时期委员会，并在重庆设干事处，以处理中基会在国内的事务，维持中基会事业继续进行，翁文灏被选为委员会主席。同时选举的其他职员有：秘书周诒春，会计杨亚德、任鸿隽，执行委员孙科、蒋梦麟、杨亚德，干事长任鸿隽。不久，在美国的董事们成立了中基会特别驻美委员会，以孟禄为主席。孟禄不久因病辞职，由当时担任驻美大使的胡适继任主席。

尽管翁文灏当时担任着经济部部长并兼任资源委员会主任委员、工矿调整处处长等众多职务，但他对中基会的事务依然倾注了极大的热情，经常与在美国的胡适互通信息，商讨协调维持中基会各项工作顺利进行，共同商讨决定有关行政、财务的重要决策事项、规章制度的修改等，在中基会事业最困难的时期，担负了艰巨的责任。直到 1945 年抗战胜利，非常时期委员会和特设驻美委员会撤销，中基会董事会恢复正常工作，翁文灏才改任副董事长。

抗战时期是中基会成立以来最困难的时期，不仅是因为战争环境打乱了正常的工作秩序，使中基会补助事业和自办事业受到巨大的破坏和干扰，更严重的是中基会本身也曾面临是否能够继续存在的危险。1943 年 1 月，中国政府与美国签订了中美新约，取消中美之间的不平等条约，其中包括美国放弃庚子赔款的权利，中国对美庚子赔款终止支付。这样依据美国庚子退款而成立的中基会即面临有无继续存在必要的问题。当时在国民政府内部有两种观点：一种认为应乘此机会，将一切带有“国耻色彩”的事物统统铲除，以教育部长陈立夫为代表的一些人，坚决主张裁撤所有庚款机构，并将中基会“原经办事业改由教育部接办，或另设机关办理，直隶教育部”；[74]另一种观点则想保留与英美进行文化联系和合作的组织，以为将来进一步合作的基础，翁文灏等中基会的董事们就是这样认为的。此事提到行政院会议研究之时，由孔祥熙指定教育、外交及财政三部会商解决。为了促使主管机关的注意，翁文灏把该会的历史、事业及今后的工作计划写成一个数千字的说帖，分别送呈外交、财政、教育诸部。同时，翁文灏与董事会干事长任鸿隽于 2 月 28 日联名致电在美国的胡适、施肇基，希望在美国的董事们贡献意见，发挥影响。不久，胡、施二人分别回电，认为中基会是一个永久性质的基金会而非单纯的庚款管理委员会，所管理的资金也不仅限于本会基金，而且从为中美教育文化保留一个历史联系的角度，也不宜解散，“此间同人亦均主张中基会仍宜继续存在”。经胡适等人的游说，美国政府虽没有正式表态，但也非正式地“表示此会美方素所关怀，愿其继续存在”[75]。

但这些都没有足以使重庆政府改变态度。因为教育部已有成见，财政、外交两部均未能有所积极主张，故会商久无结果。翁文灏与董事们冥想苦索，反复讨论如何有效阻止对中基会的扼杀。他还就“是否续为坐视，抑联名函陈”蒋介石、孔祥熙问题征求胡适意见。反复研究讨论的结果，翁文灏等决定：不提“任何办法”，只将“从前创立时中美换文缮录一份，分送财政、教育、外交三部参考”[76]。翁文灏想靠事实说话，大概也是考虑过分的张扬可能会刺激某些人物本就敏感的神经，反而引起逆反心理，而寄希望于主管当局从教育文化发展着想。由于两种意见的针锋相对，重庆政府迟迟没有明确的表态，中基会处于不明不白、不死不活的境地，在与财政部办理借款担保手续及利息补助等交涉时均非常困难。由于陈立夫的力主，行政院财政专门委员会在审查各庚款机关补助预算费时，最后

“决定将所有庚款机关一律裁撤。国防最高委员会遂依此议决取消”[77]。行政院通知中基会，要求该会于1944年底解散。

翁文灏等待重庆主管当局自己觉悟的设想落空，中基会的董事会不得不再次联络商讨，交涉抵制，以保全中基会的事业和合法的权益。翁文灏为此专门电告孔祥熙，恳请设法予以维护。胡适也为此专门会见赴美的孔祥熙。孔祥熙最后答复：抗战结束前暂继续维持，战后再议办法。许多人认为，目前争取到这种结局已经是最好的结果了，然而翁文灏觉得“此项办法虽战时暂免结束，一俟战事结束问题必将再起”。因为抗战期间重庆政府需要英美对抗战的支持，或许还要顾忌到与英美等国的同盟关系，而战争结束之后形势如何发展难以预料，届时难免心怀觊觎之心者再次发难。为一劳永逸计，翁文灏决定亲自上书蒋介石，“将中基会应予永久维持之理由，以及国外对于我国撤销该会之不良反响详为剖析”。他认为中基会自成立以来“办理情形尚得中美两方之信用”，收支账目均经刊印送呈政府备案，对于促进教育文化发展是有积极贡献的;《辛丑条约》是不平等条约，中美新约明文撤销该约，但“中国方面应念以前接收庚款之协定并非不平等条约可比，为中外交谊计，不宜单方面断然废止”。而且照此推理清华基金亦可随时撤销，“似非政府昭示信用之道”，同时中基会章程中并“未明定其为专赖庚款，且于中国权益特为尊重，似应准予保留，以免更张”。他建议蒋介石“宜通盘考虑利害轻重关系，早作适宜决定”。

翁文灏没想到的是，他给蒋介石的呈文送往侍从室后，侍从室竟以蒋“已对行政院张秘书长有所指示”为由，将原件退回，拒绝转呈。这种对呈文拒绝签收转呈的情况也是极少前例的，由此也可见各方阻力之大。

1944 年末形势出现转机，陈立夫的教育部长由朱家骅接任，宋子文代理行政院长。朱家骅对庚款机关的态度“与前任迥不相同”。经过多方商谈，与朱家骅达成这样的共识：1.组织规章中涉及“庚款”字样者，一律修改，以免国耻色彩；2.酌增董事名额，修正章程，将教育部长、中研院院长、清华大学校长列为当然董事；3.中美新约签订以前应付的款项由政府照数补拨，此外可以接受外界捐款。

虽然组织暂时通过难关得获维持，但实际事业的发展才是组织存在最坚实的基础，翁文灏为此忧心忡忡，于 1945 年 5 月 4 日给胡适写了一封约有 2500 字的长信，表达了这种焦虑，并对中基会工作方针提出了一个全面的设想。

翁文灏认为中基会肩负“提倡文化及中美合作的任务，且经政府委托永久保管清华大学的基金”，又规定可以接受其他捐款或代管其他基金。董事会无疑负有重大责任。中基会刚成立之时，因北洋政府时期内战不断，各教育文化机关经费奇缺，中基会的各项补助费“曾有起衰延命的功绩”。如今教育、科学机关经费已不似那时艰窘，而中基会因赔款停止，基金有限，也没有足够的款项继续提供补助费，今后的工作需要未雨绸缪。翁文灏注意到虽然目前教育科学机关日常的经费有来源，而积极前进、宏大进步的力量仍大有不足，而如何才能造成积极前进、宏大进步是战后中国的“要举”。他建议中基会“认识此实在需要，而准备所以贡献的方法”。

他认为力分而效不宏，集中援助则推进较易为力，主张“尽量减少分散补助而集中扼要的提倡”。中国需要积极帮助的教育文化机构主要是大学、图书馆、科学研究机构。大学方面，中基会与清华、北大关系最久且最密切，“此后仍可继续为真切的协助”，但同时应在长江流域及在东北积极物色一所基础健全的大学，作为援助的对象，如果能集中辅助五所大学，中基会“对高等教育可称尽了应尽的任务”。图书馆方面，北平图书馆是中基会资助兴建，是一个有价值的基础，而且“北平仍将成为中国的文化中心”。翁文灏主张北图应在“对于国家建设的资料更为加重”，“外国文研究中国的文献更为完备”，在“每年发行全国学术论文及国外研究中国学术的著作目录”及“认真执行国际学术刊物的交换”方面有更好的表现和更大的作用。

或许出于各自所受的教育和所从事的专业研究不同，翁文灏与胡适在对中基会补助和教育发展的侧重点上一直见解不同。1937 年抗战爆发前，他们就曾进行过争论。此时面临战后恢复和建设形势，翁文灏再次旧话重提，他认为：“由近代科学进而有工业革命，由工业革命进而有近代国家，西洋以往的历史如此，中国目前的途径亦不能不如此。”翁文灏预计战后中国必然要从事经济建设，实际上他已经开始为此谋划。他提醒“此为中国由旧转新的重要机会，中基会必须对此新机有所贡献”。因此他主张对于一切有关“建设工程上资料的收集，人才的养成，中外的联络，中基会皆有切实用力的责任”。他甚至细致规划了中基金应注重的学术机构和侧重点，提出具体解决办法，例如，他认为应注重协助的机构应该有：中央研究院、地质调查所、生物研究机关、物理研究机关、化学研究机关、考古及语言研究机关（历史语言研究所）。又如，他还建议中基会加强与清华大学无线电研究所、资源委员会的各种技术研究组织的联系等。[78]

翁文灏有许多设想，但历史并没有给他同样多的机会。历史在按它自己的规律，不以任何人的意志为转移地运转着。

注释

①③ 翁文灏:《一九三七年访问英德和苏联的回忆》,《文史资料选辑》(全国政协)第 1 辑。

②《胡适往来书信选》,中华书局。

④ 张宪文:《〈蒋介石政府与纳粹德国〉中文本序言》,《蒋介石政府与纳粹德国》,中国青年出版社,第 1 页。

⑤㊸ 柯伟林著,陈谦平等译:《蒋介石政府与纳粹德国》,中国青年出版社,第 153 页。

⑥ 吴兆洪:《我所知道的资源委员会》,《回忆国民党政府资源委员会》,中国文史出版社,第 79 页。

⑦⑧⑳㉑㉖㉗㉛㊲㊵ 翁文灏:《年谱初稿》。

⑨ 翁文灏:《蕉园诗稿》。

⑩《民国 21—26 年工厂登记统计》,引自孙果达:《民族

工业大迁徙》，中国文史出版社，第1页。

⑪ 刘百川:《国防工业建设实施》，1937年。

⑫⑭⑰《上海工厂迁移节略》，《民国档案》1987年第2期。

⑬《工厂迁移内地以及制造原料之救济办法》，同⑫。

⑮⑱ 林继庸:《民营工厂同迁纪略》。

⑯《军事委员会第三部致第四部函》，同⑫。

⑲ 翁文灏《行政院工作报告》，（台湾）《中华民国史料初编——对日抗战时期》第4编第3册。

㉒㉓ 董赞尧:《翁文灏与国民党政府经济部》，《江苏文史资料选辑》第15辑。

㉔ 齐植璐:《国民政府经济部十年旧闻述略》，《天津文史资料选辑》第7辑。

㉕ 孙拯:《资源委员会经过述略》，《资源委员会月刊》第1卷第1期。

㉘《抗战八年来之电力事业》，《资源委员会季刊》第6卷第1、2期合刊。

㉙㉚㉝㉞㊵㊷㊹㊼ 郑友揆等:《旧中国的资源委员会——史实与评价》，上海社会科学院出版社。

㉜ 翁文灏:《日本人如何取得铁矿砂的供给》，《翁文灏先生言论集》，上海友联书社1936年。

㉟㊱《抗战八年来之钢铁工业》，同㉘。

㊳ 李国欣、王宠佑:《钨》。

㊴ 翁文灏:《中国矿产志略》，地质调查所印行1919年10月。

㊶ 郭子勋:《国外贸易事务所成立经过》，《资源委员会月刊》第2卷第1期。

㊹㊺㊻㊼《何廉回忆录》，中国文史出版社，第 89 页，第 170 页，第 194 页。

㊽㊾㊿59《玉门油矿史 1939—1949》，西北大学出版社 1988 年。

51《甘肃油矿两年扩充计划》，引自 ㉙ 第 91 页。

52 钱昌照:《国民党政府资源委员会始末》，同⑥第 9 页。

53 58《孙越崎传》，石油工业出版社。

55《十年来之中国石油事业》，谭熙鸿主编:《十年来之中国经济》。

56《抗战八年来之油矿经营纪实》，《资源委员会季刊》第 6 卷第 1、2 期合刊。

60 64《大公报》1944 年 9 月 21 日。

61 63 翁文灏:《蕉园诗稿》。

62 林济青致翁文灏电（1944 年 9 月 20 日）原件。

65 71《中央日报》1944 年 9 月 22 日，1945 年 1 月 13 日。

66 翁文灏致陈布雷函（1944 年 9 月 22 日），《团结报》1988 年 9 月 9 日。

67 70 翁文灏:《重庆战时生产局和美国经济援华政策》，《文史资料选辑》第 17 辑。

68《抗战时期内迁西南的工商企业》，云南人民出版社。

69 72《中华民国重要史料初编——对日抗战时期》第 4 编第 3 册，（台湾）中国国民党中央党史会编印。

73《中基会第 17 次会议记录》，引自《中基会和中国近现代科学》，《中国科技史料》第 14 卷第 3 期。

74 77 78《胡适往来书信选》下册，中华书局 1980 年，第 4 页。

75 76 耿云志:《胡适年谱》，四川人民出版社，第 308—309 页。

翁文灏战后讲学

第 6 章

愧于政理失分明

战后接收

1945 年 8 月 10 日，日本政府通知瑞士和瑞典政府，请两国政府向中、美、苏、英四国转达，日本愿意接受《波茨坦公告》，无条件投降。当天下午 7 时，日本乞降的消息传来，山城重庆一片欢腾，南开校园里更是张灯结彩，爆竹连天。整整八年了，中国人民终于以自己的鲜血和生命换来了敌人的屈服。

蕉园中的翁文灏耳闻欢庆的锣鼓，心中不禁悲喜交集。他喜的是八年抗战，祖国终于胜利，企图使中华民族亡国灭种的敌人遭到彻底的失败，人民终于摆脱了战争恶魔：

百战关山意气扬，同盟白马征扶桑。
卢沟明月三更火，沪渎金戈八载霜。
难得虾夷终扫荡，要收鸭绿入封疆。

蓬瀛风浪今安定，愿卜和平万载长。

他悲的是爱子心翰竟在胜利即将来临之时战死沙场，未能耳闻目睹这最后的胜利欢歌。他坐在窗前，环顾家中子女独缺心翰，不禁凄然泪下：

渝城到处是欢声，八载艰辛一日平。

究赖沙场忠勇士，不辞拼命捍防城。

太息翰儿立志忠，英年卫国尽强雄。

何堪五次临空战，力竭身疲命亦终。

最难为国竟忘家，此日凯歌悲苦加。

环顾家庭儿女辈，只儿战死在天涯。

秋风秋雨忆招魂，胜利反教流泪痕。

南望一棺江岸畔，放牛坪上尚安存。①

8月15日，日本天皇正式宣布投降，蒋介石立即下令军队“加紧进军”，“勿稍松懈”，同时命中共军队“原地驻防待命，不得擅自行动”。朱德则以八路军总司令的名义连发六道命令，令所部抗日军队积极进攻，收复失地。身为行政院副院长兼经济部部长的翁文灏，眼盯着的是沦陷区被敌伪侵占抢夺的工厂矿山、物资财富。

作为重庆政府整个战后接收工作的一部分，翁文灏主持经济各部门积极着手筹划收复沦陷区经济部门和工矿企业的紧急措施。22日翁文灏对记者发表谈话，声明收复各区工矿事业已由中央规定办法，分区设立特派员办事处监督接收工作。经济部将沦陷区划分为江浙皖、湘鄂赣、粤桂闽、冀察绥和鲁豫晋五区，宣布已分别派定各区工厂特派接收员为：张兹闿、李景潞、林继庸、王翼品、杨公兆，另外各区有专门委员三四人，准备随时出发随军队前往接收。不久又调整增加为七区：江浙皖、辽吉黑、冀鲁察热、晋豫绥、鄂湘赣、粤桂闽及台湾。东北的特派员是孙越崎，台湾是包可永。经济部从各机关、厂矿中抽调人力，主要是资源委员会的技术和管理人员，组成庞大的接收队伍。其中中级以上的技术人员就有约800人，其中东北390人，台湾110人，鲁豫晋100人，冀察热绥70人，一般干部2000有余。

8月29日，经济部正式公布《收复区敌国资产处理办法》和《收复区工矿事业接收整理办法》。翁文灏指示。收复区的工业应按经营者的不同分别处理，即分为：1.由我国人民经营者；2.由国人与友邦人经营者；3.敌伪经营者。敌伪经营者一律由政府接收，战前本是国人经营，后出卖或被强迫出卖敌伪的，“经政府接收后，再定其性质，交还原经营者”，“不能由私人自行接收”。9月4日，翁文灏又以经济部和战时生产局的名义，进一步公布了收复区特派员办公处组织规程及登记与接收工矿事业办法。规定特派员办公处负责：1.登记及处理工矿及其他有关事业；2.处理盟国及中立国原办工矿及其他有关事业；3.接收整理敌伪所办工矿及其他有关事业；4.处理经济部及战时生产局职掌有关商务事项……②

翁文灏10月初即返回南京、上海，视察接收工作进展情况，并与进行接收的具体工作人员商讨解决出现的困难。他是国民政府最早返回南京的高级官员之一。负责南京地区接收事宜的经济部特派员向他报告。很多本应经济部接收的敌伪工矿，却被党政军特机关大批接收人员一批又一批地轮番接收了，厂矿受到严重破坏，物资设备被盗卖一空。

国民政府对沦陷区的接收工作最初由以何应钦为首的党政接收计划委员会为最高机构，军事、经济、财政、外交等各项工作均在其范围之内。9月5日，党政接收计划委员会在湖南芷江成立，何应钦为主任委员，下辖党团、经济、内政、交通、财政、外交6个组，各组召集人和成员均由各部派代表充任，具体负责起草“陆总”接收计划委员会组织规程、收复区日伪各项组织事业财产接收通则，以及日人在华私人产业处理，日俘日侨管理，清查隐藏日伪财产及军用品，日伪仓库物资接收处理等项事宜。9月8日，接收委员会移驻南京。接收计划委员会实际是一个指导性机构，而且重点在接受日军投降。各省市还有省主席、市长为主任委员的各省市党政接收委员会，各战区军队、各部会也纷纷圈划自己的接收范围，一时间“接收大员满天飞”。中央虽有特派员参加以商洽接收范围，但实际掌握不了接收局面。

在翁文灏的建议下，10月23日行政院第717次会议通过决议，决定组建一个“收复区全国性事业接收委员会”，并任命翁文灏为主任委员。依照规定，全国性事业接收委员会负责接收、处置，接收处理之策划，接收人员的调派以及接收处理工作的监督，统一负责一切非军事领域的接收工作，包括工矿、商业、农林、粮食、水利、交通、金融事业，接收之后再分门别类移交有关部会接管。委员会与陆军总司令部设在同一地点，以便于配合。任命刚一公布，翁文灏立即在上海召开筹备组织会议，商讨实施问题。首先在上海成立接收委员会上海区敌伪产业处理局，并于同日即10月29日在上海中央银行主持上海区敌伪产业处理审议委员会成立会暨第一次会议。11月1日，翁文灏在南京正式组成全国性事业接收委员会，并在委员会内设地产处理委员会和液体燃料处理委员会，分别任命刘攻芸、彭学沛立即着手解决这两方面争议较大和亟待解决的问题。另在北平、青岛、上海、广州成立四个“敌伪产业处理局”，无论哪个部门、哪一级政府接收的敌伪工矿企业、房产地产、仓库物资，必须由“敌伪产业处理局”处理，分清产权，标售出卖，以回笼货币，收缩通货，充实国库。[③]

行政院颁布的《收复区敌伪产业处理办法》，规定了各机关接收、保管及运用敌伪产业的具体标准和敌伪资产处理原则，分令各部会及各省市政府遵照执行。办法规定，军用品归军政部，军舰归海军总司令部，陆上运输工具归战时运输管理局，水上运输工具归招商局，工厂矿场设备、原料、成品归经济部，地产、房屋、家具归中央信托局……凡所接收产业，原属本国和友邦人民确由日方强迫接收的，应查明证据发还原主；凡属华人与日伪合办的，均收归中央；原为日本所有或已由日伪出资收购者，产权收归中央，交资委会、纺织业管委会或粮食部。不在此范围内的，则标售拍卖，移归民营。[④]

翁文灏飞回重庆向蒋介石汇报了南京、上海接收情况后，又飞往青岛、天津、北平。翁文灏对抗日战争时期，日本在华北的经济侵略掠夺活动一向密切关注，故而对华北的接收工作极为重视。在北平，他除了视察石景山制铁厂发电所外，大部分时间都在召见原华北开发公司各大公司的日籍管理和技术人员，了解公司的经营状况和技术水平，并与经济部华北接收人员详细商讨接收中的具体问题及资产处理办法等。

然而，在天津、北平所见到听到的一切令翁文灏极为震怒。接收机构林立，有属于李宗仁军委会委员长北平行营的，有属孙连仲第11战区司令部的，有河北省政府的，更有北平市、天津市政府的，中央各部会的，各有各的封条，各有各的规定，各有各的靠山。“接收大员”们房子、金子、车子、婊子、衣服料子“五子登科”，捧西洋、笃东洋、挣现洋“三洋开泰”，借口敌伪资产强占己有，大发接收之财，有人顷刻间成为百万富翁。“最令当时平津居民不能忍受的，便是这批接收官员为便于敲诈人民，故意制造恐怖气氛，随意假人以汉奸罪名而加以逮捕。一时汉奸帽子乱飞，自小商人以至大学教授，随时有被戴上汉奸帽子坐牢的可能。”[⑤]因接收时企业停工造成的损失也极为惨痛，如石景山钢铁厂，一座炼铁炉在日寇投降时突然停火，铁水凝在炉内，使炉子受到严重破坏。11 月 12 日，翁文灏在记者招待会上严厉谴责收复区的种种丑恶现象“坏到使人不敢相信”的地步，义愤填膺地表示：“本人官可以不做，此若干坏事必加追究。”[⑥]他立即将手下的得力干将孙越崎派赴北平，出任北平敌伪产业处理局局长。

孙越崎原已被派为东北区经济接收特派员，但因东北由苏军占领，中苏关系未定，接收工作尚未展开，于是翁文灏把他派赴北平。然而孙越崎哪里有回天之力，李宗仁在军委会北平行营名义下成立了河北平津敌伪产业清查委员会，根本不把敌伪产业处理局放在眼里。12 月 11 日蒋介石飞到北平，摆出一副救苦救难的姿态，对平津河北军政首脑士绅名流们提出的将接收的敌伪产业给地方自行处理的条陈一一批准，而且竟然交给孙越崎去办。类似情况又岂止河北平津。国民党所到之处你争我夺，乌烟瘴气。蒋介石到 1948 年底，南京政权岌岌可危之时方幡然悔悟：“在接收时许多高级军官大发接收财，奢侈荒淫，沉溺于酒色之中，弄得将骄兵逸，纪律败坏，军无斗志。可以说，我们失败，就是失败于接收。”[⑦]但已悔之晚矣。

尽管如此，经济部接收的资产还是相当可观的。据美国政府的估计，价值总共有 18 亿美元。仅上海一个地区，经济部自己当时的估计是价值 64 亿元法币。资委会后来在华北成立了冀北电力公司、井陉煤矿公司等“八大公司”，在台湾成立了三个处七个公司；在东北，仅资委会接办的单位就有117个，后合并为18个，有鞍山钢铁公司、抚顺煤矿局等。战后接收的敌伪工矿企业，后来大部分由资委会接管经办，成为国营经济的一部分。到1946年底，资委会固定资产的账面价值达10亿元以上法币，实际价值更远超过此数。[⑧]资委会所属厂矿的地域范围和经营范围、规模都达到空前的程度。

工业化理论

在积极督促接收收复区工矿企业的同时，翁文灏已经着手计划战后经济的恢复和重建。

关于战后中国工业建设的方针、纲领，抗战进行过程中就有过多次的讨论和计划。1943 年 4 月 20—30 日，翁文灏曾主持召开过经济部与教育部共同举办的工业建设计划会议。会议通过《战后工业建设纲领》，以及战后各种重要工业与实业教育及技术员工训练的许多具体方案，其中《战后工业建设纲领》16 条，获得该年 8 月间召开的中国国民党五届十一中全会的认可通过。“又经国民参政会议决竭诚拥护”⑨。翁文灏依照 16 条纲领，更拟定 38 条《中国工业政策纲要》，阐发了他的工业化理论和主张。对战后工业建设的计划，国营与民营、外资的关系，国营事业的标准，民营事业的奖助与督导，外资合作的途径，民族工业的保护与辅导等，均有所建议和规划。接近抗战胜利时，重庆政府国防最高委员会又通过了第一期经济建设原则，国民党六大也提出了《工业建设纲领实施原则》、《农林政策纲领》、《农民政策纲领》等。

抗战胜利后，翁文灏在四处督促接收敌伪工矿企业的同时，十分注意考察数年来日本在沦陷区的经济经营组织和工业矿业设施，对“日人所遗留之纯粹殖民地性质之工业设备”，“有更精确之认识”[10]。一方面因为这是接收工作的重点，另一方面也是因为这些将成为中国战后经济建设的基础。

据他了解：日本在侵华战争时期在华实行经济殖民统治的有两大机构，即华北的华北开发公司（北支那开发株式会社），华中的华中振兴公司（中支那振兴株式会社）。这两大公司受大东亚省的指挥监督，依靠其特权和实力，投资经营多种工矿业，如华中振兴公司有华中矿业公司、水电公司、盐业公司、铁道公司、电气通讯公司、轮船公司、淮南煤业公司等等。华北开发公司则较华中公司经营规模更大，所获利益也更多，“所有华北重要之经济事业，包括电力、矿业、工业、盐业、铁路、公路、河运、港口、电报、电话”均在其范围。该公司1938年设立，总部设于东京，在北平、张家口设有分社，在天津、青岛、济南、太原设事务所。资本为5亿日元，并被允许发行30多亿元债券。它的总裁、副总裁皆由日本政府派任，理事亦须经大东亚省的核准。这个公司是日本垄断华北资源、加强其作战力量的强大经济武器。它所投资兴办的重要公司有华北交通公司（资本为伪联银券4亿元）、华北电讯电话公司（资本1亿元）、华北电业公司（资本3亿元）。此外还有山东矿业公司，井陉、磁县、焦作、中兴等煤业公司，以及轻金属公司、盐业公司、电化公司、化学工业会社等许多企业。[11]

翁文灏抱着客观科学的态度，认真考察了这些企业的经营管理。一方面更看清了“日本之经济政策实为一纯粹之殖民地及独霸政策”，“实纯为达到加强作战力量之惟一目的”，同时也从日寇在华北、华中采取“集中组织与大规模经营”的现代化企业经营方法中，更加具体形象地认识到“集中则力量加大，效率加高；大规模经营则产量增多，成本减少”，“甚可为吾国此后推进相借镜”[12]。

翁文灏自“九一八”事变以后，开始系统考察和思考中国经济建设的道路问题。国防设计委员会的种种调查、计划，资源委员会重工业建设的试验，及对苏联、德国工业建设成就和经济政策的考察、思索，八年抗战中统率后方经济建设中的切身体会，乃至战后对日本在华经济事业的了解，这一切经历使翁文灏逐渐对中国经济建设道路以及经济建设所应采取的方针、政策形成了一套较系统的认识。虽然由于历史条件及其个人地位所限，翁文灏的工业化思想也带有明显的时代烙印和局限，但它既不同于学者教授们的纯学理研究，也不完全等同于政府的官方政策，具有鲜明的个人特色，也包含着富有创造性的真知灼见。它是近代中国的一份重要思想遗产。

翁文灏的工业化理论主要有以下几个方面：

第一，健全的经济是国家独立自存的基础。

这一点翁文灏在战时乃至战前许多言论中都已经进行了充分的阐述：“我们工业的目的到底是什么呢？简单言之，是要取得我国独立生存的基础。”[13]“立国必有基础，最重要的基础，实为经济力量。”[14]他认为一个国家要想自立于近代世界，必须首先有一个健全的经济基础。一个国家“必赖有经济力量，方战时足以自存，平时更能发展”。[15]

他常给人们讲，有一次他去欧洲出席国际地质学会议，路过埃及塞得港，上岸游历后乘小舟回大轮，划舟的阿拉伯人乘机向他敲竹杠。并且说：我知道你是中国人，不是日本人，假使你是日本人，我也不来和你啰唆了。[16]他把这件事当作是自己的耻辱、国家的耻辱。他还以管仲兴盐铁之利而齐国称霸、勾践卧薪尝胆而越国遂强的例子，说明“经济建设为兴国图功的必要条件”[17]。“我们自问，要独立须能自立，要免除次殖民地的情形，须造成健全巩固的经济基础，认真地以经济建设为战后唯一重要的任务。”[18]这次抗日战争，中国虽以巨大的牺牲换来了胜利，但这并不是人类最后一次战争，“中国惟能经济自存，方能免遭继续侵略”[19]。我们“须以重大之努力及工作，以建设中国成一稳定坚强之国家，藉以保证世界和平与其他各国友好合作”。如果中国不能自强自保，“即使抗战胜利，失地收复之后，强邻心计，并不稍息，仍将于和平形势之中，积极侵夺，届时即以彼方种种经济力量，仍可操其胜算而使我国处于次殖民地之地位”[20]。

第二，以农立国，以工建国，平衡发展。

中国经济发展走什么样的道路？有人认为中国是一个农业古国、农业大国，农民占人口的4/5，农业产值在全部国民生产总值中占头等重要地位，农产品是中国对外贸易中的主要出口物资，因而中国经济建设必须以农业为中心。也有人认为，中国是一个最迫切需要工业化的国家。为抗战、为巩固国防要工业化；为增进人民福利，提高文明水平，也非工业化不可，因此中国经济建设应以工业为中心。翁文灏则认为：这两种主张“分开来看，都觉太偏，合起来说才是正道。二者是相辅相成而不可分的”[21]。

翁文灏把农产品分为粮食、工业原料和出口物资三类。粮食关系国计民生，一刻不可缺少；工业原料是工业发展的基础；出口物资对换取军事物资、建设器材维持抗战和发展工业都具有重要作用。中国虽为农业大国，但在 1938 年对外贸易逆差的 8 亿元中，粮食进口即占了 1/2 的数量，沿海一带皆赖洋米补国米之不足。农业的发展可以多产米麦以挽回每年进口数亿元的漏卮，丝茶、鬃毛、桐油、蛋的出口，可以换回工业交通建设器材。因此中国农业迫切需要提倡，农业问题不彻底解决必然要拖中国工业化的后腿。“惟有足食足兵，然后方能巩固国基，独立自存。只有农产品增加了，人人衣食无忧，建设的工作方能顺利推进。”[22]

“中国必须工业化。只有工业化才能使中国富强，使中国成为国际经济发展中的重要一员。”[23]1941 年，翁文灏发出了紧迫而强烈的呼喊。当然他的这种认识并非产生于 1941 年，但 1941 年的形势越发的明朗，也越发的急迫了。此后，翁文灏不断地呼吁，积极地推动着中国工业化的进程。他把中国工业化看成是国家“强固自存”的需要，东亚、南洋和平保障的需要。他认为今日之世界，“凡工业兴盛者国恒强，工业衰敝或仅有农业者，国恒弱”。“为本国之自由平等及为东亚与南洋之和平保障，皆非是赖不可。”“吾人而不欲建国则亦已矣，如试欲建成近代国家，则建设工业实为最重要最急需之工作。”

他还认为工业化是农业发展的必由之路，“发展农业必须与工业化相配合。始有远大的前途可言”。工业化不仅是城市工业区的事，要把工业化推广到广大的农村，实现农业生产的机械化。“有了化学肥料及水的灌溉则农田产量自必加高”，糖厂的建成可以促进甘蔗甜菜种植，油厂的建成可以促使菜子生产。农业工业化，“我们四万万五千万同胞要想从穷苦中挣扎出来，赶上欧美人民的水准。

必须要走这条路”[24]，“我们在工业化途中，依旧注重农业，努力发展，以农立国与以工建国同时并举，并行不悖，那便是中国经济建设的真实方针”[25]。

第三，“折中取法”的经济制度。

中国在工业化中或者说在经济建设中，采取什么样的经济制度，这是一个敏感而且政治性更大于经济性的问题。翁文灏深知，实行什么样的经济制度是与什么样的政治制度紧密相连的，“几百国家皆因立国方针之不同而有经济制度之差别”[26]。国民党政府政治利益和政治制度决定着它的经济制度。

翁文灏思考的方式更倾向于现实主义：哪一种制度在经济发展中实现了国家最短时期内最快的发展速度，哪一种方式能最快增强政府的经济实力？他认真考察过世界主要工业发达国家的经济制度，对苏联和德国的经济制度尤为关注，并进行了认真的实地考察和比较。

翁文灏把世界各国经济制度划为三大类：

（一）完全国营的计划经济，以苏联为代表。苏联由庞大羸弱的俄帝国，在苏联共产党领导下迅速成为欧洲强国的经历，强烈震撼了翁文灏。在苏联考察参观的一个多月中，他对于造成苏联突飞猛进的国家经济制度给予极大的关注，并与苏联有关部门负责人探讨英美自由经济与苏联国营经济之特点、优劣，以及适合中国经济发展的道路。他认为，苏联的制度是以政府的力量，对各种经济部门详定具体计划，分配生产组织实行，“打破私财积习，提高国家实力”，“袪免资本主义生产不平衡，不景气等各种流弊，并藉以彻底机械化与工业化，使重工业之建设程度远在一般人生衣食之上。……以于短时间内提高武力，成为强邦”。中国虽不可能“循共产国家之先辙”，但苏联这种“计划方法及勇进精神，自有可供参证之处”[27]。

（二）政府管制的统制经济，以德意日为代表。翁文灏在访德期间，接触最多的便是德国经济部长兼中央银行总裁沙赫特及德国经济主管部门的官员，如经济署长多玛斯等。他对德国在第一次世界大战失败以后，短期内再次成为经济强国印象深刻，请德国经济署主官人员向他介绍说明德国振兴经济方法。他所得到的印象是：“根本方针要在确认国家至上，实力第一，所有生产制造、贸易分配，一切皆依此前提，由主管机关出力筹划，尽量指挥，私人产权虽仍存在，但须尽先贡献于国家实力之需要。”[28]虽然“保留私人企业，但在组织上及运用上悉归政府全权编制”，靠政府的权威，以集中提高国家经济实力。他认为实行国家统制的经济制度。“由散漫而得整齐，于短期内奋勉图功，与中国需要略较相近”。但是德国、日本因资源窘迫，导致侵略他国掠夺资源，中国则仍恪守和平，自行发展，且以经济发展巩固国际和平，故与德、意、日不可同日而语。同时他也认为.中国在目前的条件“管制甚为必要，而成功则为效较迟”，不论是社会组织的不健全.还是交通的不便利，都限制了全国“一的同趋”，“同轨共进”。因而目前应积极筹划，逐步推进，既保留和奖助民营企业，同时对有关国防力量和民生康乐的主要事业，“由政府机关施以合理统制”[29]，因地制宜，以免削足适履。

（三）自由竞争经济。英美为代表的以自由竞争为特点的经济制度，“悉赖民营事业在市场上自由竞争，藉以汰弱留良”，经营者为自身利益而努力奋勉，益求进步，政府不直接参与经营，但以保护关税、便利运输和金融周转的政策，协助自由市场发展。他认为，此项制度与中国自古农工商贾善于经营的国情亦多相近之处，但近代世界新技术、新方法的不断涌现，“身家之计与系统组织亦不可相争，欲积极改良，争取时间，自非由政府统率领导不为功”。英美等国的有识之士，近来也愈来愈发现“在此国际竞争之中，政府管制必须加强，方能使国家基础，日益加稳”[30]。

在翁文灏看来，各种经济制度都有其优点和可资中国借取之处，特别是苏联的国营计划经济和德国的私营国家统制经济制度，是短期内促成建设飞速发展，增强国家经济实力，巩固政府地位的有效途径。因而他主张中国对这三种经济制度舍短从长，“折中取法”，“以国防意义为中心，由政府多负责任，促进国营事业，奠其基本，管制民营事业以正其趋向，俾可殊途同归，速增国家实力”[31]。但翁文灏又恐被人指为有社会主义或法西斯主义倾向，有对外扩张的野心，因而不得不对英美经济制度表现出热心和倾心。如他在1942年元旦出版的《新经济》上发表的《经建方向与共同责任》中，对前述三类经济制度的排列是：苏联、德意日、英美，到了7月《经济建设季刊》创刊号上的《中国经济建设的前瞻》中，就改为英美、苏联、德意日的次序；并称英美的经济制度为“民主经济”，计划经济“殊与民主经济不可同日而语”，还批评苏联工业建设的根本目的是在“增强武力，振起国威”，表白中国只在保持必要的国防基础。“绝无养成过分铺张的武力之必要”，战后的建设将与各国提携共同，以免“友谊诸邦惊为复兴方始，便图侵略”[32]。

第四，适合的金融制度相支持。

翁文灏强调，发展经济，推动建设，必须有适当的金融制度支持。依据农、工、商各业的性质特点，银行应各有专长。他认为，过去中国的银行投资重在商业，其各种条款规定多适于商业，而不适于工业。例如贷款抵押，只重视工厂的原料及成品，而不愿意接受工厂的机械、动力设备等不动资产为抵押，常常造成工厂周转资金缺少而无法补救。而商业资金周转速度快，朝得资金，夕售货物，获利丰厚，商业贷款时间短，利息高，极短时间内可以本利清归。工业生产的特点是投资成本高且周期长，成品不易立即脱售，因而金融界所有放款皆以短期高利为重，相沿成习，通行无阻，对投资工业视为畏途。1937 年对重庆市 36 家民营银钱业的调查显示，商业贷款占这些银行钱庄贷款总额的 97%，而工业贷款则不到 1%。要想发展中国的工业，这样的金融投资取向无疑是南辕北辙，长此以往，已有工业也必然萎缩，基础动摇，国贫民瘁，如水无源，如木无本，商业也无以自存，银行也必然不易自恃。要改变这种状况，除号召银钱业公忠为怀、改变观念之外，更重要的是建立适合工业发展的金融制度。

翁文灏主张："确立国家银行制度，使公债及纸币等公共证券之发行，皆集中于一个国家银行"，"同时须有重要实业银行，由政府富予补助，使有充足资产，以为经济建设供给资金之组织，对于工业生产以及其他建设事业特为重视，尽先襄助"。具体办法，如放长贷款期限，降低贷款利率等。翁文灏还特别强调，这种实业银行的人员和组织，要对国家经济建设具有一定的学识和经验，随时掌握建设事业发展动态，资金的投放要与国家工矿、交通建设规划目的相一致，乃至与负责建设之机构"在同一轨辙上共同进行，而绝不可各自为政"，以使资金运用收到最佳效果。[33] 翁文灏本人是否有自兼这种实业银行负责人的设想不得而知，但沙赫特以经济部长兼银行总裁，从而推动德国经济迅速发展的经历，肯定给他留下很深刻的印象。

第五，发达国家资本，掌握经济命脉。

在经济建设的具体政策上，翁文灏是个国家资本主义的积极倡导者。

翁文灏的经济思想也是遵循孙中山民生主义的道路：造成及发展国家资本为民生主义之要旨。他认为，近代经济的发展，因资本的集中而产生垄断资本家，“几有左右政治的现象，因此引起了劳动阶级的反响，积极叫呼”，在这种呼声中遂有社会主义的主张，即经济发展“是要为全民族尽力，而不专为任何某一阶级特谋便宜”，孙中山的民生主义便是“充分发挥此种见解”。同时他也注意到，第二次世界大战结束以后，在保存私人所有制同时，发展国营经济已成为英美等资本主义国家的一种新趋向。如英国工党得到空前的多数，组阁上台，“逐步实行他们所诚切主张的国营政策”；美国已有国营事业，且已有增多国营的呼声，很多人提出关系多方面利益的大事业应该由联邦政府经营。因此，他主张经济建设中“首宜重视者厥为国营事业”㉞，特别是像中国这样工业化尚未成功的国家，人民贫苦，资本缺乏，组织松弛，经验浅薄，而需要从速建设的基础事业分量又极为重大，尤其需要发展国营事业。如果任凭私营企业趋利经营，“用有限的水泥，不建工厂，不造铁路、公路，而专建戏馆舞厅；用更有限的钢铁，不建正当必需的生产及交通事业，而专修私人享受，实非此时必需的高楼大厦，实是国力的无谓损失，有害无益”㉟。而且政府对于私人无力举办的铁路、钢铁等基础设置建设和重要工矿业，可以集中举国之力，在较短时期内。“奠定较大规模之基础”，为经济快速发展创造良好环境和条件。此外，还有一些具有独占性、垄断性、关系国家根本经济命脉的事业，也必须由国家经营掌握，如电力、交通、通讯、石油、特矿等，以免造成“私人垄断市场，致酿资本主义流弊”㊱。

翁文灏强调国营经济必须“处处要讲高度的效率，低廉的成本和优良的服务”，“官僚作风万万不可带入工业里去，以往假公济私，开支浪费的恶习，尤其不可传染”。国营工业的成败，不在环境的是否困难，而关键是经办人员能否运用得当。他警告，如果做不到这一点，“一切建设计划，都成画饼”[37]。

在主管经济部和资源委员会之时，翁文灏非常注意培养和造就国营企业的管理人才，建立严密合理的企业管理制度。资委会在吸收国营事业管理人员时，要求严格，坚持品德才能兼备的标准，使具有爱国思想和强烈事业心的优秀青年科技人才进入该会。翁文灏经常向有关人员讲解国营事业的目的、前途，以及公诚为国、不谋私利的信条，更注意以身作则，树立奋发自强、民主俭廉的风尚。正是由于翁文灏的这种思想影响，资委会的工作人员，在通货膨胀、生活艰困的情况下，基本上能廉洁奉公，在解放战争最后关头实行护厂保产，迎接解放，并成为新中国初期重要的建设力量。

第六，奖助民营工业，节制私人资本。

“提倡国营决不是看轻民营或妨碍民营”，“相反的，国营事业正可帮助民营，促进民营，而且应该时时在心，使其互相辅助，共同成功”[38]。在翁文灏的经济思想中，国营企业无疑是占据第一位的，但他也十分重视民营企业的发展。

抗战时期，他所兼任的两个重要职务，一个是负责国营工矿建设的资源委员会主任委员，一个便是负责扶助民营企业的经济部工矿调整处处长。在他主持下，先由资源委员会协助沿海民营工矿业内迁西南。又于 1938 年 6 月 7 日修正公布《工业奖励法》，于 12 月制定公布了《非常时期工矿业奖助暂行条例》，规定采用保息、补助、低息贷款、减免捐税等措施，对“有关国防民生的重要工矿业”给予奖励扶助，并在抗战期间取得了一些成绩，特别是在器材、原料的供应，技术员工的训练和提供订单、收购成品等方面，为民营企业发展提供了方便条件。这一方面确实是因为“国民政府因限于自身力量的不足，不得不对民营工业采取扶持的方针”㊴，同时也是因为“国营与民营实有不可分散的联系”㊵。翁文灏认为，在中国工业近代化的初期，发挥为国服务精神和社会资力的作用，速促进步，尤为必不可分，但同时也必须注意，鼓励国民从事实业兴趣的同时，树立服从法律的精神，使有资力者皆知辅助公益、效忠国家是国民应有的义务，并知因私害公、因利废法为极可耻行为。对于正常的事业，从各方面认真扶助护导，使“有用之力悉发挥于有用之途”。另一方面要使私人资本“受适当节制，不许其影响于建设国家的方略”㊶，防止私人垄断的出现，同时防止“官僚资本，免使做大官者皆为资本家，免使资本家皆想做大官，以致因私利而争政权，亦即因私利而害国家”㊷。

第七，坚持自力更生，容纳外国资本。

“在自力更生之中，发扬国际合作。”翁文灏在利用外资与自力更生关系上所具有的这种辩证观点，今天看来也是积极可取的。他认为在中国资力薄弱和技术人才贫乏的情况下，若要进行经济建设，“非有外资匡助不易积极建设，故欢迎外资诚为建国要举”。但在积极吸引外资的同时，必须对本国事业给予认真保护，二者“同时实行，并不冲突”。因为中国工业基础薄弱，萌芽方始，必须力避外国资本摧残，“方能确定自力之基”。“惟有对于本国事业尽力保护，而对于外国资力尽量容纳”方为正途。如此“中国固大受其益”，“外国资本并受大益而不见其害”㊸。

他在《中国工业政策纲要》“外资合作之途径”一节中，勾画出外国投资中国经济事业的途径、方式、限制范围等。他提出外资来华可以采用的方式有三：1.债务（债券或借款），2.股份（合资经营事业），3.信用（以机器或技术方法归中国使用，约定分期付款办法）。向外发行债券应由政府或政府指定的银行、国营机关办理，私人组织不得对外发行债券或自行借款。除军工企业外，其他工矿事业都可容纳外股合营，但外股不得超过50%。民营工矿与外资合作必须事先报经政府核准，"其私自订立未经核准者，概为无效"。外资理应受到中国政府的保护，但除少数"因中国实际需要而特别允许者外"，"不得享有华资所无之特权"[44]。

战后国内形势的紧张动荡，令翁文灏极为焦虑，他盼望着和平建国的大好形势早一天到来。他深知，要想吸引大量外资，必须有良好的投资环境，一是安定的社会秩序，二是健全的法律制度。他提醒人们，中国地大人多缺少资本，是外资看中的良好投资区域，"但中国国内如不能早日把社会秩序安定下来，人民的生活及权益受到法律严密的保障，那么外资还是裹足不前的"。因为，外国的资本家无时无刻不在注意看中国的形势，详细研究中国的经济法令、制度。

第八，吸收最新技术，采用科学管理。

或许因为他自己是从事科学工作出身，翁文灏对科学技术在经济发展中的作用有充分的认识，"科学是人类进步的大原因，人类的进步亦几乎全靠科学"。他于1941年10月11日在中央电台，专门以《科学与人类进步》为题发表广播讲话，历述科学发明的历史、科学家们参与人类文明进步的贡献和他们为探寻真理所表现出的科学精神和坚强毅力。翁文灏指出：中国要建设近代化国家，就必须采取"迎头赶上"的办法，要使我们的国家成为富强康乐的国家，首先要认明"必须经由的途径"，那就是用科学的精神，走科学的道路，因为“人类进步全由科学”[45]。

翁文灏在主管资源委员会工作期间，更是积极引进先进技术，努力寻找与国外进行技术合作的可能，为中国科技的发展与应用创造条件。他认为中国要迎头赶上，就不可能事事由自己的科技人员去摸索，要利用国外工业发达国家的先进技术，经过自己的消化，然后再谋进一步的发展。抗战前资源委员会主要是通过特种矿产品出口和政府投资，从德国引进技术和设备，筹设中央钢铁厂、中央机器厂及中央电工器材厂等，同时培训了技术人才。抗战爆发以后，特别是太平洋战争爆发后，翁文灏把技术设备引进的目光投向美国，先后派遣 7 批共数百名技术、管理人员赴美进修培训，学习国内急需的新技术和科学管理方法。这些人后来都成为海峡两岸各重要厂矿的技术人才和高级管理人才。战后，他更是号召“眼光要放远大些，一切新式技术和科学管理，都要勇于采用”。他以一个科学家的敏锐目光，预见到了战后科学技术将有一个突飞猛进的发展，“每五年、十年可能又是一个工业革命”。他甚至明白地警告：“如果对于最新式的技术和科学管理的方法不能及时吸收采用，没有不受淘汰的。”[46]

翁文灏把企业管理提高到与科学技术同等重要的地位。他认为大型企业管理，重要的是建立良好的制度，而决不是依赖某个人的力量。他提醒中国的企业家，外国资本和先进技术一旦进入中国，将成为中国企业家的劲敌，过去那种凭借某种特殊关系成功的情形将受到挑战，今后只有靠自己真实的本领奋斗，否则很容易被淘汰。“他山之石可以攻玉”，他呼吁中国的企业家“对于工业技术和管理方法。尤应孜孜研究，刻求改进，万万不可再带有过去浓厚的家族思想和封建色彩”[47]，因为时代变了。

创办石油公司

自入中枢救国家，凯旋应可出官衙。
辞呈五次求归去，志趣终身避显夸。
欧美游行增学识，草庐退隐乐兼葭。
平生自度能知足，不敢宦途望太奢。

1945 年冬到 1946 年初，翁文灏五次上书蒋介石申明自己“原为对日抗战而参加政府工作，自当为抗战胜利而告退”，坚决请求辞去经济部、资源委员会职务（战时生产局于 1945 年 12 月 27 日正式宣布撤销），欲往欧美游历，考察科学技术状况，“退而研学”。蒋介石虽然同意他辞去经济部长兼资源委员会主任委员的职务，但仍留他任行政院副院长。翁文灏只得勉强同意。

1945 年 11 月的一天，翁文灏与孙越崎谈起未来的去向，他表示自己已经厌倦了做官，想去搞一点“实际事业”。搞什么“实际事业”呢？孙越崎多年从事煤矿事业，对煤的情况最熟悉也最有感情。他建议翁文灏去开发煤矿。他说：“豫西有一块煤田没有开发，把许昌到洛阳的铁路修起来，介于平汉与陇海铁路之间，大有开发前途。另外，鲁中也有一块煤田，只要把兖州到淄博的铁道修通，介于津浦与胶济铁路之间，也大有开发的价值。”翁文灏认为中国煤炭开发已有一定基础，如再搞煤矿，势必与已有的大矿如开滦、中兴、中福、六河沟和淮南等矿发生竞争。他既不愿落个“与民争利”的恶名，也觉得犯不上去得罪那些大股东和他们的后台。孙越崎又建议他去搞钢铁厂，翁文灏再次摇头。搞钢铁工业投资大，效益缓慢，蒋介石是不肯多拿钱来办真正的重工业大厂的。孙越崎没想到翁文灏要干的“实际事业”就是开发中国的石油。[48]

垄断石油生产

翁文灏从抗战期间玉门油矿的开发中看到，石油工业不仅对中国重要而且大有可为。他认为，按矿业法规定。石油只许国营，不许私营，这首先与人无争；其次玉门油矿、新疆独山子油矿、东北抚顺母页岩矿，以及台湾苗栗油田和锦西、高雄炼油厂，具有一定基础水平，而四川和全国各地有不少石油地质构造，可以继续勘探开发。他计划成立一个中国石油公司，自任董事长兼总经理，待孙越崎将东北接收工作搞完。由孙来做总经理，二人再度合作，全力将中国石油工业推向世界前列。

1946年5月16日，翁文灏获准辞去了经济部部长之职，把精力转向石油公司的筹建。5月20日行政院饬令资源委员会，遵照1929年公布的矿业法，开发经营中国石油事业，以造成国家资本，巩固经济基础。6 月 1 日，“资源委员会中国石油有限公司”宣告正式成立，地址设在上海江西路 131 号。公司机关以甘肃油矿局的机关为基础，公司的性质系经办全国石油矿厂的国营公司，依照 1946 年 4 月公布的《公司法》定为有限公司。9 月 19 日由经济部正式颁发第 16 号执照，成立注册。当时中国有关石油的全部家当。除了资源委员会在抗战时期开发的玉门油矿和 1944 年接收的新疆独山子油矿外，还有抗战后接收的台湾高雄、苗栗炼油厂，东北大连炼油厂、锦西炼油厂，以及上海、天津、青岛、汉口、南京、浦口、广州等地的储油所。公司向经济部提出立案申请的注册资本是 300 亿元，即原甘肃油矿局及接收敌伪的各厂矿、储油资产，估价为 100 亿元：另由政府拨款 100 亿元，借贷美金 500 万元，折合法币 100 亿元。股东分别是资源委员会，出资 294.5 亿元，代表人钱昌照；资委会冀北电力有限公司，出资 5 亿元，代表人孙越崎；资委会保险事务所，出资 5000 万元，代表人吴兆洪。计划以后逐年增加投资：1947 年增资法币 90 亿元，美金 800 万元，1948 年增资 10 亿元法币，200 万美元，共折合法币 300 亿元。[49]

中国石油有限公司董事会是公司的最高决策机构，主要负责议定公司的预算、决算、盈亏分配及人事任免，由董事 7 人组成，其中董事长一人，常务董事二人，任期三年。董事长翁文灏，常务董事吴兆洪、许本纯，董事孙越崎、孙拯、王守竞、霍宝树。此外有监察人二位：张俊、季树农。以上人员均由资委会指派。总经理一职翁文灏心目中的合适人选是孙越崎。在孙越崎接收工作未完成以前，翁文灏决定先由自己兼任。但是孙越崎一直也未能再抽出身来从事石油工作，直到 1948 年翁文灏出任行政院长之后，总经理一职才由第一协理张兹闿继任。协理四人：张兹闿、金开英、严爽、郭可诠。张兹闿继任总经理后增补邹明为协理。

公司设矿务处、炼务处、总务处、财务处、业务处等部门，由各协理分别主管。张兹闿负责财务和总务，金开英负责炼务和材料，矿务（包括打井和探采）由严爽负责，业务（营业、储运）由郭可诠负责。公司的直属机构还有甘肃分公司、台湾油矿探勘处、四川油矿探勘处、高雄炼油厂、嘉义溶剂厂和新竹研究所。

按照《中国石油有限公司章程》，该公司的业务范围是："一、本国境内石油矿及有关矿类之探勘、开采及经营；二、提炼石油，利用油页岩或天然煤气及人造油品厂之设立；三、石油产品及有关制品之运销；四、其他与本公司有关之业务"[50]。这是当时中国石油工业最大的、也是唯一的国营垄断公司。

公司成立后，在上海召开了一次会议，讨论公司今后的工作方针。据金开英的回忆，会议决定"先买油，做买卖，赚的钱用来修复并建造炼油厂，之后买原油来提炼。炼了再做买卖，赚了钱再做探矿的工作"[51]。但据今天所见到的《中国石油公司（民国）三十五年度工作计划概要》所载，并不完全是这样。公司分析了当时中国石油工业的状况，认为甘肃"地处西陲，交通不便，须有日产万桶以上之油田，始能合乎大量生产之经济条件"，因而近期除视西北市场的需要而增加产量外，主要注意于油源的勘探，"俟油源确定即作大规模之开采"；四川虽已进行了10年的勘探工作，收效不大，但因仅打4口探井，且天然气丰富，不能遽加肯定无油，应一面"将天然气尽量加以利用，一面仍进行探勘工作，以明究竟"；东北锦州、锦西的炼油厂，则"视当地局势进行情形，逐步复工"；台湾虽发现油源甚少，但接收的日本人所建"炼油厂规模甚大，足资利用，拟购买外国原油，添配器材，分期复工，逐步增产"[52]。

由此可见，翁文灏为公司制定的方针是勘探开发、炼油、卖油，多管齐下。

翁文灏所确定的公司业务方针依然是立足于中国自己的石油开发生产。他寄希望于甘肃和四川，尤其以玉门油矿为重点，“除竭力争取国库增加拨款外，还准备将公司的全部营业收入投入玉门油矿的开发”[53]，以从根本上解决中国自己的石油供应问题。

中国石油公司计划各年油品产量表（单位：桶）[54]

	1946	1947	1948	1949
汽油	120000	700000	2500000	2900000
煤油	50000	170000	450000	500000
柴油	15000	140000	400000	460000
燃料油	280000	440000	600000	600000
天然气	135000万（立方英尺）	*	*	*

注：每桶 42 美加仑

*视钻探情形而定

翁文灏计划，在 1946 年内玉门油矿除在老君庙油田增打 33 号和 50 号两口油井，以增加原油产量外，还准备利用美国进口的新器材，在文殊山、享堂各打探井一口，以进一步确定油源；同时组织探勘队对台湾高雄北部平原进行地质及物理探矿勘察，并继续在四川江油的探井工作。结果 1946 年在老君庙增加的两口新井效果都不错。33 号井初期日产量达 350 桶，50 号井则达每日 700 余桶。该年老君庙产油的井有 15 口，日均产原油量达 1500 桶，该年共产原油 2161 万多加仑。突破历年最高纪录。

在重点开发玉门的同时，中国石油公司的重要业务内容还有经营全国石油的冶炼、储藏、运输、销售工作。当时国内能够正常生产工作的有玉门炼油厂、苗栗炼油厂、高雄炼油厂、大连炼油厂、锦西炼油厂等。玉门炼油厂在1946年将一组蒸熘炉改建为蒸熘裂炼装置，1948年3月又建成一套蒸熘装置，加工能力为220吨/日，由于原油供应不足和市场销售情况的限制，未能充分利用。玉门炼油厂生产柴油和白蜡的数量也相当多，但西北无工业基础，柴油用途有限。为了避免生产出来以后出现滞销积压，生产数量“皆按需要情形随时决定”[55]。1948和1949年，该厂又先后建设减压蒸熘装置和润滑油生产装置，但直到新中国成立前未能正式投产。

1946—1949年玉门炼油厂产量统计表（单位：吨、加仑）[56]

年度	汽油产量	收率%	煤油产量	收率%	柴油产量	收率%
	4308727		2113485		243863	
1946	12050.919	19.93	6630.839	9.37	771.71	1.09
1947	11114.467	25.27	5523.952	11.99	767.20	1.49
1948	21160.859	33.50	6545.740	9.75	2148.84	2.76
1949	13476.491	34.78	3916.938	9.01	1813.78	4.11

台湾苗栗炼油厂是日本人创办的，大部分设备1944年被美军炸毁，石油公司接管以后，修复了炼油及制蜡设备。修复后的设备主要有：釜式炼油炉2台，20吨/日，低温榨蜡一组，15吨/日，烘蜡室3组，储油罐12座。因原油来源不定，该厂始终未能满负荷运转。

高雄炼油厂是当时比较大的炼油厂，其前身是日本海军第六燃料厂。太平洋战争以后。日本从苏门答腊油田攫取了大量原油，除在当地和日本本土冶炼外，又在台湾高雄市北半屏山麓左营建立了海军第六燃料厂，主要是供左营滨海地区的日本海军基地之需，原设计日炼原油 1.5 万桶。战时美军向该厂投弹 800 余枚。机械设备遭到严重损坏。抗战胜利后该厂由台湾省石油事业接管委员会接收，石油公司成立后即移交该公司，改名高雄炼油厂，厂长是宾果。该厂是当时国内规模最大、设备最先进和生产能力最强的炼油厂，石油公司接管以后，约请美国环球炼油公司专家帮助指导，对该厂设备进行了修复，修建了码头储油库和码头至炼油厂的输油管线。按照石油公司的计划，分两期全部修复该厂的炼油设备，并从美国进口一套最新式的煤溶剂裂化炉，使生产能力达到日炼原油 1.5 万桶，全年产量达到：汽油 280 万桶，煤油 74 万桶，柴油 38 万桶，燃料油 128 万桶。

石油公司还计划，“在台湾油田未能出产大量原油以前，仍向国外购买原油”，炼制加工后供应国内市场。为此石油公司与中国银行订立了 400 万美元的高雄炼油厂借款合同和 100 万美元的购买原油进口合同，并聘请了 3 位美国专家分别担任该厂的总工程师、炼油主管和油运主管。[57] 1947 年 2 月 20 日，石油公司向英商英伊公司订购的第一批原油 5600 吨运抵高雄，炼油厂的炼炉也陆续开工生产。[58]

1947—1948年高雄炼油厂产量统计表（单位：立方米）[59]

产品	1947年	1948年
汽油	13437.52	53273.88
溶剂油	1495.71	205.30
煤油	6736.56	41863.12
轻柴油	2092.37	11737.26
燃料油	43369.47	120935.70

东北地区有大连炼油厂和东北炼油厂。大连炼油厂原是日本满

洲石油株式会社于1935年初建成投产的大连制油所，主要产品是汽油、煤油、轻柴油和燃料油，抗战胜利后由中苏合资经营。东北炼油厂即锦西燃料厂，原是日军四平陆军燃料厂锦西制作所，对外称九四五部队。1945年9月由苏军接管，后由国民党政府经济部接收，定名锦西燃料厂。石油公司1946年10月接管以后，改名东北炼油厂，并将锦州合成燃料厂、四平油化厂和吉林人造石油厂均划归其管辖。1947年，石油公司经德士古公司购得伊朗原油供该厂冶炼。因国内战争关系，该厂开工时断时续，自1947年10月至1948年8月，共炼原油7000吨。

胎死腹中的上海炼油厂

在修复已有炼油设备、恢复生产以供应国内市场的同时，翁文灏还准备在上海新建一个炼油厂。上海历来是中国石油产品的最大市场，许多外国石油公司均在此设有机构，争占市场。战前日本丸善石油公司即在高桥地区建有储油所。储油所还有四个小型蒸熘釜及过滤、洗涤设备，用作油品的调和、润滑油处理及再生。战争爆发后，日本海军将储油所接管，改为军用。中国石油公司1946年接管之时，该储油库大部分设备已在战时被美军炸毁。石油公司在其旧址增建了80130立方米和12000立方米的储油罐各两座，作为油库及器材仓库。台湾高雄炼油厂复工以后，从国外进口的原油因高雄港水浅、油轮满载无法靠岸，只好先在上海高桥卸去部分再驶往高雄。翁文灏觉得如在高桥建一炼油厂，既可免去原油运到高桥再运高雄往返之苦，而且靠近油品的最大市场，更方便供应。于是中国石油公司向美国订购了日炼原油200吨的设备两套，开始着手筹建“上海炼油厂”。

翁文灏没想到上海炼油厂的建设遭到来自美国美孚公司、亚细亚公司和英国德士古公司的强烈反对，他们甚至通过驻华大使馆向南京政府提出正式抗议。这些外国公司不能容忍历来由他们所垄断的上海石油销售市场被中国石油公司插手，尽管这是在中国的土地上，中国石油公司是中国政府的国营公司。更可悲的是，南京政府竟然慑于帝国主义的淫威，下令撤销上海炼油厂的建设计划。结果向美国购定的共 6925 吨价值 140 万美元的炼油设备。一部分在美国出售，一部分运回国内，转给上海油库和玉门炼油厂。“上海炼油厂”建设计划就这样胎死腹中。

至于商业性的经营方面，中国石油公司起初在上海、广州、汉口、青岛、天津、重庆、兰州和台北设立八个营业所，[60]后又增加南京、沈阳两个营业所，经营石油制品的销售，其中以 1947 年 7 月开始正式营业的上海营业所最大。后来还成立了杭州、南昌两个营业分所。各营业所下有储油所、储油库和加油站等油品储藏销售点。全公司共有储油所 10 处，除个别属于临时储存性质外，储油所的油料主要供应本地区的销售。另外有储油库 10 个，油料运至储油库后，可灌桶销售，属于散装油料的供应站性质。石油公司还从美国进口了一批加油站设备，先后在南京、上海、广州、青岛、台湾等地修建了 312 个加油站，是当时中国最现代化的加油站。

因在抗战时期遭到不同程度的破坏，中国石油公司成立以后首先对现有储油设备逐步加以修复和扩充。1946 年 6 月公司成立之时。总储油量为 98.84 万桶，到年底增至 109.35 万桶。按照公司的目标，俟全部计划完成后，可增至 186.67 万桶。

玉门油矿的产品仍主要供应西北地区。每月下旬，西北行辕驻京办事处、联合勤务总司令部、空军总司令部、交通部和西北、新疆两公路局的代表即到中国石油公司，会商下月汽油分配数量，“每月均无余额”。在油价方面，石油公司“竭力维持低价”。1946年6月时每加仑1200元，10月因成本增加，油价上升到1600元，玉门油矿收支仍不能相抵。

石油公司除自产石油和炼制进口原油供应国内市场外，也计划直接从国外进口石油产品，控制售价，供应市场。但是这一设想首先遭到南京政府内部的反对，因为向外国订购石油的业务过去一向完全由中央信托局经管。该局是孔祥熙的势力范围，而外汇管理又属宋子文的天下。翁文灏自感不是二人对手，结果只好敷衍退让，订购之事仍由中央信托局负责，石油公司只管分配经销。第二道难关则是英美石油商设置的。中国石油产品市场一向由欧美列强长期垄断。最初由英商麦边洋行将煤油输入中国，后又有瑞记洋行大力推广经营。1894年以后，美孚石油公司、亚细亚公司（后改组合并为英荷壳牌公司）和德士古石油公司，即所谓的“三油公司”，相继进入中国市场，凭借帝国主义的特权和雄厚的实力，三个公司很快瓜分并垄断了中国市场。太平洋战争爆发以后，英美在华石油公司也被日军征用掠夺。抗战胜利后，三油公司卷土重来，从日本手中收回了企业，依然霸占中国市场。中央信托局代表南京政府与美孚、亚细亚、德士古等几大外商公司签订进口油品合同，从中赚取1%的佣金。美孚等公司当然不愿中国石油公司在他们已瓜分完毕的市场中再插上一脚。经过翁文灏等人委曲求全、据理力争的一番谈判斗争，美英石油商最后表示对“盟国的国营企业”做出“让步”。三公司与中国石油公司达成进口石油制品配额的协议，规定向中国输入的石油制品中，美孚公司占30%，壳牌石油公司占20%，德士古公司占30%，中国石油公司占11%。[61]

中国石油公司虽然争得了 11% 的进口油品配额，但并未能像金开英所说的那样卖油赚钱，反而是赔本经营。例如，1946 年石油公司从美国富润石油公司（Richfield oil Co）进口汽油 500 万加仑，向美孚石油公司购进汽油 50 万加仑，柴油 1000 吨，机油 500 吨，还向德士古公司订购柴油 18000 吨。从富润公司进口的 500 万加仑汽油，有 300 万加仑拨给了联合勤务总司令部。“较外商油公司售价低廉”。从德士古公司进口的 18000 吨柴油，完全是因为上海市场柴油、燃料油需求日增，而外商公司未能满足供应，造成价格波动，中国石油公司为平抑市场价格而低价销售。由此可以看出，这几批油料的进口“其购销目的，完全是为适应军需及平抑油价”，“使正当用户获得充分供应而免黑市之发生”。石油公司还计划 1946 年以后继续向富润、德士古石油公司分期购进汽油 200 万加仑，柴油 4 万吨，燃料油 3 万吨，机油 2000 吨。[62]

成立油轮公司

中国石油公司要经营原油、油品的进口，解决运输问题是个重要前提条件，为此翁文灏决定成立一个油轮公司。因为：一、按照石油公司与英伊公司签订的长期供应原油合同规定，提货由中国石油公司自理。二、高雄和东北炼油厂的产品要转运销售，也必须有油轮。翁文灏也看到：“石油事业国际竞争市场相当剧烈，成本高下端赖产运两端，而油料运输在成本方面尤占大部。”各国石油公司输入中国的油品均有自备油船，所以能以较低成本角逐中国市场。他在公司成立之初就已经意识到这点。当听说高雄港外有战时被炸沉的黑潮丸、山泽丸、荣邦丸 3 艘油轮时，翁文灏当即商请台湾行政长官陈仪将船拨归石油公司，蒙陈仪允准，翁文灏派人赴高雄打捞修理。

中国石油公司要设立油轮公司还有一个重要原因，因为国民党政府与英美等签订新约，收回了内河航运权，今后各外国石油公司在中国国内港口间的油料转运，将必须由中国油轮来办理。因此油轮公司的建立不仅只是业务的需要，还带有了恢复中国内河航运主权形象的政治色彩，行政院指定中国石油公司与招商局合资经营中国油轮有限公司。[63]

以用美国贷款购买的4艘万吨油轮和18艘1200吨T型油轮为资本，成立中国油轮公司，中国石油公司拥有60%股份，招商局占40%股份。22艘船只均系从美国购买的旧油轮，且4艘万吨轮均已超过使用年限，经过修理，只有永洪（10500吨）、永泽（9500吨）和永清（11000吨）3艘可用，另一艘“永澄”因损坏太严重，没有修复。18艘1200吨油轮中只有5艘完好，其余十几艘经过修理也陆续投入运输。后来，油轮公司又购进了1.5万吨的“永灏”和4000多吨的“永渝”各一艘。于是，中国石油公司从英伊公司进口中东原油的运输任务便由油轮公司的万吨轮承担。据统计，到1949年5月底，永洪运送进口原油7次，永泽运送6次，永清运送3次。此外，石油公司还租用了人人企业公司的3艘15500吨的TS型油轮运送原油。

中国油轮公司的千吨级油轮，主要用以承担在华各外国石油公司在国内各港口间的油品转运。1947年承运外国公司油料179538吨，航行150622086吨海里；1948年承运403030吨，航行741180385吨海里。除中国油轮公司担负的运输业务，中国石油公司各工厂或营业所自己还有一些油驳、汽艇等小型船只从事内河运输，另外还有油罐车、输油卡车、铁路油车等运输工具。

出任行政院长

勉为其难

1948 年 5 月 20 日，蒋介石身着长袍马褂的中华民国文官大礼服，在南京国民大会堂就任“中华民国总统”，副总统李宗仁一身戎装，立于侧后，活像一个侍从武官。李宗仁认为这是蒋故意要弄的手段，让他难堪，为此久久怀恨在心。翁文灏对这一切都已经不太在意了，他一门心思筹划着石油工业的发展远景。翁文灏本想远离政治，但政治却偏向他靠近。5 月 23 日蒋介石突然亲自打电话把他找到黄埔路官邸，谈话的内容只有一个：出任“行宪”后第一任行政院院长。翁文灏面对这突如其来的任命，下意识地第一个反应就是推辞。翁文灏原本只想搞一些类似开发石油这样的具体工作，1947 年因钱昌照辞职，蒋介石命令他回任资委会委员长，他就很勉强。他不理解此刻蒋介石为什么又想到了他。

抗战胜利后，蒋介石倚仗美国的援助穷兵黩武，欲消灭共产党，实现一统天下的局面。他不顾中国共产党和全国人民的反对，1946 年 6 月撕毁停战协议，挑起内战，并于同年 11 月召开所谓“制宪国大”，颁布《中华民国宪法》。1948 年 3 月底，国民党又召开“行宪国大”，选举蒋介石、李宗仁为中华民国总统、副总统。蒋介石当选总统之后开始着手行政院长人选的物色。他的囊中人物不外是宋子文、张群、孙科、何应钦之类。宋子文与孔祥熙一样，名声已臭，难以服众，孙科已是立法院长的人选，张群跟随蒋多年，颇得信任。5 月 8 日，国民党籍立法委员应邀在黄埔路官邸午餐，席间蒋介石示意他欲从张群、何应钦二人之中择一行政院长，希望听听“立委”们的意见。会上有人表示赞同何应钦，蒋听后不露声色地答曰：“他要负责军事。”如此则真相大白，他真正合意的人物不是别人，只有张群。5 月 13 日即已传出消息：“内定院长张群已开始组阁准备。”[64]

蒋介石没想到他的这个态度却遭到国民党内CC派的反对和抵制。在蒋就任总统的第二天清晨，国民党籍立法委员在南京丁家桥中央党部再次聚会。立法院长孙科宣布：总统欲从张群、何应钦二人中提名行政院长，二人均表示推辞，“现党内立委可对二人加以考虑，提供总统参考”。会上有人提出王宠惠、吴铁城、陈立夫等，也有人主张就应该提张群，吵吵嚷嚷一直闹到 11 点半也没有比较集中的意向。有人建议不妨先试搞一次无记名投票，以体现“民意”。投票的结果何应钦得票最多，张群闻讯，一怒之下当天下午飞往重庆“省视老母”，并表示：“本人近年多病，精力不济”，对行政院长一职“坚辞”[65]。

从 5 月 21 日到 5 月 23 日，蒋介石的总统官邸连日会议，缜密研讨。23 日晚，何应钦对外发表书面谈话，表示本人无意组阁，请蒋介石另选贤能。24 日凌晨 2 时有消息透露出来：行政院长人选系张、何之外的第三人，“可能为在学术上颇有声望，对于经济建设极有贡献者”。蒋介石经过反复掂量权衡，直到最后才把视线停在翁文灏的名字上。翁文灏事后也承认：“总统提名之前之一极短时间中，始与本人谈及提名之事。”[66]

5 月 24 日上午，蒋介石召开国民党中央常委会，提议由翁文灏出任行政院长，获得赞同。下午 2 点，蒋又在中央党部约见国民党籍立委，说明提名翁文灏的理由，希望能在立法院顺利通过。立法院随即召开第三次会议，宣读蒋介石致立法院咨文。咨文曰：

兹拟以翁文灏为行政院院长。查翁君为国际著名学者，曾任国民政府委员、行政院副院长等职，对于中外情形夙称通达，尤以十余年来历膺军事委员会第三部、经济部、战时生产局及资源委员会首长，凡关经济建设，以及充实国防资源等工作，久瘁心力，丕彰绩效，而于国际联系暨教育文化诸要端并多建树。当此行宪伊始，内而戡乱建国，外而接应美援，任重事繁，端资通才，以之出任行政院长，深信必能胜任愉快。为依宪法第 55 条第 1 项之规定，咨请同意，以便任命。此咨立法院。

总统蒋中正[67]

随后立法委员进行无记名投票。结果发出选票 605 张，收回 603 张，其中废票 20 张，有效票 583 张中，反对者 94 票，翁文灏以 489 票的绝对多数获得通过。

翁文灏做梦也没想到过会让他担任行政院长。他清楚像自己这样没有背景、没有政治派系、只靠蒋个人特达知遇的人在南京政府中的位置——只能做些具体实在的工作，不可能真正参与中枢决策，即便参与了也不会有什么好结果，最后的结局不是挡箭牌就是替罪羊。可是他还是经不住蒋介石的恳请劝导：行宪内阁久未产生。使国家陷于无政府之状态。对外对内观感都很不好，在此危急之时，当共体时艰，勉为其难。他体谅这位同乡此时处境的困窘。不能不帮救命恩人一把，他也拉不下面子"坚辞"，于是只好委屈自已，勉为其难了。翁文灏又一次在不十分情愿的情况下被蒋介石拉上战车，而这列战车的终点在哪里，他也不清楚。

蒋介石在最后的时刻选定翁文灏，这看起来是个极大的偶然，但谁又能不说这偶然之中也蕴含着某种必然的东西呢？除张群、翁文灏之外，蒋介石的口袋中真的没有别人了吗？显然不是。提名张群在党内遭到抵制之后，蒋介石决定重新起用翁文灏，其用意不外乎有三点：一、翁文灏在国民党内"向少派系关系"，是个能完全听命于蒋自己的人。从30年代翁文灏厕身政界始，尽管有人将他列为政学系人物，但实际上从他进入国民党政府之始，即完全依赖于蒋介石个人对他的赏识、信任以及他本人的学术地位、社会影响、清廉的名声和行政能力，而不是仰仗某些党内派系或地方实力人物。蒋介石的知遇之情、"救命之恩"，也使信守传统"忠孝礼义"思想的他只能唯蒋命是从。二、翁文灏历膺经济建设部门要职和行政院副院长的从政履历，也可使行政院摆脱一向是汪、孔、宋等党阀政客争权夺利场所的印象，给人一种"行宪"、"建国"新气象的外观。三、翁文灏的学者背景和清正廉明的政治操守，在政客从集、日益腐化堕落的国民党政府中实属凤毛麟角，由他出掌行政院，对于改善南京政府在国人，特别是在美国政府心目中的形象，争取美援，无疑极有好处。正如司徒雷登给国务卿马歇尔的密电中所说："翁被承认在经济事务上和个人正直方面是合格的人，但他没有实力。没有私人追随者。翁将讨外国新闻界的喜欢，他作为经济专家，将是监督美援计划的合适人选。"这不正是蒋介石所需要的人么！同时，司徒雷登看得也很清楚：行政院长之争的结果由翁文灏坐收渔人之利，一方面意味着国民党内部的政治危机并没有真正找到解决的办法，目前的结果只是一时的拖延手段，翁文灏"将发现他本人处于不愉快的地位"[68]。

翁文灏就任行政院长的消息，确实在国际国内舆论上给南京政府带来了几句赞誉。胡适又一次甘冒"台里喝彩"、"互相标榜"的讥讽，"以老朋友身份"对翁文灏表示祝贺和赞美："他兼有科学知识与行政经验"，"他有勇气担负政治的责任，我们很高兴。""期望翁先生用多年来积学的精神和方法，开中国政治上的新风气，打倒空谈，不科学的空谈。""期望在他的领导下，对专家的政治，得到特别的注意和提倡。"[69]美国《太阳报》以《中国行政院长之优良条件》为题发表评论，认为翁文灏对政府及教育工作经验甚丰，曾任行政院副院长、资委会委员长，对中国工业化之工作不遗余力，美国人士对于翁氏担任此种重要职务，认为乃合理之举。[70]

就在舆论向翁文灏大唱赞歌的时候，他正在为组织内阁忙得寝食不安。

5 月 24 日下午立法院投票通过对翁文灏的提名之后，当晚 9 时蒋介石即召见翁文灏，指示行政院组成人选原则。第二天从上午 9 点直到午后 1 时，翁文灏一直在蒋介石的黄埔路官邸与蒋商讨新内阁的具体人选。5 月 26 日清晨，翁文灏又将王世杰、张厉生等 10 余人召集到家中，进一步交换情况，听取他们对组阁意见；下午又赴黄埔路向蒋当面汇报。27日下午，翁文灏由南京飞赴上海，专程访晤何应钦，并走访上海市长吴国桢听取意见。当晚，在何应钦回访辞出之后，翁文灏又于11时35分赴顾孟余宅访谈，直至午夜。第二天一早翁文灏飞返南京。29日下午，翁文灏率新任行政院秘书长李惟果到行政院办理交接手续。30日，蒋介石官邸召开重要会议，国民党内重要人物几乎全部到场，内容就是对新内阁名单最后敲定。

翁文灏组阁出现难产原本也是意料中的事。国民党内各派力量如何在行政院内找到各自适当的位置，对于追随国民党参加"国大"选举的民社党、青年党及"社会贤达"人物给予如何的安排？这些都是难题。有的人不愿意干但必须拉进来，有的人极力要进来却必须阻挡在门外；有的需要容纳但又不能多占位子，有的可给几个位子但不能盘踞要津；有的人干或不干明朗干脆，有的人遮遮掩掩犹抱琵琶，这其中的矛盾奥妙变幻无穷。有的人走近，有的人走远，有的人走来，有的人离开。

5月31日"行宪"内阁勉强凑齐，翁文灏将各部会新任人员名单呈请蒋介石核定发表。他们是：行政院副院长顾孟余，内政部长张厉生，外交部长王世杰，国防部长白崇禧，财政部长王云五，教育部长朱家骅，粮食部长关吉玉，交通部长俞大维，社会部长谷正纲，地政部长李敬斋，水利部长薛笃弼，卫生部长周诒春，主计长徐堪，司法行政部长谢冠生，农林部长左舜生，工商部长陈启天，资源委员会委员长孙越崎，蒙藏委员会委员长许世英，侨务委员会委员长刘维炽，政务委员雷震、董显光、郑振文、杨永浚，秘书长李惟果，新闻局长董显光。因顾孟余一直拒绝就任，副院长一职6月21日改为张厉生。

翁文灏刚刚渡过组阁难关还未得喘息之机，却又遭到立法院的一顿“杀威棒”。

6 月 11 日，翁文灏率内阁成员出席立法院第 9 次会议，向立法院报告施政方针。他在报告中表示：“深知目前国家局势的严重。中外瞩望之殷切，自应竭尽驽钝，尽瘁职务。”军事方面“积极增强东北、华北、华中各战场之国军之战斗能力”，同时并“充实地方武力，配合作战，以逐步击灭‘共匪’主力，缩短‘戡乱’期限”。在军费供应上，将预算划分为普通预算和特别预算两部分，以特别预算保障军费开支。军服军粮的供应，采用征实征借办法。“军事之外，目前局势当以财政为首要之图。”其原则不外乎开源节流，“收入方面，必须尽力增加，以免通货膨胀过甚，人民痛苦加深。因之，如关税、盐税、货物税、直接税等，必须认真振作，切实整理”，提高征收效率，注意合理负担。节流方面，军费开支“力求核实，凡属不生产之支出，当尽量节省”。建设资金视其成效，紧缩筹拨，提倡节约风气。此外，“更应注意根本办法”，“如币制如何改革”，“公绩如何改善”。“游资如何使用”等等，“均为转险为夷之关键”。其他的关于金融外汇的管制，进出口贸易管理等。[71]翁文灏的施政报告实际上是一篇急就章，只是把有关各部的工作拼凑组合，并没有多少新意，而且 10 天之中，他也不可能给病入膏肓的南京政府开出一张药到病除的神方。

原本希望翁文灏妙手回春的立法委员们对此极不满意，11 日、12 日两天连续对行政院的施政报告提出质询和攻击。有的说施政报告太泛泛，没有重心，是一个平时政府的施政方针。不足以应付当前之危局；有的则批评说只有原则，没有具体办法，重理论而忽略实际，对目前军事和经济的严重危机并未提出解决办法；有的甚至称这不过又是一次新瓶旧酒，质问行政院对豪门的课征有没有办法，要挽回人心，建立必胜信念，关键是看新政府能否彻底遵从民意，彻底刷新政局。两天的质询几乎把行政院的报告批得体无完肤，近似投了一次对内阁不信任票，以至于财政部长王云五被吓得心萌退志，于 13 日上书翁文灏呈请辞职。

15 日，翁文灏再临立法院，就立法委员质询中有关军事、财政及外交问题作口头答复，其他问题另以书面答复。他首先说明。从体制上行政院国防部所负责的只是军事行政及军事政策，主持军事策略及军令指挥的是参谋总长，而且参谋总长也是“承总统之命执行军令”。“至财政方面，因军费庞大，收支平衡实不可能，而国家收入不外赋税与非赋税两种。前者当遵循有钱者多出钱之原则，拟定办法，送立院审核，后者非国营事业之改进，敌伪资产之处理。公债信用之树立，均在积极筹划中，至币制改革，关系重大，须有一定条件始能收效，故已延揽专门人才从事研究。”物价问题，此后当“充实物质供应，增加生产，发行短期库券，推广输出贸易，出售国营机构股票，以收回大量法币，消除通货膨胀”[72]。

王云五方案

翁文灏内阁的第一件重要工作，也可以说是唯一的重要工作，就是挽救南京政府垂危的经济。

此刻南京政府的经济状况已经到了崩溃的边缘，实际情况如同一只脚站在摩天大楼顶上又向外伸出了另一只脚的疯子，要想把他拉回到“安全地带”，得需要有点超人的力量。可是谁有这种力量呢？蒋介石？翁文灏？王云五想试一试。

王云五，广东香山（今中山）人，1888 年生于上海，早年在上海学徒，靠自学成才，任国民大学教授，1921年受胡适推荐入商务印书馆，曾担任编译所长、总经理职务，主编《万有文库》、《中国文化史丛书》，是四角号码检字法的发明者。抗战时期王云五曾任国民参政会参政员，抗战胜利后继翁文灏任经济部长，后任行政院副院长，1948年以无党派的“社会贤达人士”名义参加“行宪国大”，并由蒋介石指令翁文灏拉其入阁任财政部长。

八年抗战使中国经济饱受摧残，战时物价月平均上涨率为8.06%。抗战胜利初期，胜利给人们带来的强烈乐观心理：因战争被迫内迁的工矿将重回富庶地区，东北的光复、台湾的收回，都将使物资来源大量增加。与此同时，交通的恢复，运输的通畅，也使许多囤积物资、战争剩余物资大量涌入市场，各种货物应有尽有。1945年8月物价指数尚为245503（以1937年上半年为100），9月已降至176929，一个月中下跌28%。其中重庆由179500跌到122600，下跌达31.7%。但这种情况持续的时间很短，不久物价再度开始上涨。

翁文灏内阁成立之时，南京政府的财政经济已经处于恶性通货膨胀状态。南京政府的内战政策无疑是导致经济恶化的最直接原因。南京政府的财政收入当然无法负担庞大的战费支出，而公债发行市场极其狭窄，社会无法容纳。南京政府为弥补赤字，只好增加法币的发行，结果自然造成物价上涨和通货膨胀，而政府又要维持定额的实质收入，便进一步增加法币发行。通货膨胀还造成人们预期物价上涨心理，更加速了货币流通速度和物资的短缺。尚未从战争中得到喘息的经济，再次陷入无底深渊。

1946年，宋子文内阁实行开放外汇市场及抛售黄金办法，企图稳定物价和外汇市场，结果反衍成“黄金风潮”，金价狂涨，物价也跟随大幅度上升。中央银行在抗战结束时，尚拥有外汇 8 亿至 9 亿美元，黄金（包括接收日伪储备银行在内）600 万两，结果在不到一年时间内，被宋子文抛掉了 3.54 亿美金及 350 余万两黄金，宋子文内阁也因此垮台。1947 年 2 月，张群内阁上台后也曾进行财政改革，结果以失败告终。

进入 1948 年，由于国民党在内战战场的进一步失利，物价上涨的趋势更加剧烈。1948 年 8 月较 1947 年 12 月，上海基本商品趸售物价上涨 56 倍，月均 174%，完全处于恶性通货膨胀状态。南京政府的种种安定物价、平衡预算、开源节流的决议、计划都成为一纸空文，法币成为废纸。这时又有一些人提出了“治本”的妙计：币制改革。“币改”的主张在抗战后期已有人提出，此时这种要求愈发强烈。一时间“币改”成为最时髦的口号。主张者认为是币改挽救危机的妙药灵丹，只要币制改革成功，便可抑制通货膨胀，稳定物价，促进生产，还可完成军事“戡乱”。反对者则认为此乃饮鸩止渴，必将激化经济混乱状态，且可能造成军事上的危机。

就在此时，于财政素无经验，以经营商务印书馆、发明四角号码闻名的“社会贤达”王云五担任了南京政府的“财神爷”。王云五虽对财政金融素无经验，但却对经济改革萦萦于怀，早在担任财政部长的一年前，他就认定：“只有改革币制，才能挽救经济日趋恶化的局势。”也正是由于改革币制，挽狂澜于既倒，扶大厦之将倾，扮演南京政府救命恩人这一美妙幻影的诱惑，使王云五对财政部长的职位始拒而终受。

到任后，王云五把过去财政部所存的七八十种各式各样的改革方案、意见，统统翻将出来，自己关在屋子里秘密炮制“药方”，“而且无日不是念兹在兹”，“偶然有出题目征取意见的必要时”，

“也只将有关征取意见之一点，托词属人研究，却没有透露全盘的关系”[73]。他将这些旧资料、方案和搜寻的意见归纳整理一番，在就任财政部长一个月后的 7 月 7 日，一份由他亲自草拟的经济改革方案，放到了翁文灏的办公桌上。

王云五的方案共 32 条 3000 余字，主要内容是：发行新币——中华金圆，以 3 亿美元做发行准备；所有法币、东北流通券及台币，于新币发行的三个月内收兑，过期作废，以 120 万元法币兑换 1 元中华金圆；黄金、外币收归国有，限期收购，逾期发现，一律没收（每人所带金饰不得超过一两）；冻结物价，各重要城市日用必需品之价格，非经批准，不得超过新币发行前一日价格；严格控制预算支出，平衡国内及国际收支。

对如此大胆和重要的举措，翁文灏自然不敢擅作主张。在进一步听取了王云五口头报告之后，7 月 8 日他与王云五同去向蒋介石当面报告。蒋介石对王云五的方案表示原则同意，同时指定徐柏园、严家淦、刘攻芸 3 人组成专家小组，与中央银行总裁俞鸿钧一起，协助翁文灏和王云五对这一方案进一步认真研究，并草拟各有关方案的详细办法。徐柏园时任财政部政务次长，严家淦为台湾省财政厅长兼美援运用委员会联络人，刘攻芸是中央银行副总裁。从 7 月 9 日到 28 日的两星期之内，翁文灏等 6 人对王云五的方案逐条进行研究讨论，并就技术性问题提出解决办法。

王云五主张发行新币，实行金圆管理本位。他认为法币已到了恶性膨胀时期，币值正以几何级数急剧低落，如不尽快改革，必将全盘崩溃，丧失主动改革的机会。此外，政府可供发行准备的金银外币数量正在急剧锐减，如再拖延时机，待这些金银外币支出殆尽之时，纵想改革也只能望洋兴叹。

按照货币学的基本原理，货币发行需有切实的物质准备。王云五原本主张以3亿美元作为发行准备，这3亿美元是：甲、中央银行现存黄金白银约值1.1亿美元；乙、中国银行移存中央银行的外汇约6000万元；丙、同盟胜利美金公债基金所余7000多万美元；丁、美金储蓄券基金所余2000多万美元；戊、战后接收的敌伪产业、钻宝等4000万美元。小组研讨之时，王云五方从刘攻芸处知道。同盟胜利美金公债和美金储蓄券两项基金剩余已由中央银行拨作他用，且已罄尽无存。这样一来，发行准备金顿时减少1亿美元，占全部准备金三分之一，致使改革方案能否实行令人怀疑。王云五不由得心慌意乱，不得已将原案“全部现货准备”改为四成现货，即2亿美元，另外加入中纺、台糖等国有公司的股份3亿美元，作为资产准备。

因为王云五原案中规定金圆与美元的比值为3比1，金圆发行限额为9亿，所以3亿美元的准备已是十足准备。但小组研讨之时，多数人认为3比1的比值，未免对国人的购买力估计过高，因此主张将与美元比值定为4比1或5比1。后来由蒋介石折中裁定为4比1，这样准备金也相应提高到5亿美元，发行额为20亿元。

王云五坚决主张将金银、外币收归国有。他认为：将金银、外币收归国有。一可充实新币发行准备，二可去除扰乱物价的重要因素，而且政府法令一向不准国民持有外汇，其持有者实已藐视政府法令，因而黄金可全部兑换为金圆券，外币则只予兑换一半，另一半强令购买金圆债券。小组讨论之时，对此有两点修正：为鼓励外币持有人自动将所持外汇售给政府，将强令购买金圆债券改为全部兑给金圆券。与此相联系，王云五在原方案第22条中提出：“为防止大量黄金、外币、外汇及外国证券之逃避，应于金圆券发行前若干日，将沪、津、穗、汉四市之商业银行行库及各银行出租保管箱一律暂行封锁，除行库即予检查登记，对上述标的物封存待处理外，所有私人保管箱应令将上述标的登记，必要时得予抽查。”他相信在这种情形下，申报者不敢不据实申报。但是他的这一极端主张并没有在小组研讨中获得支持，有人提出事关干涉人民财产秘密。不无侵犯人民自由之处，尽管“有一二人表示同情，但经不起多数人的坚决反对”，结果此点以取消作罢。

改革币制最重要的目的就是抑制通货膨胀，而抑制通货膨胀的关键是保持收支平衡，要保持政府收支平衡也必须稳定物价。要稳定物价、平衡收支，不外乎开源节流两项。开源可以通过设法增加税收，发行金圆公债，收购外币、外汇实现；节流不外乎裁并机构，裁汰冗员，核实兵额，限制预算外追加支出，限制浪费等。但是王云五把这一切都限定在一个大前提之下：“国家局势不致恶化。”因为他清楚，局势如果恶化，不要说军费无限制开支，收支平衡根本无法达到，即是人心稍一动摇，“实足以打消任何其他之功效也”[74]。

小组讨论结果，对王云五的方案并没有大的修正，因为蒋介石已原则同意，小组也只是就一些非原则性问题，进行技术性修正和实施细节的研讨。研讨的结果分别在由王云五草拟的《金圆券发行办法》、《人民所有金银外币处理办法》、《中华民国人民存放国外外汇资产登记管理办法》、《整理财政及加强管制经济办法》和《金圆券发行监理委员会组织规程》中体现出来。

翁文灏原计划赶在立法院 7 月底休会以前完成方案定稿，提请立法院召开秘密会议，审议通过，以符合法定程序。但蒋介石首要考虑的并不是如何做才符合法定程序，他认为立法院人多嘴杂，不易保守秘密，方案只要一提交立法院，很快就会满城风雨，天下皆知，而这个方案公布前稍有走漏，其结果如何就很难驾驭了。因此翁文灏将拟定的有关文件送交蒋介石之后，蒋介石以要详细阅看为由，把方案“留中不发”。直至立法院宣布休会之后，蒋介石突于7月29日在避暑的莫干山电令翁文灏等：立即携带有关资料上山议事。

莫干山定议

接到蒋介石电令的当天下午1点20分，翁文灏偕王云五、徐柏园、严家淦及外交部长王世杰，乘飞机离开南京，他们先抵达杭州，再经京杭国道乘车到武康县三桥埠。从三桥埠到莫干山顶原本有公路，因抗战时被毁，此时尚未修复，登山必须乘轿子。翁文灏一行下了汽车，等候在路旁招揽生意的轿夫们便一拥而上，纷纷拉翁文灏上自己的轿子，而王云五在一旁矗立半晌却无人理睬。原来轿夫们看中的是翁文灏身躯矮瘦，而王云五身宽体肥几乎超过翁文灏一倍。俞鸿钧也由上海来到莫干山。

莫干山位于浙江武康县内（今属德清县）。距离杭州只有60公里，不仅地理位置优越，更有宜人的美景，幽雅的环境。此山最高峰塔山高700余米，山青景秀，有“清凉世界”的美称，还有莫邪、干将的动人传说。相传春秋末年，莫邪、干将夫妇在此为吴王阖闾铸剑，剑就身亡，后人即将此山以其夫妇之名命名为莫干山。莫干山之美尤以竹、泉、云而称三胜，以绿、凉、清、静为四优，春天到来之时，嫩笋破土，和风拂面，云雾变幻，姿态万千；夏天平均温度只有摄氏24度，满目青翠，一尘不染，山泉奔涌，凉风习习，让人乐而忘返，观剑池飞瀑，思莫邪、干将故事，真是一种神仙般的享受；秋季，莫干山桂花飘香，枫林似火，天高云淡，秋实硕硕；入冬则云凝气滞，林寒涧肃，听空谷足音，令人生万端遐想。

从 29 日下午抵达莫干山至 30 日中午时分离开，翁文灏等与蒋介石三次当面商讨，具体议定了改革实施方案及实施时间表，决定："1. 本年 8 月 15 日以后实行金圆本位，每一金圆等于美金二角五分，折合法币 200 万元；金圆券十足准备，限额发行，并设发行准备保管委员会，迅即铸发银、镍、铜各种辅币。法币限于本年 12 月底以前全部收回。2. 黄金、白银、外币钞券，依法定兑换率，于本年 9 月 30 日以前收兑。逾期私人不许持有。3. 国人存放国外之外汇资产限期申报，并对匿报者妥定刑事及其他制裁。4. 参照战前标准。依法调整税率，以裕税收；并严定办法控制支出，期使收支力趋平衡，以稳定币值。5. 加强经济管制及金融管制，输出入贸易继续管理。6. 美援运用以紧缩通货稳定经济力为原则。7. 文武职人员之待遇改给金圆后，应较现时待遇酌予提高。现行按生活指数付给办法废止之。"[75]方针既定。30 日下午 1 时翁文灏按原路下山，下午 2 时半抵达杭州，6 时乘自强号专机由笕桥机场飞返南京。

如此多的财经大员齐聚莫干，立即引起新闻界的关注。尽管严家淦对记者只是敷衍说："总统召见翁院长等时，亦曾多次垂询彼等对改革币制之意见。"但许多人都猜测到南京政府要有大的经济政策出台，极可能就是改革币制。在机场，许多记者一再追询币改消息，翁文灏只好说："短期内会有消息。"

翁文灏一行莫干山之行，在社会上引起了一阵不小的冲击，许多人猜测到莫干山谈话已对安定经济有了极重要的决定，政府将于最短期内实施全面改革方案，甚至传言："此新方案将于 8 月 1 日起施行。""据消息灵通人士称，改革币制计划，曾经中美双方在华府进行详密而圆满之会商。”许多报纸还对改革的内容做了种种试探性报道。许多离奇的谣言不胫而走，成为市场骚动的新来源。

翁文灏明白：这次币制改革已经是南京国民党政府的“最后机会”了，如果失败的话，“也就再无计可施了”[76]。不论是为了蒋介石，还是为了自己十几年献身的政治理想，他都不敢有丝毫的懈怠和麻痹。在方案正式公布前，大量细致具体的准备需要周全考虑，而又不能直接明了指示，还要尽量避免引起新闻界注意。怀着一颗如临深渊、如履薄冰的心，他每天都煞费苦心，工作到很晚。8月4日（农历六月二十九日）他60岁生日那天，翁文灏上午还照常到行政院办公，主持召开行政院会议。但是有一个人并没有忘记这个日子。8月4日下午，蒋介石未经事先通知，突然亲临翁宅。直到蒋介石握住了他的手，翁文灏方才醒悟过来：“总统”亲自登门祝寿来了。翁文灏此时此刻此情此景下的心情，今天的人们自然也不难揣摸。

在经济改革紧锣密鼓地繁忙筹备之时，8月9日蒋介石和宋美龄前往庐山牯岭避暑。按照原计划，蒋介石将于15日返回南京，宣布经改命令。但是上山以后，国民党许多元老要人纷纷追随而来，牯岭之上一时冠盖云集宛若闹市。蒋介石不好脱身，返京日期一再推迟。从15日到18日，翁文灏等再对方案做最后的检查，根据形势的变化，他们决定：

1.由于法币急遽贬值，原定法币与金圆券200万比1的兑换率已不合适，改为300万比1。

2.在8月18日下午，召开国民党中央政治会议的同时，由俞鸿钧在上海召集银钱业会议，宣布19、20两日银钱业及交易所一律暂停营业。其他城市由财政部各地金融管理局宣布。

3. 在经济改革方案宣布前两日，由财政部电告国际货币基金组织。

4. 关于此次经改的对外宣传，由行政院秘书长李惟果主持。[77]

“八一九命令”

直到 8 月 18 日傍晚，蒋介石才冲出牯岭的“包围”，返回南京。一再推迟的国民党中央政治会议于 19 日下午 3 时举行，蒋介石亲自主持。翁文灏首先说明此番经济改革的思想原则，然后王云五就改革要点作详细说明。与会者对改革方案提出一些疑问和修改意见，如有人主张台币应与法币及东北流通券一体收兑，对法币公债的处理“应稍从宽”等。经过王云五的解释和说明，方案无异议通过。只对两点提出修正：一、对法币公债暂不作具体决定，由行政院另订办法处理。二、在金圆券发行办法第五条下增加：“台湾币及新疆币之处理办法由行政院另定之。”会议很快结束。

翁文灏随即于 6 时召集行政院会议。改革方案对于绝大部分内阁成员来说，还是第一次听到，更不说参与研究讨论，因而会上发问者颇多，王云五又是一番说明解释。每位内阁成员心里很清楚，无论对王云五的说明解释是否满意，这个会议都不可能做出否定性的决议，因为国民党中央政治会议已经做出的决议就是最后决定。行政院会议经过 4 个半小时认认真真的过场，除了对若干条文作文字上的小修正外，其余照原案通过。

为了绕过立法院的讨论审议，蒋介石启用《中华民国宪法》“动员戡乱时期”临时条款授予总统的紧急处分权力，以总统命令的形式颁布“财政经济紧急处分令”。全文如下：[78]

总统命令

兹依据动员戡乱时期临时条款之规定，经行政院会议之决议，颁布财政经济紧急处分令，其要旨如下：

一、自即日起以金圆为本位币，十足准备发行金圆券，限期收兑已发行之法币及东北流通券。

二、限期收兑人民所有黄金、白银、银币及外国币券，逾期任何人不得持有。

三、限期登记管理本国人民存放国外之外汇资产，违者予以制裁。

四、整理财政并加强管制经济，以稳定物价，平衡国家总预算及国际收支。

基于上开要旨，特制定：1.《金圆券发行办法》，2.《人民所有金银外币处理办法》，3.《中华民国人民存放国外外汇资产登记管理办法》，4.《整理财政及加强管制经济办法》，与本令同时公布。各该办法视同本令之一部分，并授权行政院对于各该办法颁布必要之规程或补充办法，以利本令之实施。

此令。

总　　统：蒋中正

行政院长：翁文灏

财政部长：王云五

民国三十七年八月二十日

命令签署的日期是8月20日，但人们还是习惯称之为“八一九命令”。次日，蒋介石又电令各省市政府，表明此次改革的决心，声色俱厉，严令各级政府“切体斯旨，自凛职责”，“无论遭遇任何困难，中央必为全力支持”。同时警告：“设或阳奉阴违，怠忽职守，致法令不能贯彻，或对所属执行人员监督不严，考核不力，致所属违法舞弊，影响法令之实效者，则各级主管应负失职之咎，中央亦必严厉处分，决不稍存姑息。”[79]

《金圆券发行办法》共 17 条，其主要内容有：以金圆为本位币，由中央银行发行，每元含金量为纯金 0.22217 公分；所有以前的法币以 300 万元折合金圆 1 元，东北流通券以 30 万元折合 1 元，限于 1948 年 11 月 20 日前无限制兑换；金圆券发行总额为 20 亿元；成立发行准备监理委员会，负责于每月终了后检查发行金圆券的数额和发行准备情形。

《人民所有金银外币处理办法》规定：自该办法公布起，禁止黄金、白银、银币及外国币券的流通、买卖或持有。人民所持有的黄金、白银、银币或外国币券，必须在 9 月 30 日以前向规定的银行兑换金圆券，或购买 1947 年美元公债，或以外币（金银可折合美金）存于中央银行。黄金按其纯含量每两兑 200 元金圆券，白银每两兑换 3 元，银币每元兑换金圆券 2 元，美元每元兑换金圆券 4 元。违反有关规定者，“其黄金、白银、银币或外国币券一律没收”。

《中华民国人民存放国外外汇资产登记管理办法》共 15 条，要求“中华民国人民，包括自然人、法人及其他社团，必须将截止到 8 月 20 日以前，价值在 3000 美元以上的，在国外之活期或定期存款暨存放国外之外币、金块、金条，以及从我国方面获得之任何支付权益，包括外国或中国政府之外币证券、股票、债券、地契、保险单、分年收款、远期收账、买卖预付金、证券买卖保证金及一切流通票据”，统统于 12 月 31 日前向中央银行及其委托行申报登记。申报登记的外汇资产，其存款及外币资产的收益或变卖所得部分，除按规定可保留一定数额外，均必须以原币移存中央银行或其委托行。违反上述规定者，可依《妨害国家总动员法惩罚暂行条例》规定，处以 7 年以下有期徒刑并处罚金。

第五个法规是《整理财政及加强管制经济办法》，这实际上是宣布南京政府经济进入战时状态的标志。办法主要包括以下几个内容：

1. 调整税率增加收入。凡税率低于抗战前标准的，一律参照战前标准进行调整，同时提高奢侈品税率；参照战前标准，提高国营公用及交通事业收费标准；加快出售战时剩余物资和敌伪产业。

2. 加强外汇和进出口管制。政府机关和人民“正当用途”需用外汇时，由政府结售；出口商品所得外汇，也必须按官方汇价全部售予中央银行；侨汇亦须按官价由中央银行收兑。限制进口，核减限额。如汽车，要求核减四分之一至四分之三的汽车执照，严格限制用油量。对禁止进口的物品，自 10 月 1 日起禁止销售，违者以走私论处。

3. 检查仓库，严禁囤积居奇。实施仓库检查并登记，发现违反有关取缔日用品囤积居奇办法者，“依法从严惩处”。

4. 限制各类人员薪金收入。工资一律改发金圆券，同时禁止按生活指数发给薪资的办法。由政府发给工资的所谓“文武公教人员”，工资折扣发给。以原薪 40 元为基数折发金圆券，40 以上至 300 元部分，按十分之二发给。300 元以上按十分之一发给；国营事业员工，较同级公务员所得，最多不得超过三成，超过部分一律取消。民营事业员工，其半月薪资不得超过 8 月上半月水平。

5. 强化金融业管理。国家金融机构“不得以任何方式作商业性质之放款”；商业银钱行庄“不得以任何方式继续经营物品购销业务”；信用合作社只可收受社员存款并贷于社员，“不得经营银钱业之其他业务”；除钱业外，“任何公司商号不得收受存款或放款”。暂停上海、天津证券交易所营业，“非经行政院核准，不得复业”。

这个经济改革方案，概括地说就是控制金银外汇，整理财政，实行经济管制相配合，以改革币制为出发点，通过控制外汇平衡国内国际收支的手段，达到稳定物价的目的，以挽救滑向崩溃的经济，挽救滑向崩溃的南京政权。

按照事先的计划，5 月 20 日在行政院组织了一个经济管制委员会，全权主持此次经济改革，翁文灏以行政院长兼主任委员，王云五、俞鸿钧等 6 人为委员，徐柏园为秘书长。由于经济改革的成败关键系于上海等重要工业、金融城市。该会还在上海、天津、广州、武汉等设立"经济管制督导员"，以便"易于就近秉承"。其人选亦早经拟定：以中央银行总裁俞鸿钧为上海督导员，蒋经国"协同督导"；行政院副院长张厉生为天津督导员，王抚洲协同；广东省主席宋子文为广州督导，霍宝树协同。

在王云五就此次财经改革向新闻界发表谈话的时候，翁文灏先后召集国营银行界和京、沪两市民营银钱界要人谈话，就财经改革的原因、原则及目的作进一步说明。他认为，造成恶性通货膨胀的原因，一是内战规模的扩大，军费支出浩繁，致使通货增加，另一个原因则是不法商人投机囤积，推波助澜，造成百姓心理恐慌，进一步增快通货膨胀上涨速度。他说明此次改革"全部办法以改革币制为中心，以严格控制预算，平衡国库收支，加强经济管制。稳定市场为方法，以达安定经济，安定民生之目的"，并表示经管的基本原则：一、政府对于民生日用必需品的生产销售供应必努力注意，调节协助，无虞匮乏；二、对于进口物品及奢侈品必须厉行节约；三、对一般物品实施价格管制，不得擅自提价；四、对于金融加强管理，规定贷款、营业范围，并抑低利率及汇水；五、对于投机囤积非法经营，严格取缔、惩处。他最后略带威胁地警告："倘或故违政令存心破坏，影响所及等于打击国家根本，政府机关必须依法惩处。即全国同胞亦必须不能宽恕。”希望在座的诸位“共体时艰。同心同德，协力推行，并以行动或言论领导全国社会一体拥护”[80]。

四十天的“成功”

8月22日，中央银行奉命恢复营业，开始执行“八一九命令”——收兑金银外币。翁文灏一大早就以紧张而忐忑不安的心情等待着市面的消息，老百姓对币制改革到底抱什么态度，是拥护，是抵制，还是冷漠？收兑金银外币是最直接的反映，也是改革的第一步，关系此次改革能否顺利推行。令翁文灏欣喜甚至意外的是，市面反应出奇的好。从上海、南京等地传来的报告说，收兑金银外币的第一天，老百姓所表现出的积极踊跃出乎人们的意料，上海中央银行门前兑换者排起长队。

南京政府严刑峻法的恐吓，信誓旦旦的宣传，使身受通货膨胀之苦而对经济安定、物价平稳极度渴望的老百姓，再一次对南京政府献出真诚，倾囊而出，将手中通过各种方式积存的黄金、白银、银元、银角、外币统统拿到银行，兑换成印有孙中山头像的金圆券。“金圆券”多么有诱惑力的名字，仿佛黄金、白银换回的不是纸币，而是通体耀眼的金币。

兑换的最后期限在一天天临近，银行前的兑换队伍越排越长。中央银行在上海外滩的总行和各地分行为收兑金银外币一时手忙脚乱，不得不一再延长营业时间，甚至暂停其他业务，专办金银收兑工作。据说梅兰芳也亲自坐车到外滩，将自己多年积蓄的200两黄金全部兑换成金圆券并存入银行。到8月25日翁文灏主持召开行政院第9次临时会议之时，中央银行报告：仅上海一地，一个月内市民为兑换金圆券而提交的黄金已达约 70 万两，白银约 60 万两，美钞将近 2000 万元，港币约 600 万元，兑出金圆券超过了 2 亿元。[81]到 9 月底，全国各地收兑金银及外汇，一共折合价值约 1.6 亿美元。[82]形势如此令人鼓舞，身为财政部长的王云五已经抑制不住内心的激动，他决定“不得不”前往美国一行——出席国际货币基金组织和世界银行第三届联合大会。

国际货币基金组织（International Monetary Fund）是 1944 年成立的一个联合国专门机构，目的是为了保证国际货币合作，稳定汇率及扩大国际清偿能力，总部设在华盛顿。世界银行（International Bank for Reconstraction and Development）又名国际复兴开发银行，1946 年 7 月正式成立，以向成员国提供生产项目的资金、促进经济发展为目的，总部也在华盛顿。当时中国是这两个组织的成员国。两组织的联合大会每年召开一次，由美英中法四国轮流担任主席。1946 年、1947 年的两次大会先后在美英举行，分别由两国的财政部长担任主席，1948 年恰值轮到在中国举行，并由中国财政部长担任主席。由于蒋介石发动内战，中原大地一片烽火狼烟，会议只好改在总部华盛顿举行。

照理说，既然国内正在进行事关政府生死存亡的经济改革，财政部长又身居中枢主持，而且东道国地位业已放弃，会议主席权自动放弃让予下一届，或由大会推举他人也未尝不可。当时傅斯年就曾致函王云五，劝他除非有能带钱回来的把握，否则应当从缓，但是王云五坚持认为“不宜放弃”，理由是：1. 如若不去“有放弃职责之嫌”，并担心大会可能因临时主席的选任而惹起争执；2. 可藉此机会与各国就中国币改问题“沟通意见”，“间接上或亦有利”；3. 近来“受了不少冤抑”，想趁此换换环境，归国后主持大计“当更兴奋”[83]。这三条理由听起来似乎都有道理，可认真一想又都显得牵强。也有人认为，王云五不过是见币制改革初见成效，欲乘机在国际上扩大自己的声望，满足一下成功感而已。不管动机是什么，王云五将部务交由徐柏园代理，按计划离开南京，奔赴华盛顿。翁文灏似乎也没有阻拦。

王云五所说的“冤抑”，大概指的就是币制改革方案泄密一事。

事情的经过是这样的：“八一九命令”发布不久，报界即传出消息，在命令正式公布之前已有人从内部获得消息，投机操纵，牟取暴利。一时舆论哗然，致使蒋介石不得不亲自下令严加追查，对泄密人员严厉惩处。本来王云五自从着手准备币制改革之时起，就采取极秘密手段，最初方案的草拟甚至誊抄都是自己一手办理。莫干山定议之后，王云五才让财政部秘书到其家中，将草案秘密抄写数份，以备讨论修改。8月中旬，钱币司司长、公债司司长方因工作关系介入此事。8月18日上午，王云五让徐柏园将命令各银行、钱庄及交易所暂停营业的电稿整理，送往财政部拍发。徐柏园奉王云五命令，让财政部主任秘书徐百齐重新起草给各银行、钱庄及交易所命令暂停营业的电稿。徐百齐竟将此事泄露给其好友陶启明，陶启明又告诉了他的老婆。陶妻财迷心窍。急向上海亲朋报告，欲抛售股票，借机发财。结果事情败露，徐百齐、陶启明二人均受严厉处置，王云五也受到攻击。

在“八一九命令”发布以后的最初40天中，经济改革朝着预想的目标方向前进，至少表面上是这样的。飞涨的物价，像扳动了紧急制动阀的列车，以超乎寻常的状态减速，特别是京沪平津地区尤为明显。上海的物价“一个月来，虽有少数物品如纸烟之类，跃跃欲试，但日用重要物品如纱布之类，价格低落到八一九水准之下”[84]。华北的北平、天津，除洋货外。物价都有所下降，甚至有的下降了三成。广州因南京政府规定的收兑港币、黄金价格比原来市场价格还高，故币制改革初期物价也随之上涨，上涨幅度达60%～70%，但由于物资供应尚未出现大的短缺，半个月后，物价也渐趋稳定。其他地区各有参差。西南地区以成都为例，因为公布的收兑黄金价格较“八一九”之前该地区价格略高，同时民间所存的大批镍币出笼，一个月中，成都米价上涨了一倍。湖南、湖北则因银元收兑价格高于原来水平，大批银元出笼，一个月中物价也上涨了二三成。

40 天中令翁文灏感到鼓舞的另一项成功就是吸收（从各地商业银行、钱庄中）移存入中央银行的外汇存款有 9000 多万元。按照存放国外外汇资产登记管理的规定，“自然人、法人及其他社团”必须将外汇原币移存中央银行，结果总计中、中、交、农等四行两局一库，申报移存的外汇共达 9000 多万美元。但其中有 6000 万元在币改之初就拨为金圆券的发行准备，实际上可动用外汇只有不足4000 万美元。

蒋经国“打虎”

翁文灏对上海工作最为关注，因为上海是中国经济金融中心，上海经改的成败直接影响全国。他认为只有由蒋经国这样有地位和魄力的人物才能担负此任。8 月 20 日，蒋经国抱着“力挽狂澜”的决心。赴上海执行副督导员的职务。他名义上是副督导员，实际上主持全面工作。翁文灏对此寄予厚望。

蒋经国到上海后果然不同凡响。据说。他宴请上海金融工商界的巨头时板着面孔说：“现在我奉命严格执行金圆券的法令，一定贯彻到底。座中诸位都是我的世伯世叔，希望保留情面……”23日他在中央银行大楼正式上岗办公，启用他专为反共政治工作训练出来的“戡乱建国”大队，开始对上海施行政治“铁腕”。“戡乱建国”大队队员作为上海青年服务总队，每天到上海各地调查市场物价、粮食、黑市，检举隐藏物资、偷卖配给物资等问题。并设立服务站，听取市民的不满意见，号召市民举报投机商人和囤积居奇者。蒋经国在新闻界面前宣誓：“对查获违反财经紧急处分令的奸商及贪官污吏，不问任何人，决心予最严厉的惩处。”“将不顾任何背景。大刀阔斧。彻底执行，……为了全体人民计。牺牲少数败类。在所不惜。”[85]他还提出“只打老虎，不拍苍蝇”，“打祸国的败类，救最苦的同胞”的口号。8月23日和27日，他两次指挥进行全市大规模搜查，对触犯法令者，没收货物，吊销执照，逮捕法办。蒋经国的铁腕一时间令黄浦江波澜激荡，上海滩风卷云翻。

按照财经紧急处分令，中央银行通知各商业银行限期陈报外汇资产数额。对于这种等于强取的命令，各商业银行采取了拖延观望和暗中抵制的做法，“当时上海银钱行庄都有明暗两套账簿，黄金外汇都在暗账收付。明账中看不到”[86]。上海的银行公会理事会打算先让各银行钱庄凑个1000万美元，卖给中央银行，搪塞一下。9月6日，蒋介石在中央党部扩大纪念周上，对上海金融界发出警告：“彼等既不爱国家，国家对彼等自亦无姑息，故政府已责令上海负责当局，限其于星期三以前令各大商业银行将所有外汇自动向中央银行登记存放，届时如其再虚与委蛇，观望延宕，或捏造假账，不据实陈报存放，那时政府只有依法处理，不得不采取进一步的措置，予以严厉的制裁。”[87]

蒋经国以其“太子”身份加上“尚方宝剑”在手，越发有恃无恐，措施之严厉令许多人谈蒋色变。据说死了人买棺材也得由棺材店派伙计去“验明正身”，以防止有人囤积棺材。蒋经国准备在上海滩立下自己的威风，雷厉风行地打几个“老虎”，他的第一个目标便是杜维屏。9 月初，蒋经国下令逮捕了投机倒把、囤积居奇有据者 10 人，其中就有杜月笙的儿子杜维屏。摸清底细之后。蒋经国在浦东大楼召集上海各巨商开会，并亲自打电话把杜月笙请到了会场。蒋经国首先讲话。大意是有不少不明大义的人兴风作浪，投机倒把，囤积居奇，操纵物价，他奉命到上海督导经济改革，请各位予以协助，如有亲属朋友囤积物资的，请劝其照章登记，如逾期不报，一经查出，货即没收，人即法办。

蒋经国说完，杜月笙抢先发言：我杜月笙原来是一个坏人，什么坏事都做过，但自从总统执政以来，承他看得起我，把我当作一个好人，我杜月笙就没有做过坏事。今天我的小儿子囤积了 6000 多万元的物资，违犯国家的规定，是我管教不好，我叫他把物资登记交出，而且把他交给蒋先生依法惩办。还没等蒋经国高兴，他紧跟着把话锋一转：“不过我有一个要求，也可以说是今天到会的各位的要求，就是请蒋先生派人到上海扬子公司的仓库去检查检查。扬子公司囤积的东西，尽人皆知是上海首屈一指的。今天我们亲友的物资登记封存交给国家处理，也希望蒋先生一视同仁，把扬子公司所囤积的物资同样予以查封处理，这样才服人心。”杜月笙也不等蒋经国解释表白什么，径自站起身来：“我的身体有病，在这里不能多待，叫我的儿子维屏留在这里听候处理吧。”说罢拂袖而去。

经济检查大队很快报上来对扬子公司检查结果：扬子公司几个仓库中囤积有棉花、棉纱、布、日用百货、无缝钢管、粮食等共 2 万多吨。蒋经国命令：立即封存。

扬子公司全名为“扬子建业股份有限公司”，乃孔祥熙的长子、孔家大少爷孔令侃主持。据说孔令侃在美国哈佛大学时，正赶上宋美龄赴美争取外援，于是就当上了宋美龄的私人秘书，随她走访美国政经两界重要人物，建立了广泛的联系。美国的资本家们当然乐于在中国有这样的关系。他们很清楚，在一个特权社会里，与特权人物有特殊的关系就等于拥有特权，而特权就意味着可以赚别人赚不到的钱。孔令侃回国不久便成立了扬子公司，获得了许多美国公司在华总经销合同。孔令侃的目标很明确：“先把扬子公司办好，逐步扩大，有了坚实的经济基础，就不难像华尔街富翁那样，也可在中国政治舞台上一显身手。”[88]

抗战胜利后的几年是扬子公司的“黄金时代”。孔令侃翻手为云，覆手为雨，左右逢源，一发而不可收。例如，扬子公司有一个下属的利威汽车公司，是英美汽车托拉斯在华代理公司。当时，“奥斯汀”、“雪佛兰”轿车每辆进口成本约 1800 多美元，扬子公司倚仗其国内市场的垄断地位，转手就以 5000 美元高价在市场销售。扬子公司做生意的原则之一就是货一律以美金计价，收款一律以美元、黄金为限，不得已收进的法币则利用其“关系”，以比黑市低得多的汇率从国家银行换取外汇。例如，仅“1947 年 8 月的那一个月，扬子公司工业部就从中国银行获得了近 12 万美汇”，而“这仅是该部在那一月中所获得官价外汇中的一个极小部分。除工业部外，还有一二十个其他部门和许多分支机构，它们同样都每月获得大量官价外汇”。扬子公司囤积居奇，大搞投机生意，这是上海滩尽人皆知的事实。蒋经国的行动令上海人颇为震动，老百姓拍手称快，蒋经国所到之处“被群众包围欢呼”。

孔令侃得知蒋经国查封扬子公司，即刻飞往南京，寻找宋美龄的保护。10 月 8 日，宋美龄把蒋介石由北平前线召回上海。宋与蒋、老蒋与小蒋经过一番不得而知的谈话，最后的结论是："在法律上讲，扬子公司是站得住的。"蒋经国无可奈何地承认："自从此事发生之后，所有的工作都不能如意地推动了，抵抗的力量亦甚大。"[89]

失败与辞职

1948 年 9 月 24 日，中国人民解放军攻克济南，威胁徐州，揭开国共战略决战的序幕，给南京政府极大震动。从 10 月初开始，国民党政府经济改革开始走向反面。

首先上海出现抢购风潮，随即波及各地。面对强烈的抢购风潮，从经管会到行政院内部，对是否继续坚持管制物价产生分歧。上海的波动使翁文灏"对上海问题非常忧虑"，自信心也遭到沉重的打击：宋美龄为扬子公司竟可以把蒋介石从北平前线召回，让蒋经国收回成命威信扫地，上海的经管还如何推进！也就是从这时起，"一般的人都怀疑经济改革方案是否能取得最后的成功"，"高级官员对此多抱观望、怀疑以及反对之态度"。对于经济管制的措施。各方面"反抗的力量来得相当大"。

市场开始向坏的方向转化，"粮食已经发生问题了"。市场最初的波动源于烟酒的涨价，随即转向纱布呢绒，紧跟着下一个目标转向粮食，到处都是"排队买不到东西"的抱怨，"粮食问题相当恐慌"[90]。

翁文灏 10 月 16 日召集行政院会议，讨论王云五从美国回来后提出的"调整物价、工资及公务员待遇办法"和"预结外汇维持币信办法"，决定调整物价，放宽外汇管制，重要必需品实行配给。次日，又决定在上海、南京等五大城市将配给品范围由粮食扩大到燃料、油、盐、糖等。

10月23日，翁文灏亲自飞往北平，向蒋介石报告当前经济问题，请示方针；26日、27日、28日又连续主持召开经济管制委员会会议，讨论应付危机办法。结果除了蒋经国、张厉生外，“大家都主张让步，决定粮食可自由买卖，工资可调整，百物都可核本定价。换句话说，一切都照旧放任了”[91]。29日，翁文灏再派秘书长李惟果携经管会议定的办法，赴北平请示。经蒋介石认可，31日行政院通过对紧急处分令第14条等补充办法，放弃限价政策。

11月1日正式宣布废止经济管制令，取消限价，“两个月的工作，一笔勾销”。11日行政院又通过《修正金圆券发行办法》，除将外汇汇率改为20元金圆券折合1美元外，主要是将金圆券发行限额20亿改为“金圆券发行总额另以命令定之”。很快，金圆券就如同南京大街上的梧桐落叶一般，通货膨胀近乎达到天文数字。人们如果不立即把到手的现金花掉，12个小时之内就可能成为一堆废纸。

鉴于经济改革已经失败，11月3日翁文灏内阁提出总辞职。蒋介石原意是准王云五辞职，而留翁文灏。为此11月4日晚蒋介石召见翁文灏，劝其忍辱负重，共赴时艰，藉维大局。23日，蒋经国又持蒋介石亲笔信登门劝慰。但翁文灏辞意已决，除18日上午到殡仪馆向13日自杀的陈布雷致祭外，不再到行政院办公，终日在家闭门读书，拒绝见客。26日蒋介石发布总统令：“行政院长翁文灏呈请辞职，情词恳挚，翁文灏准免本职。此令。”[92]与任命命令仅相距6个月零两天。

造成战后国统区通货膨胀的原因是个非常复杂的问题，南京国民党政府的内战政策毫无疑问是关键中的关键，有限的工农业生产所创造的价值，无法满足军费支出的无限制增长。从下面这个表中可以反映出政府支出与通货膨胀的关系：

年代	政府支出增长倍数	财政赤字增长倍数	钞票增发倍数
1946	3.2倍	4.2倍	3.6倍
1947	5.7倍	6.2倍	8.9倍
1948	30.5倍	30.0倍	22.4倍

注：1948 年政府支出和财政赤字的增长率，是根据该年上半年所公布的数字算得的。[93]

在抗战中压抑积累下来的购买力，战后逐渐出笼走向市场，而工农业生产的恢复则因内战的影响，远未达到预期的目标，结果造成供求关系失衡，新增加的货币发行量极大加剧了这种不平衡的扭曲；"买涨不买落"的大众消费心理，驱使消费者拼命将手中纸币换成商品。这样导致商场的商品日益枯竭，更加快了货币的流通速度。通货膨胀使农民不愿把农产品提供给市场，宁可把它们贮藏起来或直接交换其他消费品。南京政府不得不把平抑物价的希望寄托于粮食和原料的进口。进口粮食和工业原料需要大量的外汇储备，而且南京政府又是以较低的汇率或平价把粮食和原料分配给用户。这样虽然一时解决了城市供应的短缺问题，却带来更深层次的困难。首先打击了农民的积极性，所谓"谷贱伤农"，压低进口粮食价格，使农民更不愿将农副产品供给城市；其次有限的外汇不可能长久支撑国内工业的原料需求，最后的结果：当外汇枯竭之时——即使有也要用以进口军火，依赖进口低价原料的工业一下子失去了支撑。"国民党政权的经济基础遂陷于通货膨胀与工农业生产萎缩这两方面的夹击之中。"[94]这岂能是翁文灏所能掌握和左右得了的呢？

企望和平

名列战犯

在翁文灏辞去行政院长之后，由孙科组成第二届内阁，翁文灏仍挂名政务委员。

12 月 25 日，在中共权威人士主持人，延安各界人士座谈，讨论惩处南京政府发动内战的罪犯问题，被宣布为头等战犯的有：蒋介石、李宗仁、陈诚、白崇禧、何应钦、顾祝同、陈果夫、陈立夫、孔祥熙、宋子文、张群、翁文灏、孙科、吴铁城等 40 余人。

此时，奉蒋介石要求政府官员眷属首先撤退的命令，翁文灏已将父亲、妻子及大儿媳和孙女们送往台湾。长子翁心源、四子翁心钧在上海，三子翁心鹤在无锡，翁文灏一人在南京。翁文灏心里说不清是一种什么滋味，沮丧、懊悔，茫然四顾，坐卧不安。仍在担任资源委员会委员长的孙越崎时常去看他，与他聊天解闷，并渐渐地把正在组织资源委员会护厂保产、准备迎接共产党解放军的行动和思想告诉了他，无形中也劝他不要走。原来，孙越崎经过自己的观察思考后，决定与国民党、蒋介石彻底决裂，绝不去台湾，而要留在大陆，准备建设新中国。为此，他暗中组织资委会所属厂矿护厂保产，拒迁台湾。翁文灏对孙越崎的行为深表理解，但他指着报纸上的战犯名单无可奈何地说："你们可以留，我只有去台湾。"

年底翁文灏到了台湾，住在嘉义中国石油公司的宿舍里，每日无所事事，不免有日暮途穷的感觉。人到穷困之时，往往容易回忆自己的过去，总结一生的成功与失败。翁文灏正是在嘉义回顾总结了自己过去 60 年的历史，写下了数万言的《年谱初稿》。春节过后不久，李宗仁的秘书程思远突然由南京飞到台湾，向翁文灏转达李宗仁的口信：请翁先生出任总统府秘书长。

原来经过辽沈、淮海、平津三大战役，国民党不仅已丧失了军事优势，且已面临全面崩溃的命运。1 月 14 日，毛泽东发表《关于时局的声明》，表示中国共产党为了结束战争，愿意与国民党政府举行谈判，并提出和平谈判的八项条件。此时，美国也对蒋介石失去了信心，欲扶持以李宗仁为首的国民党桂系上台，谋求与共产党和谈，实现划江而治。桂系乘机逼蒋下台。21 日，蒋介石被迫宣告"引退"，由李宗仁就任代总统，与共产党进行和平谈判。蒋介石下台，原总统府秘书长吴忠信也随之辞职。李宗仁为了壮大自己的"和平阵营"，决定请翁文灏出任总统府秘书长。

李宗仁考虑到翁文灏以前任阁揆之尊，"转任总统府的幕僚长未免过于屈就了"，恐其不肯，于是派程思远赴台湾探询他的意向。翁文灏虽未明确同意，但口头表示答应："我能为国为民做什么事情，我一定毫不犹豫地去做，国家濒临危亡，我怎么可以把这个职位看作是对我个人的侮辱呢？"并表示："只要有利于国共和谈，我什么事都愿意干。"[95]

2月8日，翁文灏随程思远从台北飞返大陆。在上任之前，翁文灏还是决定先去征求一下蒋介石的意见，实际上也是探询蒋对李宗仁和谈行动的真实态度，看一看蒋的"身先引退，以冀弭战消灾，解人民倒悬于万一"，到底有多少程度的真实，以权衡自己的进退行止。

起程赴溪口前，孙越崎特意前来拜访，委托翁文灏在蒋介石面前代为解释，说明资源委员会在南京的五个工厂没有迁台的必要。原来，上年12月，蒋介石亲自命令孙越崎将南京电照厂、有线电厂、电瓷厂、无线电厂和马鞍山机械厂拆迁运台，并批准了数额庞大的迁建费。孙越崎欲为新中国多留下一点工业基础，一直想尽各种办法拖延时间。蒋介石下台以后，他以为躲过去了，没想到汤恩伯又来电报："奉层峰（指蒋）令，催促南京五厂迅速迁台。"孙越崎见蒋依然幕后遥控，于是转托翁文灏，期望他能借此机会在蒋面前做些化解嫌疑的工作，保住南京五厂留在大陆。

溪口之行

翁文灏先从南京到上海，让在中国石油有限公司任职的长子翁心源陪同他前往溪口。翁文灏这样做，一来是自己年已六旬，需人随时照料，二来是想把这次溪口之行尽量淡化为一次私人访问，而免授人以柄。

翁文灏父子二人由上海抵杭州。当晚，浙江省主席陈仪设便宴为翁文灏父子洗尘。陈仪，字公洽，浙江绍兴人，早年留学日本士官学校、陆军大学，1926 年曾任浙江省长，后又任国民政府军工署长、军政部次长、福建省主席等职。抗战胜利后，出任台湾行政长官兼警备司令，接受日本投降。1948 年底再度出任浙江省主席。陈仪与翁文灏既有同乡之谊，且一向把他视为国家建设的人才，二人私交很好。二人在这种时刻相聚，确实别有一番滋味在心头。席间，陈仪屏退左右，对翁氏父子畅谈感慨。他也希望翁文灏此番溪口之行能相机进言，劝蒋真正引退，促成和谈大计。他认为，如蒋介石真能引退，使李宗仁全权处理和谈，或许可保江南免遭战火。翁文灏表示深有同感。翁文灏与翁心源当晚留宿杭州，次日一早继续南下溪口。

翁文灏并不知道，就在他们晚宴的当夜，陈仪突然被蒋免职。并秘密逮捕，押往上海，后于 1950 年被杀害于台湾。原来陈仪已与中共地下党取得联系，秘密策动他的得意门生、京沪杭警备司令汤恩伯起义投共。汤恩伯表面应允，暗中却向蒋介石告密，在关键时刻出卖了恩师。据闻，当中共地下党从有关渠道得知汤恩伯已在蒋经国面前秘密宣誓效忠蒋介石之后，立即派人通知了陈仪，请其采取必要措施以自保。但陈仪认为他与汤恩伯恩同父子，汤决不会背信弃义出卖恩师。然而最难测的是人心，陈仪就这样被他认为绝不会背弃自己的人背弃了。

翁文灏到达溪口的当晚，蒋介石即邀其晚宴。见面之后，还未等翁文灏找到机会为孙越崎解释，蒋介石倒先说了：“孙越崎想造反？我命令他拆迁南京的几个厂子，为什么还不动手，准备留给共产党？要查办！我看他受了资委会地下党的包围，糊涂了。这个人对我们很有用，你回去劝劝他，叫他不要上当。”蒋翁二人一边说着一边向隔壁的饭厅走。翁文灏见蒋对南京五厂如此看重，知道自己说也无益。他见饭桌边还站着何应钦、张道藩、谷正纲几个人，便借机把话题岔开：

“我想现在南京各机关没有地下共产党的恐怕没有嘛。噢，你们看，是吗？”

何应钦等并不清楚蒋翁二人正谈些什么，听翁这么一问，也就莫名其妙地应和着：“是呀，是呀。”[96]

蒋介石似乎看透了翁文灏的来意，说过孙越崎，又骂中央社，说他们不听话，也想投降共产党等。翁文灏心里明白，这是指桑骂槐，说给他听的，原来酝酿了几天的一番说辞，便再也没说出口。他知道与其白说，不如不说。

坐下吃饭时，蒋询问翁文灏的家属是否已去了台湾，台湾是否住得惯等，并希望他在奉化多住几天，各处走走。翁文灏见蒋的态度如此，也就无心久住，连忙表示自己因为元旦、春节都是在台湾过的，此行只是专程看望、拜见，因在上海、南京还有些事，如果这里没有什么事，他打算明天就回去了。蒋介石未置可否，就转过头去与何应钦谈别的事去了。晚上，蒋介石还让蒋经国夫妇陪同翁文灏父子观看了绍兴戏。

蒋经国与翁文灏也不陌生。据说他在赣南时期，每当经费缺乏之时便写信给翁文灏：“咏霓世伯大人：……请求给予若干万元的资助。”翁文灏即通知资委会江西钨业管理处照数拨付。金圆券改革之时，二人更是交往频繁。

第二天，翁文灏父子一早上山游雪窦寺，下山之时恰巧与乘轿上山的蒋介石路遇。蒋下轿与翁文灏谈了些溪口风景名胜的闲话，翁文灏就此向蒋辞行。

临行之前，蒋经国又自己开着吉普车前来送行，陪同他们游览了奉化县城。翁文灏知道此时说什么也是枉然，于是当日赶往宁波，乘船返沪。

总统府秘书长

此番溪口之行，亲眼见蒋介石不仅没有真正引退的诚意，反而在调兵遣将，积极布置反共军事行动，翁文灏觉得，头脑还稍清醒的人都看得出，国共力量的对比已与以往不可同日而语，国民党抵抗到底只有死路一条；除非美国出兵干涉，台湾这弹丸之地又如何可守。一旦要在美国人的卵翼下生存，那种仰人鼻息的日子可想而知了。联想春节在台湾时无意间翻到的那首宋诗："寻得桃源好避秦，桃红又是一年春。花飞莫遣随流水，怕有渔郎来问津。"翁文灏越发觉得这"桃源"不正是台湾，"渔郎"又恰似美国吗？他觉得，对蒋氏父子这样顽固之人无须再抱任何希望。溪口之行更促使他下决心脱离蒋的束缚，支持李宗仁的和谈行动。

在李宗仁看来，要使自己政权的代表性更为广泛，和谈更易通过，无疑需要翁文灏这样既与蒋有较深的关系，是蒋政权的"旧人"，又对和平热心的人士充实自己的阵营。翁文灏回到南京之后，孙越崎受李宗仁委托，上门征求翁的意见。孙越崎表示："上次我竭力劝你不做行政院长，这次我却劝你做代总统府秘书长。因为蒋介石主战，利用你当炮灰，现在李宗仁主和，你去做了主和的代总统府的秘书长，表明了你赞成主和政策，是个认错改悔的表现。你自己转个弯子，将来也可以留在大陆。"不久，李宗仁再次登门访问，敦请翁文灏出任总统府秘书长一职，二人有这样一段对话：

"大局已极动摇，你实权有限，讲和能成功吗？"

"我有诚意，蒋退去时下令讲和，但仍提出维持法统为条件，我就职声明接受毛泽东1月14日所提出的八大原则，在此根本条件下派代表面商具体办法。"

"你看重什么具体办法?"

"这要大家商量才能明了。目前想到一点，中央许多人都是战犯，必须惩处，我们都在其内，如果如此哪能讲和呢？我愿要求责任由我承担，对待必须区别……"[97]

2月27日，由李宗仁派赴北平试探和平的"上海人民和平代表团"颜惠庆、章士钊、江庸、邵力子四人回到南京，翁文灏与于右任等亲到机场迎接，并从3月7日开始担任李宗仁"代总统"的总统府秘书长。此后，南京政府对于和谈问题多次商讨，翁文灏均出席会议。4月1日，由张治中、邵力子、黄绍竑等组成的南京政府代表团前往北平，开始与中国共产党正式进行和平谈判。翁文灏目送飞机向北飞去。暗中祈祷和谈成功，和平早日到来。

国共双方代表经过认真讨论，最后达成《国内和平协定》，由黄绍竑带回南京复命，等候南京政府的批准。按中国共产党方面的要求，南京政府必须于4月20日以前做出答复，否则人民解放军即渡江作战。据说在南京政府最后决定是否接受和平协定的会议上。翁文灏表示同意接受，但阎锡山竭力反对，结果南京政府最后拒绝在和平协议上签字，翁文灏的希望再次落空。[98]中国人民解放军很快兵临城下，在隆隆的炮声中，翁文灏于4月23日飞往上海。

准备去台湾的前两天，孙越崎再次劝他让心源留下。翁心源也表示不想去台湾，并请父亲到台湾后把自己的妻子、女儿送回来。翁文灏对心源的选择表示支持，并在到台湾后不久，即将他的妻女送回大陆。

翁文灏一向主张儿女长大以后应尽早自立，不要依靠家庭的庇荫，因此在这空前的大变动关头，对儿女们的未来，他没有任何的主观安排。四个女儿都已结婚，随夫婿各奔东西，已无须翁文灏过多操心。长子心源在上海中国石油公司工作，三子心鹤、四子心钧各在无锡、上海工作，翁文灏也没有让他们随自己赴台。翁文灏本人先赴台湾，不久又回到广州，向李宗仁辞去了秘书长职务。

注释

① 翁文灏:《蕉园诗稿》。

②③《中华民国史事纪要》(1945 年 9 月 4 日),(台湾)国史馆印行。

④⑪⑫ 翁文灏:《在参政会驻委会上的报告》,《中央日报》1945 年 12 月 7 日。

⑤《李宗仁回忆录》,第 856—857 页。

⑥《中华民国史料丛稿——大事记》(1945 年),中华书局 1990 年。

⑦ 宋希濂:《回忆 1948 年蒋介石在南京召集的最后一次重要军事会议实况》,引自严如平、郑则民:《蒋介石传稿》,第 409 页。

⑧ 吴兆洪:《我所知道的资源委员会》,《回忆国民党政

府资源委员会》，中国文史出版社，第115页。

⑨ 翁文灏：《战后工业政策的建议》，《新经济》第9卷第7期。

⑩⑱㉞㊱㊶㊸㊹ 翁文灏：《在外国记者招待会上的讲话》（1945年10月3日），《中央日报》1945年10月4日。

⑬㉕㉜㊷ 翁文灏：《关于中国工业化的几个问题》，《经济建设季刊》第2卷第3期（1944年）。

⑭⑰ 翁文灏：《国防经济建设之要义》，《资源委员会公报》第1卷第2期（1941年）。

⑮㉗㉚㉛ 翁文灏：《经建方向与共同责任》，《新经济》第6卷第7期（1942年）。

⑯ 翁文灏：《在资源委员会纪念周上的讲话》，同⑭第11卷第1期（1946年）。

⑲㉖㉝ 翁文灏：《中国经济建设的前瞻》，同⑬第1卷第1期。

⑳《中央日报》1945年10月3日。

㉑㉓㉔ 翁文灏：《以农立国，以工建国》，《资源委员会公报》第1卷第4期。

㉒ 翁文灏：《以农立国之道》，《中央日报》1945年10月1日。

㉘㉙ 翁文灏：《年谱初稿》。

㉟㊳㊵ 翁文灏：《关于国营事业的意义》，同⑭第11卷第6期（1946年）。

㊲㊻㊼ 翁文灏：《关于战后经济建设应有的几点认识》，《中央日报》1945年10月10日。

㊴ 李本哲：《迁川工厂联合会记略》，《抗战时期内迁西南的工商企业》，云南人民出版社，第36页。

㊺ 翁文灏：《科学与人类进步》，《资源委员会公报》第1卷第

5期。

㊽(56)(57)(60)(63)《中国石油公司（民国）三十五年工作报告》，上海档案馆。

㊾㊿《中国石油有限公司章程》，上海档案馆。

(51)(58)《金开英先生访问记录》第120—121页，（台湾）中央研究院近代史研究所。

(52)(54)(62)《中国石油公司（民国）三十六年度工作计划概要》，上海档案馆。

(53) 郑友揆等:《旧中国的资源委员会——史实与评价》，上海社会科学院出版社，第183页。

(55)(59)《中国石油工业发展史》第2卷，石油工业出版社1988年，第188页。

(61)《帝国主义石油侵华简述》，《工商经济史料丛刊》第4辑。

(64)(65)(66)(67)(69)《中央日报》（重庆）1948年5月14日，22日，23日，25日，26日。

(68)《被遗忘的大使：司徒雷登驻华报告1946—1949》，江苏人民出版社，第219页。

(70)(71)(72)(79)(80)(81)(84)(87)(92)《中央日报》1948年6月4日，18—20日，16日，8月22日，9月21日，5月25日，9月24日，9月7日，11月27日。

(73)(74)(75)(77)(78)(83) 王云五:《岫庐八十自述》，（台湾）商务印书馆，第494—495页，第511页，第512页，第514页。

(76) 司徒雷登:《在中国五十年》，引自《中华民国货币史资料》第2辑，上海人民出版社，第590页。

(82)《徐柏园先生有关金圆券的记录》，（台湾）《传记文学》第4卷第 4 期。

⑧⑤ 小谷豪冶郎著，陈鹏仁译:《蒋经国先生传》,（台湾）中央日报社，第 179 页。

⑧⑥ 李敖:《蒋经国定论》,（台湾）李敖出版社，第 300 页。

⑧⑧ 宋子昂:《扬子公司的一鳞半爪》,《孔祥熙其人其事》，中国文史出版社，第 216 页。

⑧⑨⑨⓪⑨① 《蒋经国自述》，湖南出版社，第 191 页，第 194—195 页，第 196 页。

⑨③⑨④ 张嘉璈:《中国通货膨胀史》,《工商经济史料丛刊》第 4 辑第 201 页。

⑨⑤ 程思远:《在纪念翁文灏百年诞辰座谈会上的讲话》（1989 年 9 月 15 日）。

⑨⑥《孙越崎文集》，团结出版社，第 88—89 页。

⑨⑦ 翁心源在“文革”中所写回忆材料。

⑨⑧ 翁心钧:《翁文灏回国始末记》（未刊稿）。

翁文灏晚年在北京家中

第7章

回到人民中国

回家的路

滞留香港

心源：余从五月二十日到六月二日住在香港。至台一行后，又于七月十四日至今即八月十日，仍留在香港。我内心常记念内地，极想早有机会至沪上，与你们重行相见。我的希望是，第一步俟有安全旅行的机会，托人陪祖父与娘先返上海，托你们先为照看，以后我自身深盼亦能平安返国，做一个安定守法的人民。

1949 年 8 月 10 日，翁文灏在写给翁心源的这封信中，急切地表示了他顺应时变，期盼返回大陆，做一个太平百姓的想法。作为第一步的先期预备，翁文灏原计划接受孙越崎的建议，将老父及妻女先行移住香港，但因小女儿刚刚生产，不宜远行。经再三考虑，翁文灏将父亲和妻子由嘉义迁到台北，与小女儿一起居住。因为台北是来港必经之路，有机会时即可及时来港赴大陆，另外全家在一起也可节省开支。至于自己的未来，翁文灏自省非属罪大恶极之辈，相信共产党的心胸，不会容不下一个年已六旬的老人，自己"应该能够返国生活"，如"能早返沪，即先启引到沪，万一不能，只能暂居国外，以俟时机"[①]。总而言之，决不在台湾做蒋家王朝的殉葬品。

翁文灏的来信很快由翁心源递交有关部门，以证明翁文灏之心迹，并希望得到上层对他回国的正式允准。9 月下旬，华东工业部部长汪道涵和副部长孙冶方亲自找到翁心源，告之来信已经转呈中央，中央指示：同意翁回国，回国时应发表声明；这个指示可由在沪家属去香港面告。

在此之前，对于翁文灏的问题，陈毅同志已曾有过明确的表示。那是上海解放的第三天，陈毅和曾山同志亲临上海资源委员会大楼，向参加保矿护产、迎接解放的资委会人员讲话。谈到翁文灏时，陈毅表示："翁文灏是书生，不懂政治，即使他在国内，我们也不会为难他。"[②]驻中国石油公司的军代表徐今强积极鼓励翁心源争取使翁文灏早日回国。前资委会副委员长、时任华东工业部副部长的吴兆洪也积极与各方联系，促翁回国。

中央的明确指示使翁心源极为欣慰和振奋，共产党果然胸怀广阔，容纳百川，如此一家四代可欢聚一堂，共享天伦。他立即准备赴港，行前打电报给父亲："我将来港探亲，盼接祖父和母亲来港。"

翁心源于 10 月 25 日抵达香港，将中央的指示要求和上海解放后各方面的情况详细面告父亲。翁文灏很快拟就自白书一篇，文长 2000 余言，首述个人历次从政经历，最后表示：

尝思吾国大局，辛亥革命建立民国为一机会，惜因军阀专政，蹉跎坐误。北伐告成，建立新政权又一机会，复因国民党要员贪污昏乱，自摇政局，以致失败。此时共产党偕民主团体，树立人民政府，实行新民主主义以渐进于社会主义。精神振奋，生活朴实，实为民族前进宏开极大机会。余原治学术，因对日抗战而勉参中枢，诚意盼于国计民生有所贡献。但迫于环境，实际结果辄违初愿，因此屡求引退。追计从政时期因政界积习相因，动辄得咎，备尝艰苦，且深愧悔。亦因此艰苦经验，更深信非有彻底革新，不易实行改善。今幸得此改善之机会，凡属中国人民皆有一体参加共同努力之任务。余虽年逾六旬，亦当勉力追随，不敢自外。至余本身志愿，本非从政之才，更无从政之愿。以前求学范围，地质之外，兼重地理。历年经行所及涉猎尚多。甚愿得有余时，阅读记录，为此新时代之一良民。倘能如愿，实所企盼。③

当时孙越崎应中国共产党之邀正要北上，于是翁文灏托孙携带一份进京转呈中央，另一份由翁心源亲带上海。翁心源特于29日致信吴兆洪，先期报告以上经过，请其转告有关方面，以便早日获得联系并将具体指示通知香港。

翁文灏此时此刻既不是为自己的性命担忧，也非为一家老小的安危惶恐，他唯一忧虑的是自己的一世声名。这也是中国读书人每每在风云变幻之际、性命攸关之时的第一道，也是最后一道难道。对翁文灏来说，翁心源带来的信息自然使他感到几分安慰，共产党对他与蒋宋孔陈等人毕竟有所区别，同时也还有许多疑虑尚未得到圆满解答：自己毕竟被列名战犯且位居十二，仅凭翁心源带来的口信就能免除一切？总有些口说无凭而又过于简单之感。特别是发表声明的问题使他颇为踌躇：共产党只说要发表声明，但声明中说些什么，以什么形式发表，选择什么时机发表，都没有明确的指示。

就在翁心源到港不久前的 9 月 19 日，原国民党军事参议院院长、著名军事家杨杰在香港寓所被国民党特务暗杀，这使在港观望的国民党军政大员个个如惊弓之鸟。而后，洪兰友又亲自登门探望，更让翁文灏心神难定。翁心源到港不久，不知台湾方面是否闻到了什么，陈诚又亲自打电报给翁文灏，邀他赴台北“襄理政务”。台湾方面的注意使得翁文灏感到自危。

翁心源给吴兆洪的信发出之后，11 月 4 日孙越崎也带着翁文灏的自白书离港北上，而北京、上海都迟迟没有答复。自行回去，翁文灏下不了决心，继续留香港等待指示，又怕做杨杰第二。翁氏父子反复商议的结果：翁文灏先行离港赴法国巴黎暂避，翁心源携带自白书陪同祖父和母亲回大陆。他们认为：“这样做，翁文灏本人这次虽然不能一齐回来，但家眷先回可以说明翁愿回国的决心，同时使翁单身在外，无家眷拖累，行动可以比较灵活和慎重。”

翁文灏给台湾留下一纸辞职书，辞去他在国民党政权中的最后一个职务——中国石油有限公司董事长，于 11 月下旬悄然离港赴法，翁心源则陪同祖父和母亲乘船返沪。

避居巴黎

抵达巴黎后，翁文灏闻邵力子随后抵港（实际邵未曾到港），又为失去这次机会深为遗憾，于是 12 月 21 日亲函邵力子，再次表明心迹。

力子先生惠鉴：

近闻大驾莅港，未及把晤以慰积企，实所歉疚。弟专心研学二十余年，因值抗日之机，遂参政枢之选，自期勉展生产，稍裕国力，为才识多疏，学验未足，粗漏之处，自所不免。所以自勖者，不置私人产业，不附权要范围。企业组织上试建国营，仍重民业。对外关系中力持忠实，保全国权，始终如此，未敢陨越。此时时局革新，政权转变，所倡反封建、反官僚及反帝国主义各要义，按之过往事实，诚为对症发药，深得要领。弟依此要义以自衡度，虽未有言辞之公开倡导，但确存素志身为执行。明达如公，当荷惠鉴察。

弟自度生平，治学未成，从政多误，于国家觉不能谓有功；但廉洁持身，公正治事，在良心常自求能无罪。目前年逾六旬，久倦政务，决不存重入政权之想，亦不敢轻负主持之责。惟自思生为华人，自应早归本国；身少余款，不宜久客他邦。人民政府创建方始，百政待举，弟作书自白，托孙越崎兄携京转呈。先生于弟相知较深，深盼行前鼎力将弟事早为商定，惠予谅察。龚伯循兄当亦可共为进言，俾弟归为平民，亲见新治，实深幸甚。叨承惠爱，敢申微悃，如蒙曲全，衷心感纫。并颂

时绥

翁文灏[4]

Dec. 21，1949

from Paris

邵力子是浙江绍兴人，早年参加同盟会，曾任国民革命军总司令部秘书长、陕西省主席、国民参政会秘书长等职。抗战胜利后，邵力子拥护和平，反对内战，是国共和平谈判南京政府方面的代表。和谈破裂后，他即留在北京参加人民政协和新中国的建设，任政务院政务委员、秘书长。邵力子是震旦最早的学生，又与孙越崎有师生之谊，二人关系一向很好，相知甚深。翁文灏希望通过邵力子与

中央沟通信息，争取尽早回国。

翁心源等一方面积极与翁文灏保持联系，不断通报国内情况，同时也通过各种关系向上反映翁文灏迫切归国的愿望。日理万机的政务院总理周恩来并没有忘记这位远避法兰西的前“行政院长”。考虑到让一个孤悬海外，对共产党、新中国没有任何感性认识，对马列主义毛泽东思想没有太多了解的人做出深刻思想反省的实际困难，1950 年 4 月下旬，周恩来面告邵力子：中央允准翁文灏先行由瑞士转苏联回国，回国后再商定发表声明。邵力子当即于 4 月 29 日致函翁文灏.转达周恩来的指示。信中说:“对于先生欲早归国土，许为爱国，对于过去一切，亦并无不可谅解之症结。”关于自白书一事，“最后同意可径到北京，倾诚相谈，再定稿发表”⑤。接到邵力子信的时候，翁文灏依然在最后一道防线前徘徊。他对“必须划清界限，谴责蒋介石反动集团”，似乎有一种难以启齿的羞涩，回信要求声明中只做自责，不骂他人。

翁文灏到巴黎后，一方面等待中共对他“自白书”的反应，一方面潜心读书，欲探究世界潮流所向，各国盛衰之理，为此还翻译了一本《近世西洋通史》，“试从海外深思考，静察潮流涌险夷”。

1950 年初翁文灏曾到英国一游，参观访问了一些学校、工厂和地质研究机构，特别是应李约瑟教授之邀赴剑桥大学访问，给他留下极深的印象。李约瑟（1900—1995），早年是剑桥大学的生物化学家，英国皇家学会会员，1942 年作为英国驻华使馆的科学参赞来到重庆，与翁文灏建立了深厚的友谊。1946 年李约瑟离开中国以后，把自己的研究转向中国科学技术史。当听说翁文灏到英国参观，他即热情邀请翁文灏到剑桥做客。老友相见，翁文灏感到十分的高兴，他见李约瑟“室中满架中国旧籍……案中置《计然新书》、

《文物要论》"，整日寝馈于此，埋首中国古代科技史的研究，[6]不免触景生情，想自己学业荒疏，背井离乡，不由得黯然神伤。

从英国回到巴黎以后，翁文灏将精力转向地质学，"历访地质学诸老友"，"并时至巴黎大学地质学系及地球物理系之图书馆阅书"，"7月至勃里诺尔考察铝矿地质"[7]。

此时国际形势不断有新的变化，朝鲜战争爆发，中国人民志愿军入朝参战，美国第七舰队进驻台湾海峡。台湾国民党和美国也开始对翁文灏的行踪倍加注意，台湾驻法国大使段茂澜三天两头约请他吃饭。或登门拜访，促其早日赴美。美国雷诺金属公司致信翁文灏，欲高薪聘其赴美为公司顾问；美国地质调查所也来函相邀。美国矿冶工程和机械工程学会甚至表示，他们将特开大会欢迎名誉会员翁文灏赴美。10月，美国驻法使馆三秘斯柏劳司还亲到翁文灏寓所，表示："美国当前政策对国民政府的高级官员去美一律拒绝签证，惟独对你例外。"[8]

翁文灏辗转反侧，思想斗争非常激烈。翁心源在国内也心急如焚，担心翁文灏夜长梦多，最后欲归而不能。为了争取早日使翁文灏回国，周恩来总理特意指定一位秘书，专门负责与翁心源联系。

翁文灏要从欧洲回国必经香港，因此须先获英方签证。英国驻法使馆须先得到香港移民局的过境许可方予签证，而翁文灏通过英国驻法使馆给香港移民局的过境申请，竟被移民局丢失。翁文灏只得重新申请，并通过在港的亲戚代为催办。在此之前，翁心源等还曾考虑经由瑞士转赴苏联回国的路径。

经过种种的努力，1951年2月5日翁心源接到香港的电报："New affidavit issued, John will arrive Hongkong Air France March First Sun"[9]（已获得新签证，约翰将于3月1日乘法国航空

公司飞机抵香港）。心源立即将这一消息报告周恩来的秘书，请求指示有关方面予以协助。

当地时间 1951 年 2 月 28 日上午 9 时，翁文灏终于乘飞机离开法国，当天下午抵达香港。经有关方面的协助，翁文灏次日乘船经澳门进入广州，3 月 7 日抵达北京，翁心源夫妇和孙越崎到车站迎接。

“从反省中求出路”

翁文灏回国的消息曾在海外引起一阵波澜，因为翁文灏不仅是一个前国民党政府的高级官员，更是一个著名的地质学家。日本方面甚至有消息说，翁文灏到京以后很快被中共派往西藏等地寻找铀矿。甚至许多年以后，台湾的书中还在引用这个道听途说的消息。

其实，翁文灏的第一项工作是清理自己的思想，对以往进行一番总结。

1951年3月7日下午，翁文灏被安排住进王府饭店（后改为中国照相馆）。统战部的干部专门与他进行了谈话，希望他做自觉者——自己觉悟，又送来了毛泽东的著作：《论新阶段》、《新民主主义论》、《论联合政府》、《论人民民主专政》等，希望这些书能对他的觉悟起些促进作用。翁文灏记起 20 年前他曾写过一篇文章，其中有这样一句话："我们须想今日之走头（投）无路，是否因为从前走错了路，我们须看除了从前旧路之外，是否还有他路可走。"[10]这篇文章的题目叫《从反省中求出路》。

"从反省中求出路"，翁文灏意识到，他人生的再一次转折并非从巴黎或者从香港踏入大陆的那一刻开始，真正的转折现在才刚刚开始。

翁文灏对毛泽东的这些著作大部分是看过的。特别是在香港避居的时候，他"一个人住在租来的房子里，书桌上摆满了和共产主义有关的书"，但今天再读它们的滋味已经大不相同。3 月 15 日，翁文灏起草了一篇约 12000 多字的《反省以往错误回到人民中国》，让翁心源拿去向孙越崎、邵力子征求意见。他还参阅了吴晗的《我克服了超阶级的观点》，冯友兰的《一年学习总结》，王芸生的《几点反省》，费孝通的《我这一年》等文章。3 月 20 日，在邵力子的陪同下，翁文灏前往北京饭店接受统战部副部长徐冰的召见。徐冰首先对列名战犯一事做了说明，表示翁文灏也许罪状较轻，但究竟有罪，必须有所认识，周总理允许回来，意在让你立功赎罪，并且希望翁文灏把美蒋勾结的情形具体报告。随后的几天中，翁文灏全力倾注于对反省文章的修改。邵力子等人也积极提供修改意见。先是邵力子将题目中的"错误"二字换为"罪过"，送给周恩来总理。周恩来又通过黄绍竑将自己的意见转告翁文灏，并指示黄绍竑不妨帮助修改修改。黄绍竑也是古道热肠，认真看了翁文灏的反省文章，并专门去找邵力子面商意见。4 月 6 日，黄绍竑将与翁文灏、邵力子、孙越崎等商议的修改意见，先向周恩来做了口头汇报，周总理表示可行。翁文灏遂根据大家的意见和周恩来的指示，再次修改文稿，于20日由黄绍竑面交周总理，誊抄的另一件于26日上报统战部徐冰。经过这一番学习、讨论、修改，又有周恩来口头表示可行，翁文灏觉得完成了一件大事。回想自己从欧洲留学归来以后40年的人生历程，世事沧桑，终见国家统一，致力建设，不由得心情舒畅，作诗一首：

自问平生用力多，盼看宗国多靖和。

悲因封建传廷庙，遂见更张起浪波。

自赖英豪知世务，庶凭良药克沉疴。

新规祝祷鸿运转，往事牺牲不为苛。[11]

翁文灏似乎又把问题看得过于简单了，或许他认为自己内心是真诚地归附，别人应该理解他的真诚。但是了解是需要时间的，况且了解也不等同于理解。

5月17日晚，王昆仑突然来访。王昆仑曾任国民党的立法委员，此时是全国政协常委、政务院委员。翁文灏与之虽无很深的交往，但也算是旧相识。看过翁文灏的反省文章，王昆仑认为"尚有不足，必须切实向人民低头，直言罪过，十分坦白，人民自能了解，行动便能自由，不必多讲理论"等。王昆仑的一番评说又让翁文灏心中不免疑惑，但黄炎培与孙越崎颇不以为然。黄炎培认为周总理以前曾与他谈过应争取翁文灏回国的事，这说明共产党中央对翁文灏是争取的，只要稍为等候，一切不成问题。孙越崎觉得，王昆仑在谈话中没有提及邢西萍（徐冰），可见这只是王昆仑个人的意见。不久，吴景超又来拜访，告知潘光旦等听说有关方面认为翁文灏的文章不够具体，因此劝他在文章中多加入一些具体的事实。这不能不引起翁文灏的重视，他再次着手修改反省文章。几天以后，孙越崎又来相告，统战部有关同志特意约他谈了翁文灏反省文章之事，认为“须用人民观点，放下知识分子自尊思想，批评以往政治错误，丢掉包袱，方得新的觉悟，充实真正了解，方得正确道路”，并请翁文灏按此意对反省文章再予修改。

既然统战部已有正式的意见，翁文灏自然不容懈怠，立即着手修改。孙越崎还约定吴景超到翁文灏处共同商讨，并向黄绍竑通报统战部最新意见。翁文灏没想到修改结果竟被吴景超全盘否定。吴景超看过修改稿以后，认为应该全部推倒重来，重点“应详述蒋政权之重大缺点”。经吴景超如此这般评断，翁文灏大有前功尽弃的感觉。既然连吴景超都认为不行，共产党那里肯定通不过，可是自己“未参与勾美反共机密，叙述并无新鲜事实，难符所望”。他没想到文章竟如此难作，大出意外，“实感悲苦”[12]。经过几天的思考，翁文灏再次提起沉重的笔，在纸上写下：我所见蒋政权投美卖国的情况。

文章写好之后，吴景超与孙越崎交换了意见，提出了修改方案和程序：翁文灏先行修改，然后交给吴景超与潘光旦等人“共为评校”，翁文灏再修改，最后由孙越崎做字句上的把关。翁文灏又经过一个星期的增补修改，成《反省以往错误，向人民请罪》一篇。吴景超与潘光旦等点评之后认为，文中有两点即任伪行政院长和内战言论，“如画龙点睛，宜加改良”。孙越崎也认为要点在做行政院长、发行金圆券问题和内战广播讲话，根本原因是把蒋介石国民党误认为是中国正统政权。6 月 27 日，翁文灏再将请罪文修改誊清，共 12200 字，又花两天时间复写了 3 份。邵力子、孙越崎、钱昌照等阅后，又先后提出修改意见。

7 月 11 日晚，翁文灏将认罪书正本正式送交统战部，等待官方的正式结论。21 日，邵力子一早便到招待所来告诉翁文灏，昨天政务院会议时，他与周总理谈及翁文灏事。周总理表示：翁文灏可以回家居住，我来和招待处长谈。随后周总理又看了翁文灏的认罪书，“认为可行”。在周恩来的亲自过问下，8 月 4 日翁文灏经过 5 个月的反省认罪过程之后，从招待所移居锡拉胡同 18 号家中。不久，统战部有关人员专门与翁心源进行谈话，表示为安全计希望翁不要过多外出，认罪书关于批判方面也尚有修改余地。

此后翁文灏即闲居家中。

在历史中找规律

闲居在家，对于许多人来说是个再好不过的事情。听听戏，养养鸟，种种花，喂喂鱼，品位再高一点的，写字，画画，摆弄摆弄古董，这在许多北京人的生活中是很正常、司空见惯的事情。翁文灏民国初期定居北京 20 多年，对这些也见得很多，却从没学会。20 多年中，他始终执着于工作，过着清教徒般的生活，从没进过一次戏园子听戏。过去是不想学，也没时间学，现在有了时间他也学不进去。

北京，他是从这里开始中国地质科学事业的创造；北京，他是从这里由科学拐上政治的轨道，如今又跌落在这里，像画了一个圆圈，仿佛又回到当初的起点。为什么会有这样的结果？自己从政近 20 年，可又抱着远离政治的幻想。《独立评论》时期，自认为把政治看清楚了，政者正也，只要像自己这样做个好人，投身政府做个好官，中国就能逐渐改变积贫积弱的面貌。20 年过去了，历史却走了另外的道路，信仰马克思、列宁主义、主张阶级斗争的中国共产党赢得了人民的拥护，过去自己却从没有认真研究过共产党的理论、毛泽东的主张。"自度辛勤卅载更，愧于政理失分明。"翁文灏自叹从政近 20 年，却于政理茫然不辨清浊。毛泽东说："全世界共产主义者比资产阶级高明，他们懂得事物的生存和发展规律，他们懂得辩证法，他们看得远些。"事物生存发展的规律是什么呢？人类生存发展的规律是什么呢？他从事科学研究几十年而且亲自主持了北京周口店猿人的发掘、研究，"但于初人演进、社会发展"这些问题却没有认真思考，翁文灏感到惭愧："枉历六旬虚用力，尚须多日苦收成。"规律来自对历史的正确认识，翁文灏决定从这里着手，在历史中找规律，"愿从社会前途想，细绎史篇判浊清"[13]。

1952 年、1953 年和 1954 年是翁文灏著述颇丰的三年。他除了作诗，并集为《击壤吟》、《洄溯吟》两部诗集外，更多时间用于阅读历史书和撰写历史文章，主要著有《人类进化史纲》、《中国古代史新研》、《旧史新识：远古——史前期》、《三代：夏商周》、《中国发展史纲——史前至王莽》、《制度史》、《西晋八王之乱》、《五胡十六国的纷争》、《五胡内徙的形势》、《南北朝时代拓跋魏的统治与齐国的分立》及《指南车与指南针》等，字数多者十余万言，少者也有千余字，共约近 40 万字。尽管翁文灏的这些著述没有公开发表，有些观点今天看来或许已经陈旧，但依然是很有价值的。不仅是因为它反映了翁文灏思想发展变化的过程，同时也因为这其中确实有许多今天依然有价值的"真识卓见"。其中两篇最重要、也最具代表性的著作是《人类进化史纲》和《中国古代史新研》。

《人类进化史纲》作于 1953 年 4 月。翁文灏从地质时代，地壳开始形成的时候讲起，一直叙述到原始人类的文化演进。他综合 100 多年来人类对自身演进历史的认识，运用地质学、古生物学、古人类学及考古学等方面知识，在历史唯物主义理论指导之下，对人类进化发展的历史过程做出概括性的描述。这在 50 年代初的中国，还是一个颇具有开创性的工作。

地质史是翁文灏最熟悉的学科，尽管已有 20 年没有从事具体的研究，但他一直关注着它的发展。太古代、古生代、中生代、新生代，几十亿年地球演变的历史，仿佛都浮现在翁文灏的面前：在古生代的大地上，隐花植物发荣滋长，慢慢地化成中生代的单子叶植物，化成新生代的双子叶植物。它们的遗质化为开滦、井陉、大同的煤炭。与此相伴随，海水中的藻类、三叶虫演变进化，由直角石而笔石而腕足动物……由无脊椎动物而脊椎动物，由两栖动物而爬行动物，庞大威武的恐龙蹒跚而过，哺乳动物接踵而来，“由第三纪而入第四纪，即见猿类进为猿人，又由猿人而衍成灵慧特著的人类”。但生物界的这个演化过程并非是简单的一脉相传，由三叶虫而达于人类。在这幅伟大美丽的生物演进画卷中，翁文灏看到：物种的演化是靠那些表面上好像并不特别发达，却是具备着向前进展机能的种类积极演进的结果，“实行进程中，显有两大潮流，并皆重要”。那两大潮流是：1. 积极并且是建设性地由低级生物向高级方向循次进行；2. 将旁枝错出过分繁殖的族类，删夷淘汰，彻底灭绝。伴随生物演进的同时，大陆漂移，山岭涌起，河流侵蚀，沧海桑田，海西宁运动，阿尔卑斯运动，燕山运动，喜马拉雅运动，剧曲，逆掩，覆盖……突然，他发现有“人”向他走来，浑身长毛，裸体披发，“SinanthropusPekinensis”，他脱口而出。北京猿人，中国地质调查所乃至中国近代科学事业最伟大的成就之一，如今却不知它遗骨何在。

翁文灏在书中将人类体格、婚姻制度、氏族组织、部落进展以及器物品质，依其演化进度，梗概叙述。他以猿人的头骨形状：如宽度，高度，额头倾角，猿人头骨的厚度，脑量的容积等为标准，将已知的猿人化石，分别时代次序，认为：“爪哇猿人最古，中国猿人继之，安栋人又继之，尼安德特人与现代人相距不远。”自从猿人用两腿直立步行，头脑思维能力大为提高，两手取携钻打以及制造器物的机能迅速发挥，克服了生活上的困难，开启群居合作的组织，很明显地向人类的文明发展。他认为，中国古代哲学家如老子、庄子的思想中，不相信有超自然的神，认为万物生存毁灭全在万物的机能与环境的反应，万物是变化的，已经有了物种演化的思想萌芽。但历代拘于唯心空谈，放弃对实物的观测，而由西方人发现阐明生物界包括人类的进化历史。

翁文灏根据书籍资料，画图列表，对从猿到人的循序演进，做了这样的描述：在上新统晚期古猿演化已分成三个支派，……一是猕猴类，一是类人猿，又一派便是人类。虽然还没有考古的确实发现，但翁文灏推断：“在上新统晚期以前，应该有一种古猿为现代猿猴与人共同祖先。”人类导源的级次是：在距今 120 万年以前已有德兰斯瓦猿人，90 万年以前有健体猿人及继之而起的猿人，到了距今 50 万年以上，更新统中期，曾有爪哇猿人、中国猿人、中国巨人。更进而到距今 20 至 30 万年以前，复有德国海德堡人，到了更新统晚期，古人数量加多，如罗坦西亚人，尼安德特人，河套人……与现代人更为接近。

他认为，现代人与现代猿猴都发源于上新统晚期以前的古猿，但现代猿猴并非现代人的祖先。现代人与古猿间有许多种属的猿人与古人相继发生，但在上进的过程中，许多旁枝错节中途沦没。1961 年，科学家们对印度锡瓦利克山中新统至上新统沉积物中的一具上颌骨重新进行鉴定，认为它犬齿虽然形状与猿类仍有些相似，但是不超过其余牙齿的高度，它的下颌较圆，不像猿类那样明显外突，恰好介于猿类和人类之间，是可以包括到人科中的。于是“腊玛古猿”被认定是人类最早的直系祖先，也证实了翁文灏这一推论。

翁文灏接着又概述了史前人类发展的几个阶段，即：一、更新统初期及中期的猿人，如周口店的北京猿人；二、更新统晚期前部的尼安德特人，在中国为河套人；三、更新统晚期的克鲁马农人，在中国为山顶洞人。他还注意到这些原始人的骨骼形态，居然具备着现代白、黑、黄好几种人的模型，而且同一地方数种并存。他认为这“无疑地指示人类发源的世界性”，为证明人类起源的一源论提供了证据。

古代人类在体格进化的同时，生活的状态及彼此相互的关系，也在向上进展。近代西方人类史学家，将人类文化分为蒙昧、野蛮、文明三大时代，如摩尔根之《古代社会》。或依器具的使用分为石器时代、青铜器时代和铁器时代。翁文灏认为，人类文明的演进，应从考古学和民族学两方面来观察，“此两方法共相推进，收效甚大”。他依据摩尔根的研究和恩格斯《家庭、私有制和国家起源》中的论述，从考古学和民族学的两方面，描述并进一步证明了“古代初人演进的状况”。当人类靠采集、渔猎为生，以共同劳动、公平分配物质活动方式的时候，社会处在知母不知父的婚姻状态。如《吕氏春秋》中说：“昔太古尝无君矣，其民聚生群处，知母不知父，无亲戚兄弟夫妻男女之别，无上下长幼之道，无进退揖让之礼，无衣服履带宫室畜类之便，无器械舟车城郭险阻之备”，是为母系社会。在母系原始社会，组成各民族的男女都是自由人，没有奴隶，共同劳动，共同决定；各氏族各选酋长，同部落的氏族酋长合组议事会；军事首领或最高元首出于公举，且是临时职位。这时候人类没有私产，共同生活，知识粗陋，具有共产民主的气象。随着生产能力的提高，剩余产品的出现以及男子在生产中重要性提高，男人们不甘常为母系社会的依附分子，听候女人们的支配，而逐步发展他们占有财产的欲望。同时，婚姻制度的发展，由不知父而知父，知多父而知一个生父，一夫一妻现象出现，女子地位下降，财产支配权落入男子手中，私有制遂亦产生，出现了奴隶，“父权成立，母权消亡，私有财产，阶级奴役，这又是人类进展中的一次重大改革”。等到父系抬头，私有财产更为进展，剥削与被剥削阶级当然分立，遂成奴隶制社会。翁文灏认为这一切在中国史籍如《诗经》、《周礼》等记载中也“富有遗迹可寻”。

他确认：原始人类生活状况的进步是文化进展的原因。由于劳动能力和劳动工具的进步，畜牧业的发展，剩余生活资料的出现，私人占有欲逐步发展，出现了奴隶和奴隶主。首领和酋长的力量也随着加强，因握有指挥权力，发展权位欲望，进而自加尊衔，把持势力，而成为世袭的君主，“因而假托天命，建立国家，庇护贵族，分封公侯，使奴隶主社会转为封建制社会”。

接着，他又叙述了语言的发生，艺术的创造，文字的发明。在叙述欧洲发现的旧石器时代的岩画时，翁文灏认为，虽然“中国迄今尚未发现早期同类艺术作品”，但从仰韶彩陶和殷墟器物的艺术水平上，他断定：“在于其前的人类必曾有艺术作品，有待今后发现。”

今天的考古学已经证明，翁文灏的这一论断完全正确。

最后，翁文灏寄希望于人类社会的融合共进。他认为科学的发展，交通的便利已使人类“发生混合统一的趋向”，尽管还需费长久的时日，但“为全球人类便有共同工作起见，虽然各民族自身的文化具有保存价值。但国际间一般使用藉以贯通意志的工具，实有更为出力推进的需要”[14]。

在《人类进化史纲》之后，翁文灏紧跟着又写了一篇 3 万多字的《中国古代史新研》。周恩来总理听说翁文灏以自然科学家而热心历史研究，颇感兴趣，甚至还通过邵力子打听，翁文灏对正在进行的郭沫若和范文澜之间的学术辩论持何见解。

中国古代史研究在新中国成立初期曾掀起一次争论，由这场争论而衍生出中国古代史研究的一个热点，这便是后来史学家称为新中国成立后中国史学界“五朵金花”之一的中国古代史分期问题讨论。这场争论或者说学术争鸣最初的起源，还要说到 1930 年郭沫若发表的《中国古代社会之研究》。30 年代，中国学界就曾进行了一场中国社会史的大辩论，辩论的中心是中国古代是否有奴隶社会。郭沫若在《中国古代社会之研究》中，以历史唯物主义为指导，运用远古的文献资料和甲骨文、金文的新发现，揭示了中国社会的发展规律，指出：“中国存在过氏族社会和奴隶社会，证明中国社会的发展，并不曾逃脱一般社会发展规律。”[15]郭沫若的观点遭到一些人的反对。反对的观点认为，东方（包括中国）就根本没有经过奴隶制的阶段，奴隶虽然在很长的时间内存在，但它不成为奴隶制社会，奴隶制社会进入封建社会是特殊的，由氏族社会进入封建社会才是历史发展的规律。甚至有人认为，根据社会环境事实分析，奴隶制的产生是在封建社会之后。这场“论战”实际上也很难说是论战，因为论战的一方郭沫若自己并没有介于其中，而且这场“论战”也并非为学术而争，“更多的是带有政治色彩”[16]，因为许多人的目的是要通过否定郭沫若的观点，来否定中国社会历史进程与马克思主义所阐述的社会发展普遍规律的一致性。

50年代初，郭沫若开始对中国奴隶社会问题进行新的研讨，完善他的奴隶社会学说体系，从而引起一场新的争论。争论的焦点已不是中国是否存在奴隶制问题，而是中国奴隶制社会与封建社会的历史分期。最具代表性的观点，一派是郭沫若“殷代是奴隶制”，“西周也是奴隶社会”，“奴隶制下限在春秋与战国之交”。以范文澜为代表的一派则主张“初期封建社会开始于西周”，殷周两代社会性质不同。此外还有周谷城的奴隶制下限在西汉末等观点。

翁文灏曾是中央研究院历史语言研究所的通讯研究员，对历史一向有很浓厚的兴趣。他虽然没有参加这场争论，但却对此十分关注，默默地写下了3万余字的《中国古代史新研》，对中国古代史主要是上古史，提出了他的见解。因为他的目的并不是要发表，因此，我们更重视它的价值。它真实显示了翁文灏对中国历史发展规律的认识。

翁文灏认为，关于中国上古史，旧传各书或自相矛盾或乃思想家托古附会，“西周共和以前，中国古史不可太倚旧史，而必需许多新的研考，方能明了”。他将20年代以来，安特生、李济、梁思永等中外考古学家对新石器晚期到殷周的文化遗迹考古发现，进行了系统的梳理，认为“在中国接近历史期的史前史中占着重要地位”的仰韶文化，“指示中国古代文化的肇始”，并认为“仰韶文化包括了夏民族及其他部落”，“夏民族文化占仰韶文化的一部分”。他还以中国考古发掘成果，驳斥了西方学者认为中国文化传自外地的谬论，证明从人种上说，“不但黄土［形成］以前中国已有猿人，而且黄土生成以后，中国已有河套人与山顶洞人，足见中国早已有人，不必靠从西方迁处”。从文化上看，“中国人在古代确已有与他族很不相同的文化，也自有特殊的意识”。在列举了殷墟甲骨的重要内容及遗址器物、墓葬形式和以往周代金文研究成果后，翁文灏断定：“殷代已有［是］严分阶级的社会”，其实行奴隶制是确切证明的事实，即奴隶制社会存在于殷商。对于周代社会状态，翁文灏则并不同意郭沫若的分析。尽管认为郭沫若“用生产发展的唯物观点来描画殷末及周代逐个阶段的史迹实可做中国新史学的模范”，但他觉得郭从金文否定周有严格的五等爵位差别，便“断定周初还不是封建时代，这结论未免走得太远”。他又认为：“周代文化诚比以前时代迈进一大步。但究竟还在青铜器时代，根本不可能具备过分详密的典章规制，为后代的法则”。

他还特别提到，对青铜器的研究不仅要注重铭文，也要研究器物的本身，如器物的种类用途。不仅要研究铭文的演变，“对于器物的形态花纹也就同样考验其演变与时期的关系，方能见到历史演进的真相”。

他对中国古籍中关于上古历史的记载并非一笔抹杀。他又用考古实物与中国旧著互相比较，反过来验证中国古代的记录文字，证明许多旧籍中的记载。如韩非子中：“古者，丈夫不耕，草木之实足食也；妇人不织，禽兽之皮足衣也。人民少敏民不争。厚赏不行，刑罚不用，而民自治”等，古人已从上古传说，而识得初民生活的真状，“中国古代传说中实包含着社会发展史上异常可贵的资料”。同时也印证了哪些史料出于后人的幻想和臆造。

“科学研究能否专靠那种理论想象而得到历史的真相呢？绝不

可能。想象之外，必须认识客观的事实，又须使用寻求真理的科学方法。明悉人类进展的基本规律，然后方能得到真实的历史，而不至专凭唯心主义的想象而走入错误的途径”。他认为“重写古史正是中国历史学者重大的任务”⑰。

翁文灏从他一贯的建设哲学出发，认为大胆怀疑推翻旧说固然重要，但都还只是破坏作用，更需要做一番建设功夫。“在接受社会进展史的观点，认识人类文化是逐步演进”的同时，利用考古学和民族学的方法，研究考古发掘，参考现代尚处于原始状态各民族的状况，再回来看中国保存的传说，实事求是，然后才能了解中国古代实况，这“正待我们中国人自己努力”。

选举权波折

1953 年底至 1954 年初，北京市举行第一届人民代表大会代表选举，这在新中国确实是政治生活中一件重要事情。在基层人民代表大会选举的基础上，要产生各区人民代表、市人民代表、全国人民代表，由此将确立新中国的基本政治体制——人民代表大会制。

北京市许多胡同里的墙上，张贴着写在大红纸上的选民名单，有的周围还加上红红绿绿的花边，每条胡同里几乎都贴着许多大大小小的标语口号，号召人民珍惜自己的民主权利，积极参加选举，投下庄严的一票。平时很少出门的翁文灏这几天却常常到胡同里走一走，不经意之间朝“选民榜”看上两眼:“翁文灏”那个他曾经千万次书写的名字。赫然站在那里。回到家中，再次翻开毛泽东的《论人民民主专政》，那几句几乎已经背下来的话，立刻呈现在眼前："对于人民内部，则实行民主制度，人民有言论集会结社等项的自由权。选举权，只给人民，不给反动派。"只给人民，不给反动派。翁文灏心里反复念叨着，感到无比的欣慰和自满。12月30日，街道上的选举工作人员又送来了选民证。1月3日儿媳李素英又专程跑来告诉他：心源昨天看到徐今强副局长，谈起您工作的事。徐副局长说他日内就向陈郁部长报告，请您在石油局协助做地质工作，或者到石油学院任教授。翁文灏一下子觉得屋里的气温升高了好几度，太阳也灿烂得不同寻常，可又想不起该说什么。他嗔怪妻子不该把炉子烧得太旺，说这样里外温差太大会感冒。

第二天下午，街道上选举小组的一位同志来到翁家，说接到上级通知，取消翁文灏的选民资格，并且要收回他的选民证。翁文灏一下子没反应过来，等人家又慢慢地向他重复刚才的话，他突然打断了对方："这怎么可能？在选民登记前，我曾经亲自到派出所的普选工作组去谈过话，主管的同志说我有选举权，还说不管从前做官大小，只看归来时的处理情况。而且登记的时候也说没有问题。现在名单已经张贴，选民证也发了，为什么又要中途取消？可否容我到区里去问了究竟，然后再决定呢？"来人坚持他是奉命行事，并表示选民榜上的名字将用红纸粘贴遮盖，选民证也必须交回，如果上级决定恢复，他们当再为送发。翁文灏知道争也无用，只好将选民证交回。

翁文灏感冒了。但当晚他还是坚持从东城赶到西城砖塔胡同邵力子的家。邵力子闻听此事也颇为诧异，表示他会尽快了解清楚内情，然后再商量挽回的办法。从邵力子家出来，翁文灏又赶到辛寺胡同翁心源的家，通报了这一突发事件。

翁心源第二天清晨未上班，先到了东单区政府，负责选举的同志告诉他：翁文灏的事我们最初问过市公安局，市局说翁文灏不属于受反革命管制对象，因此我们认为他没有被剥夺政治权利，应该列入选民名单。可是名单公布以后，群众有许多不同的反应。我们也认为原来的办法过于粗枝大叶，因此决定免去公开列入选民。翁心源连忙问：那这样是否意味着剥夺了翁文灏的政治权利了呢？那人很正式地声明：这样做并非意味着剥夺翁文灏的政治权利，希望你们能够理解，不要因此而“闹情绪”。

既然取消了选举权，却又说并非剥夺政治权利。翁文灏认为这种说法自相矛盾。为此他又接连走访邵力子、卢郁文、钱昌照等人，寻找帮助，还特意找来《选举法》和有关选举法解答文件，仔细研读。1 月 15 日，翁文灏就选举权被取消之事致函北京市选举委员会，请求给予合理的解释。4 天以后，北京市选举委员会秘书长邀请翁文灏亲到该会设在中山公园内的办事处晤谈。见面后，蔡秘书长转达了市选举委员会主席刘仁同志的意见：翁文灏 1948 年曾被列为战犯之一，后来从欧洲回国，与傅作义、程潜等人起义有所不同，如何处理不在选举委员会职权范围，但该会在目前情况下，不能给予翁文灏选举权。

1 月 24 日，北京市东单区、东四区、西四区举行人民代表选举正式投票，翁文灏的父亲翁勉甫及妻子林韵秋都参加了投票。妻子因为身体不好，选举工作人员还将流动票箱搬到翁家。翁文灏曾幻想在投票结束前有关方面会改变决定，突然有人又把选民证送回来，但是没有。

选举权风波过后，翁文灏更加急于结束闲居生活，出来参加社会工作，这不仅是解决生计的必要，更重要的是他认识到只有参加社会工作，才可能改变目前这种几乎与世隔绝的状态，用自己的能力给新社会做贡献，成为一个对新国家有用的人，也才能赢得共产党和人民的信任、谅解，改变政治上的待遇。

说到生计问题，翁文灏一生的经济生活一直不宽裕。地质调查所时期经费极为紧张，常常按七折拨给，欠薪的情况更是时常发生。那时翁文灏上有老父、继母，下有妻子儿女，而且儿女有八个之多。尽管他被迫打破不兼职的原则，到北大、清华等校任教，但仍恪守不兼薪的誓言，不论担任多少职务，只领一份工资。如，在争取到中基会“研究教授”补助金之后，他就不再从地质调查所支薪。结束清华代理校长职务时，把校方付给他的报酬，全部捐给清华大学作为学生奖学金。加入南京政府以后，情况逐渐有所好转。孩子们逐渐长大自立，家庭负担减轻。《申报馆地图》的版税也使翁文灏的积蓄略有增加。但好景不长，抗战爆发后，大后方通货膨胀愈演愈烈，虽然许多贪官污吏、权贵豪门乘机大发国难财，而翁文灏又手握经济部大权，身兼资委会主任委员、工矿调整处处长等经济要职，但他廉洁自守，从未假公济私为自己捞半点好处。他全靠自己的薪金养活一家老小。翁夫人持家俭约，翁文灏让她将每日支出记账，月底结算，以明支出去向。每年还要将全部收支清算，与上一年进行比较。从他的1939年、1940年“收入比较表”和“支出比较表”上，我们看到的是：1939年，平均每月收入约是1640元，平均每月支出约1064元；1940年的平均月收入是1579元，平均月支出是1187元。[18]1949年，翁文灏由香港去法国避居，本是以赴美国考察的名义，由石油公司拨款，一部分由自己携带，一部分先期汇寄美国。在欧期间，这笔钱日渐减少，他又不愿端洋人的饭碗，这也是促使他回国的原因之一。回国之初，翁文灏和老父、妻子与翁心源一家同住锡拉胡同，十分拥挤，不久翁心源迁出。锡拉胡同的房子是以每月 12 袋通粉的价格租赁的，1952 年初，因房东要将该房出售，翁文灏不得已又迁居南池子飞龙桥 11 号，月租金为小米 450 斤，后又再迁大方家胡同 27 号。此时，翁文灏没有任何经济收入，而且他坚持要单独承担赡养老父、妻子的责任，拒绝几个儿子和在国外女儿的接济：这是我的责任，你们不要管。

1952 年初，翁文灏就开始为参加工作的事与邵力子、黄炎培、卢郁文等人商讨。黄炎培认为，目前正在进行“三反五反”运动，待运动结束，国家会全力努力于生产建设事业，那时一定有工作机会，目前可以想好做什么性质的工作，以便“相机接洽”。卢郁文认为，政务院财经委员会或文化委员会委员的工作比较合适，或者先参加政协的政治学习也是一条途径。钱昌照则积极主张入中央文史馆工作。1953 年秋，卢郁文进一步建议翁文灏，把想参加建设工作的愿望公开地表示出来。于是 11 月底，翁文灏致函邵力子，表示愿意“相机效力，盼其指示”，由邵力子将信件呈递给周恩来总理。总理表示要待徐冰自朝鲜归来，征询他的意见，再定办法。另一方面，翁心源也通过石油局领导，争取让翁文灏到燃料工业部系统做石油地质工作或石油学院教授。

选举权风波之后，翁文灏欲参加工作的心情更加迫切。邵力子、钱昌照、卢郁文、屈武、翁心源等也都多方联系、反映，出谋划策。1954 年 4 月，邵力子、黄炎培一起与徐冰商谈了翁文灏的工作问题，并提到翁的妻子重病卧床需要治疗，住房也很困难。徐冰表示，翁文灏的问题的关键在于政府如何向人民交代，因此要耐心等候，不可心急。他自己在家从事研究当然可以，生活上有困难也可给予照顾。但翁文灏的事他一个人做不了主，需向周总理和邓小平同志请示。不久，黄炎培又与邵力子联名致函徐冰，认为从政治上考虑，越快解决翁文灏的事越有益，希望徐冰尽快报告周、邓。4月底，邵力子听说徐冰正在与出版总署商研由翁文灏编译地质学书籍的事情。黄炎培还找过当时任地质部长的李四光，李四光表示："翁先生工作事，原则上已决定，尚在考虑具体方面。"6月中，由统战部出面安排，地质出版社邀请翁文灏参与该社地质书籍的编译工作。先是整理了章鸿钊的《古矿源》，后又改为翻译外国地质学书籍。翻译的书目由出版社决定，翁文灏只管在家中翻译。9月8日他收到第一笔稿费400万元（旧人民币）。

8月间，周恩来总理通过孙越崎，询问翁文灏是否愿意向台湾进行广播讲话，翁文灏表示乐意效劳，并且很快写好了广播讲稿《尚在台湾的人应快弃暗投明，响应解放台湾》和《宣告拒绝美国学术团体的名誉联系，以抗议美帝在台湾的狂妄行为》。11月下旬，翁文灏又重新拟写了《追溯反动经过向人民请罪》的文稿。在邵力子、吴景超的帮助下，经过几次修改，于12月4日在《人民日报》全文发表。当天晚上，钱昌照高兴地来到翁家，悄悄地告诉他：今天下午在政协协商下届委员人选时，周恩来总理提名让你参加政协，已经获得通过。《人民日报》也于12月5日、7日连续发表了翁文灏《尚在台湾的人应快弃暗投明，响应解放台湾》、《宣告拒绝美国学术团体的名誉联系，以抗议美帝在台湾的狂妄行为》。7日，翁文灏接到全国政协秘书处的正式通知：经中国人民政治协商会议全国委员会常务委员会第62次会议协商，决议翁文灏为中国人民政治协商会议第二届全国委员会委员。

政协委员

第二届全国政协委员的名单在 12 月 11 日的《人民日报》公开刊载，翁文灏列名“特别邀请人士”。朋友们纷纷登门祝贺，翁家上下一片笑逐颜开的喜庆气氛。新中国成立后第一位回国的原国民党高级军政人员并曾列名第 12 位的战犯，成为新一届的政协委员，这也是人民政协自成立以后的头一桩。翁文灏考虑自己应在大会上有所表示。经过与邵力子商量，他决定以大会发言的形式做公开的表态。关于发言的内容，有关方面认为翁文灏的战犯名义已经不存在了，发言之中不必再提认罪之事，可讲一讲思想转变的历程，这样更具有号召性，效果更好。翁文灏按照这一思路立即着手起草发言稿，从下午一直写到晚上，直至修改满意，抄清，才安心入睡。

12 月 20 日，中国人民政治协商会议第二届全国委员会第一次全体会议开幕。会议期间，翁文灏还蒙毛泽东主席的亲切会见。毛主席握着他的手高兴地说：“翁先生回来了，好啊，好啊。”

24 日进行大会发言，翁文灏被安排在第一位。“主席团，各位委员”，翁文灏用略带颤抖的声音，向全体委员讲述了他“投向人民的思想过程”。从 1948 年辞去行政院长，“开始考虑到共产党解放全国的前景”，讲到 1949 年、1950 年避居巴黎，“观察世界形势”，看到社会主义阵营“犹如旭日方升”，新中国“以工人阶级为领导的新政权已经建立，实为中国独立自主的大好机会”，认识到“从前做蒋介石的帮手，实是错走了反祖国反人民的道路，决当改途易辙，回返祖国，痛改前非，且争取立功赎罪的机会”。追溯回到人民阵营的思想斗争和克服重重困难、阻挠的过程，以及回国数年来“亲切见到中国因得解放始能复兴，因能反抗帝国主义故能保持主权和领土完整，因向社会主义前进故能建设成功”的经历，翁文灏认为：“像我这样曾经走错政治路线的人，更须坚定决心，认真学习，用新得的认识来清除我旧日思想的遗毒。”他表示：“我决当重新做人，尊重人民，报效国家，以尽我对祖国的责任。”“我很愿尽我微力，偕同各位委员，加强工作，在人民民主统一战线上，共同努力，以期早日建成强固繁荣的社会主义社会。”⑲

翁文灏正是怀着这样的心情和目的，积极投入到政协的工作之中。由于他有科学家的严谨态度，有多年从事经济建设的经验教训，因而在政协工作中，表现出很强的议政能力，他的积极且富有建设性的意见，常常受到行政部门的重视和好评。经历和身份也使他具有很广泛的代表性，故而翁文灏在第二、三、四届，连续当选全国政协委员。

因为没有其他的专业工作，也没有其他的工作单位，翁文灏实际上成为专职的政协委员。他的行政隶属关系就在全国政协，给他定的月工资是 240 元，按当时的标准已属于高级干部之列。政协还给他分配了住房——交道口菊儿胡同一座幽雅的四合院。院子虽然不很大，但也算前后两个院落，大小 16 间房子。颇令翁文灏感慨的是，紧挨着菊儿胡同的南边便是圆恩寺——当年蒋介石在北平的行辕，1948 年为金圆券改革之事，他曾亲飞北平，向当时正住此督战的蒋介石请示报告。一晃数年过去，当初何曾料到今天竟以政协委员的身份住进圆恩寺的旁边。中国确实发生了天翻地覆的变化！

1956 年经由邵力子的推荐和介绍，翁文灏加入了中国国民党革命委员会，并在民革第三届全国代表大会上当选为民革中央委员.随即被推为中央常委。1957 年 2 月民革中央常委第 10 次会议决定，成立民革“解放台湾工作委员会”。同年 6 月 19 日“和平解放台湾工作委员会”正式成立，并召开首次会议。委员会的主任是著名的“和平将军”张治中，副主任有邵力子、翁文灏等 8 人，委员有于学忠等 40 多人。[20]

从当选二届政协委员到“文化大革命”爆发前这段时期，是翁文灏人生历程中唯一的一段轻松时期。虽然他一贯秉承严谨科学的精神，积极认真负责的态度，但毕竟与以往直接主持某一机构、负责某方面工作有极大的区别。他除先后翻译了上百万字的外国地质学著作外，主要是参加政协的各种会议和政协组织的各种学习、参观视察工作，通过政协议案和大小会议上的发言，发表他的见解和主张，以尽他“对祖国的责任”，为“早日建成强固繁荣的社会主义社会”而努力贡献自己的才智。

翁文灏由半封闭状态解脱出来，活动的范围、接触的人员都比从前开阔了很多。政协几乎每年都要组织委员们到各地参观视察，翁文灏只要身体情况允许，都积极参加各项活动，有时甚至一年要外出两次。如1956年上半年去辽宁参观鞍钢、抚顺、本溪等地工业建设成果，下半年又去了郑州、洛阳、三门峡等地。1957年4—5月到陕西视察了咸阳、宝鸡等地的新工业区及宝成铁路。1958年赴安徽合肥、舒城、桐城等处。1959年3—4月参观上海、杭州地区，7月再往东北三省视察。次年，又随政协考察团访问了湖北、江西、湖南等省。1961年夏，与顾颉刚、章元善等赴海拉尔避暑休假一个月后，又赴大同、太原等地视察。他还到过宁夏、包头等地。60年代初，中央还特意安排他与张治中、邵力子、卢汉等少数民主党派人士，到刚刚开发尚处于保密状态的大庆油田参观。油田会战领导人康世恩亲自陪同，并亲切地叫他校长（康曾就读于清华大学），更令他兴奋和自豪。一个70余岁的老人有如此高的热情和兴致，让许多人觉得难能可贵。这一方面由于强烈社会责任感的驱使，同时新中国突飞猛进，日新月异的建设成就也给翁文灏极大的鼓舞。在《八声甘州·新邦赞》中，他这样写道：

新建国，都市尽颜开，楼阁美斑斓。看神州壮丽，天安门下，广厦千间。晋水桥横路阔，生气满西安，郑州、洛邑起，机轴云澜。更到江南视察，见惊人建设，治水开山。引钱江电力，沪渎利潺潺。广排灌，农功攸赖，丰稻棉，衣食过阳关。真堪喜，丰功伟绩，正向前攀。[21]

平时在家，他每天早睡早起，生活起居极有规律，而且没有任何特殊嗜好。每日读报、听广播是他必做的功课。报上的重要消息、文章、资料等，他都按时作剪报，分门别类粘贴保存。不论是学习参观，还是开会读报，每有感怀，他便形诸笔端，或吟诗或填词，且常与政协、民革中的同人旧好相互唱和。几乎每一个重要的社会活动，都有诗文记录，或叙述经过，或有感而发，我们每每可以从他的诗中，看到作者对社会新气象的欣喜，对蓬勃向上的社会精神的赞叹，在新旧对比中的钦佩、感奋。目前已见到并整理出来的翁文灏 1949 年以后写的诗词，约有 500 余首。对于写旧诗，翁文灏反对佶屈聱牙的用典和空洞无物。他的标准是："诗中有物兼能美，要使人看意即知。如果聱牙称古奥，何能鸡放吐心思。句气有时浪漫从，更能宣绘出真容；要当心意多蕴蓄，故得清新兼郁浓。"

翁文灏"面对这样空前盛大的成就，不能不衷心感觉社会主义工业化的真正价值，深信只有走社会主义这条路，才能使我国由贫转富，由弱转强，打破帝国主义的压迫，因而建成为独立自主的新国"[22]。也正是出于"迅速和大量提高我国素来落后的经济基础，建设社会主义社会，造成富强康乐的新国家"[23]的良好愿望，他从不一味地歌功颂德，忽视存在的问题，他以科学严谨的态度和从事经济建设所得经验教训，把在参观视察中所发现的问题，或自己的意见、建议，都毫无保留地贡献出来，写成视察报告、议案或会议发言稿。

从他的报告和发言中，主要体现了这样几点思想：第一，我们"虽有伟大的成就，但仍丝毫不可自满"。翁文灏热情赞颂和肯定中国共产党领导全国人民自力更生、奋发图强建设社会主义新中国取得的伟大成就，以自己数十年的经历，得出中国"如果放弃这个社会主义的途径，定会重陷于从前创巨痛深的厄运，重又走上殖民地及附属国的苦境"。同时，他又一再提醒人们："这不过是社会主义建设的开始第一步，继续增高正需要后来的努力。"他特别强调：我国"主要物产的生产能力同解放前相比虽已突飞猛进，但同世界先进各国相比，则以我国人口之多和领土之广，依然是十分落后”。即使与苏联、东欧的社会主义国家相比，我国人均钢、煤、电的拥有量相差10倍乃至40余倍。㉔“我们五年建设完之后，工业化的程度还是很低”，“丝毫不可自满，正须勇猛继起，以争取更高的水平”㉕。

第二，重视煤炭、石油、电力等能源动力工业。这是翁文灏经济思想中的一贯主张。新中国成立以后的多次参观视察中，他更是特别留心于上述能源动力工业的发展。在抚顺、鞍山、锦西，在山西、河南，所到之处，他都认真考察各地工矿生产的状况。他得到的印象：“煤、钢、石油、电力等，虽已增产很多，但仍不敷供应，所差很大。”㉖“许多工业建设区域感觉动力供应不足，电站建设赶不上工厂进行的速度。”“建立大量的电力来源，实是工业建设胜利成功的必要条件。”为了改变这种面貌，他积极筹谋对策。首先从中国煤炭储量丰富这一能源基本格局出发，他建议要加大对煤炭工业的投入，改进技术，增加产量，并且在“大量采煤区内可设立中心火力电站”，这样路近煤廉，电力成本可大为降低。同时提高煤炭综合利用水平，因为“煤不但可供燃烧，而且是提取许多化学物品的原料。如果长此不做综合利用，而把十分有用的物质统统损失，那真是暴殄天物，枉自糟蹋我国的天然富源”。他甚至已注意到煤炭大规模开发后的出口换汇工作，建议在煤炭开发计划中，“应当考虑对外贸易的需要”，利用邻国煤矿不富的条件，“增多输出贸易，积累外汇资金，极有益于工业建设”㉗。其次，从中国西高东低、江河大川多这一基本地理形势从发，他强调：“水力发电应当着重”，“我国的地形对水力发电具有建设费轻，而进行较速的优胜条件。水力发电节省大量烟煤，并供给廉价动力，实为工业化的先决工作。”

翁文灏第三点重要的主张是，重视科学技术和科技人才。他认为，在加强工业建设、提高劳动生产率的同时，“更须想到科学技术方面应负的责任”，“要培养许多科学技术人才，以担任建设任务”。要实现这一目的，“须在教育、研究和领导上想具体办法，其中有一个应注意的要点是，要把科学技术工作和经济建设的具体问题多相联系”㉘。他建议，做基础科学研究的人员，不但应做理论研究，“还应认识本国情况。例如动物学家中，应有人精心研究水产和畜产；地质学家中应查勘自然富源；物理、化学家中应关心各工业部门设备问题以及原子能的和平用途……否则不免脱离现实”。同时，他还主张工业部门的技术人员等，“应留心理论科学，看重科学方法，和专门研究机关善为联系，互相交换意见，如此方能使学理与实践善为结合，取得不断前进的功效”㉙。

最后岁月

从1965年底开始，翁文灏就已经感到了许多不正常的政治气氛，吴晗的《海瑞罢官》受到《文汇报》以至《人民日报》等大小报纸的公开批判，而且批判的矛头又不仅仅是吴晗和海瑞。到了1966年的夏天，事情越发变得不可思议了，青年学生们全都起来闹革命，近乎疯狂地游行呼喊，对伟大领袖宗教般狂热地顶礼膜拜，进而扩展为全社会的行为。他每天依然是认真仔细地看报，读书，做摘抄，写日记，写诗，但不再出去散步，只是在院子里来回走一走，抬头望一望不远处钟鼓楼的身影，沉默无语，思绪万千。他沉吟树下："宗教欺人事，迷诬历久年。中西同泛滥，愚妄合人天。奇想形而上，空言超自然。终生应警惕，勿再谈虚玄。"[30]翁文灏不理解这种宗教迷信般的狂热，为何在信仰唯物主义的共产党领导下又如此嚣张泛滥！百年中国，历遭列强侵略，民族内争，如今大陆终得一统，正是脚踏实地、全力建设、追赶先进之时，却为何空发形而上学的奇想！

多年来，他渴望国家的富强，希望能以自己的贡献，推动民族早日复兴。北洋政府、国民党政权时期不再提它，新中国成立以后，虽种种原因加上自己年高体弱，不能直接置身建设者的队伍，但每次参观视察他都积极参加，每次政协的会议上，他都认真准备发言，希望能以自己的教训和经验，给祖国的建设增添一些微薄的力量。每当听到祖国建设又取得了新的进步，他都欢欣鼓舞。而眼前的一切他却再也无法理解。

8 月 27 日，北京市女二中的一群学生闯入翁家。她们个个身穿草绿军装，臂围红卫兵袖章，高声朗诵“最高指示”：“凡是反动的东西，你不打他就不倒……”竭尽全力地呼喊着革命口号，同时举起并不强壮的胳膊。翁文灏看着这些平时天真烂漫的十几岁女孩子们，心中感到一阵阵痛楚。这些和他孙女一般大的女孩子中，有的还是以前曾到家中来玩过的同学，此时却大瞪着眼睛，塞给他一叠事先写好的大字报，让他自己粘贴到胡同的墙上。77 岁的翁文灏，用颤抖的手将 8 张罗列着他六大“罪状”的大字报一张张粘贴到墙上后，眼前一阵天旋。女学生们将翁文灏住的三间房子查封，财物全部用封条封上，以示未经允许不得擅动，又在院子里对翁文灏声讨了 3 个多小时，责令他进行反省，写出书面检查，随时听候进一步的处理。

翁文灏受冲击的事，通过翁心源被石油部康世恩部长得知。康部长虽也自身难保，但还是十分关切翁文灏的境遇，他建议翁心源不妨给周总理写封信，以求得保护。翁心源将翁文灏受冲击的情形向统战部口头汇报的同时，向总理办公室去信报告，表示翁文灏年老，体弱多病，“意乱词钝，难以满足革命青少年的要求，如再继续斗争，精神体力恐将难以承担”。

不久，“红卫兵小将”们又讨要了3份翁文灏的检查，“进一步的处理”却没有再来，据说是周恩来总理的指示及时制止了“红卫兵小将”的鲁莽行动，使翁文灏得以免遭更大的冲击和人身侮辱。1967年，中共中央颁令严禁“文革”中“打砸抢抄封”行为，翁文灏立即赋诗一首，诚心拥护：“打砸抢抄封，歪风不可从。安居方乐业，武斗决难容。革命崇规律，持躬莫放纵。六条通知在，秩序应尊重。”[31]

1969年10月1日，在周恩来总理亲自安排下，翁文灏被人搀扶着出席国庆20周年纪念活动，登上天安门观礼台，观看游行盛况。在重大的节日，出席天安门广场的庆祝活动，特别是登上城楼或观礼台观礼，这是当时中国政治人物政治生命的体温计。能够上台出席亮相，便标志着得到肯定，没有问题。周总理这一安排，无疑又给翁文灏挂上了一个护身符，加上了一顶保护伞。

1968年“文化大革命”进入清理阶级队伍阶段，资源委员会被列为重点清理对象。各地、各机关中，都把本单位内原资源委员会成员作为清理的重要目标，许多人被怀疑是国民党潜伏下来的特务。菊儿胡同翁家的大门，不断地被各地要求写证明材料的外调人员拍打着，送走一批又来一批，有时甚至同时几批人在等候、询问，要求写文字证明。一个80岁的老人要接受如此频繁的询问，如何应付得了。更加上有一些外调人员态度非常粗暴，甚至呵斥辱骂，使翁文灏精神上受到极大的摧残。但他还是以他一贯的精神和人生态度，实事求是地对待每一位调查者和被调查对象。

“最高指示：‘什么人站在革命人民方面，他就是革命派，什么人站在帝国主义、封建主义、官僚资本主义方面，他就是反革命派。什么人只是口头上站在革命人民方面，而在行动上则另是一样，他就是一个口头革命派，如果不但在口头上而且在行动上也站在革命人民方面，他就是一个完全的革命派。’（1）伪资源委员会的来由……”因脑血管病手已经抖得非常厉害，写字十分困难，但他依然坚持为资源委员会，为那些旧日的老友、部下写下客观的证明：“在解放前夕，伪资委会的中心是正副委员长孙越崎和吴兆洪做主。……孙吴二人在此紧要关头，力主各厂矿主管人员坚守岗位，保护器材，等待新政权接收接管，以尽对祖国的责任。其中孙越崎主持最力。”“孙越崎是资本主义时代的企业家，他能管理那时代的企业，操守廉洁，工作勤奋。他应付各方，但不为那一个特殊系派的利益而工作。他对蒋匪关系不满，而且对官僚资本有所不满，所以在解放前夕，能本爱国思想，保存厂矿，以待接收……”不熟悉不知道的，他也绝不多说，“……对马思亮，我认识很少，钱昌照可能认识较多”[32]。

1967年底，86岁的邵力子溘然长逝。翁文灏回想与邵力子几十年的交往，特别是助其回国、帮助反省历史错误的一幕幕，不尽又悲从中来：“我忆巴黎避难时，投明弃暗意飞驰。京华号召归诚志，良友规箴劝导词。航路长空睹故国，赤心忠勇值新期。今朝追悼灵前席，枭杰桂林奉酒卮。”旧日老友程潜、李思浩、蒋光鼐、蔡廷锴、卢郁文、李宗仁、张治中相继凋谢，活着的也都个个自身难保，没有人再来登门造访，翁文灏也不再去打扰别人。他每天依旧是看报、读书、写日记，关注着国家民族的命运前途，关注着经济、科技的建设发展。他为国家每一点滴的进步振兴鼓舞，用浓缩诗句表达他磅礴的爱国情怀。

氢弹爆炸成功：

人类功夫日日升，核能霞蔚与云蒸。美成氢弹七年造，苏建新型四载登。两岁有余加八月，前行迅速势峻嶒。寰球共见神州绩，除霸兴民马列鹰。

大庆油井钻进达10万米：

油田大庆盛非常，钻井胜人到上纲。四万苏联全岁力，能成九万美邦强。超乘我独歌收获，两井精二十万良。世界新生增效率，向前迈进气翱翔。

南京长江大桥建成：

龙盘虎踞古言空，南北无从天堑通。今日山河成一统，惊人钢铁驾长虹。十三里路铺车辙，四辆宽衢飞彩鸿。破旧立新功伟大，兴工建业气象雄。

林县红旗渠工程告成有诗，上海制成双水内冷发电机组有诗，万吨轮下水有诗。1970年人造地球卫星上天有诗《满江红》：

舵手神明，世共仰，人间乔岳。驱帝国，浮云富贵，光辉科学。一霎官僚封建苦，九霄船舸人民乐。看卫星飞舞绕地球，真先觉。解放功，燃明灯，破迷信，兴泉瀑。启雄伟原子，神州芳馥。宇宙欢迎韶使命，空间遥放邦歌曲。展红旗旭日拂东风，创新局。[33]

周恩来给翁文灏的护身符、保护伞也只能使翁文灏本人免遭抄家游街之苦，然而不幸的是，造反派们把火力加倍地集中到他的长子翁心源身上。

翁心源字同书，又作桐书，1912年5月生于老家鄞县。长大以后，翁心源考取了交通大学唐山工程学院土木工程系，1934年毕业，参加了粤汉铁路株洲韶关段的建设。他严于律己，继承了父亲严谨科学的工作作风，诚恳待人的生活态度。抗战爆发以后，大片国土沦陷，铁路建设工作受到严重破坏。为能给抗战做出更大的贡献，翁心源受父亲的指点，改行从事当时最迫切需要的石油事业。他选定的方向是油管运输，这在当时的中国是个从未有人接触过而又迫切需要的领域。

抗战时期资源委员会开发的玉门油矿，因地处西北荒原，交通极为不便，不仅机械设备、生活用品要马驮车运，产出的原油、炼出的汽油、柴油，也要一车车地运往各地。往外运一吨油，运输汽车本身就要消耗去相当一部分，而且油田产炼的数量也因运输能力的限制受到影响，这使油田的开发和利用都受到极大限制。翁心源正是看到了油管运输在石油开发中的重要作用和石油工业在中国工业发展中的广阔前景，于是决心投入这项在中国属开创性的新事业。

1942 年初，翁心源经过厂矿主管人员推荐，参加资委会统一考试合格，被派赴美国学习油管运输工程。同时赴美的有从事石油勘探的孙健初、从事水电的张光斗和从事火电的孙运璇等。依靠自己勤奋刻苦的努力，翁心源很快掌握了油管设计、管道规划、施工建设、油管的运用与管理等油管运输工程一系列问题，成为中国第一位石油管道运输的专家。他写于 1943 年 10 月的《油管工程》一文，大约是中国工程技术人员第一篇系统论述油管工程的著作，虽不很长，却堪称是中国油管工程的开山之作。他在篇末还特别号召："深盼同人中有对油管发生兴趣者，能进而加以研究……日后共同参加实建工作，为我国新兴之石油工业，解决运输之困难。"[34] 翁心源 1944 年学成归国。立即奔赴玉门油矿，同行的是他的妻子和两个尚在幼年的女儿。很快翁心源就在玉门设计并主持建造了我国第一条输油管道。

新中国成立前夕，翁心源担任中国石油有限公司工程室主任，积极主动参加资源委员会护厂保矿、迎接解放的活动，特别是为了保护上海黄浦江沿岸的高桥炼油厂及油库免遭国民党军队的强占和战火破坏。想尽一切办法，甚至通过关系从上海卫戍司令部搞到“油库重地，禁止驻军”的条幅，对阻止国民党散兵败将的破坏起到积极的作用。后来炼油厂职工家属被迫撤到市区，无处安身，厂长梁翕章到公司找翁心源想办法，翁心源就把他们200多人全部安置到自己的家中。[35]

新中国成立后，他又积极与翁文灏联系，促使并安排父亲回国。1950年以后，翁心源调到燃料工业部石油管理总局，曾担任计划处长、石油部基建司总工程师，后又任石油部情报研究所总工程师、副所长。在新中国成立初期石油工业恢复和建设中，在大庆油田的开发中，翁心源都曾有过重要的贡献，是大庆油田会战中著名的“八大工程师”之一。他是翁文灏的长子，也是在专业上取得成就最突出的一个，是翁文灏最喜欢、最满意的一个。

“文革”开始以后，翁心源希望能以自己的身躯保护父亲，保护家人，他接受了现实，为此他身心遭到极大的迫害和摧残，被迫向造反派们一遍遍回答千奇百怪的讯问。他诚恳耐心地说明、解释自己和父亲的思想动机、行为过程，检查自己思想中哪怕是丝毫的不纯洁、不革命的思想。但他决不说假话，更不牵连别人。造反派们要他交代陪翁文灏赴溪口的过程、真实目的，帮助翁文灏回国的经过、动机，上海解放前夕的活动，“关于勾结伪国防部第二厅的问题”，“关于美帝陆军情报局的问题”，要他交代“蒋介石安排他们父子潜伏的计划”……一个个莫须有的罪名，把翁心源逼到了人生的绝路。

20多年以后，孙越崎还记得“文革”开始不久，他到翁家去探望，翁心源送他出门之时，还用劝慰的口吻说：“孙伯伯，你不要后悔啊!”孙越崎当然清楚，翁心源是劝慰他不要因当前的遭遇，而为当年留在大陆的抉择后悔，话里也含着另外一层的关切和鼓励，于是说:“我不会后悔的，你放心!”[36]或许正是因为有许多像翁心源这样的关切和鼓励，孙越崎才顽强地度过那一场劫难，今天依然以百岁的高龄，为本书题签书名。但是，他却再没见到翁心源。

1970年4月22日，在湖北潜江县江汉油田的石油部“五七”干校，在七八个造反派凶神恶煞般围攻批判逼供三天之后，翁心源不幸落水，含冤而去。“海棠京寓及时开，身死潜江不可回。”中国第一位输油管道专家，就这样58岁英年早逝。

关于翁心源的死因，家里的人们对翁文灏只是说因劳累过度，心脏病突发。翁文灏从儿媳和孙女们惶恐的悲戚中，感受到她们所承受的压力。他虽心存疑窦，却不细究，只是自言自语地念叨着：我们翁家人历来长寿，而且也没有过这种病史啊。他是咱们家的心脏啊！老年丧子，而且是如此心爱的长子。在80岁的暮年，遭受如此的打击，夫复何言！长歌当哭，翁文灏跌坐桌前，用颤抖的声音吟出:“汝祖寿年过九十，萱堂七二亦遐龄。我今八一犹偷活，哀动全家哭汝灵。”他默思爱子几十年来克己奉公，敬业爱群，辛勤学习，发奋工作的人生历程：

初学工程修铁路，衡阳轨辙达南方；
石油继产抗倭寇，草创玉门艰苦尝。
新时开发石油谋，努力推勘大九州；
大庆宏规初建设，曹参计划启勋猷。
全心服务矢终身，俭朴生涯奋勉真。
志气犹存油管接，中途逝去太伤神。[37]

魂息万安

悲痛和抑郁打倒了翁文灏瘦弱的身体，1970年12月10日，他突然昏厥倒地，被紧急送往医院。

翁文灏虽然体形瘦小，身体一直不很强壮，但也并无大病。1934年武康遇险，经过那样的危机，他仍能顽强地苏醒过来，显示出他坚强的生命力。但就是因武康车祸，他的头颅塌陷，左侧额头留下很大的疤痕，左眉也几乎完全丧失，更重要的是脑部内伤留下隐患。尽管当时和以后很长时期翁文灏神志思维都十分正常，这种隐患却在他老年时期逐渐显示出来。1966年3月一天早晨，翁文灏照例拿起报纸，可是报上写的什么他却不知道，他突然发现自己不认识字了，记忆力丧失了。入院检查，结果发现有脑血管硬化和脑供血不足的症状。经过两个多月的住院治疗，他才逐渐恢复正常。

1969 年初，翁文灏脑血管病复发，经医院抢救，转危为安。因年已八旬，且处于“文革”的混乱之中，翁文灏决定立下遗嘱以备不测。遗嘱中，他称赞归国 18 年来亲见共产党领导的新中国日益强盛，祝祷新中国繁荣富强，并再次提出将全部遗产、存款捐献国家。之所以说是“再次”，因为 1966 年“文化大革命”爆发以后，翁文灏即向有关部门提出将其主要的财产，即 1956 年出售南京私房所得款和历年节省下的稿费、工资余额及利息约 6 万余元，除留下数千元维持生活外，其余全部献给国家，当时未蒙有关单位的同意。1969 年 10 月，翁文灏又将遗嘱修改，内容与上次大致相同，并重申对新中国建设成就的赞颂，祝愿祖国早日完成统一大业。

翁心源去世以后，他的生活兴趣顿减，精神常常处于抑郁之中。当时三子翁心鹤在无锡的纺织厂中工作，四子翁心钧在上海工作。翁文灏身边只有大儿媳李素英，服侍照顾他的生活。翁心源的三个女儿有两个大学毕业后分配到外地工作，一个在包头，一个在临淄，另一个去了黑龙江生产建设兵团。李素英也已年近六十，嫁到翁家的几十年来，为支持丈夫的事业，这位天津的大家小姐，抛弃了优裕的生活条件，割弃了自己的爱好，甚至疏远了自己原来的家庭联系，一心相夫教子，无怨无悔做个贤妻良母，奉献了自己的全部心血。1958 年翁文灏夫人林韵秋去世后，翁心源一家便搬到菊儿胡同 24 号，李素英又担负起照顾翁文灏生活的责任。

1970 年 12 月 8 日，翁文灏再留遗书：“我死后火化，骨灰还于大地，不要保存，不要开追悼会。”[38]两天以后他再次被送进北京医院。虽然在医院住了一个多月，但病情没有根本好转，翁文灏却坚持出院，大夫对他说：翁先生您要配合我们的医疗。他沉默不语。

1971年1月20日，已经是农历腊月二十四了，医院决定同意翁文灏出院回家休养。但家人怎么也没有料到，出院7天以后，1月27日，也就是农历辛亥年的正月初一，翁文灏82年曾经辉煌却又历经曲折的人生历程竟走到了终点。“劳心怀国事，努力赖民艰”，他满怀“奋求新道理，努力向前攀”的期望，带着对国家和民族前途的忧患离开了人世。

1月30日，中国国民党革命委员会中央委员会为翁文灏先生举行了告别仪式，参加告别仪式的有在京的民革中央的常委，以及翁文灏先生生前好友和亲属。次日《人民日报》在第二版发表消息：翁文灏先生逝世。新华社发布的新闻稿中，除报道了民革中央为翁文灏先生举行的告别仪式外，主要转载了他的遗嘱，没有对他的一生作盖棺评定。翁文灏在遗嘱中追述他一生的曲折经历，再次感谢毛主席、共产党对他的宽大待遇，对“新中国日益强盛”表示“万分兴奋”，特别“念念不忘神圣领土台湾”还没有统一，表达了他的爱国诚心。[39]遵照翁文灏先生生前遗嘱，家属将他的全部书籍、财产和存款上缴国家。翁文灏先生的骨灰被安放在八宝山革命公墓，同中国共产党许多知名的领袖们朝夕相伴。这一点令一年后从美回国探亲的长女颇为感动和欣慰。

1986年，家属们按翁文灏的生前遗愿，将骨灰移葬北京万安公墓他的夫人林韵秋女士墓侧。

在翁文灏先生诞辰一百周年的时候，历史终于挣脱了束缚，重新审视了翁文灏82年的人生轨迹。1989年9月15日，民革中央举行了“翁文灏先生诞辰100周年纪念座谈会”，中共中央统战部、全国政协、民革中央、国家科委、中国科学院、地质矿产部、国家地震局的领导和代表，翁文灏先生的好友、旧部、亲属聚集一堂，“缅怀他对祖国地质科学和社会主义建设做出的贡献”，向他表达“深切怀念和崇高敬意”。

朱学范代表民革中央发表的讲话中，高度评价翁文灏先生“为祖国独立统一和富强贡献了毕生的精力”，认为他的一生是“爱国的一生，值得我们学习和纪念”[40]。

中共中央统战部的代表，对翁文灏的一生给予了较高的评价，称他是“著名的爱国人士”，认为翁文灏先生“从二十年代到四十年代，他为地质科学研究，资源开发和经济建设做出了显著成绩”。新中国成立以后，“为社会主义事业和祖国统一大业做了许多有益的工作”，这些“为人民做出的贡献，是值得我们纪念的”。统战部的代表还特别强调：“在抗日战争期间，翁文灏先生团结广大工作人员，为建立大后方工业基地，发展战时生产，支持抗战做出了很大努力。”“在全国解放前，他对我国资源进行广泛的调查，并组织力量开发石油、煤炭、金属等资源，为我国能源建设的原材料生产打下了初步的基础。”他号召人们学习翁文灏先生的“爱国主义和追求真理，不断进步的精神”[41]。

翁文灏先生可以安息了，历史将永远记住您！因为历史永远不会忘记为推动人类进步做出过贡献的人们，不论是叱咤风云的革命家，还是埋头苦干的建设者。

1995 年 7 月 10 日初稿

1995 年 8 月 6 日修改

注释

① 翁文灏致翁心源函（抄件）。

② 吴兆洪:《我所知道的资源委员会》,《回忆国民党政府资源委员会》，中国文史出版社。

③⑨㉑ 翁心源“文革”中所写材料。

④ 翁文灏致邵力子函（原件）。

⑤ 邵力子致翁文灏函（1950年4月29日）。

⑥⑦⑪⑫ 翁文灏:《年谱初稿》(补编)。

⑧ 翁心钧:《翁文灏回国始末记》(未刊稿)。

⑩ 翁文灏:《回溯吟》(手稿)。

⑬㉚㉛㉝㊲ 翁文灏:《悫士诗稿》(未刊稿)。

⑭ 翁文灏:《人类进化史纲》(未刊稿)。

⑮ 尹达:《郭沫若先生与中国古代社会研究》,《尹达史学

论著选集》，人民出版社，第 414 页。

⑯ 叶桂生等:《郭沫若的史学生涯》，社会科学文献出版社。

⑰ 翁文灏:《中国古代史新研》(未刊稿)。

⑱ 翁文灏手稿。

⑲《人民日报》1954 年 12 月 27 日。

⑳《中国国民党革命委员会的历史道路》，湖南人民出版社 1987 年。

㉒ 翁文灏:《视察辽宁省工业报告》(1956 年 6 月 16 日),《翁文灏论经济建设》，团结出版社，第 166 页。

㉓㉔㉕㉘㉙ 翁文灏:《共同努力来实现我国第一个五年计划》，同㉒第 158 页；第 159 页；第 159—166 页；第 163 页。

㉖㉗ 翁文灏:《关于发展基本生产资料和铁路运输的建议》，同㉒第 177 页。

㉜ 翁文灏手稿。

㉞《资源委员会季刊》第 5 卷第 3 期。

㉟ 梁翕章先生访问记录(1994 年 1 月)。

㊱《孙越崎传》，石油工业出版社 1994 年。

㊳ 潘云唐:《翁文灏年谱》,《中国科技史料》第 10 卷第 4 期。

㊴《人民日报》1971 年 1 月 31 日。

㊵ 朱学范:《在翁文灏先生诞生一百周年纪念座谈会上的讲话》。

㊶ 宋堃:《在翁文灏先生诞生一百周年纪念座谈会上的讲话》。

主要征引及参考文献书目

《鄞县通志》(民国)

《上海对外贸易》上海社会科学院出版社 1989 年

《上海市棉布商业》中华书局 1979 年

《沪游杂记》上海古籍出版社 1989 年

《鄞县史志》浙江鄞县地方志编委会办公室

《翁文波先生访问记录》(1993 年 10 月)

《记浙江第一次考选欧美留学生》沈飚民　浙江文史资料选辑第 11 辑

《我所知道的上海震旦大学》刘麦生　上海文史资料选辑

《清代科举制度研究》王德昭　中华书局 1984 年

《爱国老人马相伯》江苏镇江市、丹阳市政协文史资料委员会

《震旦大学历史考证书》上海市档案馆 Q244

《清代留学生运动史》董守义　辽宁人民出版社

The University of Louvain1425-1975 Louvain Univer Press Annuaire de Luniversite Catholipuede Louvain1910, 1911, 1912, 1913, 1914.

《比利时鲁汶大学介绍》(中文)鲁汶天主教大学问讯处

《大学城鲁汶》伊世同 世界知识画报 1993 年第 6 期

《中国地质事业的开拓者——章鸿钊》吴凤鸣　中国科技史料第 15 卷第 1 期（1994 年）

《外国势力进入中国近代地质矿产领域及影响》霍有光　同上书第 15 卷第 4 期

《1840 至 1911 年外国地质学家在华调查与研究工作》吴凤鸣　同上书第 13 卷第 1 期

《六六自述》章鸿钊　武汉地质学院出版社

《中国地质学发展小史》章鸿钊　商务印书馆 1937 年

《工商部试办地质调查说明书》1912 年

《农商部地质研究所一览》京华印书局 1916 年

《农商部地质研究所师弟修业记》地质研究所 1916 年

《地质调查所　沿革事略》地质调查所 1922 年 7 月

《地质调查所办事报告》翁文灏　地质调查所 1925 年，1926 年，1927 年

《中央地质调查所事业纪略》地质调查所 1927 年

《农矿部直辖地质调查所建筑经费报告》翁文灏　地质调查所 1929 年 9 月

《中央地质调查所概况》地质调查所 1931 年

《地质调查所沁园燃料研究室三周年纪念刊》地质调查所 1933 年

《金开英先生访问记录》（台湾）中央研究院近代史研究所

《地质调查所二十三年度工作报告书》

《中央地质调查所二十五周年纪念会报告》

《实业部地质调查所概述》大公报 1934 年 7 月 15 日

《中国地质事业早期史》王鸿桢编　北京大学出版社 1990 年

《回忆一些我国地质工作初期情况》（未刊稿）翁文灏

《中国地质事业之开端》陶世龙　地质学史论丛第 2 辑

《记中国地质工作创始时期》朱庭祜　文史资料选辑第 80 辑

《我所知道的丁文江》朱庭祜　同上

《关于丁文江》翁文灏　同上

《丁文江年谱》王仰之　泰兴文史资料第 4 辑

《丁文江的传记》胡适（台湾）远流出版公司

《丁文江——科学与中国文化》湖南科学技术出版社

《简明地质学史》王子贤、王恒礼　河南科技出版社

《中国地质学会史》夏湘蓉、王根元　地质出版社

《国际地质会议概况》吴凤鸣编译　地质出版社

《中外地质科学交流史》王鸿桢主编　石油工业出版社《锥指集》翁文灏

《翁文灏选集》黄汲清选，潘云唐编　冶金工业出版社

《中国矿产志略》翁文灏　地质调查所 1919 年 10 月

《矿政管见》丁文江、翁文灏

《路矿关系论》翁文灏

《近十年中国地质学之进步》翁文灏　科学第 9 卷第 4 期

《第三次泛太平洋学术会议中之地质会议述要》翁文灏　科学第 12 卷第 4 期

《太平洋科学会议之历史》德佛里斯著，翁文灏译　科学第 14 卷第 5 期

《第四次太平洋科学会议纪略》翁文灏　同上

《中国第四纪人骨之发现》翁文灏　科学第 13 卷第 1 期

《翁文灏先生与北京猿人之发现》（发言稿）黄汲清

《回忆中国猿人第一个头盖骨的发现》裴文中　文史资料精选第 6 辑

《北京人的发现与研究的经过》李济　李济先生传记资料（台湾）天一出版社

《翁文灏的科学观》潘云唐　科技日报 1989 年 7 月 25 日

《中华教育文化基金会董事会报告》（第 1—14 次）

《中基会的成立与改组》杨翠华　（台湾）中央研究院近代史所集刊第 18 期（1989 年 6 月）

《中基会和中国近现代科学》赵慧芝　中国科技史料第 14 卷第 3 期（1993 年）

《怀念杰出的青年地质学家赵亚曾先生》黄汲清　文史资料精选第 6 辑
《杨钟健回忆录》杨钟健　地质出版社 1983 年
《李四光传》陈群等　人民出版社 1984 年
《探险家斯文赫定》邢玉林、林世田　吉林教育出版社
《中国政府》陈之迈　商务印书馆
《清华大学校史稿》中华书局 1981 年
《清华大学校史资料》清华大学出版社 1991 年
《吴晗传》李又宁（香港）明报月刊社
《我所知道的翁咏霓》丁文江　独立评论第 97 期
《翁文灏先生言论集》翁文灏　上海友联书社 1936 年
《大公报人忆旧》中国文史出版社 1991 年
《胡适年谱》耿云志　四川人民出版社
《胡适往来书信选》中华书局 1980 年
《胡适遗稿及秘藏书信》黄山书社 1994 年
《竺可桢日记》竺可桢　人民出版社 1984 年
《关于福公司历史的回顾》翁文灏　文史资料选辑第 102 辑
《英商福公司和道清铁路》张冲霄　同上
《中福煤矿的坎坷道路》孙越崎　同上
《孙越崎传》石油工业出版社 1994 年
《行政院政务处长时期》蒋廷黻（台湾）传记文学第 31 卷第 5 期
《何廉回忆录》何廉　中国文史出版社 1988 年
《使德回忆录》程天放（台湾）政治大学 1979 年
《顾维钧回忆录》顾维钧　中华书局
《孔祥熙先生年谱》郭荣生（台湾）商务印书馆 1981 年
《抗日战史》（台湾）国防部史政局 1969 年
《民国经济史》
《战时经济志》
《十年来之中国经济》谭熙鸿主编　中华书局 1948 年
《回忆国民党政府资源委员会》中国文史出版社 1988 年

《旧中国的资源委员会——史实与评价》郑友揆等 上海社会科学院 1991 年

《资源委员会档案史料初编》(台湾)国史馆编印

《中国近代工业史》祝慈寿 重庆出版社 1989 年

《民营厂矿内迁纪略》林继庸 新新出版社 1942 年

《抗战时期内迁西南的工商企业》云南人民出版社 1988 年

《民族工业大迁徙》孙果达 中国文史出版社 1991 年

《孔祥熙其人其事》中国文史出版社 1987 年

《孙健初传》张江一 石油工业出版社 1989 年

《玉门油矿史 1939—1949》玉门石油管理局史志编纂委员会西北大学出版社 1988 年

《邹明先生访问记录》

《梁翕章先生访问记录》

《抗战以来的经济》翁文灏

《翁文灏与国民政府经济部》董赞尧 江苏文史资料选辑第 15 辑

《国民党政府经济部十年旧闻述略》齐植璐 天津文史资料选辑第 7 辑

《中华民国经济发展史》(台湾)近代中国出版社

《中华民国史料初编——对日抗战时期》(台湾)中国国民党中央党史委员会编印

《蒋介石政府与纳粹德国》柯伟林(W.C.Kirby)著,陈谦平等译 中国青年出版社 1994 年

《抗战时期国民政府经济法规》重庆档案馆编 档案出版社 1992 年

《重庆战时生产局和美国经济援华政策》翁文灏 文史资料选辑第 17 辑

《翁心翰烈士小传》翁心鹤、翁心钧 鄞县史志 1989 年第 1 期

《空军少校翁心翰烈士事略》

《翁文灏的一封亲笔信》翁泽永 团结报 1988 年 9 月 9 日

《中国石油发展史第 2 卷》申力生主编 石油工业出版社 1988 年

《中国石油有限公司章程》上海档案馆

《中国石油公司三十五年工作报告》同上

《中国石油公司三十六年度工作计划概要》同上

《帝国主义石油侵华简述》工商经济史料第4辑

《抗战时期国府规划三峡建坝之努力》张宪秋（台湾）传记文学第46卷6期

《中华民国史料丛稿——大事记（1945年）》中华书局1990年

《中央政制》中华年鉴社1948年

《岫庐八十自述》王云五（台湾）商务印书馆

《王云五先生年谱初稿》王寿南（台湾）商务印书馆

《蒋经国自述》湖南出版社1988年

《蒋经国先生传》小谷豪冶郎著，陈鹏仁译（台湾）中央日报社

《蒋经国定论》李敖（台湾）李敖出版社

《中华民国货币史资料（第2辑）》中国人民银行总行参事室编　上海人民出版社1991年

《中国通货膨胀史》张嘉璈　工商经济史料丛刊第4辑

《王云五与金圆券的发行》吴相湘　王云五先生传记资料（台湾）天一出版社

《徐柏园先生有关金圆券的记录》（台湾）传记文学第4卷第4期

《金圆券案应进一步追踪研究》沈云龙　同上第36卷第3期

《有关王岫庐、翁咏霓的补充》张兹闿　同上第36卷第5期

《翁文灏、王云五与金圆券的后遗症》白瑜　同上第37卷第2期

《发行金圆券的真实情况》邵德润　同上第44卷第4期

《与王云五先生谈金圆券》阮毅成　同上第45卷第2期

《金圆券的发行和它的崩溃》黄元彬　文史资料选辑第8辑

《中央银行史话》中国文史出版社1987年

《蒋介石传稿》严如平、郑则民　中华书局1992年

《李宗仁回忆录》广西人民出版社

《翁文灏回国始末记》（未刊稿）翁心钧

《翁文灏回国经过及其他》张星联　文史通讯第21期

《翁文灏论经济建设》翁文灏　团结出版社1989年

《怀念翁文灏先生》（手稿）李春昱
《纪念翁文灏先生一百周年诞辰》（手稿）李庆逵
《怀念我的引路人翁文灏先生（手稿）》党刚
《在翁文灏先生诞辰一百周年纪念座谈会上的讲话》朱学范
《在翁文灏先生诞辰一百周年纪念座谈会上的讲话》程思远
《在翁文灏先生诞辰一百周年纪念座谈会上的讲话》宋堃
《年谱初稿》（未刊稿）翁文灏
《蕉园诗稿》翁文灏
《回溯吟》（手稿）翁文灏
《悫士诗稿》（未刊稿）翁文灏
《人类进化史纲》（未刊稿）翁文灏
《中国古代史新研》（未刊稿）翁文灏
《翁文灏年谱》潘云唐　中国科技史料第10卷第4期
《翁文灏生平概述》严如平　民国档案1994年第3期
《原国民党政府行政院长翁文灏》文洋　人物1984年第5期
《翁文灏其人其事》关德懋　（台湾）传记文学第36卷第4期
《人民日报》
《中央日报》
《大公报》
《民国日报》
《东方杂志》
《国闻周报》
《农商公报》
《国民政府公报》
《资源委员会公报》
《资源委员会月报》
《资源委员会季刊》
《民国档案》
《档案史料与研究》

后 记

因为参加中国社会科学院重点项目《抗日战争》史料丛刊的编纂工作，我接触到许多抗战时期大后方经济的资料，逐渐对当时的经济部长兼资源委员会主任委员、工矿调整处处长翁文灏发生兴趣，开始注意收集有关他的资料。随着资料收集的深入，为翁文灏作传的念头渐渐强烈，不仅因为他曾经是中国近代科学事业的开创者、组织者、前国民政府的高级官员，更因为他是中国近代史上很具有典型意义的代表性人物。从清末秀才到留洋博士，从著名科学家到南京政府最高行政长官，最后到人民政协委员，翁文灏的一生蕴藏着非常丰富、值得深挖的文化历史内涵。

然而真正着手从事研究、写作之后，我对这一专题超乎预料的难度才有了切身的体会。首先翁文灏是我国早期最重要的地质学家之一，不要说评价，就是准确叙述他的科学成就，对于从未学过系统地质学知识的我，其难度就已可想而知；其次，翁文灏80余年的人生历程，所经史事繁多，而许多方面研究者鲜有涉及，缺少可借鉴的成果。但我抱着“世上本没有路”的态度，以将大困难分解成多个小困难、小困难解成更小困难的方法，一个个去攻克。现在奉献在读者面前的，便是我四个冬夏劳作的结果。

在本书杀青付梓之际，我由衷地向曾经为本书的完成提供了各种各样帮助的师长友朋表示真诚的谢意。在收集资料过程中，经李瑞陵女士热心介绍，我得以结识翁文灏先生的许多亲属，如翁文波先生、翁心鹤先生、翁心钧先生、杨永庆先生、翁维珑女士、翁维瑾女士、翁维玲女士、张英先生等，承蒙他们热情支持和帮助，并提供了有关翁文灏先生的大量资料、手稿和有价值的参考意见；同时还得到了邹明、梁翕章等先生和中国科学院自然科学史研究所杨静一教授的帮助；书中介绍翁文灏先生科学成就的篇章，蒙中国石油大学张家环教授的批阅指教。在写作过程中，近代史所图书馆、地质图书馆给予了大力协助，比利时鲁汶大学档案馆的Mark Derez先生也为我寄来了有关该校历史和翁文灏先生留学时的档案资料。对此我深表感激。我的许多领导和同事们都从各方面给予了我很多的关怀和帮助，恕我不再一一列举他们的名字，但我内心的感谢一样真诚。我要特别感谢我的妻子王南，她的关心和帮助是本书得以完成的重要因素。

最后，我还要特别感谢孙越崎先生。孙老不仅是那段历史的见证人，更是那段历史的创造者，他以百岁高龄对本书的写作始终给予极大的关怀，从写作提纲到篇目设置都曾亲自过问，并为本书题写过书名。

由于作者学识和能力所限，本书一定尚有不少错误和不尽如人意的地方，恳请读者批评指教。

李学通

1995年8月18日